Studies in Contemporary Economics

Bernd Lucke

Theorie und Empirie realer Konjunkturzyklen

Mit 70 Abbildungen
und 73 Tabellen

Physica-Verlag
Ein Unternehmen des Springer-Verlags

Dr. Bernd Lucke
Universität Hamburg
Institut für Wachstum und Konjunktur
von-Melle-Park 5
D-20146 Hamburg

Als Habilitationsschrift auf Empfehlung des Fachbereichs Wirtschaftswissenschaft der Freien Universität Berlin gedruckt mit Unterstützung der Deutschen Forschungsgemeinchaft.

ISBN 978-3-7908-1148-3 ISBN 978-3-642-52081-5 (eBook)
DOI 10.1007/978-3-642-52081-5

Die Deutsche Bibliothek - CIP-Einheitsaufnahme
Lucke, Bernd:
Theorie und Emiprie realer Konjunkturzyklen / Bernd Lucke. -
Heidelberg: Physica-Verl., 1998
(Studies in contemporary economics)

Umschlaggestaltung: Erich Kirchner, Heidelberg

SPIN 10687448 88/2202-5 4 3 2 1 0
Gedruckt auf säurefreiem und alterungsbeständigem Papier

Meiner Frau

Danksagung

Dieses Werk wurde im Sommersemester 1997 unter dem Titel "BEITRÄGE ZUR THEORIE UND EMPIRIE REALER KONJUNKTURZYKLEN" vom Fachbereich Wirtschaftswissenschaft der Freien Universität Berlin als Habilitationsschrift angenommen. Ich bin Herrn Prof. Dr. Jürgen Wolters zu tiefem Dank verpflichtet für seine Unterstützung dieses Projekts und seine kritische Einflußnahme auf den Verlauf meiner Arbeiten. Ich danke ferner dem Zweitgutachter, Herrn Prof. Dr. Peter Kuhbier, für wertvolle Anregungen und Diskussionen. Den Mitarbeitern des Instituts für Statistik und Ökonometrie der Freien Universität Berlin schulde ich Dank für das angenehme und vertrauensvolle Arbeitsklima und ihr freundliches und kollegiales Verhalten in den zurückliegenden fünf Jahren. Teile dieser Arbeit wurden auf diversen Kongressen und Seminaren u. a. in Kassel, Istanbul, Prag, Tokyo, Jena, Maastricht, Uppsala, München, Helenenau und natürlich in Berlin vorgetragen und diskutiert. Allen Teilnehmern gilt mein Dank für ihre Aufmerksamkeit und ihre konstruktiven Anmerkungen. Finanziell wurde ich bei mehreren Kongreßreisen großzügig von der Deutschen Forschungsgemeinschaft unterstützt; hierfür danke ich ebenso wie für die Bewilligung einer Druckbeihilfe, die das Erscheinen dieser Monographie ermöglichte. Die Verantwortung für eventuell in dem vorliegenden Werk verbliebene Fehler liegt natürlich allein bei mir.

Inhaltsverzeichnis

1. Kapitel: Einleitung

Der Analyse des Konjunkturzyklus ist in der Volkswirtschaftslehre seit ihrer Entstehung als wissenschaftlicher Disziplin stets große Bedeutung zuerkannt worden[1]. Entsprechend umfangreich ist die heute zu diesem Gebiet existente Literatur und es erscheint nahezu unmöglich, sich angesichts der nach Tausenden zählenden Veröffentlichungen einen annähernd erschöpfenden Überblick über dieses Thema zu verschaffen. Im folgenden soll daher lediglich versucht werden, anhand einer selektiven und damit notwendigerweise unvollständigen Darstellung den Stand der modernen Konjunkturforschung, soweit er für diese Arbeit von Belang ist, zu umreißen.

- Der Gegenstand der Konjunkturforschung -

Bei Durchsicht der relevanten wissenschaftlichen Literatur überrascht zunächst die Erkenntnis, daß die weitaus überwiegende Zahl der Autoren, die sich - theoretisch oder empirisch - mit dem Phänomen des Konjunkturzyklus auseinandersetzen, den Versuch einer Begriffsbestimmung ihres Forschungsgegenstandes vermeiden. Vielmehr unterstellen sie offenbar ein im wissenschaftlichen wie im alltäglichen Sprachgebrauch gleichermaßen unkontroverses Verständnis des Begriffs "Konjunkturzyklus", das einer weitergehenden Präzisierung nicht bedarf[2].

---

[1]Hillinger (1992) betont zu Recht, daß streng genommen der Begriff der "konjunkturellen Fluktuation" dem Begriff des "Konjunkturzyklus" vorzuziehen ist. Denn die Verwendung des Wortes "Zyklus" beinhaltet bereits ein Urteil über die Qualität des zu analysierenden Phänomens, indem offenbar periodische Regulariäten unterstellt werden. Diese Sichtweise ist jedoch sicherlich als zu eng einzuschätzen.

[2]Diese Einschätzung aber ist falsch. Viele Autoren verstehen unter dem Begriff "business cycle" z. B. die Abweichungen des (saisonbereinigten) Bruttosozialprodukts von einem geeignet spezifizierten Trend, vgl. u. a. Greenwald und Stiglitz (1988). Dies steht im Widerspruch zur gängigen Terminologie des National Bureau of Economic Research

Die (zumindest im angelsächsischen Raum) wohl erfolgreichste und anerkannteste Definition dieses Begriffs geht auf eine Formulierung von Burns und Mitchell (1946) zurück, die auch heute noch der Arbeit des amerikanischen National Bureau of Economic Research (NBER) zugrundegelegt wird, vgl. Moore (1983, S. 4):

> "*Business cycles are a type of fluctuations found in the aggregate economic activity of nations that organize their work mainly in business enterprises: a cycle consists of expansions occurring at about the same time in many economic activities, followed by similarly general recessions, contractions, and revivals which merge into the expansion phase of the next cycle; this sequence of changes is recurrent but not periodic; in duration business cycles vary from more than one year to ten or twelve years; they are not divisible into shorter cycles of similar character with amplitudes approximating their own.*"

Diese Definition verwendet (vermutlich bewußt) eine Vielzahl von unpräzisen Qualifikationen ("*a type of*", "*mainly*", "*about the same time*", "*many*", "*similarly general*", "*similar*", "*approximating*"). Sie ist außerdem unscharf in Bezug auf die definierenden Umstände: Sie postuliert in Satz 1 Fluktuationen der "aggregierten ökonomischen Aktivität", ohne genau zu erläutern, was darunter zu verstehen ist[3]. Gleichzeitig verlangt sie in Satz 2, daß "viele" (offenbar stärker disaggregierte) Aktivitäten "zeitlich ungefähr gleichzeitig" gemeinsamen Schwankungen unterworfen sind. Während diese beiden Sachverhalte in der Regel zusammenfallen sollten, ist nicht erkennbar, daß dies notwendigerweise immer so sein muß[4].

Darüber hinaus bedarf der Begriff der "Fluktuation" eines Pfades als Referenzpunkt, der aber nicht spezifiziert wird. Gemeint ist vermutlich (vgl. Moore (1983, S. 4) der jeweilige Wert der Vorperiode oder eventuell ein eng

---

(NBER), das in diesem Zusammenhang vom Wachstumszyklus ("growth cycle") oder Abweichungszyklus ("*deviation cycle*") sprechen würde (vgl. Klein und Moore (1985), s. a. Zarnovitz (1985)).

[3]Moore (1983, S. 4-5) rechtfertigt diese Unschärfe damit, daß es keine einzelne Indikatorvariable für die ökonomische Aktivität einer Nation gebe, die über einen "langen" historischen Zeitraum auf Quartals- oder Monatsbasis verfügbar , in ihrer Definition einheitlich und in der statistischen Erhebung hinreichend akkurat sei. Der Gebrauch der Formulierung "aggregierte ökonomische Aktivität" sei als Aufforderung zu verstehen, stets die "besten" verfügbaren Daten mit der gebotenen Sorgfalt zu verwenden.

[4]So ist es z. B. vorstellbar, daß wichtige Sektoren einer Volkswirtschaft deutlich zeitversetzt in eine Krise und wieder aus ihr heraus geraten; dies kann eine starke Beeinträchtigung der aggregierten Produktion über den Gesamtzeitraum bewirken, ohne daß das Kriterium von Satz 2 der Definition erfüllt ist.

umgrenztes gleitendes Mittel mehrerer Vorperioden. Gemeint sein könnten aber auch die Fluktuationen um einen langfristigen Wachstumspfad, einen linearen oder einen flexiblen Trend. Daß letzteres nicht der Fall ist, geht aus der Definition selbst nicht hervor, wird aber allgemein unterstellt, da das NBER für Trendabweichungen eine eigene Terminologie entwickelt hat, nämlich den Begriff des Wachstumszyklus ("*growth cycle*")[5].

Schließlich vermischt die Definition die abstrakte Begriffsbestimmung mit empirischen Befunden, z. B. die Qualifikation "*fluctuations ... in the aggregate economic activity*" mit der (m. E. überflüssigen) Ergänzung "*found*". Daher ist unklar, ob die zeitliche Abgrenzung "*from more than one year to ten or twelve years*" eine (zulässige) ex-ante Einschränkung des Begriffs oder eine in einer Definition unzulässige ex-post Beschreibung des Definierten darstellt[6]. Sicherlich aber ist der wichtige Hinweis "*this sequence of changes is recurrent but not periodic*" lediglich die Wiedergabe eines empirischen Faktums, nicht jedoch der Versuch, eine eventuell beobachtete exakt periodische Fluktuation aus dem Begriff des Konjunkturzyklus auszugrenzen[7].

Trotz dieser Schwächen ist es schwierig, die Definition besser und exakter zu fassen. Sargent (1987, S. 282), der eine ebenfalls recht häufig zitierte Definition entwickelt hat, bemüht sich erst gar nicht darum. Sein Hauptanliegen ist es, den "Konjunkturzyklus" durch eine geeignete spek-tralanalytische Begrifflichkeit zu kennzeichnen:

> "*The business cycle is the phenomenon of a number of important economic aggregates (such as GNP, unemployment, and layoffs) being characterized by high pairwise coherences at the low business cycle frequencies, the same frequencies at which most aggregates have most of their spectral power if they have "typical" spectral shapes.*"

---

[5]Die Analyse von Wachstumszyklen wurde wesentlich beflügelt durch die Studie von Mintz (1969) über zyklische Entwicklungen in der Wirtschaft der Bundesrepublik Deutschland. Zur Chronologie von Wachstumszyklen in den USA s. a. Zarnovitz und Boschan (1977), im internationalen Vergleich s. Klein und Moore (1985).

[6]Im ersten Fall wäre eine Fluktuation mit einer Periode von z. B. dreizehn Jahren ex definitione keine konjunkturelle Schwankung, im zweiten Fall würde die Definition lediglich eine Aussage beinhalten, daß man eine dreizehnjährige Fluktuation noch nicht beobachtet hat, ohne ihr notwendigerweise den Charakter einer Konjunkturschwankung abzusprechen.

[7]Vgl. z. B. Hillinger und Sebold-Bender (1992), die den Konjunkturzyklus als eine Schwingung mit regelmäßiger Periodizität auffassen.

Ich will darauf verzichten, diese Definition ähnlich detailliert zu kritisieren wie die von Burns und Mitchell vorgeschlagene, zumal die Kritik in mehreren Punkten mit der oben vorgetragenen einher gehen würde. Zwei wesentliche Elemente der Sargent'schen Definition aber bedürfen besonderer Aufmerksamkeit: Zum einen verzichtet er anders als Burns und Mitchell auf die explizite Angabe einer Obergrenze für die Schwingungsdauer konjunktureller Fluktuationen, wohl um willkürliche Grenzziehungen zu vermeiden. Zum anderen aber unterstellt er offenkundig eine nicht näher spezifizierte Form der Trendbereinigung, um stationäre Variablen zu erzielen. Seine Definition ist daher nicht konsistent mit dem NBER-Verständnis der Burns-Mitchell-Definition, das den Begriff des "Konjunkturzyklus" auf die lediglich saisonal bereinigten Niveauwerte bezieht[8].

Angesichts der offenkundigen Schwierigkeiten, eine wirklich befriedigende Begriffsbestimmung zu finden, werde ich in dieser Arbeit von einem eigenen definitorischen Versuch absehen. Ich werde vielmehr lediglich eine Präzisierung bzgl der Trendbereinigung vornehmen und im übrigen ein allgemeines Verständnis der Terminologie unterstellen. In Anlehnung an die Definition von Sargent verzichte ich weitgehend auf die Festlegung einer Obergrenze für die Periodizität "konjunktureller" Fluktuationen. Lediglich in dem Fall, in dem ich mich im Verlauf dieser Arbeit auf Untersuchungen anderer Autoren beziehe, werde ich ggf. deren entsprechende Festsetzungen übernehmen, um meine Resultate mit den ihren vergleichbar zu machen.

Bei der Frage der Trendbereinigung aber ist in der wissenschaftlichen Auseinandersetzung das Fehlen einer einheitlichen Sprachregelung durchaus vermeidbar. Um zumindest in dieser Arbeit unterschiedliche Konzepte klar zu scheiden, bezeichne ich im folgenden mit "Konjunkturzyklen" Fluktuationen in den *Niveaus* der wesentlichen makroökonomischen Aggregate, mit "Wachstumszyklen" Fluktuationen in deren *Wachstumsraten* und mit "Abweichungszyklen" Fluktuationen von *trendbereinigten* Variablen. Dabei ist der letzte Begriff der konzeptionell unschärfste, da die Form der Trendbereinigung offen gelassen wird, sie umschließt gleichermaßen linear deterministische, stochastische und flexible Wachstumstrends wie z. B. die

---

[8]In der Tat scheinen Burns und Mitchell ihrer Definition des Konjunkturzyklus implizit saisonbereinigte Daten unterstellt zu haben, da eines seiner Konstitutiva darin besteht, daß er nicht in kürzere Zyklen mit ähnlich großer Amplitude zerlegt werden kann. Ganz sicher ist dies freilich nicht, denn es ist nicht auszuschließen, daß der "ähnliche Charakter" eines kürzeren Zyklus auch die Forderung beinhaltet, daß dieser kürzere Zyklus wie der Konjunkturzyklus eine Periode von mehr als einem Jahr hat.

Trendkomponente einer Hodrick-Prescott-Zerlegung, (vgl. Prescott (1986)[9]).

- Die Theorie realer Konjunkturzyklen -

Die meisten modernen Theorien konjunktureller Fluktuationen sind maßgeblich geprägt von den methodischen Innovationen der von Lucas (1973, s. a. 1972a, 1972b) und Sargent (1973) entwickelten sogenannten "Neuen Klassischen Makroökonomie", die ihre wesentliche Ausprägung u. a. durch Publikationen von Lucas (1975), Sargent und Wallace (1975) sowie Barro (1976, 1980) erhielt. Die von diesen Autoren verwandten Modelle sind typischerweise dynamischen Charakters und erzeugen Fluktuationen der betrachteten endogenen Variablen durch exogene Schocks in der Tradition von Frisch (1933) und Slutsky (1937)[10]. Sie unterstellen streng rationale Individuen, die in einem System unendlich schnell räumender Märkte ihr wirtschaftliches Verhalten auf die Maximierung einer sie charakterisierenden Zielfunktion ausrichten.

Sind, wie von der Neuen Klassischen Makroökonomie (NKM) unterstellt, die exogenen Schocks monetärer Natur, so ergeben sich (bei unvollständiger Information) die seinerzeit als aufsehenerregend empfundenen Neutralitätsresultate der sog. monetären Gleichgewichtsmodelle: Nur nicht-antizipierte[11] Geldmengenschocks haben einen Einfluß auf den realen Sektor einer Ökonomie, antizipierte Geldpolitik jedoch ist auch in der kurzen Frist neutral. Beschäftigungssteigernde Effekte einer expansiven Geldpolitik beruhen daher auf individuellen Unterschätzungen der Preisniveauentwicklung bzw. Überschätzungen des realen Outputpreises und des Reallohns, sie setzen auf der Seite der Arbeitsanbieter insbesondere eine Bereitschaft zur intertemporalen Substitution von Freizeit voraus.

Zu Beginn der achtziger Jahre ging das wissenschaftliche Interesse an den inhaltlichen Aussagen der NKM merklich zurück, da immer mehr empirische Studien mit Ergebnissen aufwarteten, die mit den Implikationen der

---

[9]Die Originalreferenz (Hodrick und Prescott, 1980) ist m. W. unveröffentlicht.

[10]Vgl. die Diskussion des Frisch-Slutsky Ansatzes in Mullineux (1990, S. 19-29).

[11]In der Literatur hat die Unterscheidung zwischen "antizipierten" und "nicht antizipierten" monetären Schocks schnell Fuß gefaßt und wird weithin verwandt. Ich übernehme deshalb diese Terminologie auch in der vorliegenden Arbeit, obwohl eine Trennung in "wahrgenommene" und "nicht wahrgenommene" Schocks sicherlich angemessener wäre, wie spätere Arbeiten z. B. von Barro und Hercovitz (1980) zu Recht hervorheben.

neuklassischen Theorie nicht kompatibel waren. Insbesondere kristallisierten sich drei Befunde heraus:

- Ökonometrische Schätzungen der intertemporalen Substitutionselastizität des Arbeitsangebots ergaben erheblich niedrigere Werte als für die Erklärung der empirisch beobachteten Beschäftigungsfluktuationen erforderlich gewesen wäre, vgl. u. a. Altonji (1982), Clark und Summers (1982).

- Zahlreiche Tests der Neutralitätshypothese kamen zu negativen Ergebnissen: Nach Fair (1979) haben *unantizipierte* Geldmengenschocks keinen signifikanten Einfluß auf das Verhalten realer Variablen, während Boschen und Grossman (1982) reale Effekte *antizipierten* Geldmengenwachstums nachwiesen. Ähnliche Resultate erzielten z. B. Mishkin (1982) und Merrick (1983)[12].

- Der Reallohn ist nicht, wie sowohl keynesianische als auch neuklassische Konjunkturtheorien besagen, eine antizyklische Variable. Eine klare Klassifikation bezüglich seiner Korrelation mit dem zeitgleichen Output ist allerdings schwierig, die meisten Studien scheinen entweder Azyklizität oder eine schwache Prozyklizität zu konstatieren, vgl. Altonji und Ashenfelter (1980), Geary und Kennan (1982), Bils (1985), Kniesner und Goldsmith (1987).

Angesichts dieser zutage geförderten Schwächen der monetären Gleichgewichtsmodelle konzentrierte sich die weitere Forschung auf zwei denkbare Modifikationen des Grundmodells: Die eine, häufig als neu-keynesianisch apostrophierte Denkschule bemüht sich, die starken Gleichgewichtspostulate der neuklassischen Theorie z. B. durch die Berücksichtigung von Anpassungskosten, Externalitäten oder unvollständigen Wettbewerb abzuschwächen und damit überzeugende Erklärungen für reale Effekte nominaler Schocks zu liefern, vgl. Ball, Mankiw und Romer (1988).

---

[12]Es gibt allerdings auch etliche mit den Implikationen der NKM übereinstimmende empirische Untersuchungen, z. B. Barros (1977) Analyse US-amerikanischer Daten: Er stellt keine statistisch signifikanten Effekte antizipierter Geldmengenveränderungen fest. Unantizipierte Schocks jedoch beeinflussen die Arbeitslosenquote ungefähr drei Jahre lang, mit der Hauptwirkung im zweiten Jahr. Ähnliche Resultate liefern auch die Studien von Wogin (1980) für Kanada, Hanson (1980) für lateinamerikanische Staaten und Attfield, Demery und Duck (1981a, 1981b) für Großbritannien. Auch spätere Querschnittsstudien von Attfield und Duck (1983) und von Kormendi und Meguire (1984), belegen im wesentlichen die Vereinbarkeit empirischer Evidenz mit den Implikationen der monetären Gleichgewichtsmodelle.

Die andere, stärker der klassischen Gleichgewichtstradition verhaftete Forschungsrichtung ist bestrebt, nach dem offenkundigen Scheitern monetärer, d. h. nominaler Erklärungsansätze, die Rolle realer Impulse für das konjunkturelle Geschehen zu betonen. Dies ist die sog. *Real-Business-Cycle*-Schule (RBC), die sich, ohne auf kurzfristige informationelle Defizite abzustellen, insbesondere mit angebotsseitigen Schocks, z. B. mit den Auswirkungen technologischer Innovationen auf die makroökonomische Entwicklung befaßt. Dieser Ansatz trägt den in der Auseinandersetzung mit den Modellen der NKM gewonnenen empirischen Erkenntnissen insofern Rechnung, als rein angebotsseitige Schocks in einem Gleichgewichtsmodell einen prozyklischen Reallohn implizieren.

Den anderen beiden Befunden aber wird nicht bzw. nur unzureichend Rechnung getragen. Denn zum einen kann der ausschließlich realwirtschaftliche, d. h. von der Existenz eines monetären Sektors völlig abstrahierende Charakter der prototypischen RBC-Modelle natürlich nur insoweit mit der zitierten Evidenz zur Neutralitätshypothese kompatibel sein, als diese die Insignifikanz unantizipierter Geldmengenschocks für die Entwicklung der realen Variablen festgestellt hat. Dic in einzelnen Studien zutage getretene Nichtneutralität antizipierter Geldpolitik ist außerhalb des Erklärungshorizonts dieser Modelle.

Zum anderen sind Beschäftigungsfluktuationen in den sog. realen Gleichgewichtsmodellen nach wie vor von der Bereitschaft der Arbeitsanbieter zur intertemporalen Substitution von Freizeit abhängig. Der relativ eindeutige empirische Befund einer bestenfalls schwach positiven Substitutionselastizität steht der Plausibilität dieses Erklärungsansatzes in den einfachen RBC-Modellen daher unverändert entgegen[13]. Allerdings ist es Vertretern der RBC-Schule gelungen, einige sehr geschickte theoretische Argumente zu entwickeln, die die Real Business Cycle Theorie in dieser Hinsicht weitgehend davon entlasten, mit mikroökonometrischer Evidenz kompatibel sein zu müssen, vgl. Hansen (1985).

Die ersten realen Gleichgewichtsmodelle werden allgemein den fast zeitgleichen Arbeiten von Kydland und Prescott (1982) und Long und Plosser

---

[13]Die meisten Schätzungen der Substitutionselastizität liegen deutlich niedriger als 1.0. Lediglich die m. W. historisch erste derartige Studie von Lucas und Rapping (1969), die noch unter der Annahme adaptiver Erwartungen entstand, erzielte eine kurzfristige Angebotselastizität in der Größenordnung von 1.4.

(1983) zugeschrieben[14]. Beide Modelle stellen extrem vereinfachte Abbilder einer realwirtschaftlichen Volkswirtschaft dar, indem sie z. B. auf die Modellierung von Staatstätigkeit oder Außenhandelsbeziehungen völlig verzichten. Außerdem unterstellen sie, wie bereits erwähnt, eine reine Tauschwirtschaft, also eine perfekte Dichotomie zwischen realem und nominalem Sektor einer Ökonomie.

Kydland und Prescott (1982) entwickeln aus einer Kritik bestehender Technologiemodelle einen neuartigen Ansatz industrieller Produktion, der davon ausgeht, daß die Fertigung von Investitionsgütern mehrere Perioden in Anspruch nimmt und diese vorher naheliegenderweise nicht produktiv eingesetzt werden können. Sie integrieren diese Technologie, die sie als "*time-to-build*"-Technologie bezeichnen, in das neoklassische Wachstumsmodell Solow'scher (1957) Prägung. Auf der Konsumentenseite nehmen sie eine zeitlich nicht separierbare Nutzenfunktion an, in die die Freizeit über einen Lagverteilungsmechanismus eingeht. Technologieschocks werden als aus permanenten und transitorischen Komponenten zusammengesetzte Ereignisse aufgefaßt, über die die Individuen nur unvollständige Information haben. Unter Zuhilfenahme der Schätzergebnisse anderer, unabhängig entstandener Studien fixieren Kydland und Prescott wichtige Parameter, um ihr Modell zu kalibrieren, und stellen im Vergleich mit amerikanischen Quartalsdaten eine ihres Erachtens gute Annäherung an tatsächliche Makrodaten fest.

Während das Modell von Kydland und Prescott deutlich darauf angelegt ist, tatsächlich beobachtete Eigenschaften makroökonomischer Zeitreihen wie z. B. deren Persistenz möglichst gut reflektieren zu können[15], beschreiten Long und Plosser den konträren Weg, indem sie den bewußt walrasianisch geprägten Standardansatz eines repräsentativen Konsumenten präsentieren, der eine intertemporale Nutzenfunktion unter Knappheitsrestriktionen und üblichen technologischen Nebenbedingungen maximiert. Ihr Modell beschreibt einen multisektoralen Produktionsprozeß, dessen technische Koeffizienten (auf der Basis einer Cobb-Douglas-Technologie) einer Input-Output-Rechnung derVereinigten Staaten entnommen sind. Sie verzichten aus demonstrativen wie lösungstechnischen Gründen auf die Annahme dauer-

---

[14]Eine Vorläuferarbeit zu Kydland und Prescott (1982) stellt Kydland und Prescott (1980) dar. Ein weiteres frühes, wenn auch formal wenig ausgearbeitetes Papier zu realen Gleichgewichtsmodellen stammt von Black (1982).

[15]Dabei scheuen Kydland und Prescott nicht vor der absonderlichen Annahme, daß neben Arbeit, Kapital und dem Stand des technologischen Wissens auch die Lagerbestände als Produktionsfaktor aufzufassen seien.

hafter Kapitalgüter, d. h. sie unterstellen eine Abschreibungsrate (pro Quartal!) von 100% auf das Produktivkapital[16] und abstrahieren von Anpassungskosten oder sonstigen Friktionen. Wird dieses Modell durch einen persistenten Technologieschock gestört (einen multivariaten *random walk*), so führt dies zu Zeitreihen für den Output und den Konsum, deren statistische Eigenschaften jenen ihrer empirischen Pendants - in der Einschätzung von Long und Plosser - überraschend nahe kommen. Insbesondere werden einige der sog. stilisierten Fakten in der Formulierung von Lucas (1977) gut wiedergegeben[17].

Allerdings ist das Modell von Long und Plosser nicht in der Lage, Schwankungen in der Beschäftigung abzubilden; es unterstellt bereits per Konstruktion einen konstanten Arbeitseinsatz. Ebensowenig gelingt es ihm, positive Autokorrelation in den Investitionen zu erzeugen (Dotsey und King (1987)). Jedoch beeinträchtigt diese Kritik das Hauptanliegen von Long und Plosser nur am Rande. Zentral ist die überzeugend geführte Demonstration, daß trotz des augenscheinlichen Fehlschlags der monetären Gleichgewichtsmodelle mehrjährige Fluktuationen ökonomischer Variablen einer höchst puristischen Gleichgewichtsinterpretation zugänglich sind: Sie können als optimale Reaktion rationaler Marktteilnehmer aufgefaßt werden, sofern die ursächliche Stochastik nicht im monetären sondern im realen Sektor der Ökonomie lokalisiert wird.

Aufbauend auf diesen Arbeiten formuliert Hansen (1985) ein von McCallum (1989) als "Prototyp" bezeichnetes reales Gleichgewichtsmodell. Es übernimmt von Kydland und Prescott die stochastische Modifikation des Solow'schen Wachstumsmodells ohne Berücksichtigung multisektoraler Aspekte, verzichtet aber in Anlehnung an Long und Plosser auf für neoklassische Modelle untypische Annahmen wie die verzögerte Fertigstellung

---

[16]Die Lösung des Long-Plosser-Modells mit einer über mehrere Perioden währenden, nahezu beliebigen Wertminderung des Kapitalbestandes habe ich in Lucke (1997) abgeleitet.

[17]Die Auswertung weithin anerkannter statistischer und ökonometrischer Studien wie z. B. für den amerikanischen Bereich Mitchell (1951), Friedman und Schwartz (1963), Sargent und Sims (1977), oder Stock und Watson (1990) gab Anlaß zu der Idee, einen Kanon unkontroverser sog. "*stylized facts*" über das konjunkturelle Zusammenwirken wichtiger makroökonomischer Aggregate zu etablieren, der (z. B. in der Intention von Lucas (1977)) die allen Konjunkturzyklen gemeinsamen Charakteristika reflektieren sollte - im internationalen wie im zeitlichen Querschnitt. Häufig wird der Erfolg von RBC-Modellen danach beurteilt, wie gut die Modellvariablen bestimmte *stylized facts* wiedergeben können. Im internationalen Vergleich stellt sich freilich heraus, daß die stilisierten Fakten konjunktureller Fluktuationen keineswegs einheitlich sind, vgl. Danthine und Donaldson (1993) und van Els (1995).

von Investitionsgütern (*time to build*) und zeitlich nicht separable Präferenzstrukturen. King, Plosser und Rebelo (KPR) (1988a) diskutieren dieses Modell in wenig veränderter Formulierung und leiten implizierte Restriktionen für Präferenzen, Technologie und Wachstumsraten im Steady State ab. Für dieses neoklassische Grundmodell kennt man anders als für das Modell von Long und Plosser keine Lösung in geschlossener Form[18]. Es muß daher wie schon bei Kydland und Prescott durch quadratische Approximationen (dies ist Hansens Lösungsweg) oder durch eine Linearisierung der Euler-Gleichungen (dies ist KPRs Vorgehen) angenähert werden.

Die approximativ optimalen Zeitpfade der Modellvariablen des von Hansen und KPR formulierten prototypischen RBC-Modells können entweder durch Simulationen (Hansen) oder durch analytische Lösung eines Systems von Differenzengleichungen (KPR) bestimmt werden. Dies eröffnet die Möglichkeit, die zweiten Momente von stationarisierten Transformationen dieser Variablen zu bestimmen und mit analogen empirischen Werten zu vergleichen. Dies ist die übliche Evaluationsmethode in RBC-Modellen, die auch bereits den ersten Artikeln von Kydland und Prescott sowie Long und Plosser zugrundelag. Typischerweise leitet man so ab, daß RBC-Modelle Varianzen und Autokorrelationen implizieren, die den Momenten entsprechender empirischer Variablen nicht unähnlich sind. Die aus dem Modell resultierenden Kreuzkorrelationen jedoch sind in der Regel erheblich zu hoch.

- Erweiterungen des Grundmodells: Ein Überblick -

Variationen des Grundmodells werden von diversen Autoren betrachtet. Wenden wir uns zunächst jenen Arbeiten zu, die primär an einer besseren Wiedergabe empirischer Arbeitsmarktcharakteristika interessiert sind, so ist die von Hansen (1985) vorgenommene Modifikation sicherlich die bekannteste: Hansen modelliert die individuelle Arbeitsleistung als unteilbar, so daß Arbeitnehmer stets entweder vollzeitbeschäftigt oder arbeitslos sind. Fluktuationen der Beschäftigung können daher nicht mehr durch in der Regel nur graduell verminderten Arbeitseinsatz der abhängig Beschäftigten abgebildet werden. Die entstehende Nichtkonvexität im Nutzenmaximierungsproblem der Agenten löst Hansen auf, indem er annimmt, daß alle Arbeitsfähigen Arbeitsverträge erhalten, die mit einer endogen zu bestimmenden Wahrscheinlichkeit Arbeitslosigkeit bei voller Bezahlung vorsehen. Die

---

[18]Dies hängt wesentlich mit der realitätsnahen Annahme zusammen, daß der Kapitalstock nicht wie bei Long und Plosser innerhalb einer Periode vollständig abgeschrieben wird.

Unternehmen bieten also mit ihren Arbeitsverträgen gleichzeitig eine volle Arbeitslosenversicherung an. Der tatsächliche Beschäftigungsstatus eines Arbeitsanbieters wird dann durch die Realisation einer exogenen Zufallsvariablen bestimmt.

Diese Modifikation des prototypischen realen Gleichgewichtsmodells ist insofern von besonderem Interesse, als Hansen zeigen kann, daß die Nutzenfunktion des repräsentativen Agenten dieser Ökonomie nicht mehr mit den Nutzenfunktionen der als identisch angenommenen Individuen übereinstimmt. Vielmehr ist es nun möglich, daß die einzelnen Wirtschaftssubjekte ausnahmslos eine niedrige intertemporale Substitutionselastizität für Freizeit haben, diese für den repräsentativen Agenten jedoch beliebig hoch ist. Der empirisch begründeten Kritik an konjunkturellen Gleichgewichtsmodellen, mikroökonometrische Studien könnten die Annahme hoher Substitutionselastizitäten nicht bestätigen, wird damit die Grundlage entzogen, sofern sich deren Ergebnisse nur als Aussagen über individuelle Charakteristika nicht aber über die Charakteristika eines repräsentativen Agenten interpretieren lassen.

Kalibrierung und stochastische Simulationen dieses Modells zeigen, daß das modifizierte Hansen-Modell die Varianz der Arbeitsstunden relativ zur Arbeitsproduktivität besser abbilden kann als Hansens Prototyp und das Kydland-Prescott Modell. Allerdings gilt die Umkehrung dieser Aussage für die Fluktuationen der Produktivität relativ zum Output. Überdies impliziert die angenommene Unteilbarkeit der Arbeit, daß alle Veränderungen des Arbeitsvolumens auf Variation der Beschäftigtenzahlen zurückzuführen sind, weil eine Veränderung der Arbeitsstunden pro Kopf nicht möglich ist. Diese Implikation ist aber offenkundig tatsachenwidrig.

Auch in Hansens Modell unteilbarer Arbeit ist Arbeitslosigkeit freiwillig - ein Charakteristikum der weitaus meisten RBC-Modelle. Um diese Freiwilligkeit besser zu motivieren, modellieren z. B. Langot (1995), Merz (1995), Andolfatto (1996) und Roeger (1996) Suchprozesse, die zu friktionaler Unterbeschäftigung Anlaß geben. Dies führt tendenziell zu größeren Effekten des Produktivitätsschocks auf den Output und zu einer höheren Persistenz der Modellvariablen. Im übrigen unterstellt Such-Arbeitslosigkeit natürlich unterschiedlich qualifizierte und damit heterogene Individuen. Diese Eigenschaft findet sich im prototypischen RBC-Modell nicht, wurde aber von Kydland (1984) in einer Erweiterung des Kydland-Prescott-Modells vorgeschlagen. Ein überzeugender Nachweis, daß die Heterogenität der Agenten substantiell andere Implikationen für das zyklische Verhalten makroökonomischer Aggregate hat, steht m. E. noch aus, einen Überblick über derartige RBC-Modelle vermittelt Ríos-Rull (1995).

Ein weiterer Versuch, RBC-Modelle in bessere Übereinstimmung mit beobachteten Arbeitsmarktcharakteristika zu bringen, besteht in der expliziten Berücksichtigung von Hausarbeit als einer Alternative zur gewerblichen Arbeitsleistung[19]. Entsprechende Modelle wurden zeitgleich von Benhabib, Rogerson und Wright (1991) und Greenwood und Hercowitz (1991) entwikkelt, wobei erstere die Existenz von Grenzleid der Arbeit annehmen und letztere dies nicht tun. Beide Studien reklamieren eine deutlich bessere Wiedergabe stilisierter Fakten als das Grundmodell und schließen daraus auf die empirische Bedeutung der Hausarbeit, deren Wert auf zwischen zwanzig und fünfzig Prozent des gemessenen Bruttoinlandsprodukts geschätzt wird, s. Eisner (1988). Dennoch ist eine entsprechende Modellierung keineswegs zwingend erforderlich, da eine Beobachtungsäquivalenz zwischen RBC-Modellen mit und RBC-Modellen ohne Haushaltsproduktion besteht: Benhabib, Rogerson und Wright zeigen, daß für jedes Modell mit Haushaltsproduktion eine Nutzenfunktion gefunden werden kann, so daß das entsprechende Modell ohne Haushaltsproduktion dieselben Zeitreihen generiert, wenn dessen repräsentativer Agent durch diese (typischerweise unkonventionelle) Nutzenfunktion charakterisiert wird.

King und Plosser (1984) erweitern das RBC-Grundmodell um einen monetären Sektor, in dem Banken und andere Finanzintermediäre finanzielle Dienstleistungen anbieten, die als Input in die Produktionsfunktion des realen Sektors eingehen. Unter Zugrundelegung einer weiten Geldmengendefinition beinhalten diese finanziellen Dienstleistungen auch Geldschöpfung.Weit abgegrenzte Geldmengenaggregate werden dadurch zu einer dem Modell endogenen Größe, die maßgeblich von der realen Aktivität bestimmt wird. Dieser Ansatz verkehrt also die im Gefolge traditioneller Modelle popularisierte Vermutung einer kausalen Beziehung zwischen der Geldmenge als der Ursache und des realen Outputs als der Wirkung in ihr Gegenteil. King und Plosser stützen ihre Vorgehensweise mit Regressionen, die die reale Produktionsleistung stärker mit weit als mit eng abgegrenzten Geldmengenkonzepten verknüpft erscheinen lassen. Jedoch stellen King und Plosser auch signifikante Korrelationen zwischen der Geldbasis und dem realen Output fest. Dies wäre mit ihrer Modellierung unvereinbar, sofern sich die Geldmengensteuerung der Zentralbank nicht als Reaktion auf die wirtschaftliche Aktivität auffassen läßt. Neuere RBC-Modelle mit einer En-

[19]Diese Entwicklung geht auf eine Anregung von Becker (1988) zurück.

dogenität weiter Geldmengenaggregate finden sich z. B. in Chari, Christiano und Eichenbaum (1995) und in Coleman (1996).

Ein weiterer vielbeachteter Versuch, Geld in ein ansonsten standardgemäß spezifiziertes RBC-Modell zu integrieren, stammt von Cooley und Hansen (1989), die als Motivation für Geldhaltung eine sog. "*Cash-in advance*"-Restriktion im Sinne von Lucas (1980) und Lucas und Stokey (1987) in das Modell integrieren[20]. Cooley und Hansen nehmen an, daß Konsumgüter nicht mehr im Vorgriff auf künftiges Einkommen finanziert werden können. Investitionen und Freizeit jedoch sind in ihrem Modell nach wie vor als Kreditgüter aufzufassen, d. h. sie unterliegen der genannten Restriktion nicht. In einem solchen Modell ergeben sich nur relativ geringe Auswirkungen geldpolitischer Schocks auf die reale Aktivität der Ökonomie. Ist die Wachstumsrate des Geldangebots konstant, so hat das um Geld erweiterte Modell sogar exakt dieselben zyklischen Implikationen wie das Modell ohne monetären Sektor.

Diese annähernde Neutralität des Geldes in Cooley und Hansens Modell liegt vermutlich daran, daß expansive Geldpolitik in *Cash-in-advance*-Modellen im wesentlichen eine Steigerung nominaler Zinssätze bewirkt (der sog. Fisher-Effekt), daß aber die reale Liquidität nahezu unverändert bleibt, solange die Individuen bei neu entstehender Information ihre optimalen Entscheidungen unverzögert anpassen können, vgl. van Els (1995). Dem Modell fehlt also ein zinssenkender Liquiditätseffekt. Dementsprechend gelingt es diversen Autoren, durch die Einführung nominaler Kontrakte oder anderer verzögerter Anpassungsmechanismen z. T. erhebliche Nichtneutralitäten in RBC-Modellen zu verankern, vgl. z. B. Cho und Cooley (1992), Christiano (1991) und Johnson (1995). Obwohl diese Modelle bestimmte Schwächen des Grundmodells vermeiden können, werden sie im allgemeinen als nicht völlig überzeugend eingeschätzt, da sie u. a. die Korrelation zwischen nominalen Preisen und dem Output falsch wiederzugeben scheinen, s. Stadler (1994). Dennoch ist dieser Literaturstrang von großem Interesse, da die Integration nominaler Rigiditäten in ein RBC-Modell eine Verbindung zwischen RBC-Modellen und den oben kurz erwähnten neu-keynesianischen Modellen herstellt.

Zahlreiche RBC-Modelle haben das Basismodell um weitere Komponenten der gesamtwirtschaftlichen Nachfrage ergänzt, indem sie einen Staatssektor einführen oder eine offene Ökonomie modellieren. King, Plosser und Rebe-

---

[20]Eine "Cash-in-Advance"-Restriktion nimmt zwangsläufig Abstand von der Annahme perfekter Kapitalmärkte.

lo (1988b) betrachten ein RBC-Modell mit konstanten Staatsausgaben und einem in jeder Periode ausgeglichenen Staatsbudget (*balanced budget*). Sie zeigen, daß durch diese Modifikation die Effekte eines Produktivitätsschocks noch verstärkt werden, weil ein positiver Schock zu einer Senkung des Durchschnittssteuersatzes führt. Ähnliche Effekte konstatieren Greenwood und Huffman (1991).

Christiano und Eichenbaum (1992) führen Kopfsteuer-finanzierte konsumptive Staatsausgaben in ein RBC-Modell ein, die von den Individuen als nicht nutzenstiftend empfunden werden. Diese Staatsausgaben werden durch einen exogenen stochastischen Prozeß beschrieben und sind daher formal einer Folge von Präferenzschocks äquivalent. Christiano und Eichenbaum zeigen, daß diese Modifikation des Grundmodells zu einer erheblich verbesserten Wiedergabe der empirischen Korrelation zwischen Reallohn und Beschäftigung führt - ein Aspekt, der im Grundmodell als unbefriedigend gelöst empfunden wird und deshalb in der Literatur unter der Bezeichnung *employment variability puzzle* firmiert. Unklar bleibt in ihrem Modell freilich, weshalb in demokratisch organisierten Staaten Staatsausgaben als nicht nutzenstiftend und für die Individuen unbeeinflußbar angenommen werden sollten.

Einen detaillierter ausgearbeiteten Staatssektor modellieren Jonsson und Klein (1996), die eine progressive Einkommenssteuer und indirekte Steuern auf Konsumausgaben und den Produktionsfaktor Arbeit zulassen. Allerdings sind auch bei ihnen die konsumptiven Staatsausgaben als für die privaten Haushalte nutzlos angenommen und es existiert keine Möglichkeit der Staatsverschuldung. Jonsson und Klein erzielen mit diesem Modell erheblich bessere Resultate als ein Vergleichsmodell ohne Staatssektor, sofern sie davon ausgehen, daß eine direkte Einkommenssteuer nicht erhoben wird. Erstaunlicherweise verschlechtert sich die empirische Leistungsfähigkeit ihres Modells jedoch, wenn eine realistische Spezifikation der Einkommenssteuer erfolgt, obschon auch dann das Modell mit Staatssektor das Vergleichsmodell zu dominieren scheint.

Ähnliche Modelle stammen von Altig und Carlstrom (1991), Braun (1994) und McGrattan, Rogerson und Wright (1993) und McGrattan (1994), jedoch erzielen auch diese keine wirklich befriedigende Modellierung eines Staatssektors. Ein wesentliches Problem besteht sicherlich darin, daß öffentlichen Haushalten realistischerweise nicht nur Steuerfinanzierungen möglich sind, sondern auch eine Verschuldung beim privaten Sektor oder bei der Zentralbank (Seignorage) zur Deckung der Staatsausgaben beitragen können. Eine realitätsnahe Spezifikation der Staatstätigkeit bedarf daher zumindest einer genauen Kapitalmarktmodellierung mit unterschiedlichen Segmenten für Staatsanleihen, Aktien und Geldmarktpapiere. Darüber hinaus müssen geeignete Transversalitätsbedingungen formuliert werden, um die langfristige Bonität des Staates sicherzustellen. Leeper und Sims (1994) haben zumindest ansatzweise eine derartige Modellierung vorgeschlagen, können jedoch keinen empirischen Erfolg verzeichnen.

Eine der ersten Arbeiten, die ein RBC-Modell einer offenen Volkswirtschaft erstellen, stammt von Mendoza (1991)[21]. Mit Bezug auf Kanada modelliert er eine kleine offene Volkswirtschaft unter vollständiger Kapitalmobilität und zeigt, daß dieses Modell eine auch in empirischen Daten zu beobachtende positive Korrelation zwischen inländischen Ersparnissen und inländischen Investitionen generiert, deren numerische Größe von der Persistenz des Technologieschocks abhängt. Die implizierte Varianz der Investitionen ist jedoch zu groß, so daß Mendoza Anpassungskosten für Veränderungen des Realkapitalbestandes annehmen muß, um geringere Werte zu erzielen. Überdies macht Mendozas Modell keine Fortschritte bei jenen zweiten Momenten, die schon vom Standardmodell nur unbefriedigend erfaßt werden. Dies gilt auch für über Mendozas Ansatz hinausgehende Modelle kleiner offener Volkswirtschaften wie z. B. das von Cardia (1991), das zusätzlich monetäre und fiskalische Schocks enthält, aber diese als eher unwichtig taxiert, oder jenes von Correia, Neves und Rebelo (1995), in dem die Autoren zeigen, daß Mendozas Resultate entscheidend von seiner (unkonventionellen) Spezifikation der individuellen Präferenzen abhängen.

Backus, Kehoe und Kydland (1992) formulieren ein zwei-Länder-Modell (großer) offener Volkswirtschaften, das ebenfalls vollständige Kapitalmobilität unterstellt. Sie stellen fest, daß dieses Modell im Widerspruch zu empirischen Befunden eine höhere Korrelation zwischen inländischem und ausländischem Konsum prognostiziert als zwischen den jeweiligen Güterproduktionen; hierfür hat sich der Ausdruck "Quantitäts-Anomalie" eingebürgert. Überdies ist der Handelsbilanzsaldo azyklisch und nicht, wie in den Daten, antizyklisch, und die Variabilität der *Terms of Trade* wird vom Modell deutlich unterschätzt. Letzteres wird als "Preis-Anomalie" bezeichnet. Die Annahme von Handelshemmnissen führt zwar zu einer gewissen Verbesserung des Modells, beseitigt die beschriebenen Defizienzen aber nicht vollständig. Zu ähnlichen Resultaten kommen Backus, Kehoe und Kydland (1994).

---

[21] Eine Vorläufer-Arbeit ist Finn (1990).

Im allgemeinen scheinen RBC-Modelle offener Volkswirtschaften im wesentlichen an der Replikation von stilisierten Fakten mit unmittelbarem Bezug auf außenwirtschaftliche Zusammenhänge interessiert zu sein. Die soeben erwähnten Anomalien erweisen sich dabei gegenüber variierenden Modellspezifikationen als erstaunlich robust. Verschiedene Erweiterungen, z. B. die Berücksichtigung nicht handelbarer Güter in Backus und Smith (1993) konnten nur eingeschränkt Verbesserungen erzielen, vgl. hierzu auch die Angaben zu zahlreichen bislang unpublizierten Arbeiten in Backus, Kehoe und Kydland (1995). Für die vom Modell einer geschlossenen Volkswirtschaft unbefriedigend wiedergegebenen stilisierten Fakten sind nennenswerte Fortschritte durch die Berücksichtigung von Außenwirtschaftsbeziehungen kaum zu verzeichnen.

Eine wesentliche Annahme der RBC-Theorie ist die Exogenität des Produktivitätsschocks, der in Anwendungen typischerweise mit der totalen Faktorproduktivität (dem sog. Solow-Residuum) identifiziert wird. Studien von Hall (1990) und Evans (1992) erarbeiteten aber empirische Evidenz gegen diese Exogenitätsannahme. Daraufhin entstanden Arbeiten insbesondere von Farmer und Guo (1994) und Benhabib und Farmer (1994), die die totale Faktorproduktivität durch die Annahme von Produktionsexternalitäten im Sinne von Romer (1986) und Lucas (1988) endogenisieren. Da positive Externalitäten (zunehmende Skalenerträge auf aggregiertem Niveau) die Effekte positiver Produktivitätsschocks noch verstärken, benötigen die Modelle dieser Autoren eine geringere Varianz der Technologieinnovation, um beobachtete Outputvarianzen zu erklären. Bei hinreichend großen Externalitäten kann von exogenen Schocks sogar ganz abgesehen werden, da die Erwartungen der Individuen selbsterfüllend werden und das Modell dann sog. Sonnenflecken-Fluktuationen (*sunspots*) aufweist[22].

Benhabib, Farmer und Guo argumentieren nicht nur, daß die Sonnenflecken-Modelle ausgeprägtere interne Schockfortpflanzungsmechnismen haben als das RBC-Standardmodell, sondern sie reklamieren auch ein erheblich verbessertes empirisches Erklärungspotential. Sie fassen dies als Evidenz für die Bedeutung massiver, durch fundamentale Analysen nicht gedeckter Überzeugungen von Investoren und Konsumenten auf, sog. *animal spirits*.

---

[22]Zunehmende Skalenerträge werden traditionell in Modellen mit unvollständigem Wettbewerb betrachtet. Ihre Integration in RBC-Modelle führt daher erneut zu einer Annäherung zwischen RBC-Theorien und neu-keynesianischen Ansätzen wie z. B. Rotemberg und Woodford (1992). Rotemberg und Woodford (1995) zeigen, daß ein dynamisches allgemeines Gleichgewichtsmodell mit unvollständigem Wettbewerb multiple Gleichgewichte besitzt und daher ebenso zu *sunspot*-Fluktuationen führen kann wie die hier beschriebenen RBC-Modelle mit Produktionsexternalitäten.

Diese Ansicht ist allerdings vermutlich nicht wirklich belegbar, denn es besteht - ähnlich wie bei den Modellen mit Hausarbeit - auch hier eine Beobachtungsäquivalenz: Kamihigashi (1996) zeigt, daß für jedes Sonnenflecken-Modell ein exogener Technologieprozeß so definiert werden kann, daß ein von diesem Prozeß gestörtes Standardmodell dieselben Zeitpfade für die endogenen Modellvariablen generieren würde.

Alle bislang diskutierten Erweiterungen des ursprünglichen RBC-Modells folgen den streng gleichgewichtsorientierten Traditionen dieser Denkschule; ich bezeichne diese Modelle daher als walrasianisch. Es gibt jedoch auch eine vergleichsweise schwach ausgeprägte Forschungsrichtung von Nicht-walrasianischen RBC-Modellen, also von Modellen, die Transaktionen bei nicht markträumenden Preisen zulassen. Die erste derartige Arbeit ist m. W. Danthine und Donaldson (1990), die Effizienzlöhne in ein ansonsten markträumendes RBC-Modell integriert[23]. Dieser folgte kurz darauf Danthine und Donaldson (1992), ein Papier, das die Arbeitsmarktmodellierung um Mindestlöhne, Arbeitslosenunterstützung und risikostreuende Verträge bereicherte. Allerdings gestatten diese Arbeiten keine endogene Arbeitsangebotsentscheidung des repräsentativen Haushalts[24].

Spätere Modelle haben diese Beschränkung freilich ebenfalls aufgehoben. Zu nennen ist hier insbesondere Galí (1995), der eine Insider-Outsider-Struktur des Arbeitsmarktes annimmt und den beschäftigten Arbeitern praktisch eine monopolistische Reallohnsetzung zugesteht, auf die die betroffene Firma nur mit Mengenentscheidungen reagieren kann[25]. Auch das Modell von Burnside, Eichenbaum und Rebelo (1993), das durch die Annahme verzögerter Anpassungsmechanismen suboptimale Arbeitsnachfrageentscheidungen der repräsentativen Unternehmung (sog. *labor hoarding*) abbildet, impliziert ungleichgewichtige Arbeitsmärkte. Monopolistischer Wettbewerb und Rigiditäten bei Preis- oder Lohnsetzung sind weitere typisch neukeynesianische Elemente, mit denen aufbauend auf Danthine und Donald-

---

[23]Eine kritische Einschätzung des empirischen Erfolgs von Effizienzlohntheorien in RBC-Modellen erfolgte kürzlich durch Uhlig und Xu (1996).

[24]Da es in diesen Modellen kein Grenzleid der Arbeit gibt, kann es in ihnen auch keine freiwillige Arbeitslosigkeit geben. Arbeitslosigkeit ist stets unfreiwillig - in deutlichem Kontrast zur RBC-Orthodoxie.

[25]Monopolistischer Wettbewerb und nominale oder reale Rigiditäten sind die typischen neu-keynesianischen Elemente, mit denen aufbauend auf Danthine und Donaldsons Arbeiten nicht-walrasianische Modelle konstruiert werden. In diesen Zusammenhang gehören z. B. die Papiere von Cho und Cooley (1992), Burnside, Eichenbaum und Rebelo (1993), Hairault und Portier (1993, 1995), Fairise und Langot (1994), Fairise (1994, 1995) sowie Langot (1995).

sons Arbeiten Transaktionen zu nicht markträumenden Preisen motiviert werden, vgl. Hairault und Portier (1993, 1995), Fairise und Langot (1994) sowie Fairise (1994, 1995).

- Zu Motivation und Aufbau der vorliegenden Arbeit -

Angesichts der Bedeutung, die vermeintliche Ungleichgewichtssituationen in den keynesianisch geprägten Konjunkturtheorien der ersten Nachkriegsdekaden hatten, vgl. Mankiw (1990), erstaunt die geringe Zahl von Versuchen, derartige Mechanismen in ein wohlspezifiziertes dynamisches Makromodell mit angebotsseitigen Schocks zu integrieren. Zwar spielt dabei sicherlich die Tatsache eine Rolle, daß keynesianische Denkschulen in der Regel eine stärkere Affinität zu Nachfrageschocks erkennen lassen, doch ist dies sicherlich kein grundsätzliches Hemmnis.

Überdies ist in den o. e. Arbeiten die Modellierung der für die Ungleichgewichtssituationen ursächlichen Sachverhalte in bedauerlichem Maße *ad hoc*. Obwohl auf eine Mikrofundierung auch in diesen Modellen durchaus Wert gelegt wird, werden die Annahmen über die Existenz oder Nicht-Existenz bestimmter Abweichungen vom walrasianischen Ideal in der Regel nicht begründet. Angesichts der nahezu unermeßlichen Vielzahl von möglichen Rigiditäten, Wettbewerbseinschränkungen, Anpassungskosten, Unvollkommenheiten in der Informationsverteilung etc. wirkt die jeweils bevorzugte Modellierung durchaus willkürlich und daher nicht unmittelbar überzeugend.

Um so kontrastreicher stehen dem die klaren Prinzipien der walrasianischen RBC-Modelle gegenüber, die letztlich aus den markträumenden Annahmen des Solow'schen Wachstumsmodells hervorgehen. Es liegt deshalb nahe zu fragen, ob eine allgemeine Theorie nicht-walrasianischer Fluktuationen analog aus einer nicht-walrasianischen Modifikation des Solow'schen Wachstumsmodells abgeleitet werden kann, ohne zusätzliche, nicht willkürfreie Annahmen der oben beschriebenen Art zu machen.

Denn in der Tat sind im Gefolge der vor allem in den siebziger Jahren populären Ungleichgewichtstheorie, s. z. B. Barro und Grossman (1971) sowie Malinvaud (1977), auch entsprechende Verallgemeinerungen des Solow'schen Wachstumsmodells erarbeitet worden. Von hervorstechender Bedeutung ist dabei der Ansatz von Ito (1980), dem eine besonders schnörkellose Übertragung des Solow-Modells auf Sequenzen von Rationierungsgleichgewichten gelingt und dessen Arbeit diversen ähnlich orientierten Papieren zugrundeliegt, z. B. Picard (1983). Mit der wachsenden Akzeptanz der gleichgewichtsorientierten Makroökonomie seit den späten siebziger Jahren sind diese Arbeiten freilich zunehmend in Vergessenheit geraten.

Ich werde daher in dem vorliegenden Werk ein aus dem Ito'schen Wachstumsmodell abgeleitetes nicht-walrasianisches RBC-Modell präsentieren, das als Grundlage für eine allgemeine Theorie ungleichgewichtiger Fluktuationen in einer wachsenden, rein realwirtschaftlichen Ökonomie dienen kann[26]. Dieses Modell wird daher als nicht-walrasianisches Analogon zu dem prototypischen RBC-Modell in der Formulierung von King, Plosser und Rebelo (1988a, 1988b) aufgefaßt und in enger Anlehnung an dieses entwickelt. Da die Annahme rationaler Erwartungen ebenso wie alle übrigen nicht unmittelbar gleichgewichtsbezogenen Konsistenzannahmen der RBC-Modelle auch in der nicht-walrasianischen Formulierung aufrechterhalten bleiben sollen, ist diese Aufgabe keineswegs trivial, denn die oben zitierten nicht-walrasianischen Wachstumsmodelle werden durch im Zeitablauf alternierende Regime gekennzeichnet. Es ist a priori völlig unklar, ob die Existenz von (Rationierungs-)Gleichgewichten unter rationalen Erwartungen und möglichen Regimewechseln überhaupt gesichert ist.

Eine genauere Analyse des Ito-Modells zeigt jedoch, daß keineswegs alle Regime mit den Annahmen vollständigen Wettbewerbs und freien Marktzutritts kompatibel sind. Vielmehr sind (in der Terminologie von Barro und Grossman (1971)) lediglich das sog. Klassische Regime und das walrasianische Gleichgewicht mit kompetitiven Rahmenbedingungen vereinbar, wobei letzteres aber in einem wohldefinierten Sinne degeneriert ist. Eine wachsende, wettbewerblich organisierte und ungleichgewichtige Ökonomie befindet sich daher stets[27] im Klassischen Regime, d. h. in einer Situation, in der (in geplanten Größen) ein Überschußangebot auf dem Arbeitsmarkt und eine Überschußnachfrage auf dem Gütermarkt zu verzeichnen ist.

---

[26]Es ist eine interessante Frage, ob nicht auch andere Variationen des prototypischen RBC-Modells aus Modifikationen des Solow-Modells abgeleitet werden können. Beispielsweise existiert ein auf Tobin (1965) zurückgehendes neoklassisches monetäres Wachstumsmodell, das erstaunlicherweise bei der Entwicklung der monetären RBC-Modelle unbeachtet blieb. Für diese und weitere monetäre Wachstumsmodelle vergleiche man u. a. Chiarella und Flaschel (1994). Diese Autoren gehen auch ausführlich auf nicht-walrasianische Mechanismen ein, allerdings in einem durchweg nicht mikrofundierten und nicht rationalitätskompatiblen Ansatz.

[27]Präzise: Mit Wahrscheinlichkeit Eins.

Ich werde zeigen, daß diese Situation mit einem gleichmäßigen Wachstum (sog. *Steady-State*-Wachstum) vereinbar ist und daß das Steady-State-Niveau des Reallohns endogen bestimmt wird. Das nicht-walrasianische RBC-Modell setzt daher keine Annahmen über Preisrigiditäten voraus. Die nominalen Preise können durchweg als völlig flexibel unterstellt werden, solange zugelassen wird, daß der (wachstumsbereinigte) Nominallohn und das Preisniveau eine von Eins verschiedene zeitgleiche Korrelation aufweisen, was sicherlich eine sehr schwache Annahme ist.

Ich werde darüber hinaus zeigen, daß Steady-State-Wachstum mit jedem beliebigen Niveau von Unterbeschäftigung kompatibel ist, d. h. der Steady-State der nicht-walrasianischen Ökonomie determiniert kein eindeutiges Beschäftigungsniveau. Die Beschäftigung ist vielmehr pfadabhängig (hysteretisch[28]), da sich das Arbeitsvolumen als ein instationärer (integrierter) Prozeß darstellt - selbst dann, wenn die das Modell treibenden Schocks unkorrellierte Zufallsprozesse (sog. weißes Rauschen) sind.

Neben der Modellspezifikation soll sich diese Arbeit aber auch der Modellevaluation und der Schätzung seiner Parameter widmen. Dafür werde ich mich auf Daten für die Bundesrepublik Deutschland (Gebietsstand vor dem 3.10.1990) stützen, um damit die weitaus überwiegende Zahl von Studien zu komplementieren, die RBC-Modelle anhand US-amerikanischer Datensätze parametrisieren und evaluieren. In Kapitel 2 erarbeite ich daher zunächst stilisierte Fakten der bundesdeutschen konjunkturellen Entwicklung. Dies geschieht in Ergänzung existierender Arbeiten u. a. von Sebold-Bender (1990), Smeets (1992) und Reiter (1995), für offene Volkswirtschaften von Brandner und Neusser (1992). Deren Ergebnisse hier unmittelbar zu verwenden erscheint nicht angeraten, da diesen andere Datensätze in anderen zeitlichen Abgrenzungen zugrundeliegen und die Trendbereinigung - und dies stellt die Hauptschwierigkeit dar - in der Regel nicht mit der Form der in dieser Arbeit unterstellten Wachstumstrends kompatibel ist.

Bei der Erarbeitung der stilisierten Fakten werde ich die zur Verfügung stehenden Daten in unterschiedlichen Transformationen betrachten: In ihren Niveaus (saisonbereinigte Ursprungswerte), sowie in stationarisierter Form als prozentuale Abweichungen vom Steady-State, als Wachstumsraten und als (logarithmierte) Quotienten, den sogenannten *gross ratios*. Für die Analyse der Niveauwerte spielt das Konzept der Kointegration und die ihr zugrundeliegende Theorie integrierter stochastischer Prozesse eine grundle-

---

[28]Zum Begriff der Hysterese und ihrer empirischen Behandlung für die Bundesrepublik Deutschland vergleiche man z. B. Franz (1992a) und Funke (1991).

gende Rolle, deren wesentliche Eigenschaften heutzutage in diversen Lehrbüchern, insbesondere Banerjee, Dolado, Galbraith und Hendry (1993) sowie Johansen (1995) detailliert erläutert verfügbar sind. Die stationarisierten Variablen werden sowohl im Zeitbereich als auch im Frequenzbereich analysiert; hier ist ein Verständnis der wesentlichen zeitreihenanalytischen Konzepte erforderlich, wie es z. B. von Schlittgen und Streitberg (1989), Brockwell und Davis (1991) und (für die Spektralanalyse) Priestley (1981) vermittelt wird.

Die in der RBC-Literatur übliche Evaluationsmethodik beschränkt sich in der Regel auf einen visuellen Vergleich zwischen geschätzten empirischen und (simulierten oder berechneten) theoretischen zweiten Momenten, wobei die Auswahl der betrachteten Momente überdies höchst selektiv ist. Angesichts der Bedeutung, die in den theoretischen Modellen einer exakten formalen Methodik zuerkannt wird, erstaunt die Tatsache, daß bei der Evaluation dieser Modelle typischerweise noch nicht einmal Standardfehler der Momente betrachtet werden.

Um einen Referenzpunkt für die Evaluation des nicht-walrasianischen RBC-Modells zu gewinnen, wird deshalb in Kapitel 3 dieser Arbeit zunächst einmal eine stärker auf anerkannte statistische Methoden zurückgreifende Evaluation des prototypischen RBC-Modells im Zeitbereich durchgeführt. Dabei betrachte ich eine wenn auch nicht umfassende, so doch deutlich größere Anzahl von zweiten Momenten der Modellvariablen als dies in den meisten der oben zitierten Studien der Fall ist. Zum Abgleich mit den zuvor empirisch ermittelten Werten greife ich auf asymptotische Standardfehler zurück, die nach der sog. Bartlett-Formel berechnet werden, vgl. Brockwell und Davis (1991).

Dieser nur um statistische Grundlagen bereicherten Form der Standardevaluation schließt sich eine erst in jüngerer Zeit entwickelte Evaluationsmethode im Frequenzbereich an, die auf Watson (1993) zurückgeht. Die Frequenzbereichsevaluation hat die Vorteile, daß sie erstens anders als die Zeitbereichsevaluation *alle* zweiten Momente umschließt und zweitens optional auf diejenigen Schwingungskomponenten konzentriert werden kann, die mit Blick auf Konjunktur- oder Wachstumszyklen von besonderem Interesse sind. Es zeigt sich, daß in der Frequenzbereichsevaluation z. T. deutlich andere Schwächen der RBC-Modelle zutage treten als in der Zeitbereichsevaluation, was letztlich besagt, daß die üblichen stark selektiven Evaluationsmethoden für RBC-Modelle unzureichend sind[29].

Als eine dritte Evaluationsmethode verwende ich schließlich eine computergestützte Implementation der von Burns und Mitchell am NBER entwickelten Form der Konjunkturanalyse. Diese in der akademischen Forschung weitgehend unbeachtete Methodik wurde unlängst in Publikationen von Simkins (1994) und King und Plosser (1994) verwandt, um die RBC-Modelle von Kydland und Prescott (1982) bzw. King, Plosser und Rebelo (1988a) einem auf Adelman und Adelman (1959) zurückgehenden stochastischen Simulationstest zu unterziehen. Ein wesentlicher, obwohl von den vorstehend genannten Autoren nicht hervorgehobener Vorteil der Burns-Mitchell-Methodologie liegt darin, daß mit ihr auch die instationären Niveauwerte einer Ökonomie betrachtet werden können, die sich den oben erwähnten Evaluationsmethoden entziehen, weil sie keine zeitinvarianten zweiten Momente aufweisen.

Den umfänglichen Evaluationen des prototypischen RBC-Modells schließen sich Darlegungen über approximative Zeitreihendarstellungen der Modellvariablen an. Diese Approximationen eröffnen einerseits ein Verständnis für inferenzstatistische Probleme der Evaluation im Zeit- und im Frequenzbereich und ermöglichen andererseits eine strukturiertere Erarbeitung von Likelihood-gestützten Schätzverfahren für die strukturellen Parameter des Modells. Einer konventionellen Schätzung dieser Parameter auf der Basis des Maximum-Likelihood- (ML) Prinzips stehen nämlich sowohl die Singularität der Varianz-Kovarianz-Matrix der das System treibenden Störterme als auch schwierig einzuschätzende Identifizierbarkeitsprobleme gegenüber.

Ausgehend von diesen Schwierigkeiten entwickle ich diverse asymptotisch äquivalente Modifikationen der ML-Schätzung und taxiere deren Leistungsfähigkeit durch umfangreiche Simulationsstudien. Ein als "gewichtete ML-Schätzung" bezeichnetes Schätzverfahren scheint alternative Methoden zu dominieren und wird daher zur Schätzung der strukturellen Parameter herangezogen. Sowohl in der Schätzung des prototypischen RBC-Modells als auch in der seines nicht-walrasianischen Gegenstücks zeigt sich, daß die ML-Schätzungen der ökonomisch interpretierbaren Parameter nicht signifikant von ihren kalibrierten (d. h. mehr oder weniger *ad hoc* unterstellten) Parameterwerten abweichen, was, gestützt auf ein informationstheoretisches

---

[29]Ein einfaches Indiz für die Unzulänglichkeit der Standardmethoden ist auch die verwirrend hohe Zahl von Erfolgsmeldungen, die bei den unterschiedlichsten Erweiterungen des prototypischen RBC-Modells in der Literatur zu verzeichnen sind.

Argument von White (1982), darauf zu verweisen scheint, daß diese Modelle als Approximation an die tatsächliche Volkswirtschaft nicht völlig untauglich sind und daher durchaus ein sinnvoller Ausgangspunkt für weitere Forschung sein können. Überdies zeigt sich, daß bei Varianzen und anderen ökonomisch nicht unmittelbar interpretierbaren Parametern die (gewichtete) ML-Schätzung von nicht zu unterschätzendem Wert ist, da hier die Kalibrationsmethoden unzuverlässige Ergebnisse erbringen.

In Kapitel 4 leite ich zunächst das bereits beschriebene nicht-walrasianische RBC-Modell her und schätze seine strukturellen Parameter mit der gewichteten Maximum-Likelihood-Methode. Daran schließt sich eine dem Kapitel 3 analoge Modellevaluation an: Ich zeige, daß das nicht-walrasianische RBC-Modell realitätsnähere Implikationen für die Kointegrationseigenschaften der Niveauwerte hat und und einen Lösungsweg für das *employment variability puzzle* ausweist. Da die Konstruktion eines nicht-walrasianischen Modells ausdrücklich mit dem Ziel, dieses Phänomen einer besseren Erklärung zugänglich zu machen, motiviert wurde, überprüfe ich danach anhand der geschilderten Evaluationsverfahren, ob sich das sonstige Erklärungspotential des Modells zumindest nicht summarisch verschlechtert. Aus allen drei Evaluationsansätzen ergibt sich, daß das nicht-walrasianische Modell seinem walrasianischen Gegenstück in den weitaus meisten Bereichen ebenbürtig oder sogar deutlich überlegen ist. In Kapitel 5 beschließt ein Ausblick auf weitere Forschung diese Arbeit.

2. Kapitel: Datenanalyse

Ökonomische Theorie ist stets eine Reflexion empirisch beobachteter Sachverhalte. Die Betrachtung erhobener Daten regt zu Hypothesen über ihren inneren Zusammenhang an; in der expliziten Formulierung dieser Hypothesen entsteht ein Modell als Ausprägung einer zugrundeliegenden Theorie. Den theoretischen Betrachtungen dieser Arbeit soll deshalb im vorliegenden Kapitel die Datenanalyse vorausgehen.

Das Ideal einer völlig modellfreien[1] Datenanalyse ist jedoch weder zweckmäßig noch praktisch umsetzbar. Es ist praktisch nicht umsetzbar, weil bereits in den Entscheidungen über Definition und Auswahl der insgesamt in einer Volkswirtschaft zu erhebenden und zu publizierenden Variablen ökonomische Werturteile enthalten sind. Beispielsweise enthält die von der Deutschen Bundesbank publizierte Zeitreihe des gesamtwirtschaftlichen Produktionspotentials erhebliche theoretische Vorstellungen über die Gestalt einzelwirtschaftlicher Produktionsfunktionen und deren Aggregationseigenschaften, vgl. Oppenländer (1994). Auch die lange Zeit weithin als unbedenklich eingestufte amerikanische Praxis, ausschließlich saisonbereinigte Daten der volkswirtschaftlichen Gesamtrechnung zu veröffentlichen, unterstellt, wie Singleton (1988) überzeugend gezeigt hat, starke ökonomische Hypothesen über die wahre Natur konjunktureller Schwankungen.
Eine absolut modellungebundene Datenanalyse ist aber auch nicht zweckmäßig, da fast alle Sammlungen ökonomischer Daten in irgendeiner Form zur Inferenz über konjunkturelle Phänomene herangezogen werden können. Die zu bearbeitende Datenmenge einer einzelnen modernen Volkswirtschaft ist damit de facto unbewältigbar groß. Daher muß, auch wenn die Datenana-

[1] "Modellfrei" bedeutet hier "im ökonomischen Sinne atheoretisch". Der Verwendung *statistischer* Modelle über die datengenerierende Struktur steht nichts entgegen, solange diese Modelle als ökonomisch aussagelos aufgefaßt werden können. Eine Datenanalyse ohne derartige Modelle der mathematischen Statistik ist streng genommen sogar undenkbar.

lyse aus systematischen Gründen der Theoriebildung vorausgehen sollte, diese doch immer schon unter dem Blickwinkel des beabsichtigten Theoriebezugs erfolgen, um handhabbar zu bleiben.

Die nachfolgende Datenanalyse unterliegt daher bewußten Beschränkungen, die sich aus der Kenntnis existierender Theorie (wiederum eingeengt auf Modelle der Real-Business-Cycle-Schule) und intendierter Anwendungen im Verlauf dieser Arbeit ergeben. Eine dieser Beschränkungen besteht z. B. darin, daß ausschließlich reale Variablen betrachtet werden, über die die prototypischen RBC-Modelle von King, Plosser und Rebelo (KPR) Aussagen abzuleiten erlauben, vgl. KPR (1988a, 1988b). Diese realen Variablen sind der Output einer Ökonomie, der Arbeitsinput (in einer vom Modell vorgegebenen Standardisierung) sowie Reallohn, Konsum und Investitionen[2]. Geldmengenaggregate und nominale Preise werden also nicht betrachtet, obwohl dies, wie in der Einleitung ausführlich diskutiert, auch im Rahmen von Real-Business-Cycle-Modellen durchaus möglich und sinnvoll sein kann.

Auch die Wahl des Stichprobenzeitraums erfolgt mit Rücksicht bzw. im Vorgriff auf Modelleigenschaften. Die für RBC-Modelle typische Lösungstechnik unterstellt die Existenz eines (eindeutigen) Steady-States, d. h. alle Variablen wachsen mit einer konstanten Wachstumsrate. Der Stichprobenzeitraum wird daher so gewählt, daß diese Eigenschaft zumindest nicht offensichtlich verletzt ist. Schließlich werden aus der Fülle stationarisierender Transformationen der Ursprungsdaten nur jene betrachtet, die für beabsich-

[2]Es scheint wissenschaftlich redlich und daher erstrebenswert zu sein, zunächst die vom Modell zu erklärenden Datenreihen festzulegen und dann an ihnen das Erklärungspotential des Modells zu überprüfen. Dies verhindert Varianten des "data mining", die in unbestimmbarer Weise das nominelle Niveau statistischer Tests des Modells verzerren können. Diese Gefahr ist bei einfachen RBC-Modellen besonders groß, da eine gegebene Modellvariable mit einer großen Zahl empirischer Reihen (bei gewissen Unterschieden in der Interpretation) identifiziert werden kann. Tatsächlich wird sich herausstellen, daß die in dieser Arbeit untersuchten Modelle keinen befriedigenden Erklärungsgehalt für die unten beschriebenen empirischen Daten aufweisen. Ich werde dieses negative Ergebnis zum Anlaß einer Neuinterpretation der Modellvariablen nehmen und diese anhand eines veränderten Datensatzes überprüfen. Die bei dieser Modifikation neu hinzuzuziehenden Daten werden in ihren wesentlichen Eigenschaften erst nach Formulierung der neuen Interpretation vorgestellt, um deutlich zu machen, daß hier dann in der Tat eine modellbezogene Auswahl des Datenmaterials erfolgt, die aus inferenzstatistischer Sicht nicht unproblematisch ist. Gleichzeitig wird dadurch jedoch auch hervorgehoben, daß wissenschaftlicher Fortschritt Popper'scher Prägung (Falsifizierung bestehender Hypothesen und Formulierung neuer Hypothesen) Elemente des "data mining" beinhalten kann, wenn dasselbe Modell in einer veränderten Interpretation mit veränderten Daten getestet wird.

tigte Modellevaluationen von Interesse sind. In einigen Fällen werden damit Modellergebnisse vorweggenommen; z. B. implizieren manche RBC-Modelle bivariate kointegrierende Vektoren des Typs (1, -1)'. Entsprechend konstruierte Fehlerkorrekturterme, (die als temporäre Abweichungen von einer langfristigen Gleichgewichtsbeziehung interpretiert werden können), werden im folgenden bereits untersucht. Da die kointegrierende Kombination instationärer Modellvariabler in der Regel eine unmittelbar interpretierbare ökonomische Größe wie z. B. die Konsumquote oder die durchschnittliche Arbeitsproduktivität darstellt, erscheint diese Vorgehensweise jedoch auch keineswegs willkürlich.

In den sich anschließenden Abschnitten werden wichtige Eigenschaften des in dieser Arbeit benutzten Datensatzes zusammengetragen. Da auf diese Eigenschaften in späteren Kapiteln wiederholt zurückgegriffen werden wird, soll dem Leser hier vorab ein Kompendium wesentlicher Charakteristika des Datensatzes zur Verfügung gestellt werden. Zum Teil werden diese Charakteristika getestet, d. h. es wird versucht, zwischen rivalisierenden Hypothesen anhand statistischer Kriterien zu diskriminieren. Es sei vereinbart, daß in der Auswertung derartiger Tests grundsätzlich ein Signifikanzniveau von 5% zugrundegelegt wird, d. h. Statistiken, deren Wahrscheinlichkeit unter der Nullhypothese kleiner als 5% ist, geben Anlaß, die Nullhypothese zu verwerfen. Diese Konvention wird im Verlauf der Arbeit durchgängig aufrechterhalten. Ich werde allerdings zur besseren Information Statistiken, die zum 10%-Niveau signifikant sind, ebenfalls besonders kennzeichnen, um damit einen warnenden Hinweis darauf zu geben, daß die Nullhypothese nur knapp akzeptiert wird.

- Stationaritätseigenschaften deutscher Daten -

Für die Bundesrepublik Deutschland existieren Quartalsdaten der volkswirtschaftlichen Gesamtrechnung seit dem ersten Quartal 1960. Die Erhebung der Daten bezogen auf den Gebietsstand der Bundesrepublik vor dem 3.10.1990 wurde bis zum Jaresende 1994 fortgeführt und dann aufgegeben. Im folgenden werden entsprechende Daten aus der volkswirtschaftlichen Gesamtrechnung des Deutschen Instituts für Wirtschaftsforschung (DIW) verwandt, vgl. DIW (1995). Die territoriale Abgrenzung bezieht sich stets, ohne daß dies künftig ausdrücklich ausgewiesen wird, auf die Bundesrepublik Deutschland vor der Wiedervereinigung, aber unter Einschluß des Saarlandes und West-Berlins.

Alle relevanten Daten liegen in saisonunbereinigter und saisonbereinigter Form vor, die Saisonbereinigung erfolgte nach dem sog. "Berliner Verfahren", s. Stier (1985). Da RBC-Modelle in der Regel keine Modellierung der Saison enthalten, werden hier nur die Eigenschaften saisonbereinigter Daten dokumentiert; auf saisonunbereinigte Daten wird im Verlauf der Arbeit nicht zurückgegriffen. Außerdem betrachte ich alle Daten als pro-Kopf-Größen, da RBC-Modelle typischerweise repräsentative Agenten unterstellen. Die zugrundegelegte Bevölkerungsreihe ist die "Wohnbevölkerung", die ebenfalls aus der volkswirtschaftlichen Gesamtrechnung des DIW entnommen wurde[3].

Ich verwende hinfort als empirische Korrelate der später zu spezifizierenden Modellgrößen die natürlichen Logarithmen des Bruttoinlandsprodukts, des privaten Verbrauchs, der Bruttoinvestitionen des Unternehmenssektors und des Arbeitsvolumens aller Erwerbstätigen. Für die Berechnung der ersten drei Größen werden konstante Preise von 1991 unterstellt; das Arbeitsvolumen wird in bezahlten Stunden gemessen[4]. Alle Größen werden, wie erwähnt, stets auf pro-Kopf-Basis angegeben. Die logarithmierten pro-Kopf-

---

[3]Alternative Bevölkerungsvariablen wären die "Erwerbspersonen" oder die "Erwerbstätigen" gewesen. Diese Reihen weisen (vor allem in ihren Veränderungen) nicht unerhebliche Unterschiede gegenüber der Wohnbevölkerung auf, u. a. vermutlich aufgrund von Änderungen im Erwerbsverhalten der Frauen. Keine dieser drei Bevölkerungsreihen ist für die Berechnung von pro-Kopf-Größen eindeutig überlegen: Für die Konsumreihe ist die Wohnbevölkerung vermutlich angemessener; für das Arbeitsvolumen die Erwerbspersonen und für das Bruttoinlandsprodukt müßte man die Erwerbstätigen zugrundelegen. Ersichtlich spielt hier u. a. das Problem nicht gemessener Komponenten der volkswirtschaftlichen Leistung im haushaltswirtschaftlichen Bereich eine wesentliche Rolle, vgl. Benhabib, Rogerson und Wright (1991). Ich habe mich für die Benutzung der Wohnbevölkerungsreihe entschieden, da Schwankungen in der Zahl der Erwerbspersonen und der Erwerbstätigen in stärkerem Maße als bei der Wohnbevölkerung auf modellendogene, d. h. ökonomische Einflüsse zurückzuführen zu sein scheinen. Da die Struktur eines Modells mit repräsentativen Agenten eine Exogenität der empirischen Bevölkerungsvariablen erfordert, ist die Wohnbevölkerung m. E. zu bevorzugen.

[4]In Anlehnung an die RBC-Modelle wird das Arbeitsvolumen auf das Intervall [0,1] normiert, indem die bezahlten Stunden pro Kopf und Quartal durch die einem Individuum in einem Quartal im Prinzip zur Verfügung stehende Arbeitszeit geteilt wird. Ich unterstelle in dieser Arbeit pro Tag eine verfügbare Arbeitszeitausstattung von sechzehn Stunden, d. h. acht Stunden werden als unabdingbar für nicht-arbeitsbezogene Aktivitäten (Nahrungsaufnahme, Schlafen etc.) angenommen. Bei 90 Tagen pro Quartal ergibt dies eine Arbeitszeitausstattung des Individduums von 1440 Stunden pro Quartal, die das Individuum entweder für Erwerbsarbeit oder für Freizeit (einschließlich Hausarbeit im Sinne von Benhabib, Rogerson und Wright (1991)) verwenden kann. Werden in einem Quartal x bezahlte Stunden pro Kopf gemessen, so ergibt sich STUNSA als ln(x/1440).

Größen bezeichne ich künftig mit BIPRSA, VPRIVRSA, INVBURSA und STUNSA[5].

Der logarithmierte Reallohn[6] (WRSA) wird als effektive Bruttolohn- und Gehaltssumme deflationiert mit dem Konsumentenpreisindex in DM pro Stunde gemessen. Der so gemessene Reallohn ist eine ex-post-Größe, die mit den ex-ante-Erwartungen (z. B. zum Zeitpunkt des Tarifvertragsabschlusses) nicht notwendigerweise übereinstimmt. Die Aussagen, die man aus typischen RBC-Modellen über Faktorpreise ableiten kann, beziehen sich jedoch auf ex-ante-Erwartungen. Es ist nicht klar, welche Bedeutung dieses Problem für die Verwendung der Reihe WRSA hat: Erwartet ein Individuum einen Reallohn von 30,- DM/Std. und verschätzt sich in seiner Inflationserwartung um einen Prozentpunkt, so weicht der ex-post-Reallohn um rund dreißig Pfennig von seiner ex-ante-Erwartung ab. Diese Abweichung ist klein ausgedrückt als Prozentsatz des Niveaus, sie kann aber erheblich sein, sofern die Theorie auf Schwankungen des Reallohns um seinen Trend abstellt und diese Fluktuationen nur geringe Varianz haben.

Für den Realzins[7] ist dieselbe Fehleinschätzung auf alle Fälle erheblich: Beträgt die ex-ante Erwartung z. B. 4%, so weicht die ex-post Realverzinsung um ungefähr einen Prozentpunkt von der ex-ante-Erwartung ab, d. h. der reale Kapitalertrag ist um ca. 25% größer oder kleiner als ursprünglich erwartet. Aus derartigen Überlegungen heraus verzichten die meisten Autoren darauf, Modellimplikationen bzgl. des Realzinses mit ex-post Realzinsen zu überprüfen. Aufgrund der methodischen Schwierigkeiten die mit der Schätzung von Zeitreihendaten des ex-ante erwarteten Realzinses verbunden sind, wird vielmehr oft ganz von der expliziten Betrachtung von Zinssätzen abgesehen, vgl. KPR (1988a). Ich halte diese Vorgehensweise für korrekt,

---

[5]Die Systematik der Notation ist wie folgt: R steht für reale Größen, SA für saisonbereinigte. Da Variablen durchgängig pro-Kopf-Größen darstellen, wird dies in der Notation nicht sonderlich hervorgehoben. Im Anhang findet sich zum besseren Überblick eine Aufstellung der verwendeten Bezeichnungen mit ihren genauen Definitionen.

[6]Soweit nicht ausdrücklich anders angegeben, beziehen sich in dieser Arbeit alle Angaben zu Variablen auf deren Logarithmen. Zur sprachlichen Vereinfachung werde ich hinfort nur noch von Output, Produktivität, Reallohn etc.sprechen, wenn tatsächlich deren Logarithmen gemeint sind.

[7]Der Realzins ist implizit definiert durch die Beziehung Nominalzins gleich Realzins plus Inflationsrate plus Produkt aus Realzins und Inflationsrate. Beim ex-ante Realzins geht in diese Beziehung die erwartete Inflationsrate ein, beim ex-post Realzins die realisierte.

möchte aber darauf aufmerksam machen, daß ähnliche Bedenken auch bezüglich des Reallohns bestehen[8].

Abbildung 2/1

Logarithmen wichtiger deutscher Nachfrageaggregate[9]

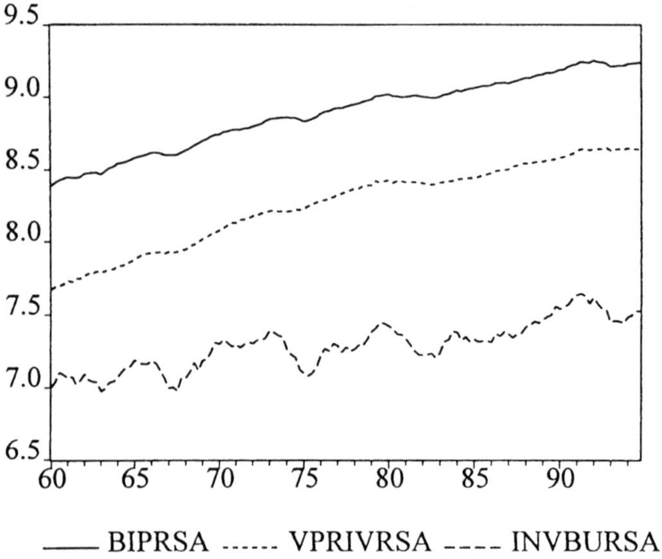

[8]Der Reallohnsatz enthält noch ein anderes gravierendes Problem: Er berücksichtigt nur einen Teil der tatsächlich anfallenden Lohnnebenkosten, d. h. insbesondere nur die Arbeitnehmeranteile an den Sozialversicherungsbeiträgen. Für die Arbeit*geber* sind jedoch die vollen Lohnkosten (einschließlich der Arbeitgeberanteile) kostenrelevant; insofern unterschätzt der mit WRSA gemessene Reallohn sicherlich die marginale Arbeitsproduktivität. Für die Arbeit*nehmer* sind ebenfalls die vollen Lohnkosten (unter Einschluß der Arbeitgeberanteile) als Kompensation für ihre Arbeitsleistung anzusehen, da den Sozialversicherungsbeiträgen ja ein gewisser Erwartungswert künftiger Leistungen durch die Sozialversicherungsträger entspricht. Es ist aber unklar, ob dieser Erwartungswert den aufsummierten und diskontierten Sozialversicherungsbeiträgen auch nur ungefähr gleich ist. Hoch qualifizierte Arbeitnehmer z. B. haben ein relativ geringes Risiko, arbeitslos zu werden und werden daher tendenziell ihre Pflichtleistungen an die Bundesanstalt für Arbeit als zu hoch empfinden. Diese Beiträge sind für sie daher annähernd wertlos und dürften ihrem Lohn zumindest nicht in voller Höhe des Nennbetrages zugeschlagen werden.

[9]Die Ordinate weist DM pro Kopf in natürlichen Logarithmen aus.

Abbildung 2/1 illustriert den historischen Verlauf von Bruttoinlandsprodukt, privatem Konsum und Bruttoinvestitionen der Unternehmen. Alle drei Nachfrageaggregate sind durch einen eindeutigen, obschon vielleicht nicht unbedingt linearen Wachstumstrend gekennzeichnet. Die mittlere Wachstumsrate scheint bei den Investitionen etwas schächer ausgeprägt zu sein als bei Bruttoinlandsprodukt und Konsum[10]. Letztere Eigenschaft steht Steady-State-Überlegungen nicht entgegen, da im Steady-State nur eine konstante, nicht aber die *gleiche* konstante Wachstumsrate für alle Variablen gefordert wird. Eine eingehendere Betrachtung zeigt jedoch, daß die Wachstumsraten dieser Aggregate im Zeitraum 1960-1994 auch kaum als konstant angesehen werden können. Denn bezeichnen wir die Logarithmen von Konsum- und Investitionsquote mit KQ := VPRIVRSA - BIPRSA bzw. IQ := INVBURSA - BIPRSA, so zeigt Abbildung 2/2, daß diese keineswegs, wie im Steady-State zu erwarten wäre, einen annähernd konstanten Verlauf haben.

Abbildung 2/2

Logarithmen von Konsum- und Investitionsquote

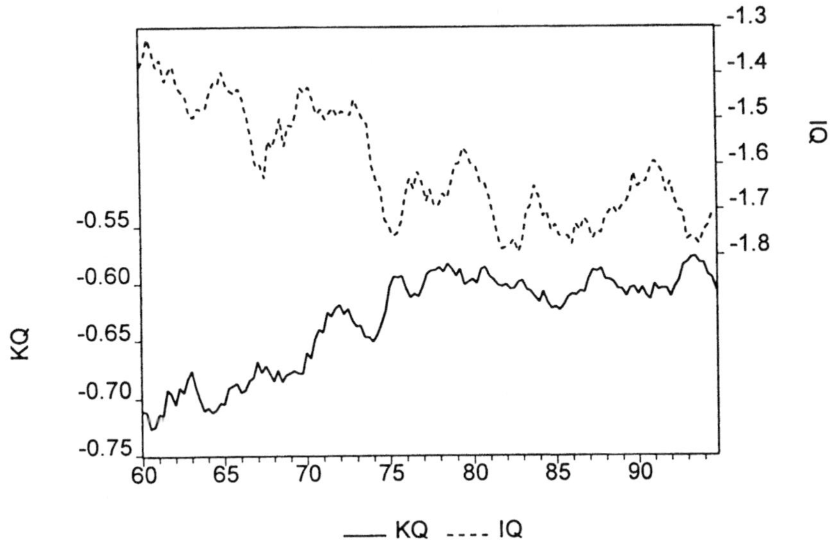

[10]Davon abgesehen erscheinen die Investitionen als die mit Abstand volatilste Reihe. Dies ist in der Tat so, wird in der Graphik aber durch den logarithmischen Maßstab überzeichnet.

Offenbar nahm die Konsumquote bis ungefähr zum Jahr 1975 im Mittel zu, während die Investitionsquote bis ungefähr zum selben Zeitpunkt tendenziell sank. Ab ca. dem Jahr 1975 kann man die mittleren Wachstumsraten von Konsum, Investitionen und Bruttoinlandsprodukt offenbar als im wesentlichen gleich ansehen, denn Konsum- und Investitionsquote scheinen seither um einen konstanten Mittelwert zu schwanken. Mit dem aus Abbildung 2/1 abgeleiteten Eindruck ungefähr konstanter Wachstumsraten in der Periode seit 1975 folgt daher, daß die Annahme eines Steady-States für die Volkswirtschaft der Bundesrepublik Deutschland in der Teilstichprobe 1975-1994 zumindest einer ersten Sichtung des Datenmaterials nicht widerspricht.

Für die Zeit vor 1975 muß man aber offenbar davon ausgehen, daß ein Steady-State noch nicht erreicht war. Mit Bezug auf das Solow'sche Wachstumsmodell läge es sicherlich nahe, einen durch Kriegseinwirkungen unangemessen niedrigen Kapitalbestand in den Anfangsjahren der Bundesrepublik Deutschland zu vermuten. Ein unter dem Steady-State-Niveau liegender Kapitalbestand führt im Solow'schen Modell zu Konsum- und Investitionsquoten, die so lange niedriger bzw. höher als die entsprechenden Steady-State-Werte sind, bis der Steady-State-Kapitalbestand erreicht ist. Die in Abbildung 2/2 aufgedeckten Verläufe von Konsum- und Investitionsquoten lassen sich also sehr gut durch die Konvergenz zum (seit ca. 1975 erreichten) Steady-State erklären.

Diese Eindrücke werden gefestigt durch einen Blick auf die Arbeitsmarktvariablen STUNSA und WRSA. Zunächst zeigt Abbildung 2/3, daß sowohl die durchschnittlichen Arbeitsstunden pro Kopf als auch der Reallohn trendbehaftete und damit nichtstationäre Größen sind. Dies ist insofern bemerkenswert, als das pro-Kopf-Arbeitsvolumen in der amerikanischen Literatur in der Regel als stationäre Größe aufgefaßt wird, vgl. KPR (1988a). Für deutsche Daten ist diese Annahme offensichtlich unzulässig, weil das pro-Kopf-Arbeitsvolumen einem durchgängig negativen Trend folgt. Für den Beobachtungszeitraum 1960-1994 stellt darüber hinaus ein lineares Trendwachstum weder für STUNSA noch für WRSA eine allzu überzeugende Modellierung dar, da sich in den siebziger Jahren eine Trendabschwächung beobachten läßt, die zumindest bis Anfang der neunziger Jahre anzuhalten scheint. Eher ist die Annahme linearen Trendwachstums wohl für die Unterstichprobe ab 1974 vertretbar, obgleich die (vermutlich rezessionsbedingte) Entwicklung von STUNSA in den Jahren 1993 und 1994 sich auch hier als problematisch erweisen könnte.

Abbildung 2/3

Logarithmen wichtiger Arbeitsmarktvariablen[11]

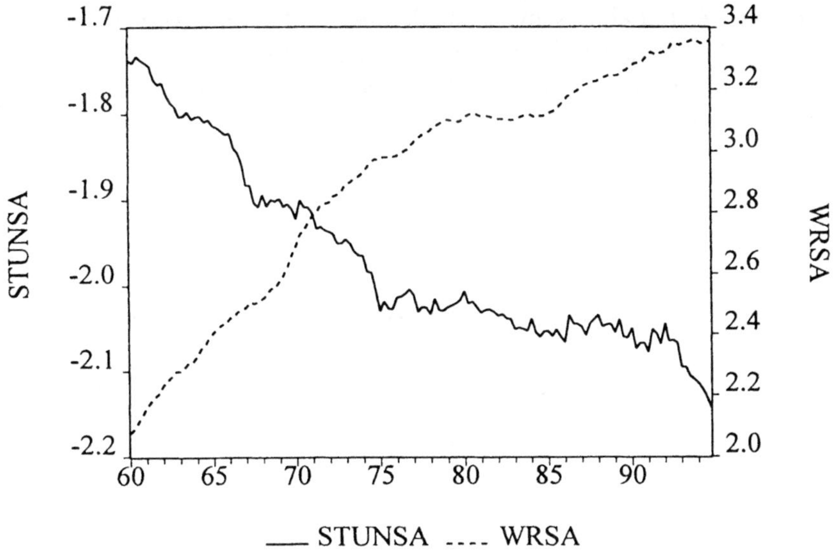

Aufschlußreich ist in diesem Zusammenhang der in Abbildung 2/4 dargestellte Verlauf der Arbeitsproduktivität APT := BIPRSA-STUNSA und eines Maßes, das ich als Reallohnquote WQ := WRSA-BIPRSA bezeichnen werde. Seit 1975 haben der Reallohn und das Bruttoinlandsprodukt offenbar ungefähr die gleiche mittlere Wachstumsrate; vor diesem Zeitpunkt wuchs der Reallohn jedoch im Mittel schneller. Dies ist erneut mit dem neoklassischen Wachstumsmodell erklärbar; im Steady-State müssen nach diesem Modell (sofern die Arbeitsstunden stationär sind) die Wachstumsraten von Reallohn und Output gleich sein, während in der Konvergenz zum Steady-State insbesondere bei einem bereits relativ großen Kapitalbestand der Reallohn höhere Wachstumsraten haben kann[12]. Für die Produktivität postuliert

[11]Für STUNSA weist die Ordinate den natürlichen Logarithmus des Anteils geleisteter Arbeitszeit an 1440 Stunden aus, für WRSA den natürlichen Logarithmus des durchschnittlichen Lohns pro Arbeitsstunde in Preisen von 1991.

[12]Man bemerke, daß die letzte Eigenschaft nicht für eine Cobb-Douglas-Produktionsfunktion gilt; diese würde auch in der Konvergenz zum Steady-State gleiche Wachstumsraten für Output und Reallohn implizieren. Für eine allgemeine pro-Kopf-Produktionsfunktion *f(k)* (bei der *k* momentan den Kapitalbestand pro Kopf bezeichnet)

das Modell im Steady-State eine konstante (und in der Regel positive) Wachstumsrate. Dieser Forderung scheinen die Daten ab dem Ende der siebziger Jahren näherungsweise genügen zu können. Eine Wachstumsabschwächung gegenüber den sechziger Jahren ist in Abbildung 2/4 freilich unschwer zu erkennen, lediglich eine genauere Datierung der Abschwächung ist problematisch. Interessanterweise ist das Wachstum der Produktivität von der Rezession 1993/94 offenbar weit geringfügiger betroffen als die Arbeitsstunden.

Abbildung 2/4

Logarithmen von Produktivität und Reallohnquote

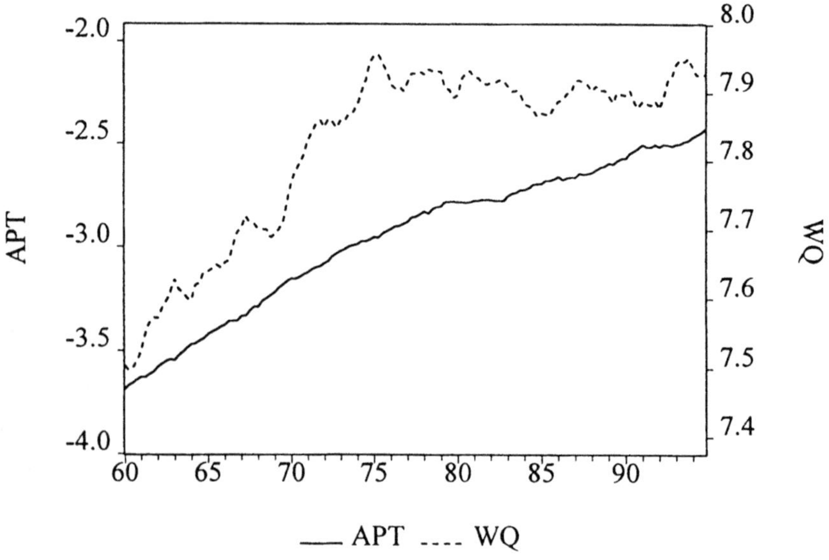

Die vorstehenden Überlegungen geben nun Anlaß zu einer Beschränkung des Beobachtungszeitraums auf die Zeitspanne 1975.1-1994.4. Alle folgen-

errechnet man jedoch leicht eine Wachstumsrate des Outputs von $\dot{k} f'(k)/f(k)$ und eine Wachstumsrate des Reallohns von $\dot{k} k f''(k)/\left(k f'(k)-f(k)\right)$. Eine einfache Abschätzung zeigt, daß für positives $\dot{k}$ die Differenz dieser Wachstumsraten negativ ist, sofern $f(k)<-k f'(k)$.

den Angaben zu deutschen Daten beziehen sich, soweit nicht ausdrücklich anders angegeben, auf diese 80 Quartalswerte umfassende Teilstichprobe, die mit Steady-State-Interpretationen des Datensatzes zumindest nicht offensichtlich unvereinbar ist.

Da die vorgestellten Niveauwerte offenkundig instationär sind, ist es nun zunächst geboten, sich Aufschluß über die Art der Nichtstationarität zu verschaffen. Dabei sollen hier nur die Konzepte der Trendstationarität und des stochastischen Trends untersucht werden, d. h. die rivalisierenden Hypothesen, ob die gegebenen Zeitreihen besser durch stationäre Schwankungen um einen linearen deterministischen Trend oder durch einen integrierten Prozeß mit Drift modelliert werden können. Augmented-Dickey-Fuller-Tests (ADF-Tests, vgl. Fuller (1976) oder Said und Dickey (1984)) kommen zu den in Tabelle 2/1 dargestellten Ergebnissen, wobei die kritischen Werte McKinnons (1991) Simulationsstudie entstammen.

Tabelle 2/1

ADF-Tests

Nullhypothese:
Variable ist integriert

Variable y_t	Lags k	t-Statistik
BIPRSA	4	-2.16
VPRIVRSA	3	-2.95
INVBURSA	4	-2.58
STUNSA	4	-1.04
WRSA	5	-2.42
Kritische Werte:	-3.16	(10%)
	-3.47	(5%)
	-4.08	(1%)

Die Testgleichungen enthalten jeweils eine Konstante und einen linearen Trend. Die Lag-Ordnung k wurde bestimmt, indem die Testgleichung zunächst grundsätzlich mit acht Lags geschätzt wurde und insignifikante verzögerte Differenzen dann sukzessive eliminiert wurden. Offenkundig kann die Nullhypothese eines integrierten Prozesses für keine der Variablen zu einem akzeptablen Signifikanzniveau verworfen werden. Dies bedeutet freilich noch nicht eine endgültige Klärung der zu untersuchenden Fragestellung, da das Nicht-Verwerfen der Nullhypothese kein hinreichender Beleg für ihre Richtigkeit ist. Einheitswurzeltests haben bekanntermaßen geringe Güte, so daß die Wahrscheinlichkeit für einen Fehler zweiter Art relativ hoch ist. Überdies weisen Sims und Uhlig (1991) in einem Bayesianischen Ansatz darauf hin, daß bei Einheitswurzeltests t-Statistiken, die bezüglich der Standardnormalverteilung, nicht aber bezüglich der Dickey-Fuller-Verteilung signifikant sind, immer noch erhebliche Evidenz gegen die Nullhypothese liefern.

Ich kontrastiere daher die Ergebnisse aus Tabelle 2/1 mit den Ergebnissen eines Einheitswurzeltests, der als Nullhypothese die Stationarität der Variablen postuliert. Dieser Test wurde von Kwiatkowski, Phillips, Schmidt und Shin (KPSS, 1992) entwickelt und baut auf einer Lagrange-Multiplikator-Statistik (LM-Statistik) auf. Ähnlich wie in den Einheitswurzeltests von Phillips und Perron (1988) wird in dem KPSS-Test eine semiparametrische Schätzung der Spektraldichte des Störprozesses an der Frequenz Null benötigt. Für diese Schätzung verwende ich ein Bartlett-Lag-Fenster mit Stutzungsparameter l_B. Da der Wert der Teststatistik nicht unerheblich von l_B abhängen kann (vgl. die Monte-Carlo-Studien in KPSS (1992)), weise ich bei den in Tabelle 2/2 wiedergegebenen Tests Ergebnisse für drei verschiedene Werte von l_B aus. Generell gilt, daß l_B genügend groß sein muß, um existierende Autokorrelation auch erheblicher Verzögerungen bei der Schätzung der sog. langfristigen Varianz des Störterms zu berücksichtigen, daß andererseits aber die Güte des Tests mit wachsendem Wert des Stutzungsparameters abnimmt.

Die Ergebnisse der KPSS-Tests, siehe Tabelle 2/2, tragen nicht unbedingt zur Erhellung der Situation bei, denn auch hier kann die Nullhypothese überwiegend nicht verworfen werden. Lediglich beim Reallohn findet sich eine signifikante Statistik, wenn ein relativ kleiner Stutzungsparameter benutzt wird. Da sich in diesem Fall die Teststatistik erheblich verändert, wenn der Stutzungsparameter l_B=10 benutzt wird, eine weitere Verlängerung auf l_B=16 aber nur noch eher kleine Auswirkungen hat, ist es nicht unplausibel, im Fall von l_B=6 eine unzulässig kleine Schätzung der langfristigen Varianz zu vermuten, die ursächlich für die vermeintliche Signifikanz sein könnte.

Es bleibt also festzuhalten, daß die vorliegenden Daten nicht informativ genug sind, um eindeutige Rückschlüsse über die Existenz von Einheitswurzeln ziehen zu können. Dies ist bedauerlich, denn es gibt, wie Rudebusch (1993) überzeugend zeigt, bereits in Zeiträumen von z. B. fünf Jahren erhebliche Unterschiede im dynamischen Verhalten integrierter und persistenter trendstationärer Variablen. Solange es aber nicht entscheidbar ist, welche

Zeitreihenmodellierung eine bessere Datenanpassung ermöglicht, scheint es angemessen zu sein, dieser Ambiguität Rechnung zu tragen, indem ökonomische Modelle in jeweils zwei Varianten (für trendstationäre und für integrierte Prozesse) betrachtet werden.

Tabelle 2/2

KPSS-Tests

Nullhypothese:
Variable ist trendstationär

Variable	l_B	LM-Statistik
	6	0.076
BIPRSA	10	0.064
	16	0.069
	6	0.100
VPRIVRSA	10	0.078
	16	0.074
	6	0.084
INVBURSA	10	0.073
	16	0.076
	6	0.130 (*)
STUNSA	10	0.115
	16	0.115
	6	0.162 *
WRSA	10	0.118
	16	0.100
Kritische Werte:	0.119	(10%) (*)
	0.146	(5%) *
	0.216	(1%) **

Nimmt man an, daß die in Tabelle 2/1 untersuchten Variablen in der Tat integrierte Prozesse sind (und zwar sog. I(1)-Prozesse, d. h. Prozesse, die durch Bildung erster Differenzen stationarisiert werden können[13]), interessieren nun Tests auf Kointegration. Tabelle 2/3 weist die Ergebnisse von bivariaten Kointegrationstests nach Johansen (1988, 1991) zwischen BIPRSA und den übrigen Variablen aus. Getestet wird jeweils die Nulhypo-

[13]Daß die ersten Differenzen in der Tat stationär sind, werde ich unten bei der Analyse der Wachstumsraten zeigen.

these, daß höchstens *r* kointegrierende Vektoren existieren. Die Schätzung des kointegrierenden Vektors wird stets unter Einschluß einer Konstanten durchgeführt. Ein linearer Trend wurde nur spezifiziert, sofern dieser in der Tabelle als Variable ausdrücklich aufgeführt wird. Für die Lagspezifikation wurde die maximale Verzögerung der zu testenden Variablen aus den ADF-Tests zugrundegelegt und anhand geschätzter t-Statistiken überprüft, ob eine kürzere Lag-Ordnung möglich ist.

Tabelle 2/3

Johansen-Tests auf bivariate Kointegration

Nullhypothese: Es existieren höchstens r kointegrierende Vektoren

Variablen	Lags	LR für H_0: r=0 (5% krit. Wert)	LR für H_0: r=1 (5% krit. Wert)	Koint. Vektor (Standardfehler)		Log-Likelihood unter r=1
BIPRSA VPRIVRSA	4	15.62* (15.41)	1.40 (3.76)	1 -1.03	- (0.03)	691.22
BIPRSA INVBURSA	4	13.97 (15.41)	5.82* (3.76)	1 -0.92	- (0.12)	573.00
BIPRSA STUNSA	4	5.45 (15.41)	0.96 (3.76)	1 3.26	- (1.30)	667.65
BIPRSA STUNSA TREND	4	10.64 (25.32)	2.57 (12.25)	1 -0.19 -0.005	- (0.69) (0.001)	669.45
BIPRSA WRSA	5	8.48 (15.41)	2.26 (3.76)	1 -1.00	- (0.06)	683.64
BIPRSA WRSA TREND	5	17.01 (25.32)	6.22 (12.25)	1 0.18 -0.006	- (0.54) (0.002)	685.92
*=5% signifikant, **=1% signifikant						

Nach den in Tabelle 2/3 angegebenen Ergebnissen ist der private Konsum mit dem Bruttoinlandsprodukt kointegriert, während für alle anderen Variablen die Nullhypothese (keine Kointegration) nicht verworfen werden kann. Bei den Investitionen ist freilich die Teststatistik für die Existenz eines kointegrierenden Vektors nicht allzu weit vom 5%-kritischen Wert entfernt, so daß man auch hier die Möglichkeit der Kointegration nicht a priori ausschließen sollte[14]. Ähnliches kann man von den Arbeitsstunden und vom Reallohn nicht behaupten und zwar unabhängig davon, ob deren kointegrierende Gleichung mit oder ohne Trend spezifiziert wird.

Die unter der Alternativhypothese geschätzten kointegrierenden Vektoren sind für den Konsum und die Investitionen statistisch nicht signifikant verschieden vom Vektor (1, -1)', d. h. falls in diesen Fällen Kointegration vorläge, wären die Konsumquote und die Investitionsquote stationäre Prozesse. (Diese Hypothese wird später noch direkt getestet). Unterstellt man, daß Bruttoinlandsprodukt und Reallohn demselben stochastischen Wachstumsprozeß folgen, d. h. spezifiziert man deren kointegrierende Gleichung ohne Trend, erhält man sogar als Punktschätzung den kointegrierenden Vektor (1,-1)'. Dieses Resultat ist jedoch nicht robust gegenüber einer Spezifikation der kointegrierenden Gleichung unter Einschluß eines linearen Trends: Die Punktschätzung des Koeffizienten von WRSA ist nunmehr recht verschieden von -1, wenn auch aufgrund eines sehr hohen Standardfehlers die Abweichung nicht signifikant ist.

Tatsächlich legen die in der letzten Spalte ausgewiesenen Log-Likelihood-Werte nahe, daß sowohl für die Arbeitsstunden als auch für den Reallohn die kointegrierende Gleichung unter Einschluß eines Trends spezifiziert werden sollte. Die P-Werte eines Likelihood-Ratio-Tests mit der Nullhypothese einer kointegrierenden Gleichung ohne Trend sind nämlich mit 0.058 für die Arbeitsstunden und 0.033 für den Reallohn recht niedrig und im letzten Fall signifikant zum 5%-Niveau. Interessanterweise ist auch für die (wenig wahrscheinliche) kointegrierende Beziehung zwischen Bruttoinlandsprodukt, Arbeitsstunden und einem linearen Trend der Koeffizient der Arbeitsstunden nicht signifikant von -1 verschieden.

Es sei darauf hingewiesen, daß die in Tabelle 2/3 dargestellten Ergebnisse sich im wesentlichen erhalten, wenn höher dimensionale Systeme getestet werden. Z. B. findet sich auch in einem System, das alle fünf Variablen enthält, zum 5%-Niveau nur Evidenz für einen kointegrierenden Vektor.

Ähnlich wie bei den Einheitswurzeltests können auch Kointegrationstests unter der Nullhypothese der Kointegration durchgeführt werden. Shin (1994) hat eine entsprechende Verallgemeinerung des KPSS-Tests entwik-

[14]Allerdings ist dann das Verwerfen der Hypothese $r=1$ schwierig zu interpretieren, da dieses Resultat suggerieren würde, daß beide Variablen stationär sind.

kelt[15]. Analog zum KPSS-Test muß auch im Shin-Test ein Stutzungsparameter für die Schätzung der langfristigen Varianz des Störprozesses gewählt werden. Dafür verwende ich erneut ein Bartlett-Fenster und bezeichne den Stutzungsparameter mit l_S. Da die kointegrierende Gleichung im Shin-Test um zukünftige und verzögerte Differenzen der Regressoren ergänzt wird, muß überdies ein Parameter k_S festgelegt werden, der die maximale zeitliche Verschiebung dieser zusätzlichen Regressoren angibt. In Anlehnung an Shins Arbeit fixiere ich k_S=5, lasse aber erneut den Stutzungsparameter variieren. Die Ergebnisse derartiger bivariater Kointegrationstests zwischen BIPRSA und den anderen Variablen faßt Tabelle 2/4 zusammen.

Tabelle 2/4

Shin-Tests auf bivariate Kointegration

Nullhypothese: Die Variablen sind kointegriert

Variablen	k_S	LM-Teststatistik für		
		l_S=6	l_S=10	l_S=16
BIPRSA VPRIVRSA	5	0.108	0.105	0.121
BIPRSA INVBURSA	5	0.343 *	0.246 (*)	0.195
BIPRSA STUNSA TREND	5	0.148 *	0.116 (*)	0.113 (*)
BIPRSA WRSA TREND	5	0.048	0.058	0.121 *
(*)=10% signifikant, *=5% signifikant, **=1% signifikant				

Die Shin-Tests bestätigen offenbar die Kointegration des Konsums mit dem Output. Sie legen ebenfalls nahe, daß das Bruttoinlandsprodukt nicht mit den Arbeitsstunden und nicht mit dem Reallohn kointegriert ist. Denn für die Arbeitsstunden finden sich (im Modell mit Trend) nur Statistiken mit

[15]Ein eng verwandter Test entstand offenbar unabhängig aus der Arbeit von Harris und Inder (1994).

einer Wahrscheinlichkeit (unter der Nullhypothese) von weniger als 10%; eine dieser Statistiken ist zum 5%-Niveau signifikant. Und für den Reallohn ist zwar nur die Statistik mit dem größten Stutzungsparameter (l_S=16) signifikant, diese aber stellt gewichtige Evidenz gegen die Nullhypothese dar, da ein hoher Stutzungsparameter im allgemeinen eine relativ zuverlässige Schätzung der langfristigen Varianz des Störterms erwarten läßt und nur wegen verminderter Güteeigenschaften des Tests nachteilig sein kann. Letzteres ist hier aber unerheblich, da die Statistik ja trotz der geringen Güte des Tests gegen die Nullhypothese spricht.

So stimmen die Ergebnisse des Shin-Tests in drei Fällen recht gut mit den Ergebnissen der Johansen-Tests überein. Schwieriger ist die Interpretation der Ergebnisse für eine eventuelle Kointegrationsbeziehung zwischen Output und Investitionen. Die Statistiken des Shin-Tests haben eine mit wachsendem l_S abnehmende Signifikanz, was entweder auf schwindende Güte oder auf zuverlässigere Schätzung der langfristigen Varianz zurückgeführt werden kann. Die Shin-Tests sind als solche also nicht sehr aussagefähig. Ähnliches gilt für die Johansen-Tests, die zwar die Nullhypothese fehlender Kointegration nicht verwerfen können, aber doch Statistiken generieren, die relativ nahe an den kritischen Werten liegen. Die Existenz einer eventuelle Kointegrationsbeziehung zwischen Bruttoinlandsprodukt und Investitionen bleibt damit zweifelhaft.

Zusammenfassend läßt sich festhalten, daß für die hier analysierten Daten wohl nur die Tatsache, nicht aber die Form der Instationarität unstreitig ist. In Abhängigkeit von den rivalisierenden Hypothesen der Integriertheit und der Trendstationarität werden in den sich anschließenden Abschnitten stationarisierende Transformationen der Niveauwerte und wichtige charakterisierende Eigenschaften dieser Transformationen zusammengestellt.

- Prozentuale Abweichungen vom Steady-State -

Unterstellen wir, daß die hier betrachteten Datensätze trendstationär sind und die Trends in der Unterstichprobe 1975-1994 durch konstante Wachstumsraten charakterisiert werden, so folgen die logarithmierten Variablen linearen Trends[16]. Die Abweichungen der logarithmierten Variablen vom

---

[16]Ich unterstelle in dieser Arbeit durchgehend lineare Trends, da dies der Spezifikation des später detailliert analysierten RBC-Modells von KPR (1988a, 1988b) entspricht. Die in der RBC-Literatur ebenfalls sehr populäre Vorgehensweise, einen relativ flexiblen Trend zu unterstellen, der mit einem Hodrick-Prescott- (HP) Filter entfernt werden kann, wird hier

Trend lassen sich in guter Näherung als prozentuale Abweichung der Ursprungswerte vom jeweiligen Steady-State-Wert auffassen. Die wahren Trends sind zwar nicht bekannt, lassen sich aber vermutlich relativ zuverlässig schätzen. Die Residuen einer Regression der logarithmierten Variablen auf eine Konstante und einen linearen Zeittrend beschreiben daher näherungsweise die prozentualen Abweichungen der Variablen vom Steady-State. Unter Vernachlässigung von Approximations- und Schätzfehlern werde ich derartige Residuen hinfort einfach als "prozentuale Steady-State-Abweichungen" bezeichnen.

Einfache neoklassische Wachstumsmodelle kennzeichnet die Eigenschaft, daß Output, Konsum und Investitionen demselben Wachstumstrend folgen. Für die oben beschriebenen Variablen BIPRSA, VPRIVRSA und INVBURSA berechne ich daher die prozentualen Steady-State-Abweichungen durch die Regression auf einen gemeinsamen Trend (und unterschiedliche Absolutglieder). Dieses Vorgehen folgt KPR (1988a). Für Arbeitsstunden und Reallohn aber lasse ich variablenspezifische Trends zu. Als Ergebnisse entsprechender OLS-Regressionen für die Unterstichprobe 1975-1994 erhält man Koeffizienten des Trendterms von 0.0049 für Output, Konsum und Investitionen, -0.0010 für die Arbeitsstunden und 0.0048 für den Reallohn. Umgerechnet in Jahreswerte entspricht dies im Mittel einer Wachstumsrate von 1.98% realem Wachstum für Output, Konsum und Investitionen, 0.4% Rückgang der individuellen Arbeitszeit sowie 1.94% Reallohnwachstum. Die aus diesen Regressionen hervorgehenden prozentualen Steady-State-Abweichungen bezeichne ich in naheliegender Notation mit %BIPRSA, %VPRIVRSA, %INVBURSA, %STUNSA und %WRSA.

---

nicht verfolgt. M. E. hat der durch Anwendung des Hodrick-Prescott-Filters identifizierte "Trend" einige wenig wünschenswerte konzeptionelle Eigenschaften, zu denen u. a. die Tatsache gehört, daß die Trendschätzung am aktuellen Rand einer Stichprobe stark unsicherheitsbehaftet ist, da wenige hinzukommende Beobachtungen erhebliche Änderungen in der Trendkomponente bereits existierender Werte hervorrufen können. Dies liegt daran, daß der Hodrick-Prescott-Filter, wie King und Rebelo (1993) zeigen, in der Klasse der linearen zeitinvarianten Filter gut durch einen symmetrischen unendlichen Moving-Average-Filter approximiert werden kann. Da die Transferfunktion dieses Filters der des ersten-Differenzenfilters ähnelt, sind die stochastischen Eigenschaften HP-gefilterter Daten im übrigen den Eigenschaften der unten näher betrachteten Wachstumsraten verwandt. Erschwerend kommt jedoch hinzu, daß die HP-Filterung von Zeitreihen, die I(1) sind, in den Spektren der gefilterten Variablen lokale Maxima an konjunkturellen Frequenzen erzeugt, vgl. Harvey und Jaeger (1993) sowie Cogley und Nason (1995). Dies kann zu erheblichen Fehlschlüssen Anlaß geben. Eine eingehende Darstellung der Verwendung des HP-Filters in der Real-Business-Cycle-Analyse liefert Burnside (1995).

Abbildung 2/5 und Abbildung 2/6 vermitteln einen graphischen Eindruck über den Verlauf dieser Variablen entlang der Zeitachse. Offenbar sind %BIPRSA, %VPRIVRSA und %INVBURSA positiv korreliert, wobei diese Korrelation bei den ersten beiden besonders ausgeprägt ist. Überdies haben %BIPRSA und %VPRIVRSA nahezu die gleiche Varianz, während %INVBURSA deutlich volatiler ist. Die Korrelation zwischen den Arbeitsmarktvariablen %STUNSA und %WRSA erscheint recht schwach; bemerkenswert ist, daß der Reallohn im weitaus größten Teil des Beobachtungszeitraums offenbar sehr viel stärkeren Schwankungen unterliegt als die Arbeitsstunden.

Abbildung 2/5

Wichtige Nachfrageaggregate:
Prozentuale Abweichungen vom Steady-State

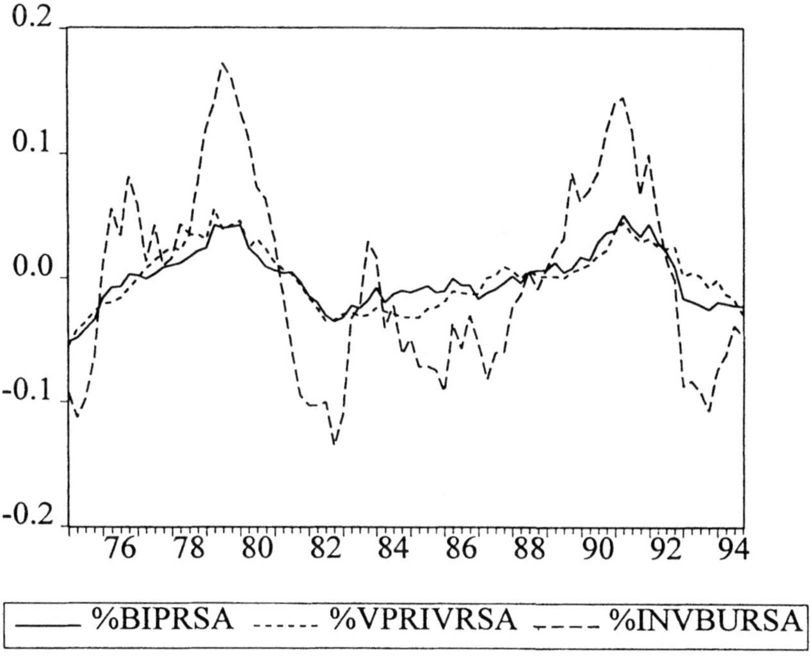

Abbildung 2/6

Wichtige Arbeitsmarktvariablen:
Prozentuale Abweichungen vom Steady-State

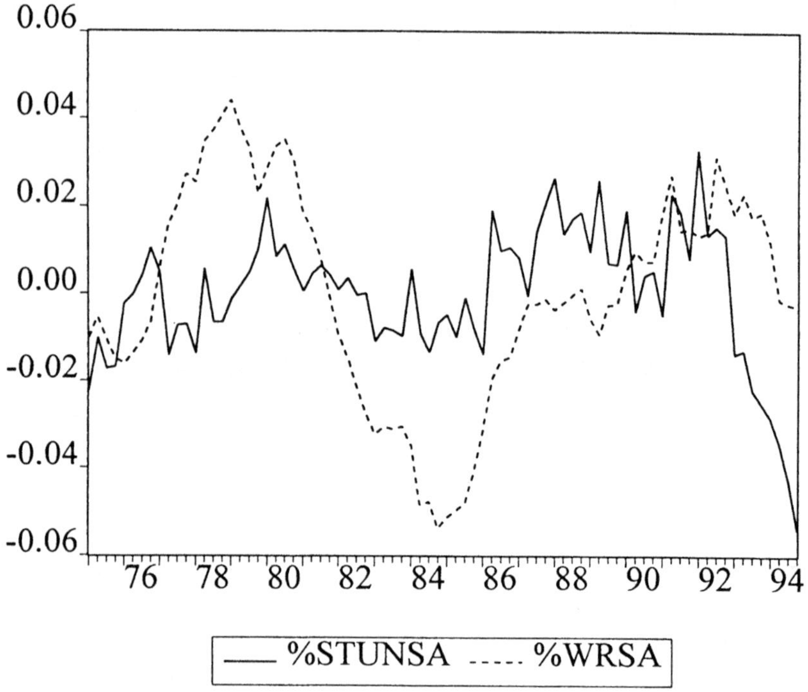

Die Interpretation dieser Variablen als prozentuale Abweichungen vom Steady-State ist nur dann sinnvoll, wenn die Variablen stationär sind. Dies kann erneut mit ADF-Tests überprüft werden. Da die Variablen per Konstruktion auf Null zentriert sind (und prozentuale Steady-State-Abweichungen ex definitione einen unbedingten Erwartungswert von Null haben), muß die Testgleichung in der ADF-Regression ohne Absolutglied spezifiziert werden. Man erhält dann die in Tabelle 2/5 wiedergegebenen Statistiken, die für alle Variablen bis auf die Arbeitsstunden signifikant sind.

Auch hier können die ADF-Tests durch KPSS-Tests ergänzt werden. Der KPSS-Test mit Absolutglied und ohne Trend ist (asymptotisch) ein valider Test auch dann, wenn die Variablen einen unbedingten Erwartungswert von Null haben, vgl. KPSS (1992). Mit der bereits beschriebenen Variation des

Stutzungsparameters erhält man die in Tabelle 2/6 wiedergegebenen Ergebnisse[17], die es nicht gestatten, die Nullhypothese der Stationarität für eine der untersuchten Variablen zu verwerfen.

Tabelle 2/5

ADF-Tests

Nullhypothese: Variable ist integriert

Variable	Lags	t-Statistik
%BIPRSA	4	-2.15 *
%VPRIVRSA	5	-2.74 **
%INVBURSA	5	-2.87 **
%STUNSA	4	-0.76
%WRSA	5	-2.87 **
Kritische Werte:	-1.62	(10%)
	-1.94	(5%)
	-2.59	(1%)
*=5% signifikant, **=1% signifikant		

Es scheint also nahe zu liegen, alle prozentualen Abweichungen bis auf %STUNSA als stationär zu klassifizieren. Auf zwei Caveats soll dabei aber hingewiesen werden: Zum einen hängt die Signifikanz der ADF-Statistiken wesentlich von dem auf Null restringierten Absolutglied in der Testgleichung ab. Ließe man ein von Null verschiedenes Absolutglied zu, könnte die Nullhypothese der Instationarität für keine der untersuchten Variablen verworfen werden (obwohl die Statistiken für %VPRIVRSA, %INVBURSA und %WRSA noch auf dem 10%-Niveau signifikant wären). Ohne die a-priori-Annahme trendstationären Wachstums, die ein Absolutglied von Null

[17]Man beachte, daß die Statistiken der KPSS-Tests für %STUNSA und STUNSA bzw. für %WRSA und WRSA exakt übereinstimmen. Dies muß so sein, da in den KPSS-Tests mit Trend die Niveauwerte einfach auf eine Konstante und einen linearen Trend regressiert werden. Die daraus folgenden Residuen sind also gerade %STUNSA und %WRSA und damit gleich den Residuen der KPSS-Schätzgleichung im Modell ohne Trend. Für %BIPRSA, %VPRIVRSA und %INVBURSA gilt derselbe Sachverhalt nicht, da diese Größen auf einen gemeinsamen Trend bezogen berechnet wurden, während die KPSS-Tests der Niveauwerte individuelle Trends anpassen.

impliziert, würde man also zu durchaus anderen Schlußfolgerungen gelangen. Wir können daher nur folgern, daß die Daten der a-priori-Annahme nicht widersprechen, nicht jedoch, daß eine unvoreingenommene Datenanalyse eine solche Annahme nahelegt.

Tabelle 2/6

KPSS-Tests

Nullhypothese: Variable ist stationär

Variable	l_B	LM-Statistik
%BIPRSA	6	0.103
	10	0.086
	16	0.091
%VPRIVRSA	6	0.115
	10	0.089
	16	0.085
%INVBURSA	6	0.094
	10	0.081
	16	0.084
%STUNSA	6	0.130
	10	0.115
	16	0.115
%WRSA	6	0.162
	10	0.118
	16	0.100
Kritische Werte:	0.347	(10%) (*)
	0.463	(5%) *

Zum zweiten muß auch beachtet werden, daß sowohl die ADF- als auch die KPSS-Tests zugunsten der Stationaritätshypothese verzerrt sind, weil nur geschätzte Abweichungen von einem geschätzten Trend statt der wahren Abweichungen untersucht werden. Da der Kleinst-Quadrate-Schätzer, der zur Konstruktion der %-Variablen benutzt wird, die Summe der quadrierten Residuen zu minimieren strebt, wirken die geschätzten prozentualen Abweichungen vermutlich stationärer als die wahren Werte. (Aus demselben Grund können für Residuen-bezogene Tests auf Kointegration nicht die kritischen Werte der Einheitswurzeltests von Dickey-Fuller benutzt werden, vgl. Engle und Granger (1987)). Es ist unklar, wie groß der dadurch induzierte Fehler ist. Nach meinem Dafürhalten sollte die generelle Schlußfolgerung aus diesen Tests dadurch jedoch nicht allzusehr beeinträchtigt werden,

Tabelle 2/7

Ausgewählte geschätzte Momente

	%BIPRSA	%VPRIVRSA	%INVBURSA	%STUNSA	%WRSA
Standardabweichung	0.023	0.025	0.077	0.015	0.025
relative Standardabw.	1	1.09	3.40	0.67	1.07
Autokorrelationen					
Lag 1	0.90	0.91	0.91	0.67	0.97
Lag 2	0.79	0.84	0.79	0.56	0.91
Lag 3	0.66	0.75	0.63	0.48	0.85
Lag 4	0.49	0.64	0.44	0.23	0.77
Lag 5	0.36	0.54	0.30	0.23	0.69
Lag 6	0.24	0.42	0.15	0.12	0.58
Lag 7	0.10	0.29	0.02	-0.04	0.48
Lag 8	-0.00	0.16	-0.08	-0.09	0.37
Kreuzkorrelation mit					
%BIPRSA	1	0.90	0.88	0.58	0.60
%VPRIVRSA	0.90	1	0.77	0.45	0.84
%INVBURSA	0.88	0.77	1	0.43	0.56
%STUNSA	0.58	0.45	0.43	1	0.17
%WRSA[18]	0.60	0.84	0.56	0.17	1

[18]Diese Zeile ist aufgrund der Symmetrie der Kreuzkorrelationsmatrix natürlich redundant, sie wurde dennoch in die Tabelle aufgenommen um keine vermeidbaren Irritationen aufkommen zulassen.

da alle KPSS-Statistiken weit von ihren kritischen Werten entfernt sind und auch die ADF-Statistiken z. T. hochsignifikant sind.

Nimmt man alle %-Variablen als stationär an, so können sie u. a. (im Zeitbereich) durch ihre zweiten Momente oder (im Frequenzbereich) durch ihre Spektraldichtefunktion charakterisiert werden. Tabelle 2/7 faßt Standardabweichungen, Autokorrelationen und Kreuzkorrelationen dieser Variablen zusammen. Als relative Standardabweichung wird die Standardabweichung einer Variablen relativ zur Standardabweichung von %BIPRSA definiert.

Alle Variablen sind stark autokorreliert. Mit Ausnahme von %STUNSA liegt die erste Autokorrelation stets bei 0.9 oder darüber und für zwei Variablen (%VPRIVSA und %WRSA) erstreckt sich die positive Autokorrelation über mehr als zwei Jahre. Der private Konsum scheint eine höhere Persistenz zu haben als das Bruttoinlandsprodukt, was z. B. durch die permanente Einkommenshypothese und Konsumglättungsverhalten erklärt werden kann. Allerdings hat der private Konsum auch eine etwas höhere Varianz als dasBruttoinlandsprodukt; dies ist schwieriger in Einklang mit Konsumglättung zu bringen. Auf die hohe Varianz der Investitionen wurde bereits hingewiesen; ebenso auf die Tatsache, daß Schwankungen im Arbeitseinkommen offenbar stärker auf Variationen des Reallohns als auf Variationen der Arbeitszeit zurückzuführen sind.

Konsum und Investitionen sind hoch korreliert mit dem Output; für die Arbeitsstunden und den Reallohn ist diese Kreuzkorrelation geringer, wenngleich immer noch beträchtlich. Wie in der Einleitung bereits bemerkt, ist die beobachtete Prozyklizität des Reallohns ein wesentlicher Anstoß für die Entwicklung von RBC-Modellen gewesen. Bemerkenswert ist auch die niedrige Korrelation zwischen den Arbeitsstunden und dem Lohnsatz; auf diesen Aspekt, der in den meisten RBC-Modellen schwierig zu erklären ist, werde ich in späteren Kapiteln noch ausführlich eingehen.

Die in den Autokorrelationen enthaltene Information wird im Frequenzbereich durch die spektrale Dichtefunktion verkörpert. Vgl. z. B. Priestley (1981) und Brockwell und Davis (1991) für gute Darstellungen von Theorie und Technik der Spektralanalyse. Ich schätze spektrale Dichtefunktionen für die %-Variablen mit einem indirekten Spektralschätzer als diskrete Fourier-Transformationen von gewichteten empirischen Autokorrelationen. Die Gewichte entstammen einem sog. Parzen-Fenster mit Stutzungsparameter dreißig. Ich berechne die Frequenzbereichsdarstellungen stets an den sog. Fourierfrequenzen; für achtzig Beobachtungen also an 41 Frequenzen auf dem Intervall $[0,\pi]$.

Abbildung 2/7

Geschätzte spektrale Dichtefunktionen:
Prozentuale Abweichungen vom Steady State der Nachfrageaggregate

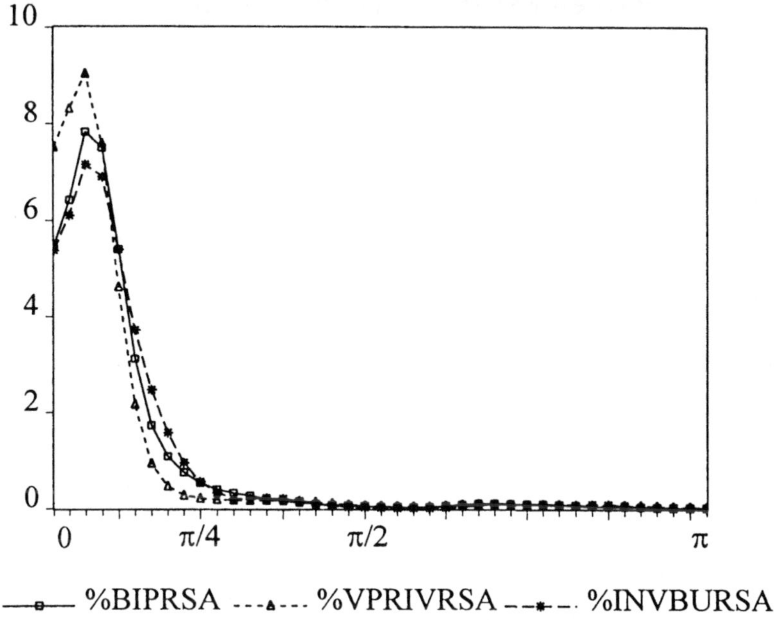

Man entnimmt Abbildung 2/7 und Abbildung 2/8, daß sich für alle Variablen die spektrale Masse im Niedrigfrequenzbereich konzentriert, d. h. daß der Hauptteil der Varianz auf relativ langfristige Schwingungen zurückzuführen ist. Von besonderem Interesse ist nun diejenige Frequenz, bei der die wahre Spektraldichte maximal wird. Hier ist die Auswertung des Periodogramms hilfreich, das (an allen positiven Fourierfrequenzen) für das wahre Spektrum asymptotisch erwartungstreu (wenn auch inkonsistent) ist. Es zeigt sich nämlich, daß für alle Variablen das Periodogramm an der Fourier-Frequenz $4\pi/80$ (entsprechend einer 10-Jahres-Schwingung) maximal ist und insbesondere einen in der Regel erheblich größeren Wert annimmt als an der nächstkleineren (und kleinsten) positiven Fourierfrequenz $2\pi/80$[19].

[19] Die Variablen %BIPRSA, %VPRIVRSA, %INVBURSA, %STUNSA und %WRSA haben an der Frequenz $2\pi/80$ die Periodogrammordinaten 0.71, 3.38, 2.54, 5.71 und 14.62. Die entsprechenden Werte an der nächstgrößeren Fourierfrequenz $4\pi/80$ lauten 23.26, 24.67, 18.19, 14.11 und 17.44.

Abbildung 2/8

Geschätzte spektrale Dichtefunktionen: Prozentuale Abweichungen vom Steady State der Arbeitsmarktvariablen

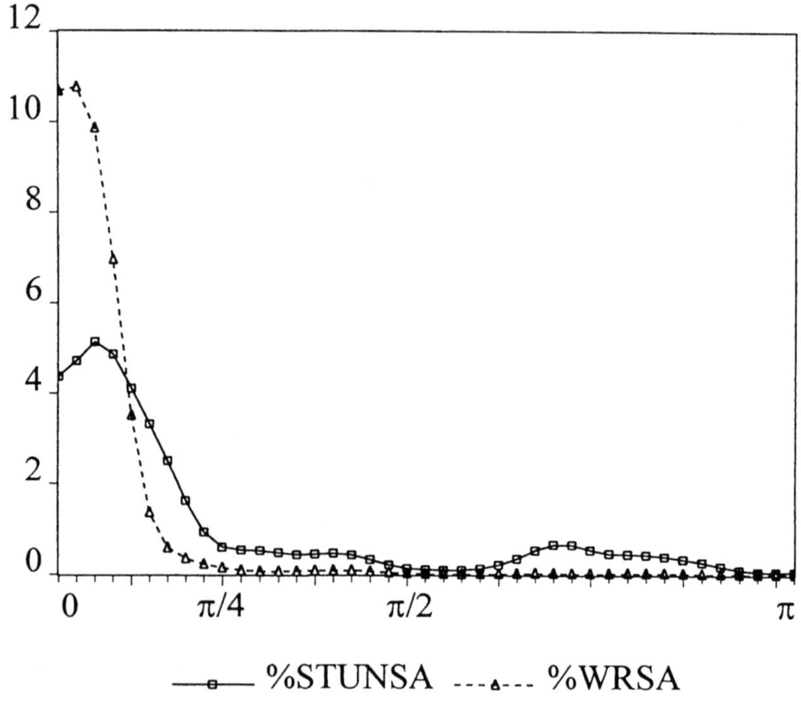

Dies ist zumindest ein Indiz dafür, daß die Spektraldichtefunktion ein inneres Maximum auf dem Intervall $[0,\pi]$ annimmt, obgleich es sich angesichts der hohen Varianz von Periodogrammordinaten an Frequenzen mit hoher spektraler Masse auch durchaus um ein lediglich zufallsbedingtes Phänomen handeln kann. Da ein inneres Maximum der Spektraldichte an einer dem konjunkturellen Bereich zuzuordnenden Frequenz für die Analyse von Konjunkturmodellen naturgemäß von besonderem Interesse ist, habe ich bei der Schätzung der Spektren einen relativ hohen Stutzungsparameter gewählt, um zu verhindern, daß ein derartiges Maximum im Niedrigfrequenzbereich den Glättungswirkungen des Lag-Fensters zum Opfer fällt[20].

Unterstellt man, daß die wahre Spektraldichte tatsächlich ein inneres Maximum hat, so impliziert dies insbesondere, daß der datengenerierende Prozeß kein AR(1) sein kann - ein Umstand, der später noch Bedeutung erlangen wird.

Als letzte Untersuchung für die %-Variablen sollen noch einige Granger-Kausalitätstests durchgeführt werden, s. Granger (1969) und die ausführliche Darstellung dieser Thematik in Lütkepohl (1991). Für die später einzuführenden nicht-walrasianischen Modelle interessiert dabei insbesondere die Hypothese, daß die Fluktuationen von %WRSA modellexogen sind. Starke Exogenität des Reallohns im Sinne von Engle, Hendry und Richard (1983)unterstellt, daß dieser nicht im Granger-Sinne von anderen Variablen des Systems "verursacht" wird, vgl. auch Banerjee, Dolado, Galbraith und Hendry (1993, S. 17 ff.). Der Vollständigkeit halber werden hier jedoch sämtliche denkbaren bivariaten Granger-Kausalitätsstrukturen getestet. Dabei wird in den den Tests zugrundeliegenden Regressionen die Lag-Länge stets zunächst in Übereinstimmung mit der Lag-Länge der oben beschriebenen ADF-Einheitswurzeltests gewählt[21], und dann anhand von Lagrange-Multiplikatortests nach Breusch (1978) und Godfrey (1978a, 1978b) überprüft, ob eine kürzere Spezifikation der Dynamik möglich ist. Dies ist allerdings nur vereinzelt der Fall, vgl. die Angaben in Tabelle 2/8 und Tabelle 2/9 mit denen in Tabelle 2/5. Die Ergebnisse ändern sich im übrigen bei anderen Spezifikationen der Lag-Länge nicht sonderlich stark.

---

[20]Variiert man den Stutzungsparameter, so sieht man, daß dies bei kleineren Werten des Stutzungsparameters in der Tat der Fall ist. Es ist jedoch fraglich, ob die Verwendung eines kleineren Stutzungsparameters bei den hier untersuchten Daten wirklich angezeigt ist, da die oben abgebildeten Spektralschätzungen an den einzelnen Frequenzen keine auffällige Varianz aufzuweisen scheinen und eine stärkere Glättung der Periodogrammordinaten daher zumindest nicht offensichtlich erforderlich ist.

[21]Die Granger-Kausalitätstests beziehen sich auf die Niveaus der %-Variablen, die Angabe in den ADF-Tests auf deren erste Differenzen. Deshalb ist die in der Tabelle des ADF-Tests angegebene Lag-Länge stets um eine Einheit geringer als die entsprechende Angabe bei den Granger-Kausalitätstests.

Tabelle 2/8

Bivariate Granger-Kausalitätstests

Nullhypothese: X ist nicht Granger-kausal für Y

Y / X	%BIPRSA (1)	%VPRIVRSA (2)	%INVBURSA (3)	%STUNSA (4)	%WRSA (5)
	Lags / F-Statistik P-Wert				
(1)		6 0.22 0.969	6 1.44 0.215	5 2.11 0.075	6 1.66 0.146
(2)	6 0.81 0.570		6 1.61 0.159	6 1.40 0.229	6 0.79 0.579
(3)	6 0.83 0.550	6 0.26 0.950		6 0.47 0.829	6 1.01 0.426
(4)	**5 4.97** **0.001**	6 1.65 0.149	**6 2.66** **0.023**		6 1.97 0.084
(5)	6 1.53 0.183	**6 2.73** **0.021**	6 1.00 0.434	6 1.30 0.273	

Signifikante Ergebnisse sind **fett** gedruckt.

Tabelle 2/8 enthält die Ergebnisse von *bivariaten* Granger-Kausalitätstests. Unter der Nullhypothese wurde die abhängige (in der Tabelle mit Y bezeichnete) Variable auf eine Konstante und auf eigene verzögerte Werte regressiert; unter der Alternativhypothese zusätzlich auf verzögerte Werte der in der Tabelle mit X bezeichneten Variablen. Die ausgewiesene F-Statistik ist das Prüfmaß für die Hypothese, daß alle Koeffizienten dieser zusätzlichen Variablen Null sind.

Aus den in Tabelle 2/8 wiedergegebenen Ergebnissen geht hervor, daß alle Nachfrageaggregate im Granger-Sinne von Arbeitsmarktvariablen verursacht werden. Es ist bekannt, daß dies nicht notwendigerweise auf eine direkte Kausalwirkung zurückzuführen ist, sondern z. B. auch auf gemeinsame Ursachen verweisen kann. Die Arbeitsmarktvariablen ihrerseits werden aber offenbar nicht in einem signifikanten Maße von anderen hier untersuchten Variablen im Granger'schen Sinne verursacht.

Tabelle 2/9

Multivariate Granger-Kausalitätstests

Nullhypothese: X ist nicht Granger-kausal für Y

Y	%BIPRSA (1)	%VPRIVRSA (2)	%INVBURSA (3)	%STUNSA (4)	%WRSA (5)
X			Lags / F-Statistik P-Wert		
(1)		5 1.11 0.368	6 0.85 0.538	5 0.97 0.447	6 0.88 0.519
(2)	4 0.60 0.663		6 1.29 0.28	5 1.43 0.232	6 0.87 0.524
(3)	4 0.28 0.890	5 0.38 0.859		5 0.25 0.938	6 0.82 0.559
(4)	**4 4.45** **0.003**	5 1.20 0.323	**6 3.44** **0.007**		6 0.70 0.653
(5)	4 0.93 0.453	**5 3.96** **0.004**	6 1.39 0.241	5 1.36 0.257	
alle außer Y	**4 2.03** **0.027**	**5 1.86** **0.040**	**6 1.80** **0.045**	5 1.53 0.332	6 0.99 0.498
Signifikante Ergebnisse sind **fett** gedruckt.					

Man mag darüber spekulieren, ob diese Resultate stabil sind gegenüber der Einbeziehung einer größeren Informationsmenge. Um dies zu überprüfen, führe ich nun noch *multivariate* Granger-Kausalitätstests aus, in der unter der Alternativhypothese jeweils die Y-Variable auf eine Konstante und alle verzögerten X-Variablen regressiert wird. In den ersten fünf Zeilen von Tabelle 2/9 wird dann jeweils die Nullhypothese getestet, daß alle Koeffizienten der in der entsprechenden Zeile stehenden X-Variablen Null sind. In der letzten Zeile der Tabelle wird die Nullhypothese getestet, daß abgesehen von verzögerten Werten der Y-Variablen keine der ausgewiesenen X-Variablen Granger-kausal für die Y-Variable ist.

Offenbar führen die multivariaten Granger-Kausalitätstests zu qualitativ denselben Ergebnissen wie die bivariaten. Wenn auch die Teststatistiken numerisch natürlich etwas anders ausfallen, so sind doch exakt dieselben Kausalitätsstrukturen statistisch signifikant bzw. insignifikant. Auch die in

- *Wachstumsraten* -

Nehmen wir nun, anders als im vorhergehenden Abschnitt, an, daß die Niveauwerte der betrachteten Variablen nicht trendstationär, sondern integriert der Ordnung Eins sind, so ist die Bildung erster Differenzen ein naheliegender Versuch, die Daten zu stationarisieren[24]. Sind die Daten aber tatsächlich trendstationär, so sind die ersten Differenzen ebenfalls stationär, jedoch nicht invertierbar. In beiden Fällen ist die Betrachtung derartiger Größen sinnvoll, da die ersten Differenzen der logarithmierten Werte in guter Approximation die Wachstumsraten der nicht-logarithmierten Niveauwerte darstellen. Sie werden deshalb unter Vernachlässigung des Approximationsfehlers im folgenden einfach als Wachstumsraten bezeichnet. In naheliegender Notation schreibe ich abkürzend DBIPRSA, DVPRIVRSA, etc. Für die hier unter suchten Variablen zeigen Abbildung 2/9 und Abbildung 2/10 den zeitlichen Verlauf dieser Wachstumsraten von 1975-1994.

Für alle Variablen ist der Verlauf der Wachstumsraten relativ erratisch. (Dies liegt z. T. daran, daß es sich nicht um Jahreswachstumsraten handelt[25]). Nur mit Mühe erkennt man Wachstumsabschwächungen z. B. An-

---

[24]Alternative Möglichkeiten der Stationarisierung bestünden in einer Hodrick-Prescott-Filterung, gegen deren Einsatz ich bereits in einer der vorangegangenen Fußnoten argumentiert habe, oder in einer Beveridge-Nelson-Zerlegung, vgl. Beveridge und Nelson (1981). Letztere hätte den nicht unbeträchtlichen Reiz, daß die zu zerlegende Reihe in zwei Summanden zerfiele, die unmittelbar als Trend- bzw. Zykluskomponente interpretierbar sind. Jedoch ist die praktische Berechnung der Beveridge-Nelson-Zerlegung keineswegs trivial und stark fehlerbehaftet. Ich sehe deshalb hier von dieser Zerlegung ab und konzentriere mich auf Wachtsumsraten, die nicht fehlerbehaftet sind und mühelos errechnet werden können. Es bleibt aber zu vermerken, daß Wachstumsraten nicht, wie z. B. Maußner (1994) irrtümlich behauptet, als Ausdruck des Konjunkturzyklus angesehen werden können. Vielmehr beschreiben sie den vom Konjunkturzyklus sehr verschiedenen sog. Wachstumszyklus, auf den ich in Kapitel 3.4 noch ausführlich eingehen werde.

[25]Vierte Differenzen, also Jahreswachstumsraten, haben einen erheblich stetigeren Verlauf. Von ihrer Betrachtung wird hier abgesehen, da das Bilden von vierten Differenzen zu Einheitswurzeln im MA-Teil der Reihen führt, solange nicht die *saisonunbereinigten* Werte *saisonale* Einheitswurzeln aufweisen. Überdies sind die vierten Differenzen empirischer Reihen nicht gut für die Modellevaluation geeignet, da modellgenerierte Reihen in der

fang der achtziger und Anfang der neunziger Jahre. Die Wachstumsraten haben keinen offensichtlichen Trend mehr, aber zumindest z. T. einen von Null verschiedenen Mittelwert. Für die Nachfrageaggregate ist z. B. das mittlere Wachstum offensichtlich positiv, was nicht überraschend ist, da die Niveaus ja einem positiven Trend folgen.

Abbildung 2/9

Wachstumsraten wichtiger Nachfrageaggregate

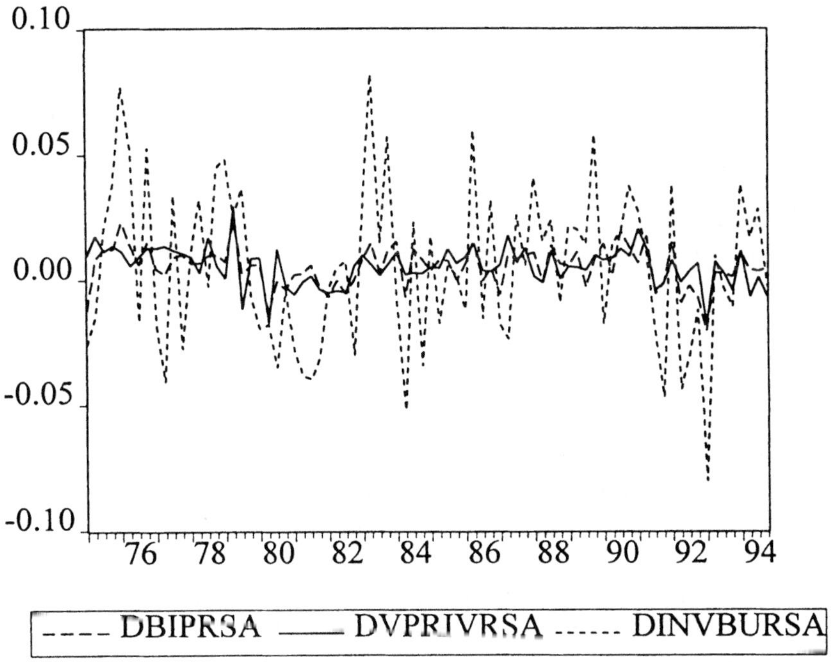

Regel keine Saison aufweisen und deren vierte Differenzen daher nicht nur MA-Einheitswurzeln aufweisen sondern auch von der Konstruktion her unmotiviert wirken.

Abbildung 2/10

Wachstumsraten wichtiger Arbeitsmarktvariablen

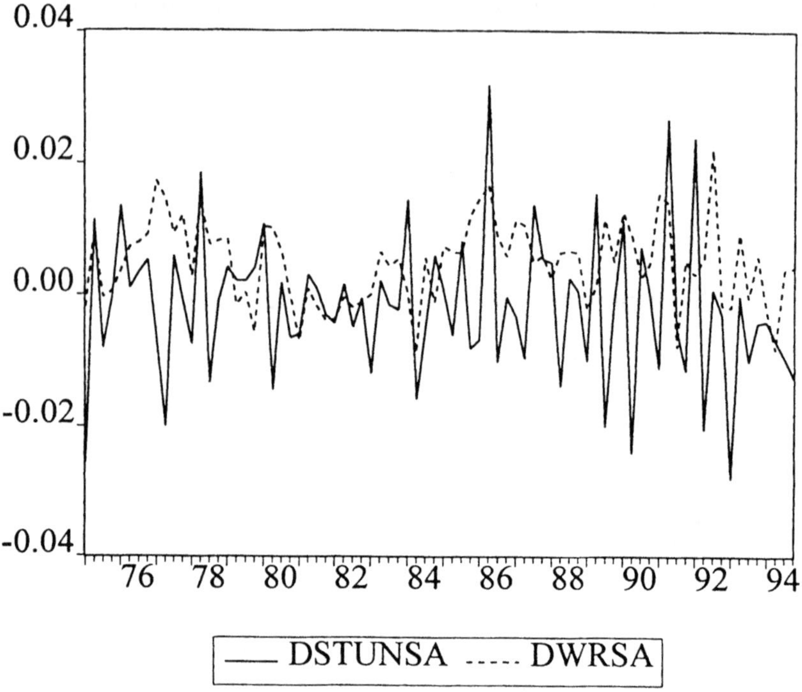

In Tabelle 2/10 und Tabelle 2/11 werden die Wachstumsraten mit ADF- und KPSS-Tests auf Stationarität getestet. In beiden Fällen wird ein Modell mit Konstante, aber ohne Trend spezifiziert. Die Ergebnisse sind im wesentlichen eindeutig: Die ADF-Tests verwerfen die Nullhypothese zugunsten der Stationarität mit Ausnahme der Wachstumsrate des privaten Konsums, die nur zum 10%-Niveau signifikant ist, und die KPSS-Tests akzeptieren die Nullhypothese der Stationarität durchgehend.

Wir können daher offenbar unterstellen, daß alle Wachstumsraten stationär sind. Tabelle 2/12 faßt wichtige zweite Momente zusammen, die die Zeitreiheneigenschaften dieser Variablen charakterisieren. Während die relativen Standardabweichungen der Nachfrageaggregate wenig überraschend sind, ist bemerkenswert, daß die Standardabweichung der Wachstumsrate der Arbeitsstunden wesentlich größer ist als die Standardabweichung des Outputwachstums. Da diese beiden Wachstumsraten deutlich positiv miteinander korreliert sind, deutet dies auf relative Engpässe in der Kapitalausstattung hin, denn offenbar muß in einer Boomphase mit erhöhter Produktion die Beschäftigung überproportional aufgestockt werden - und wird vermutlich dementsprechend stark in der Rezession abgebaut.

Tabelle 2/10

ADF-Tests

Nullhypothese: Variable ist integriert

Variable	Lags	t-Statistik
DBIPRSA	3	-4.26 **
DVPRIVRSA	2	-2.39 (*)
DINVBURSA	3	-4.83 **
DSTUNSA	3	-4.68 **
DWRSA	1	-4.61 **
Kritische Werte:	-2.59	(10%)
	-2.90	(5%)
	-3.52	(1%)
(*)=10% signifikant, **=1% signifikant		

Außerdem ist auffällig, daß bezüglich der Wachstumsraten die Standardabweichung der Arbeitsstunden fast doppelt so groß ist wie die des Reallohns. Während also im vorigen Abschnitt konstatiert wurde, daß Fluktuationen im Arbeitseinkommen primär reallohnbedingt sind, stellen wir hier fest, daß Fluktuationen in der Wachstumsrate des Arbeitseinkommens primär arbeitszeitbedingt sind. Der Grund für dieses auf den ersten Blick paradox anmutende Ergebnis liegt in der hohen Persistenz des Reallohns: Obgleich die Wachstumsraten des Reallohns weniger starken Schwankungen unterworfen sind als die der Arbeitsstunden, führt die hohe Persistenz dazu, daß bezogen auf die Trendabweichungen der Reallohn stärker streut.

Tabelle 2/11

KPSS-Tests

Nullhypothese: Variable ist stationär

Variable	l_B	LM-Statistik
	6	0.143
DBIPRSA	10	0.140
	16	0.155
	6	0.254
DVPRIVRSA	10	0.206
	16	0.194
	6	0.070
DINVBURSA	10	0.086
	16	0.112
	6	0.237
DSTUNSA	10	0.253
	16	0.256
	6	0.085
DWRSA	10	0.076
	16	0.076
Kritische Werte:	0.347	(10%) (*)
	0.463	(5%) *

Die geschätzten Autokorrelationen weisen kein klares Muster auf und sind dementsprechend schwierig zu interpretieren. Für die meisten Variablen ist die Autokorrelation zum Lag 3 besonders hoch und zum Lag 4 besonders niedrig. Dies ist vermutlich auf das Saisonbereinigungsverfahren zurückzuführen, das - wie unten anhand von Abbildung 2/11 illustriert wird, insofern inadäquat starke Glättungswirkungen hat, als an den Saisonfrequenzen die gesamte spektrale Masse entfernt wird. Diese Autokorrelationen sind für die Evaluation theoretischer Modelle daher unbrauchbar, solange die Modelle nicht selbst eine Saisonfigur generieren.

Tabelle 2/12

Ausgewählte geschätzte Momente

	DBIPRSA	DVPRIVRSA	DINVBURSA	DSTUNSA	DWRSA
Standardabweichung	0.0080	0.0079	0.0318	0.0110	0.0063
relative Standardabw.	1	0.98	3.98	1.38	0.79
Autokorrelationen					
Lag 1	0.17	0.05	0.14	-0.38	0.31
Lag 2	0.20	0.24	0.24	-0.02	0.18
Lag 3	0.34	0.42	0.19	0.39	0.20
Lag 4	-0.24	-0.10	-0.29	-0.49	0.04
Lag 5	0.07	0.32	0.14	0.23	0.30
Lag 6	0.09	0.18	-0.14	0.13	0.10
Lag 7	-0.13	0.02	-0.14	-0.19	-0.06
Lag 8	-0.00	0.04	-0.23	0.01	-0.12
Kreuzkorrelation mit					
DBIPRSA	1	0.65	0.63	0.63	0.19
DVPRIVRSA	0.65	1	0.29	0.30	0.35
DINVBURSA	0.63	0.29	1	0.40	0.12
DSTUNSA	0.63	0.30	0.40	1	0.18
DWRSA[26]	0.19	0.35	0.12	0.18	1

Allgemein sind die geschätzten Autokorrelationen relativ klein. Für unkorrelierte identisch verteilte Fehlerterme (weißes Rauschen) gilt bekanntlich, daß die asymptotische Standardabweichung geschätzter Autokorrelationen $1/\sqrt{T}$ beträgt, wobei T der Stichprobenumfang sei. Für die hier vorliegen-

[26]Diese Zeile ist aufgrund der Symmetrie der Kreuzkorrelationsmatrix natürlich redundant, sie wurde dennoch in die Tabelle aufgenommen um keine vermeidbaren Irritationen aufkommen zulassen.

den achtzig Beobachtungen beträgt der asymptotische Standardfehler also 0.11, d. h. geschätzte Autokorrelationen, die betragsmäßig kleiner als 0.22 sind, sind nicht signifikant von Null verschieden. Sieht man von den bereits diskutierten Autokorrelationen zu den Lags 3 und 4 ab, ergibt sich somit, daß die Autokorrelationen von DBIPRSA durchaus von weißem Rauschen generiert worden sein könnten. Für die anderen Variablen findet sich freilich stets eine signifikante Autokorrelation auch dann, wenn Lags 3 und 4 ignoriert werden.

Diese Einschätzung wird bestätigt durch die Berechnung von Q-Statistiken (in der Modifikation von Ljung und Box (1978)). Tabelle 2/13 zeigt die Ergebnisse von Q-Tests, die sich nur auf die Autokorrelationen 1, 2 und 5 bis 8 beziehen. Nur für DBIPRSA kann die Hypothese weißen Rauschens akzeptiert werden, für alle anderen Variablen liegt offensichtlich signifikante Autokorrelation vor.

Tabelle 2/13

Ljung-Box-Q-Tests

Nullhypothese: Alle Autokorrelationen sind Null

	DBIPRSA	DVPRIVRSA	DINVBURSA	DSTUNSA	DWRSA
Q-Statistik (Lags 1,2,5,6,7,8)	8.17	16.53	16.08	21.36	20.53
P-Wert $\chi^2(6)$	0.226	0.011	0.013	0.002	0.002

Die Kreuzkorrelationen zwischen den Wachstumsraten sind insofern interessant, als nach wie vor alle Variablen positiv miteinander korreliert sind. Am höchsten sind dabei die Korrelationen von DVPRIVRSA, DINVBURSA und DSTUNSA mit der Wachstumsrate des Outputs; diese Korrelationen liegen alle knapp über 0.6. Die Kreuzkorrelationen der drei erstgenannten Variablen muten demgegenüber erstaunlich gering an. Die Wachstumsrate des Reallohns schließlich ist nur sehr schwach mit anderen Wachstumsraten korreliert.

Die Frequenzbereichsdarstellungen ermöglichen einige zusätzliche Einsichten. Die in Abbildung 2/11 und Abbildung 2/12 dargestellten spektralen Dichtefunktionen wurden erneut mit einem Parzen-Lag-Fenster mit Stutzungsparameter dreißig geschätzt. Man erkennt für alle Variablen deutlich die Effekte der Saisonbereinigung: An den saisonalen Frequenzen π und π/2 findet sich fast keine spektrale Masse mehr. Für die Wachstumsraten der Nachfrageaggregate kann die beobachtete Varianz auf zwei fast gleich wichtige Ursachen zurückgeführt werden: Auf Fluktuationen im langfristigen und konjunkturellen Bereich und auf nur geringfügig weniger bedeutende Fluktuationen mit Frequenzen, die einer Schwingungsdauer von weniger als einem Jahr entsprechen, vgl. Abbildung 2/11.

Abbildung 2/11

Geschätzte spektrale Dichtefunktionen: Wachstumsraten der Nachfrageaggregate

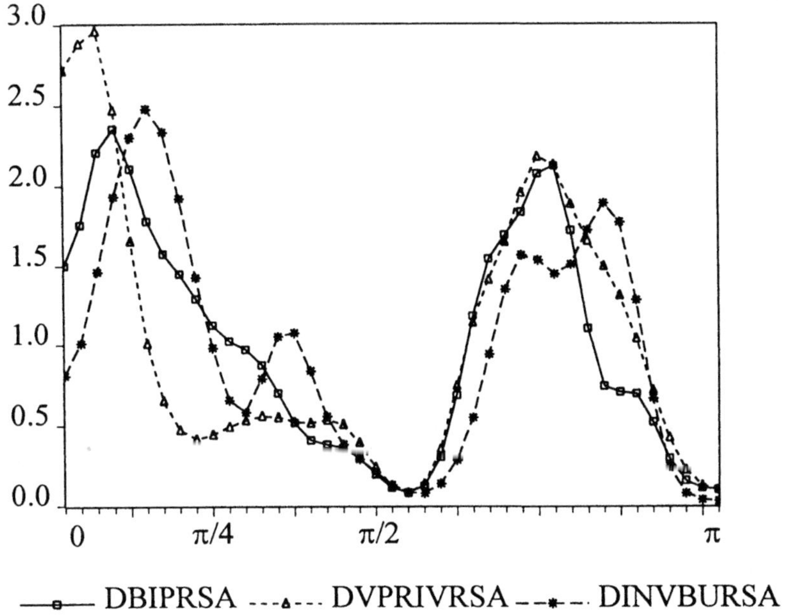

Abbildung 2/12

Geschätzte spektrale Dichtefunktionen: Wachstumsraten der Arbeitsmarktvariablen

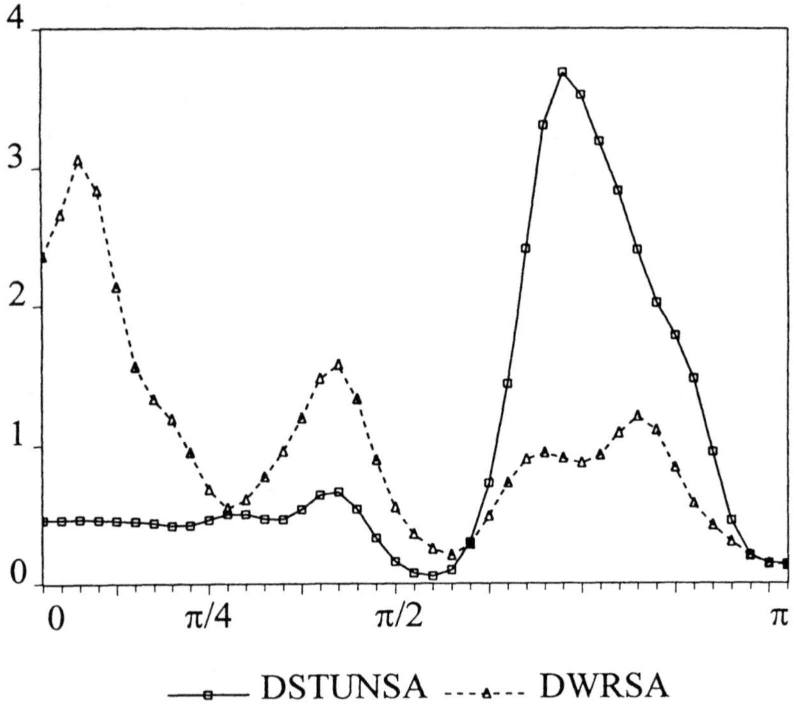

Das Spektrum von DVPRIVRSA nimmt sein Maximum erneut an der Fourierfrequenz 4π/80 (also bei einer zehn-Jahres-Schwingung) an. Die Abgrenzung zum Trend ist hier aber schwierig, da der Schätzwert für die nächstkleinere Fourierfrequenz nur unwesentlich geringer ist und kleinere positive Fourierfrequenzen nicht existieren. Das vermeintlich zu erkennende innere Maximum der Spektraldichte kann also ohne weiteres ein statistisches Artefakt sein. Anders scheint es sich bei den Spektren von DBIPRSA und DINVBURSA zu verhalten: Im ersten Fall findet sich das Maximum der Spektraldichte bei der Frequenz 6π/80 (entspricht einer Schwingungsdauer von 6,67 Jahren, also fast genau der klassischen Konjunkturfrequenz), im zweiten Fall bei 10π/80, d. h. bei einer Schwingungsdauer von vier Jahren. In beiden Fällen, besonders ausgeprägt aber bei den Investitionen, sind die Schätzwerte für kleinere Fourierfrequenzen doch erkennbar niedriger, so daß es gerechtfertigt erscheint, von der Existenz eines inneren Maximums im konjunkturellen Bereich auszugehen[27].

Die Frequenzbereichscharakteristika der Arbeitsmarktvariablen differieren z. T. nicht unwesentlich von denen der Nachfrageaggregate, vgl. Abbildung 2/12. Besonders auffällig ist dies für die Wachstumsrate der Arbeitsstunden, deren Varianz fast ausschließlich auf kurzfristige Schwingungen zurückzuführen ist. Demgegenüber hat die Wachstumsrate des Reallohns vergleichsweise geringe spektrale Masse im kurzfristigen Bereich; anders als bei den Wachstumsraten der Nachfrageaggregate ist hier die den konjunkturellen Frequenzen zuzurechnende Varianz weitaus größer. Das Maximum der Spektraldichte von DWRSA wird wieder bei einer zehnjährigen Schwingung angenommen, wobei die Abgrenzung zum Trend ähnlich wie beim Konsum unklar ist. Außerdem erkennt man einen Nebengipfel bei einer Schwingungsdauer von ungefähr fünf Quartalen, der in ähnlicher Form auch im Spektrum von DINVBURSA auftritt. Ob diese Maxima zufällige Phänomene sind oder auf ökonomische Ursachen zurückgeführt werden können, ist unklar; für DWRSA könnte die Tatsache, daß in Tarifverträgen Nominallohnerhöhungen gelegentlich für Zeiträume von knapp über einem Jahr festgeschrieben werden, eine sinnvolle Erklärung sein.

Abschließend sollen auch für die Wachstumsraten bivariate Granger-Kausalitätstests durchgeführt werden. In den zugrundeliegenden Regressionen wurde als Ausgangspunkt für die dynamische Spezifikation erneut auf die Lag-Länge in den ADF-Tests zurückgegriffen; d. h. daß für die beiden zu testenden Variablen jeweils zunächst die höhere Lag-Länge aus den ADF-Tests zugrundegelegt wurde. Anschließend wurde auf der Basis von LM-Tests beurteilt, ob eine Verkürzung der Lag-Struktur angemessen scheint.

Die in Tabelle 2/14 wiedergegebenen Ergebnisse der bivariaten Granger-Kausalitätstests unterscheiden sich kaum von denen aus Tabelle 2/8. Der einzige wesentliche Unterschied besteht darin, daß bezogen auf die Wachstumsraten auch für die Arbeitsstunden Granger-kausale Variablen erkennbar sind, nämlich die Wachstumsrate des Bruttoinlandsprodukts und jene des privaten Verbrauchs. Dieser Unterschied erhält sich jedoch nicht in den multivariaten Granger-Kausalitätstests, deren Ergebnisse in Tabelle

[27]Sollten die Niveauvariablen in der Tat trendstationär sein, so ist die Existenz eines inneren Maximums im Spektrum der Wachstumsraten trivial, da die Transferfunktion des erste-Differenzen-Filters an der Frequenz Null den Wert Null annimmt und die Spektraldichte an den Frequenzen $\pi/2$ und π aufgrund der Saisonbereinigung Null sein muß.

2/15 enthalten sind, denn dort sind die Einflüsse der verzögerten Wachstumsraten von Output und Konsum klar insignifikant für das Wachstum der Arbeitsstunden. Tabelle 2/15 zeigt damit fast exakt dieselben Kausalitätsstrukturen an, die sich schon in Tabelle 2/8 und Tabelle 2/9 fanden, sieht man davon ab, daß bei den in der letzten Zeile von Tabelle 2/15 wiedergegebenen Resultaten zwei Statistiken, die signifikanten Statistiken in Tabelle 2/8 und Tabelle 2/9 entsprechen, P-Werte von wenig über 5% haben. Wichtig für die in Kapitel 4 folgenden Überlegungen bleibt festzuhalten, daß nach allen Tests die Wachstumsrate des Reallohns als stark exogen angesehen werden kann.

Tabelle 2/14

Bivariate Granger-Kausalitätstests

Nullhypothese: X ist nicht Granger-kausal für Y

Y / X	DBIPRSA (1)	DVPRIVRSA (2)	DINVBURSA (3)	DSTUNSA (4)	DWRSA (5)
	Lags / F-Statistik P-Wert				
(1)		3 0.05 0.986	3 0.46 0.712	**3 4.41** **0.007**	3 1.88 0.142
(2)	3 1.82 0.152		3 0.95 0.422	**3 3.87** **0.013**	2 0.80 0.455
(3)	3 0.69 0.560	3 0.30 0.826		3 1.40 0.251	3 0.67 0.575
(4)	**3 11.54** **0.000**	3 1.57 0.205	**3 2.86** **0.043**		3 1.54 0.211
(5)	3 0.57 0.636	**2 6.48** **0.003**	3 0.50 0.682	3 0.43 0.729	
Signifikante Ergebnisse sind **fett** gedruckt.					

Tabelle 2/15

Multivariate Granger-Kausalitätstests

Nullhypothese: X ist nicht Granger-kausal für Y

Y / X	DBIPRSA (1)	DVPRIVRSA (2)	DINVBURSA (3)	DSTUNSA (4)	DWRSA (5)
	Lags / F-Statistik P-Wert				
(1)		3 0.49 0.690	3 0.72 0.546	3 0.62 0.608	3 1.28 0.289
(2)	3 1.39 0.256		3 0.77 0.518	3 0.95 0.423	3 1.50 0.224
(3)	3 0.63 0.598	3 0.13 0.944		3 0.25 0.863	3 0.82 0.486
(4)	**3 9.02** **0.000**	3 2.25 0.092	**3 3.93** **0.012**		3 0.53 0.667
(5)	3 1.41 0.250	**3 4.42** **0.007**	3 1.34 0.271	3 0.67 0.577	
alle außer Y	**3 3.80** **0.000**	3 1.83 0.063	3 1.91 0.051	3 1.51 0.144	3 1.15 0.338
Signifikante Ergebnisse sind **fett** gedruckt.					

- Wichtige Kennzahlen -

Es wurde bereits darauf hingewiesen, daß viele RBC-Modelle die bivariate Kointegration der Niveauvariablen mit kointegrierendem Vektor (1, -1)' implizieren. Derartige Linearkombinationen sind (auch für den Fall der Trendstationarität der Ursprungswerte) von besonderem Interesse, wenn sich eine ihrer Komponenten auf das Bruttoinlandsprodukt bezieht, da sie dann wichtige Kennzahlen einer Ökonomie charakterisieren: KQ=VPRIVRSA-BIPRSA ergibt die Konsumquote, IQ=INVBURSA-BIPRSA die Investitionsquote, APT=BIPRSA-STUNSA die Arbeitsproduktivität und WQ=WRSA-BIPRSA die Reallohnquote[28]. Als letzte Untersuchung in die-

[28]Es handelt sich natürlich jeweils um die Logarithmen dieser Kennzahlen.

sem datenanalytischen Kapitel sollen daher diese Kennzahlen, in der angelsächsischen Literatur auch als *gross ratios* bezeichnet, analysiert werden. Graphisch wurde ihr Verlauf bereits dokumentiert in Abbildung 2/2 und Abbildung 2/4.

Um zunächst die Stationarität zu überprüfen, werden ADF- und KPSS-Tests durchgeführt. Die Nullhypothese einer Einheitswurzel kann für die Konsumquote und die Investitionsquote auf dem 5%-Niveau abgelehnt werden, s. Tabelle 2/16. Für die Arbeitsproduktivität und die Reallohnquote ist der Wert der ADF-Teststatistik zwar größer als zwei, aber nicht signifikant, d. h. die Nullhypothese kann nicht verworfen werden. Ein linearer Trendterm erwies sich nur in der ADF-Regression für die Arbeitsproduktivität als signifikant. Diese Variable ist also sicherlich nicht stationär sondern allenfalls trendstationär.

Tabelle 2/16

ADF-Tests

Nullhypothese: Variable ist integriert

Variable	Trend	Lags	t-Statistik
KQ	nein	4	-3.27 *
IQ	nein	5	-3.14 *
APT	ja	4	-2.47
WQ	nein	4	-2.04
Kritische Werte mit Trend:		-3.16	(10%)
		-3.47	(5%)
		-4.08	(1%)
Kritische Werte ohne Trend:		-2.59	(10%)
		-2.90	(5%)
		-3.51	(1%)
*=5% signifikant, **=1% signifikant			

Für die KPSS-Tests, vgl. Tabelle 2/17, lautet die Nullhypothese daher auf Trendstationarität für APT und auf Stationarität für alle anderen Variablen. Unabhängig von der Wahl des Stutzungsparameters ergeben sich in diesen Tests stets Statistiken, die kleiner selbst als der 10%-kritische Wert sind.

Wir können daher schließen, daß Konsum- und Investitionsquote wohl stationäre Prozesse sind, während für die Arbeitsproduktivität und die Reallohnquote keine eindeutigen Entscheidungen möglich sind. Diese Variablen können offenbar gleichermaßen legitim als Einheitswurzelprozesse oder als (trend-) stationäre Zeitreihen modelliert werden.

Tabelle 2/17

KPSS-Tests

Nullhypothese: Variable ist (trend-) stationär

Variable	Trend	l_B	LM-Statistik
KQ	nein	6	0.135
		10	0.119
		16	0.121
IQ	nein	6	0.127
		10	0.113
		16	0.116
APT	ja	6	0.115
		10	0.094
		16	0.096
WQ	nein	6	0.264
		10	0.224
		16	0.208
Kritische Werte mit Trend:		0.119	(10%) (*)
		0.146	(5%) *
Kritische Werte ohne Trend:		0.347	(10%) (*)
		0.463	(5%) *

Nimmt man an, daß alle Variablen (trend-) stationär sind, und bezeichnet man mit AP die um einen geschätzten linearen Trend bereinigte Arbeitsproduktivität, so können die Variablen KQ, IQ, AP und WQ durch ihre Momente im Zeitbereich charakterisiert werden, vgl. Tabelle 2/18. Auffällig ist, daß diese Variablen durchaus ähnliche Autokorrelationsstrukturen aufweisen, die durch hohe Persistenz und einen relativ gleichmäßigen Rückgang im Zeitverlauf gekennzeichnet sind.

Tabelle 2/18

Ausgewählte geschätzte Momente

	KQ	IQ	AP	WQ
Standardabweichung	0.011	0.059	0.018	0.023
Autokorrelationen				
Lag 1	0.83	0.89	0.87	0.79
Lag 2	0.68	0.76	0.77	0.56
Lag 3	0.51	0.59	0.66	0.47
Lag 4	0.29	0.39	0.48	0.42
Lag 5	0.22	0.26	0.40	0.23
Lag 6	0.10	0.10	0.27	0.07
Lag 7	0.00	-0.03	0.14	0.05
Lag 8	-0.05	-0.12	0.02	0.11
Kreuzkorrelation mit				
KQ	1	-0.09	-0.12	0.78
IQ	-0.09	1	-0.70	-0.22
AP	-0.12	-0.70	1	0.08
WQ	0.78	-0.22	0.08	1

Bemerkenswert ist ferner eine stark negative Kreuzkorrelation zwischen der Investitionsquote und den Trendabweichungen der Arbeitsproduktivität. Da Investitionen in den Kapitalbestand die Arbeitsproduktivität typischerweise erhöhen, wirkt dieses Resultat zunächst einmal überraschend. Es ist erklärbar mit dem stark zyklischen Verlauf der Investitionstätigkeit und der Zeitspanne, die für die Implementation neuen Kapitals erforderlich ist: Auf eine Phase hoher Investitionstätigkeit folgt eine Phase relativer Zurückhaltung, in der die neuen Anlagen in den Produktionsprozeß integriert werden und die Arbeitsproduktivität damit einhergehend steigt. Die andere auffällige Kreuzkorrelation ist jene zwischen der Konsumquote und der Reallohnquote; sie spiegelt natürlich die Einkommenswirkungen eines erhöhten Reallohns wider, die sich in anderer Form schon in den Granger-Kausalitätstests und den Ergebnissen aus Tabelle 2/7 fanden.

Die Ähnlichkeit der Autokorrelationsstrukturen findet ihren Ausdruck im Frequenzbereich darin, daß die geschätzten Spektraldichten der Variablen nur geringfügige Unterschiede aufweisen, vgl. Abbildung 2/13. Die spektrale Masse konzentriert sich jeweils im Niederfrequenzbereich, wobei die

Spektren von KQ, IQ und AP ihr Maximum erneut bei der zehnjährigen Schwingung anzunehmen scheinen[29]. Diese Maxima sind allerdings, verglichen mit Schätzwerten an niedrigeren Frequenzen, nicht sonderlich ausgeprägt. Für das Spektrum der Reallohnquote findet sich ein Maximum unmittelbar an der Frequenz Null, d. h. eine starke konjunkturelle Komponente scheint hier nicht zu existieren.

Abbildung 2/13

Geschätzte spektrale Dichtefunktionen: Wichtige Kennzahlen

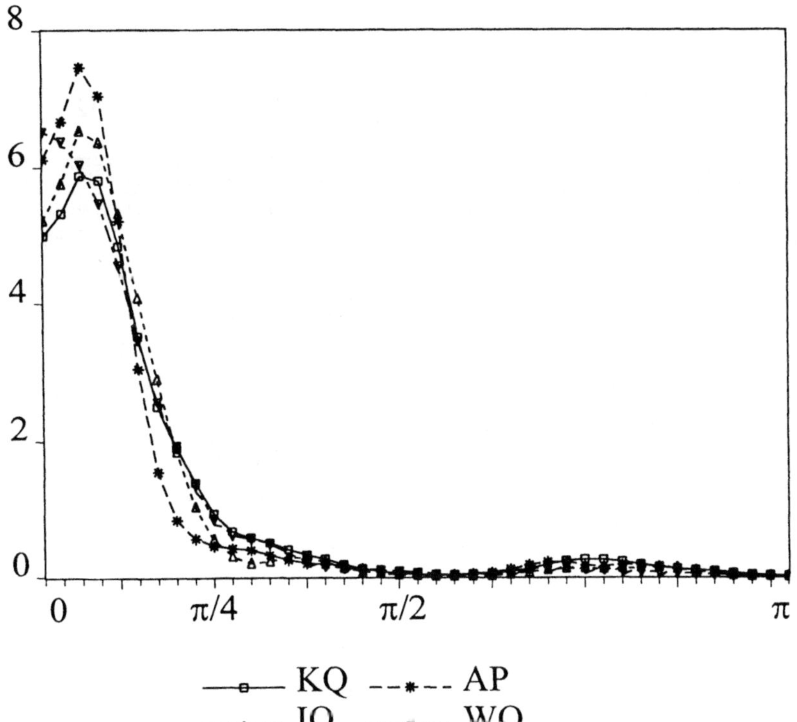

Wie in den vorigen Abschnitten auch sollen Granger-Kausalitätstests die die folgenden Kapitel vorbereitende Datenanalyse abschließen. Wählt man die Lag-Länge der Test-Regressionen in der bereits beschriebenen Weise, so

[29]Wie zuvor wurde auch hier ein Parzen-Lag-Fenster mit Stutzungsparameter dreißig benutzt.

erhält man für bivariate (Tabelle 2/19) und multivariate (Tabelle 2/20) Tests recht ähnliche Ergebnisse. Differenzen in Signifikanz bzw. Insignifikanz analoger Teststatistiken dürfen dabei nicht überbewertet werden, da sie ausnahmslos auf eher geringfügige Über- bzw. Unterschreitungen des nominalen 5%-Niveaus zurückzuführen sind.

Tabelle 2/19

Bivariate Granger-Kausalitätstests

Nullhypothese: X ist nicht Granger-kausal für Y

Y	KQ		IQ		AP		WQ	
	Lags	F-Stat.	Lags	F-Stat.	Lags	F-Stat.	Lags	F-Stat.
X	P-Wert		P-Wert		P-Wert		P-Wert	
KQ			6	1.17	5	0.45	5	2.26
			0.332		0.813		0.059	
IQ	6	0.91			6	0.36	6	0.62
	0.493				0.903		0.712	
AP	**5**	**2.84**	**6**	**3.04**			5	2.00
	0.022		**0.012**				0.091	
WQ	**5**	**6.10**	6	0.36	5	1.13		
	0.000		0.899		0.352			
Signifikante Ergebnisse sind **fett** gedruckt.								

Eine stark exogene Variable ist nicht mehr erkennbar, insbesondere wird die Reallohnquote offenbar von verzögerten Werten der Konsumquote und der Arbeitsproduktivität beeinflußt. Dies ist nicht überraschend, da ja in alle *gross ratios* das Bruttoinlandsprodukt eingeht, für das nach den vorhergehenden Tests die Arbeitsstunden im Granger-Sinne kausal sind. Dies erklärt unmittelbar, weshalb die verzögerte Arbeitsproduktivität für alle Variablen nach mindestens einer Testvariante als kausal anzusehen ist. Die in den unten stehenden Tabellen wiedergegebenen Statistiken scheinen also gut verträglich mit den Kausalitätsanalysen für die prozentualen Abweichungen vom Steady-State und für die Wachstumsraten, die in den vorhergehenden Abschnitten erarbeitet wurden.

Tabelle 2/20

Multivariate Granger-Kausalitätstests

Nullhypothese: X ist nicht Granger-kausal für Y

Y / X	KQ		IQ		AP		WQ	
	Lags	F-Stat.	Lags	F-Stat.	Lags	F-Stat.	Lags	F-Stat.
	P-Wert		P-Wert		P-Wert		P-Wert	
KQ			6	0.82	5	0.27	**6**	**4.67**
			0.558		0.930		**0.002**	
IQ	6	1.81			5	0.75	6	0.16
	0.116				0.590		0.960	
AP	**6**	**3.35**	6	2.28			**6**	**2.95**
	0.008		0.051				**0.027**	
WQ	**6**	**3.16**	6	0.23	5	1.10		
	0.011		0.964		0.371			
Alle außer Y	**6**	**2.52**	6	1.26	5	0.73	**6**	**2.68**
	0.005		0.253		0.745		**0.006**	
Signifikante Ergebnisse sind **fett** gedruckt.								

- Synopsis -

Zusammenfassend kann man folgende wichtigen Ergebnisse der Datenanalyse festhalten: Es ist unklar, ob die betrachteten Daten besser als trendstationär oder als integriert der Ordnung Eins modelliert werden sollen. Falls man sich für die zweite Variante entscheidet, gibt es gute Evidenz für eine bivariate kointegrierende Beziehung zwischen Bruttoinlandsprodukt und privatem Verbrauch. Es scheint ebenfalls relativ sicher zu sein, daß Arbeitsstunden und Reallohn nicht bivariat mit dem BIP kointegriert sind, während für die Investitionen keine gut fundierte Aussage abzuleiten ist.

Konstruiert man, wie beschrieben, für alle Variablen prozentuale Abweichungen vom Steady-State, so sind diese im wesentlichen als stationär zu klassifizieren; nur für %STUNSA verbleiben Zweifel. Die %-Variablen sind stark autokorreliert, aber vermutlich keine AR(1)-Prozesse, da es Evidenz für ein inneres Maximum der Spektraldichten auf dem Intervall $[0, \pi]$ gibt. Die Kreuzkorrelationen zwischen den Variablen sind durchweg positiv und z. T. ausgesprochen hoch; der Reallohn ist deutlich prozyklisch. Die einzig augenfällig niedrige Kreuz-korrelation ist jene zwischen dem Reallohn und den Arbeitsstunden, die nur wenig größer als Null ist. Gleichzeitig scheint der Reallohn stark exogen zu sein.

Die Wachstumsraten aller Variablen sind deutlich stationär, was die Möglichkeit von I(2)-Niveauvariablen ausschließt. Die Saisonbereinigung verändert die dynamische Struktur der Wachstumsraten erheblich; dadurch verursachte Störungen sind sowohl im Zeit- als auch im Frequenzbereich klar zu erkennen. Alle Wachstumsraten haben geringe Autokorrelation, jedoch ist allenfalls die Wachstumsrate des Outputs (nach Ausklammerung der saisonbereinigungsbedingten Störungen) weißes Rauschen. Mit Ausnahme der Wachstumsrate des Reallohns scheinen die Spektren aller Variablen recht ausgeprägte lokale Maxima an konjunkturellen Frequenzen zu haben. Auch die Kreuzkorrelationen der Wachtumsraten sind durchweg positiv, wobei das Reallohnwachstum die niedrigsten aufweist. Granger-Kausalitätstests deuten überdies erneut auf eine starke Exogenität des Reallohns hin.

Die Konsumquote und die Investitionsquote scheinen stationäre Prozesse zu sein, während für die Arbeitsproduktivität und die Reallohnquote auch eine I(1)-Modellierung nicht abwegig ist. Alle *gross ratios* sind durch recht ähnliche Autokorrelationsstrukturen und insbesondere hohe Persistenz gekennzeichnet, ihre spektrale Masse konzentriert sich im Niedrigfrequenzbereich. Anzeichen für die Existenz stark exogener Größen gibt es für diese Variablen erwartungsgemäß nicht.

3. Kapitel: Das prototypische RBC-Modell

Das vorliegende Kapitel ist einer eingehenden Analyse des prototypischen RBC-Modells von King, Plosser und Rebelo (1988a, 1988b) gewidmet. KPR haben dieses Modell in zwei nur durch die Spezifikation von Wachstumsprozeß und exogener Stochastik unterschiedenen Varianten entwickelt: KPR (1988a), künftig als KPR1 bezeichnet, postulieren deterministisches Wachstum kombiniert mit stationären Technologieschocks, und KPR (1988b), im folgenden KPR2, modellieren einen instationären stochastischen Wachstumstrend. Eine präzisere Darstellung der Unterschiede zwischen KPR1 und KPR2 erfolgt im Verlauf dieses Kapitels. Ich stelle zunächst beide Modellvarianten in einem einheitlichen Rahmen vor, so daß es sinnvoll ist, von *dem* (die Spezialfälle KPR1 und KPR2 umfassenden) KPR-Modell zu sprechen.

Dieses Modell stellt insofern die den meisten RBC-Modellen eigene Grundstruktur dar, als fast alle heute existierenden RBC-Modelle das KPR-Modell als einen Spezialfall enthalten. Deren immense Vielfalt (einen guten Überblick liefern Stadler (1994) und Cooley (1995)) ist wiederum auf Variationen des Grundmodells zurückzuführen, die nicht als allgemein akzeptiert gelten dürfen oder nur für spezielle Fragestellungen von Interesse sind.

Man beachte daher z. B., daß die historisch ersten RBC-Modelle von Kydland und Prescott (1982) sowie Long und Plosser (1983) als Verallgemeinerungen des KPR-Modells aufgefaßt werden können. Bei Long und Plosser besteht diese Verallgemeinerung im wesentlichen darin, sektorale Produktionsbeziehungen zu modellieren statt sich auf die Betrachtung nur eines aggregierten Output-Gutes zu beschränken. Kydland und Prescott demgegenüber verzichten auf Disaggregation, bereichern die Grundstruktur jedoch um nicht separierbare Präferenzen, implementationsbedingte Zeitverzögerungen in der Realisierung von Investitionsentscheidungen (sog. *time-to-build-*

Technologie) und die Möglichkeit der Lagerhaltung als eines zusätzlichen Produktionsfaktors[1].

Allerdings zeigen Hansen (1985) und Rouwenhorst (1991), daß diese von Kydland und Prescott zunächst mit einiger Vehemenz verfochtenen Eigenschaften wider Erwarten nur eine vergleichsweise geringe Schockfortpflanzung induzieren und insofern für die zentralen Resultate von RBC-Modellen von minderer Bedeutung zu sein scheinen. Folgearbeiten haben deshalb häufig von derartigen Spezifikationen Abstand genommen, selbst wenn sie, wie die Annahme der *time-to-build*-Technologie, in überzeugender Weise realitätsnah wirken. In unserem Kontext trägt Rouwenhorsts bemerkenswerte Erkenntnis natürlich auch zur Rechtfertigung für die Beschränkung der Analyse auf das Grundmodell von KPR bei.

3.1 Die Modellökonomie

Nehmen wir nun an, eine Ökonomie bestehe aus vielen identischen Firmen und vielen identischen Haushalten[2]. Man kann dann die Analyse auf das Verhalten einer repräsentativen Firma und eines repräsentativen Haushalts beschränken. Die folgende Notation bezieht sich daher stets gleichermaßen auf die einzelnen wie auf die repräsentativen, sprich: durchschnittlichen, Wirtschaftssubjekte. Der Einfachheit halber sei unterstellt, daß die Anzahl der Haushalte gleich der Anzahl der Firmen sei.

In der Volkswirtschaft gebe es kein Geld und lediglich ein produziertes Gut, das entweder konsumiert oder investiert werden kann. Konsumgüter seien

---

[1]Diese letzte, in meinen Augen etwas skurrile Eigenart des Kydland-Prescott-Modells erklärt sich weniger aus ökonomischer Plausibilität denn aus Erfordernissen der Lösungstechnik. Vgl. die ausführlichen Erläuterungen hierzu in Kydland und Prescott (1982).

[2]Das KPR-Modell unterstellt eigentlich einen repräsentativen Agenten (Planer), der eine Pareto-optimale Allokation bestimmt und diese mittels geeigneter Preise dezentralisiert. Nach dem zweiten Hauptsatz der Wohlfahrtsökonomie läßt sich besagtes Pareto-Optimum als kompetitives Gleichgewicht auffassen. Abweichend von dieser Vorgehensweise modelliere ich hier Haushalte und Firmen als getrennte ökonomische Entscheidungsträger und berücksichtige explizit die jeweiligen Budgetrestriktionen, da diese Darstellung für die später zu analysierenden nicht-walrasianischen Erweiterungen des Standardmodells geeigneter ist. Aus beiden Ansätzen resultiert dasselbe System von Euler-Gleichungen, d. h. die spezifizierten Ökonomien sind bezüglich ihres dynamischen Verhaltens exakt äquivalent.

nicht lagerfähig, d. h. sie müssen in der Periode verbraucht werden, in der sie produziert wurden. Investitionsgüter werden in der auf die Produktion folgenden Periode zu produktivem Kapital. Vom Kapitalbestand K_t zu Beginn der Periode t werde im Produktionsprozeß ein konstanter Prozentsatz δ, $0<\delta<1$, verbraucht. Ich nehme an, daß der nach Abschreibung verbleibende Kapitalbestand $(1-\delta)K_t$ in Periode t entweder konsumiert oder reinvestiert werden kann, d. h. daß Investitionen reversibel sind.

Jede Firma produziere gemäß einer Cobb-Douglas-Produktionsfunktion mit konstanten Skalenerträgen

$$Y_t = A_t(X_t L_t)^{\alpha} K_t^{1-\alpha}, \qquad 0<\alpha<1, \qquad (3.1/1)$$

wobei Y_t die Produktion, A_t einen technologischen Schock, L_t die eingesetzte Arbeitszeit und X_t arbeitsvermehrenden (Harrod-neutralen) technischen Fortschritt bezeichne. Bei gewinnmaximierendem Verhalten stellt α dann die Lohnquote der Ökonomie dar, d. h. den Anteil des Lohneinkommens am Volkseinkommen. Bezeichnen wir ferner den Reallohn mit W_t und den Realzins mit r_t, dann ergibt sich der Gewinn π_t (in Gütereinheiten) als

$$\pi_t = Y_t - W_t L_t - (r_t + \delta)K_t. \qquad (3.1/2)$$

Ich unterstelle, daß das gesamte in Periode t produktiv eingesetzte Kapital K_t den Firmen in der Periode t-1 von den Kapitaleignern zum erwarteten Zins r_t zur Verfügung gestellt wird. Volumenmäßig wird der Kapitalbestand also in Periode t-1 bestimmt, er ist jedoch ein Produktionsfaktor der Periode t. Dieser Sachverhalt kann auch dadurch beschrieben werden, daß die Gleichgewichtsbedingung des Kapitalsmarkts formuliert wird als postulierte Gleichheit des realen Vermögens der Modellökonomie am Ende der Periode t-1 mit dem produktiven Kapitalbestand zu Beginn der Periode t. Bezeichnen wir ersteres mit S_{t-1}, so fordern wir folglich die Gleichheit der beiden Bestandsgrößen

$$S_{t-1} = K_t, \qquad (3.1/3)$$

die möglich ist, weil die eine Variable auf das Periodenende und die andere auf den Anfang der Folgeperiode datiert ist. Man beachte, daß der Kapitalbestand K_t im Verlauf der Produktion einen physischen Verlust von δK_t erfährt, so daß die Bruttoinvestition der Periode t sich als

$$I_t := K_{t+1} - (1-\delta)K_t. \tag{3.1/4}$$

ergibt.

Es sei angenommen, daß die Firmen die diskontierte Summe erwarteter realer Gewinne zu maximieren trachten. In Periode 0 ist diese Summe gegeben durch

$$\Pi_0 = E_0\left[\sum_{t=0}^{\infty}(1+r_t)^{-t}\pi_t\right], \tag{3.1/5}$$

wobei E_0 den bedingten Erwartungswert unter Ausnutzung aller zum Zeitpunkt 0 verfügbaren Information bezeichne. Bei freiem Marktzutritt werden neue Firmen in den Markt drängen, solange Π_0 positiv ist. Eine notwendige Bedingung für die Existenz eines Gleichgewichts ist es daher, daß Π_t in jeder Periode t Null ist für eine endliche Anzahl von Firmen:

$$\Pi_t=0 \tag{3.1/6}$$

Alle Haushalte werden durch eine zeitlich separierbare, additive Nutzenfunktion charakterisiert, deren bedingter Erwartungswert in Periode Null durch

$$U_0 = \mathrm{E}_0\left[\sum_{t=0}^{\infty}\beta^t\left[\ln C_t + \theta\ln\left(1-\frac{N_t}{X_t^{\nu}}\right)\right]\right], \quad 0<\beta<1,\ \theta>0,\ \nu\leq 0 \tag{3.1/7}$$

beschrieben wird. Dabei bezeichnet C_t den geplanten Konsum und N_t die geplante Arbeitszeit als Prozentsatz der auf Eins normierten Zeitausstattung des Haushalts; β ist ein Diskontfaktor. Auf dem Arbeitsmarkt bietet der repräsentative Haushalt also eine Arbeitsleistung von N_t an, während die repräsentative Unternehmung L_t nachfragt. Im Gleichgewicht müssen diese beiden Größen natürlich übereinstimmen:

$$N_t=L_t \tag{3.1/8}$$

Die Spezifikation der Präferenzen in (3.1/7) ist etwas allgemeiner als die von KPR analysierte, da der Grenznutzen der Freizeit für $\nu \neq 0$ von der Wachstumskomponente X_t abhängt. (Mit ν=0 erhält man sofort den Spezialfall der KPR-Präferenzen[3].) Diese Modifikation ist erforderlich, da die KPR-

[3]Tatsächlich spezifizieren KPR (1988a) ihr Modell insofern allgemeiner, als sie zunächst die gesamte Klasse von Nutzenfunktionen mit konstanter relativer Risikoaversion als

Spezifikation impliziert, daß die Arbeitsstunden eine mittlere Wachstumsrate von Null haben und im KPR-Modell sogar stationär sind, s. KPR (1988a, 1988b). Für amerikanische Daten mag dies eine vertretbare Approximation sein, für deutsche Daten aber hat die Datenanalyse des vorhergehenden Kapitels deutlich gezeigt, daß eine derartige Annahme inakzeptabel ist: Aufgrund des unbestreitbar negativen Trends in den Arbeitsstunden (vgl. Abbildung 2/3) können die Daten nur modellkompatibel sein, wenn das Grenzleid der Arbeit mit wachsendem ökonomischen Wohlstand zunimmt ($\nu < 0$)[4].

Man beachte in diesem Zusammenhang, daß sich der Rückgang der Arbeitsstunden in der Bundesrepublik Deutschland keineswegs nur auf Zeiten stark zunehmender Arbeitslosigkeit konzentriert, sondern offenbar maßgeblich von der Reduzierung der effektiven wöchentlichen Arbeitszeit bestimmt ist. Da die Senkung der Wochenarbeitszeit auf Drängen der Gewerkschaften erfolgte, ist sie als von den Arbeitnehmern gewollt anzusehen, was in einem Gleichgewichtsmodell bedeutet, daß die Präferenzen der Arbeitnehmer nicht zeitkonstant sein können sondern ein trendbehaftetes Element beinhalten müssen. Im übrigen haben andere Autoren der Real Business Cycle Literatur ebenfalls Präferenzen in Abhängigkeit vom technischen Fortschritt definiert, so z. B. Correia, Neves und Rebelo (1995) für eine Klasse von Nutzenfunktionen, die auf Greenwood, Hercowitz und Huffman (1988) zurückgeht.

Jeder Haushalt besitze einen gleichen Anteil am Eigenkapital jedes Unternehmens und beziehe daher, weil es gleich viele Haushalte wie Firmen gibt, ein Gewinneinkommen von π_t. Ist die Anzahl der Firmen groß, so haben Entscheidungen eines einzelnen Haushalts (für gegebene Entscheidungen der anderen Haushalte) nur verschwindenden Einfluß auf sein Gewinneinkommen, so daß dieses im folgenden als für den Haushalt unbeeinflußbar

---

periodenbezogene Nutzenfunktion zulassen. In der dynamischen Analyse des Modells mit flexiblem Arbeitseinsatz beschränken sie sich jedoch auf die o. a. logarithmische Spezifikation.

[4] Da die tägliche Arbeitszeit naturgemäß beschränkt ist, wird oft darauf hingewiesen, daß die Arbeitsstunden pro Kopf nicht mit einer konstanten Wachstumsrate wachsen können. Dies impliziert jedoch nicht, daß die Wachstumsrate der Arbeitsstunden Null ist, da eine konstante negative Wachstumsrate der Beschränkung nicht widerspricht. Der Einwand, dies führe asymptotisch zu einer Arbeitszeit von Null Stunden, ist dabei von geringer praktischer Relevanz. Mit einer Wachstumsrate von -0.1% pro Quartal (vgl. die Schätzung des Trendterms in Kapitel 2) würde die Arbeitszeit innerhalb von 100 Jahren um ungefähr 33% zurückgehen, was nicht unrealistisch erscheint angesichts des erheblichen Rückgangs der Arbeitszeit in den letzten 100 Jahren. Allein von 1960 bis heute beträgt der Rückgang der Arbeitszeit rund 30%.

angenommen wird. Die intertemporale Budgetrestriktion des repräsentativen Haushalts ergibt sich demnach als

$$W_t N_t + (1+r_t)S_{t-1} + \pi_t \equiv C_t + S_t \, . \tag{3.1/9}$$

Schreibt man diese Gleichung als

$$W_t N_t + r_t S_{t-1} + \pi_t \equiv C_t + S_t - S_{t-1} ,$$

so sieht man, daß die Einkommen des Haushalts aus Arbeit und Kapital gleich seiner Einkommensverwendung zuzüglich der Änderung seines Vermögensbestands sind.

Der produzierte Output Y_t kann lediglich zwei Verwendungen finden; entweder er wird konsumiert oder investiert. Die Gleichgewichtsbedingung für den Gütermarkt lautet in dieser geschlossenen Volkswirtschaft ohne Staatssektor also einfach

$$Y_t = C_t + I_t . \tag{3.1/10}$$

Substituiert man die Investitionsnachfrage aus dieser Beziehung heraus, so erhält man unter Verwendung von (3.1/4) und (3.1/3) die Gleichung

$$Y_t + (1-\delta)K_t = C_t + S_t , \tag{3.1/11}$$

die angibt, daß bei Gütermarkträumung die Gütermenge, über die die repräsentative Unternehmung disponiert gleich der Gürtermenge ist, über die der repräsentative Haushalt verfügt. Dies unterstellt, daß der nach Abschluß der Produktion verbleibende Kapitalbestand am Ende jeder Periode (zumindest gedanklich) vollständig aufgelöst wird. Diese etwas ungewöhnliche wirkende Eigenschaft folgt zwingend aus der Annahme, daß es keine langfristigen, d. h. für mehr als eine Periode vereinbarten, Zinssätze gibt.

Haushalten und Unternehmen wird gleichermaßen die Maximierung eines bedingten Erwartungswertes (gegeben die zum Zeitpunkt der Entscheidung verfügbare Information) unterstellt. Ich folge in dieser Arbeit dem methodischen Ansatz von KPR (1988a), der darin besteht, die Entscheidungsprobleme zunächst unter der Annahme perfekter Voraussicht zu analysieren und (approximativ optimale) Entscheidungsregeln abzuleiten. Sobald diese (in Abhängigkeit von sich erst zukünftig realisierenden stochastischen Variablen) vorliegen, berücksichtige ich die Unsicherheit wieder, indem ich zukünftige Werte durch ihre bedingten Erwartungswerte zum Zeitpunkt der Entscheidungsfindung ersetze.

Nach dieser kurzen Beschreibung der Ökonomie wollen wir nun die Maximierungsprobleme repräsentativer Unternehmen und Haushalte unter der - in der RBC-Literatur üblichen - Annahme völlig flexibler Preise und sofortiger Markträumung lösen[5]. Für die Firmen lautet das intertemporale Gewinnmaximierungsproblem

$$\max_{Y_t, L_t, K_t} \quad \Pi_0 = \sum_{t=0}^{\infty} (1+r_t)^{-t} \pi_t \tag{3/F}$$

unter den Nebenbedingungen

$$Y_t = A_t (X_t L_t)^{\alpha} K_t^{1-\alpha} \tag{3.1/1}$$

$$\pi_\tau = Y_t - W_t L_t - (r_t + \delta) K_t \tag{3.1/2}$$

für $t=0,...,\infty$. Notwendig für ein Maximum ist, daß in jeder Periode t die Bedingungen[6]

$$(1+r_t)^{-t}\left(\alpha \frac{Y_t}{L_t} - W_t\right) = 0, \tag{3.1/12}$$

$$(1+r_t)^{-t}\left((1-\alpha)\frac{Y_t}{K_t} - (r_t + \delta)\right) = 0 \tag{3.1/13}$$

sowie (3.1/1) und (3.1/2) erfüllt sind. Löst man (3.1/12) und (3.1/13) nach L_t bzw. K_t auf, so erhält man für alle Perioden $t=0,...,\infty$

$$L_t = \frac{\alpha Y_t}{W_t} \tag{3.1/14}$$

und

---

[5]Ich beschränke mich auf die Ableitung der notwendigen Bedingungen für ein inneres Maximum. Hinreichende Bedingungen werden nicht überprüft.

[6]Bei der Herleitung von (3.1/12) und (3.1/13) wurde bereits (3.1/1) in die Bedingungen erster Ordnung substituiert.

$$K_t = \frac{(1-\alpha)Y_t}{(r_t+\delta)}, \tag{3.1/15}$$

woraus durch Substitution in (3.1/2) sofort

$$\pi_t = Y_t - \alpha Y_t - (1-\alpha)Y_t = 0 \tag{3.1/16}$$

folgt. Der geplante Gewinn der Unternehmen ist also (maximal) Null in jeder Periode und Bedingung (3.1/6) mithin erfüllt.

In (3.1/14) und (3.1/15) werden die optimale Arbeits- und Kapitalnachfrage der repräsentativen Unternehmung in Abhängigkeit vom Outputniveau beschrieben. Das Outputniveau selbst bleibt jedoch unbestimmt, da für jedes Y_t ein gemäß (3.1/14) und (3.1/15) gewählter Faktoreinsatz zum (optimalen) Nullgewinn führt. Diese Indeterminiertheit aufgrund der Uneindeutigkeit des Maximums ist eine allgemeine Eigenschaft von Produktionsfunktionen mit konstanten Skalenerträgen.

Die Firma kann daher auch dann noch ihr Gewinnmaximum realisieren, wenn das Outputniveau oder eine Inputmenge beliebig fixiert wird. Um diese Undeterminiertheit zu überwinden, nehme ich an, daß Outputniveau und Arbeitseinsatz der Periode t stets gemäß (3.1/14) und (3.1/15) in Anpassung an den prädeterminierten Kapitalbestand K_t gewählt werden. Bei der Kapitalnachfrage selbst ist die Firma jedoch bezüglich der nachzufragenden Menge indifferent und passe sich daher dem Kapitalangebot S_{t-1} an. (Dieses Verhalten ist insofern natürlich, als die einzelne Firma keine Marktmacht hat und den am Markt herrschenden erwarteten Zinssatz folglich als gegeben betrachtet). Das Aktivitätsniveau der Ökonomie ist dann wohlbestimmt und bedarf lediglich einer willkürlichen Rekursionsverankerung, deren Vollzug man sich in einer weit zurückliegenden Anfangsperiode denken kann. Formal wird die Annahme einer sich an das Angebot anpassenden Kapitalnachfrage dadurch ausgedrückt, daß (3.1/3) durch eine Identität ersetzt wird:

$$K_t \equiv S_{t-1} \tag{3.1/17}$$

Das Nutzenmaximierungsproblem des Haushalts lautet:

$$\max_{C_t, N_t, S_t} \quad U_0 = \sum_{t=0}^{\infty} \beta^t \left[\ln C_t + \theta \ln\left(1 - \frac{N_t}{X_t^v}\right)\right] \tag{3/H}$$

unter der Nebenbedingung

$$W_t N_t + (1 + r_t) S_{t-1} + \pi_t \equiv C_t + S_t \tag{3.1/9}$$

für t=0,...,∞. Notwendige Bedingungen sind

$$\frac{\beta^t}{C_t} = \tilde{\mu}_{B,t}, \tag{3.1/18}$$

$$\frac{\beta^t \theta}{X_t^v - N_t} = \tilde{\mu}_{B,t} W_t, \tag{3.1/19}$$

$$\tilde{\mu}_{B,t} = \tilde{\mu}_{B,t+1}(1 + r_{t+1}) \tag{3.1/20}$$

sowie (3.1/9) und eine Transversalitätsbedingung[7]. Elimination des Lagrange-Multiplikators $\tilde{\mu}_{B,t}$ ergibt dann unmittelbar

$$\frac{\theta}{X_t^v - N_t} = \frac{W_t}{C_t} \tag{3.1/21}$$

und

[7]Die Transversalitätsbedingung dieses Problems ist $\lim_{t\to\infty} S_t \tilde{\mu}_t = 0$, vgl. Arrow (1968). KPR (1988a) zeigen, daß die Transversalitätsbedingung im Standard-RBC-Modell impliziert, daß der Zeitpfad der Modellvariablen durch eine stabile Differenzengleichung beschrieben werden kann. Im allgemeinen sind Transversalitätsbedingungen für Probleme mit unendlichem Optimierungshorizont jedoch nicht bekannt, vgl. Takayama (1987, S. 624). Ich verzichte daher in dieser Arbeit auf die explizite Analyse der Transversalitätsbedingungen, auferlege den Differenzengleichungen jedoch analoge Stabilitätsbedingungen. Wie Burnside (1995) zeigt, scheint dies für linear-quadratische stochastische Optimierungsmodelle ein angemessenes Vorgehen zu sein. Da die im folgenden dargestellte approximative Lösungstechnik des KPR-Modells ebenfalls zu linearen Euler-Gleichungen führt, liegt es nahe zu vermuten, daß sich diese Eigenschaft auf das KPR-Modell überträgt. Es bleibt freilich späterer Forschung überlassen, die genaue Beziehung zwischen Stabilitäts- und Transversalitätsbedingungen in allgemeinen Modellen mit unendlichem Horizont zu untersuchen.

$$C_{t+1} = \beta C_t(1+r_{t+1}). \qquad (3.1/22)$$

Gleichungen (3.1/1), (3.1/9), (3.1/8), (3.1/11), (3.1/14), (3.1/15), (3.1/17), (3.1/21) und (3.1/22) konstituieren ein nichtlineares System stochastischer Differenzengleichungen, dessen Lösung die Zeitpfade der Modellvariablen beschreibt. Unglücklicherweise ist eine solche Lösung nicht bzw. nur für unrealistische Spezialfälle (z. B. δ=1, s. Sargent (1987, S. 122)) bekannt. Es ist deshalb erforderlich, sich mit approximativen Lösungen zu behelfen. Eine der bekanntesten derartigen Lösungen besteht darin, das Gleichungssystem an seinem Steady-State mit einer Taylor-Approximation ersten Grades in ein lineares Differenzengleichungssystem zu entwickeln[8]. Ich werde mich daher zunächst der Steady-State-Analyse zuwenden.

- Steady-State-Analyse -

Ein Steady-State unterstellt, daß alle Modellvariablen mit einer konstanten (aber nicht unbedingt der gleichen) Wachstumsrate wachsen.In einem stochastischen Modell ist dies aufgrund der zufälligen Einflüsse sicherlich nie der Fall, deshalb definiert man als Steady-State einer stochastischen Ökonomie den Steady-State derjenigen quasi-deterministischen Ökonomie, die sich ergibt, wenn alle exogenen Störgrößen eine Varianz von Null haben, vgl. Christiano (1988).

Nehmen wir also momentan an, der Technologieschock A_t und die Wachstumskomponente X_t seien in diesem Sinne quasi-deterministisch und alle Variablen wüchsen mit konstanter Wachstumsrate. Für eine beliebige (nicht logarithmierte) Variable V_t bezeichne $\gamma_V := V_t / V_{t-1}$ Eins plus die Wachstumsrate von V_t. Aus (3.1/17) folgt dann sofort $\gamma_K = \gamma_S$.

Gleichung (3.1/4) läßt sich leicht umformen zu

$$I_t = \left(\gamma_K - (1-\delta)\right) K_t \qquad (3.1/4)$$

[8]Andere Lösungsmöglichkeiten, insbesondere rechenintensive numerische Approximationen, werden von Taylor und Uhlig (1990) diskutiert.

und teilt man diese Gleichung um dieselbe Gleichung um eine Periode verzögert, so erhält man sofort $\gamma_I = \gamma_K$. Dasselbe Vorgehen angewandt auf (3.1/22) ergibt

$$\gamma_C(1+r_t) = \gamma_C(1+r_{t+1}),$$

was unmittelbar $\gamma_r = 1$ impliziert. Also ist der Zinssatz im Steady-State konstant, so daß aus (3.1/15) $\gamma_Y = \gamma_K$ folgt. Damit ergibt (3.1/14) $\gamma_W \gamma_L = \gamma_K$ und $\gamma_L = \gamma_N$ aus (3.1/8) ist trivial. Mit (3.1/17) läßt sich (3.1/11) in der Form

$$\frac{Y_t}{K_t} + 1 - \delta - \gamma_K = \frac{C_t}{K_t}$$

darstellen, woraus man $\gamma_C = \gamma_K$ ersieht, da wir bereits wissen, daß die (inverse) Kapitalquote im Steady-State konstant sein muß. Die Produktionsfunktion (3.1/1) impliziert

$$\gamma_K^\alpha = \gamma_A \gamma_X^\alpha \gamma_L^\alpha .$$

Ohne Beschränkung der Allgemeinheit kann $\gamma_A = 1$ angenommen werden, d. h. das gesamte Produktivitätswachstum wird der Wachstumskomponente X_t zugeordnet und es gilt $\gamma_X \gamma_L = \gamma_K$ bzw. wegen (3.1/14) $\gamma_W = \gamma_X$.

Teilt man schließlich Gleichung (3.1/21) durch dieselbe Gleichung verzögert um eine Periode, so erhält man

$$\begin{aligned} \gamma_W(X_t^\nu - N_t) &= \gamma_C(X_{t-1}^\nu - N_{t-1}) \\ &= \gamma_K X_{t-1}^\nu - \gamma_W N_t \end{aligned}$$

und die Implikation $\gamma_X^{1+\nu} = \gamma_K$. Für die Arbeitsstunden gilt daher

$$\gamma_N = \gamma_L = \gamma_X^\nu = \gamma_K^{\nu/(1+\nu)}, \qquad (3.1/23)$$

d. h. ihre Wachstumsrate ist annähernd ν mal die Wachstumsrate des technischen Fortschritts: $\gamma_L - 1 \approx \ln(\gamma_L) = \nu \ln(\gamma_X)$. Da die pro Zeiteinheit verfügbaren Arbeitsstunden beschränkt sind, kann diese Wachstumsrate nicht positiv sein, und daher muß die Wachstumsrate des Kapitalstocks stets kleiner oder gleich der Wachstumsrate des Produktivitätsfortschritts X_t sein.

Wir halten daher fest, daß Output, Konsum, Bruttoinvestitionen, reales Vermögen und der Kapitalbestand im Steady-State alle mit derselben konstanten Wachstumsrate γ_K-1 wachsen, während die Wachstumsrate des Realzinses Null ist und der Reallohn mit der Wachstumsrate des Produktivitätsfortschritts γ_X-1 wächst. Darüber hinaus sehen wir, daß γ_X und γ_K genau dann gleich sind, wenn die Wachstumsrate der Arbeitsstunden Null ist.

Vergleichen wir diese Ergebnisse mit der im Kapitel 2 vollzogenen Datenanalyse, so scheint der in dieser Arbeit betrachtete Datensatz die theoretischen Erfordernisse, die aus dem Steady-State eines neoklassischen Wachstumsmodells abgeleitet werden können, nicht völlig befriedigend zu erfüllen. Zwar wachsen Bruttoinlandsprodukt, privater Verbrauch und die Bruttoinvestitionen der Unternehmen möglicherweise mit derselben und annähernd konstanten Wachstumsrate, die gleichzeitig die Wachstumsrate des statistisch weniger zuverlässig erfaßten Kapitalbestands sein müßte. Auch ist der eigenständige (negative) Trend der Arbeitsstunden im Einklang mit dem Modell, wenn man ν<0 unterstellt. Jedoch müßte für ν<0 die Wachstumsrate des Reallohns größer sein als die Wachstumsrate der Nachfrageaggregate. Dies ist jedoch nicht der Fall: In der Teilstichprobe 1975-1994 ist die Reallohnquote nicht trendbehaftet, vgl. Abbildung 2/4, und bei der Konstruktion der %-Variablen erweist sich der geschätzte deterministische Trend von WRSA als annähernd so groß wie der geschätzte gemeinsame Trend der Nachfrageaggregate.

Diese Abweichung von den theoretischen Modellimplikationen kann allerdings auf eine inkorrekte Messung des Reallohns zurückzuführen sein. Wie bereits erwähnt enthält der Reallohn die Arbeitgeberbeiträge zur Sozialversicherung nicht, obwohl diese sinnvollerweise ebenfalls als eine Kompensation für erbrachte Arbeitsleistung anzusehen sind. Falls die vernachlässigten Lohnkomponenten einen ungefähr festen Prozentsatz des gemessenen Reallohns ausmachen, würde der "wahre" Reallohn ebenfalls eine konstante Wachstumsrate und ein stärkeres Trendwachstum als die Nachfrageaggregate aufweisen. Ein solches Verhalten wäre dann völlig im Einklang mit dem theoretischen Modell.

Neben den Steady-State-Wachstumsraten ist es (insbesondere für die anschließende approximative Lösung des Modells und dessen Parametrisierung mit kalibrierten Werten) auch hilfreich, die Niveauwerte der Modellvariablen zu berechnen. Diese hängen im Steady-State von den tiefen Parametern und dem exogenen Niveau des technischen Fortschritts ab. Ich bezeichne mit $X(t)$ den Steady-State-Wert der Wachstumskomponente zum

Zeitpunkt t und mache analog bei allen anderen wachsenden Steady-State-Größen auf die nach wie vor bestehende Abhängigkeit von der Zeit aufmerksam. Bei den im Steady-State konstanten Variablen entfällt jeglicher Zeitindex.

Aus (3.1/22) erhalten wir den Steady-State Zinsfaktor z als

$$z := 1 + r = \frac{\gamma_K}{\beta} \tag{3.1/24}$$

und durch Kombination von (3.1/1), (3.1/14) und (3.1/15) ergibt sich der Steady-State-Reallohn als

$$W(t) = \alpha\left(\frac{1-\alpha}{r+\delta}\right)^{\frac{1-\alpha}{\alpha}} X(t) = \alpha\left(\frac{(1-\alpha)\beta}{\gamma - \beta(1-\delta)}\right)^{\frac{1-\alpha}{\alpha}} X(t). \tag{3.1/25}$$

Substituiert man (3.1/14), (3.1/15), (3.1/21) und die Nullgewinnbedingung in (3.1/9), so bestimmt sich der Kapitalbestand im Steady-State als

$$\begin{aligned} K(t) &= \frac{(1-\alpha)W(t)X(t)^{\nu}}{\alpha(r+\delta)+\theta\big((1+r)-\alpha(1-\delta)-(1-\alpha)\gamma_K\big)} \\ &= \left(\frac{(1-\alpha)\beta}{\gamma_K - \beta(1-\delta)}\right)^{\frac{1-\alpha}{\alpha}} \frac{\alpha(1-\alpha)\beta X(t)^{1+\nu}}{(\gamma_K - \beta(1-\delta))(\alpha+\theta)+(1-\alpha)\beta(1-\delta-\gamma_K)\theta}. \end{aligned} \tag{3.1/26}$$

Mit (3.1/26) folgt aus (3.1/15)

$$\begin{aligned} Y(t) &= \frac{r+\delta}{1-\alpha} K(t) \\ &= \left(\frac{(1-\alpha)\beta}{\gamma_K - \beta(1-\delta)}\right)^{\frac{1-\alpha}{\alpha}} \frac{\alpha\big(\gamma_K - \beta(1-\delta)\big)X(t)^{\nu+1}}{(\gamma_K - \beta(1-\delta))(\alpha+\theta)+(1-\alpha)\beta(1-\delta-\gamma_K)\theta} \end{aligned} \tag{3.1/27}$$

und aus (3.1/14) und (3.1/15)

$$L(t)=\frac{\alpha}{1-\alpha}\frac{r+\delta}{W(t)}K(t)$$
$$=\frac{\alpha\left(\gamma_K-\beta(1-\delta)\right)X(t)^{\nu}}{\left(\gamma_K-\beta(1-\delta)\right)(\alpha+\theta)+(1-\alpha)\beta\left(1-\delta-\gamma_K\right)\theta}. \qquad (3.1/28)$$

Konsum und Investitionen im Steady-State folgen dann aus (3.1/21) bzw. (3.1/4) als

$$C(t)=\frac{W(t)\left(X(t)^{\nu}-L(t)\right)}{\theta}$$
$$=\left(\frac{(1-\alpha)\beta}{\gamma_K-\beta(1-\delta)}\right)^{\frac{1-\alpha}{\alpha}}\left(\frac{\alpha\left(\gamma_K-\beta(1-\delta)\right)+\alpha(1-\alpha)\beta\left(1-\delta-\gamma_K\right)}{\left(\gamma_K-\beta(1-\delta)\right)(\alpha+\theta)+(1-\alpha)\beta\left(1-\delta-\gamma_K\right)\theta}\right)X(t)^{\nu+1}$$

(3.1/29)

bzw.

$$I(t)=\left(\gamma_K-(1-\delta)\right)K(t)$$
$$=\left(\frac{(1-\alpha)\beta}{\gamma_K-\beta(1-\delta)}\right)^{\frac{1-\alpha}{\alpha}}\frac{\alpha(1-\alpha)\beta\left(\gamma_K-(1-\delta)\right)X(t)^{\nu+1}}{\left(\gamma_K-\beta(1-\delta)\right)(\alpha+\theta)+(1-\alpha)\beta\left(1-\delta-\gamma_K\right)\theta}.$$

(3.1/30)

Die Ausdrücke (3.1/24) bis (3.1/30) machen die Abhängigkeit der endogenen Variablen vom exogenen Wachstumsprozeß *X(t)* explizit. Da dieser Wachstumsprozeß selbst nicht erklärt werden soll, wird im folgenden eine stationarisierte Ökonomie betrachtet, in der nur wachstumsbereinigte Variablen auftreten.

- Stationarisierung und approximative Modellösung -

Für einen gegebenen exogenen Wachstumsprozeß *X(t)* ist der Steady-State der Ökonomie offenbar eindeutig. Um eine approximative Lösung für die optimalen Zeitpfade der Ökonomie zu bestimmen, ist es aber erstrebenswert, die Ökonomie so zu transformieren, daß auch die Abhängigkeit von der

Wachstumskomponente eliminiert wird. Dies geschieht einfach dadurch, daß sämtliche Variablen durch ihre Wachstumskomponente dividiert werden. Wir erhalten dann eine stationäre Ökonomie in den Variablen

$$w_t := \frac{W_t}{X_t},\ k_t := \frac{K_t}{X_t^{1+\nu}},\ s_t := \frac{S_t}{X_t^{1+\nu}},\ y_t := \frac{Y_t}{X_t^{1+\nu}},\ c_t := \frac{C_t}{X_t^{1+\nu}},\ i_t := \frac{I_t}{X_t^{1+\nu}},\ l_t := \frac{L_t}{X_t^{\nu}}$$

und $n_t := \dfrac{N_t}{X_t^{\nu}}$.

Die analogen Steady-State-Werte bezeichne ich mit

$$w := \frac{W(t)}{X(t)},\ k := \frac{K(t)}{X(t)^{1+\nu}},\ s := \frac{S(t)}{X(t)^{1+\nu}},\ y := \frac{Y(t)}{X(t)^{1+\nu}},\ c := \frac{C(t)}{X(t)^{1+\nu}},$$

$$i := \frac{I(t)}{X(t)^{1+\nu}},\ l := \frac{L(t)}{X(t)^{\nu}} \text{ und } n := \frac{N(t)}{X(t)^{\nu}}.$$

Die Maximierungsprobleme von Unternehmen und Haushalten sowie das die optimalen Zeitpfade der Variablen charakterisierende System von Differenzengleichungen können unschwer in Termini der stationarisierten Variablen geschrieben werden. Dazu soll zunächst der Wachstumsprozeß X_t als

$$\begin{aligned} \ln X_t &= \ln \gamma_X + \ln X_{t-1} + \varepsilon_{X,t} \\ &= t \ln \gamma_X + \ln X_0 + \sum_{\tau=1}^{t} \varepsilon_{X,\tau} \end{aligned} \qquad (3.1/31)$$

spezifiziert werden, wobei zur Vereinfachung der Notation für den Anfangswert X_0=1 angenommen werde. Die Störterme $\left(\varepsilon_{X,t}\right)_{t=1}^{\infty}$ seien unabhängig und identisch verteilt mit Varianz $\sigma_X^2 \geq 0$. Ist diese Varianz positiv, so folgt X_t einem logarithmischen *random walk* mit Drift $\ln\gamma_X$, während für $\sigma_X^2 = 0$ deterministisches exponentielles Wachstum vorliegt[9].

In den transformierten Variablen lautet das Gewinnmaximierungsproblem der repräsentativen Firma

[9]Streng genommen gilt diese Aussage nur "fast sicher". Auf die Berücksichtigung maßtheoretischer Feinheiten wird jedoch verzichtet.

$$\max_{y_t, l_t, k_t} \quad \sum_{t=0}^{\infty} \frac{X_t^{1+\nu}}{(1+r_t)^t}\left(y_t - w_t l_t - \left(r_t + \delta\right)k_t\right) \tag{3/F}$$

unter der Nebenbedingung

$$y_t = A_t l_t^{\alpha} k_t^{1-\alpha} \tag{3.1/1}$$

und die Bedingungen erster Ordnung werden analog modifiziert. Man beachte, daß

$$\lim_{t\to\infty} \frac{X_t^{1+\nu}}{\left(1+r_t\right)^t} = 0 \tag{3.1/32}$$

notwendig für die Konvergenz der unendlichen Summe in der Zielfunktion ist und daß die Kapitalakkumulationsgleichung (3.1/4) die Form

$$\left(e^{\varepsilon_{X,t}}\gamma_X\right)^{1+\nu} k_t = (1-\delta)k_{t-1} + i_{t-1} \tag{3.1/4}$$

annimmt.

Der repräsentative Haushalt löst bezüglich der transformierten Variablen das Problem

$$\max_{c_t, n_t, s_t} \quad \sum_{t=0}^{\infty} \beta^t \left[\ln c_t + \theta \ln(1-n_t) + (1+\nu)\ln X_t\right] \tag{3/H}$$

unter der Nebenbedingung

$$w_t n_t + (1+r_t)\frac{s_{t-1}}{\left(e^{\varepsilon_{X,t}}\gamma_X\right)^{1+\nu}} \equiv c_t + s_t, \tag{3.1/9}$$

wobei der Budgetrestriktion (3.1/9) die Nullgewinnbedingung bereits auferlegt wurde. Die Zielfunktion unterscheidet sich in dem modifizierten Nutzenmaximierungsproblem offenbar nur durch eine additive Zufallsvariable von ihrer Formulierung in dem ursprünglichen Problem.

Bei entsprechender Modifikation der Bedingungen erster Ordnung und Elimination einiger Variablen anhand von (3.1/6), (3.1/8), und (3.1/17) kann das dynamische Verhalten der stationären Ökonomie durch das System der folgenden sechs Differenzengleichungen charakterisiert werden, auf das ich künftig abkürzend mit (3/DGL) verweisen werde:

$$y_t = A_t l_t^{\alpha} k_t^{1-\alpha} \tag{3.1/1}$$

$$w_t l_t = \alpha y_t \tag{3.1/33}$$

$$y_t = \frac{r_t + \delta}{1-\alpha} k_t \tag{3.1/34}$$

$$w_t l_t + (1+r_t) k_t \equiv c_t + \left(e^{\varepsilon_{X,t+1}} \gamma_X\right)^{1+\nu} k_{t+1}, \tag{3.1/9}$$

$$\frac{\theta}{1-l_t} = \frac{w_t}{c_t} \tag{3.1/21}$$

$$\left(e^{\varepsilon_{X,t+1}} \gamma_X\right)^{1+\nu} c_{t+1} = \beta c_t (1+r_{t+1}) \tag{3.1/22}$$

Die in diesem System neu auftretenden Gleichungen (3.1/33) und (3.1/34) sind vereinfachte Darstellungen der Gleichungen (3.1/14) und (3.1/15). Im Interesse einer kompakteren Notation setze ich hinfort oft $z_t := 1 + r_t$ und $\gamma := \gamma_K = \gamma_X^{1+\nu}$.

Besteht ein nichtlineares Differenzengleichungssystem nur noch aus stationären Variablen, so vollzieht sich seine Linearisierung im allgemeinen wie folgt: Es sei durch

$$f(x_{1,t}, x_{2,t}, \ldots, x_{m,t}) = 0, \tag{3.1/35}$$

ein nichtlineares Gleichungssystem in m stationären Variablen[10] gegeben, das einen eindeutigen Steady-State aufweise. Setzt man $\hat{x}_{j,t} := \ln x_{j,t} - \ln x_j$ für j=1,..., m, so schreibt man das Gleichungssystem äquivalent als

$$f\left(x_1 \exp\left(\hat{x}_{1,t}\right), \ldots, x_m \exp\left(\hat{x}_{m,t}\right)\right) = 0, \tag{3.1/36}$$

wobei x_j der Steady-State-Wert der Variablen j sei und $\hat{x}_{j,t}$ daher näherungsweise die in Periode t zu beobachtende prozentuale Abweichung der Variablen j von ihrem Steady-State-Niveau darstellt. Als Funktion dieser prozentualen Abweichungen schreiben wir (3.1/36) in der Form

---

[10]In der hier gewählten Darstellung werden die Variablen ohne Beschränkung der Allgemeinheit mit einheitlichem Zeitindex t gekennzeichnet.

$$\hat{f}(\hat{x}_{1,t},\ldots,\hat{x}_{m,t})=0. \qquad (3.1/37)$$

Eine Taylor-Approximation erster Ordnung von (3.1/37) an der Stelle (0,...,0) ergibt dann ein lineares Gleichungssystem in den Variablen $\hat{x}_{j,t}$, j=1,...,m:

$$\hat{f}(\hat{x}_{1,t},\ldots,\hat{x}_{m,t})\approx\hat{f}(0,\ldots,0)+\sum_{j=1}^{m}\hat{f}_j(0,\ldots,0)\hat{x}_{j,t}$$
$$=\sum_{j=1}^{m}f_j(x_1,\ldots,x_l)x_j\hat{x}_{j,t} \qquad (3.1/38)$$

In dieser Darstellung werden partielle Ableitungen durch entsprechende Indizes gekennzeichnet. Man beachte, daß aus (3.1/36) und (3.1/35) die Steady-State-Eigenschaft $\hat{f}(0,\ldots,0)=0$ folgt, und daß die Koeffizienten des linearen Gleichungssystems häufig sinnvolle ökonomische Interpretationen als Elastizitäten geeignet definierter Variablen haben.

Die Qualität dieser Linearisierungstechnik wurde in verschiedenen Studien (z. B. Danthine, Donaldson und Mehra (1989), Christiano (1990a, 1990b), Dotsey und Mao (1992), Heinemann (1995)) untersucht, indem die wahren Lösungspfade des Systems nichtlinearer Differenzengleichungen mittels iterativer numerischer Verfahren für einen diskretisierten Zustandsraum bestimmt wurden und mit den hier skizzierten log-linearen Approximationen der Euler-Gleichungen verglichen wurden. Dabei stellte sich heraus, daß die Approximationsgüte des linearisierten Modells in der Regel recht befriedigend ist.

In einem Vergleich unterschiedlicher Linearisierungsverfahren kommen Dotsey und Mao (1992) überdies zu dem Ergebnis, daß die hier beschriebene Methodik insgesamt die zuverlässigsten Ergebnisse liefert. Allerdings bleibt die Qualität der linearen Approximation in Modellen mit integrierten Variablen in diesen Studien weitgehend offen. Zu Recht weisen Correia, Neves und Rebelo (1995) darauf hin, daß die Approximation des Gleichungssystems um einen Steady-State, der kein Attraktor der zugrundeliegenden Ökonomie ist, eine geringere Approximationsgüte erwarten läßt.

Verfährt man mit (3/DGL) wie oben beschrieben, so ergibt sich ein lineares System von Differenzengleichungen (3/LDGL) in den endogenen Variablen[11] $\hat{y}_t$, $\hat{k}_t$, $\hat{l}_t$, $\hat{c}_t$, $\hat{z}_t$ und $\hat{w}_t$ sowie den exogenen Störgrößen $\hat{A}_t$ und ε_t. Dieses System besteht aus den Einzelgleichungen

$$\hat{y}_t = \hat{A}_t + \alpha\hat{l}_t + (1-\alpha)\hat{k}_t, \tag{3.1/39}$$

$$\hat{w}_t + \hat{l}_t = \hat{y}_t, \tag{3.1/40}$$

$$\hat{y}_t = \frac{\gamma}{\gamma - \beta(1-\delta)}\hat{z}_t + \hat{k}_t, \tag{3.1/41}$$

$$\begin{aligned} &\frac{\alpha(\gamma - \beta(1-\delta))}{1-\alpha}\left(\hat{w}_t + \hat{l}_t - \hat{c}_t\right) + \gamma\left(\hat{z}_t + \hat{k}_t\right) \\ &= (1-\beta)\gamma\,\hat{c}_t + \beta\gamma\left(\hat{k}_{t+1} + (1+\nu)\varepsilon_{X,t+1}\right), \end{aligned} \tag{3.1/42}$$

$$\hat{c}_t = \hat{w}_t - \frac{l}{(1-l)}\hat{l}_t, \tag{3.1/43}$$

$$\hat{c}_{t+1} = \hat{c}_t + \hat{z}_{t+1} - (1+\nu)\varepsilon_{X,t+1}, \tag{3.1/44}$$

Zur Erfassung des dynamischen Verhaltens der Investitionen benötigen wir überdies die linearisierte Version der Kapitalakkumulationsgleichung (3.1/4):

$$\hat{i}_{t-1} = \frac{\gamma}{\gamma-(1-\delta)}\left(\hat{k}_t + (1+\nu)\varepsilon_{X,t}\right) - \frac{1-\delta}{\gamma-(1-\delta)}\hat{k}_{t-1}. \tag{3.1/45}$$

Einsetzen von (3.1/39) in (3.1/41) ergibt

$$\hat{z}_t = \frac{\gamma - \beta(1-\delta)}{\gamma}\left(\hat{A}_t + \alpha\hat{l}_t - \alpha\hat{k}_t\right) \tag{3.1/46}$$

und durch Substitution von (3.1/40) in (3.1/39) erhält man

$$\hat{l}_t = \frac{1}{1-\alpha}\left(\hat{A}_t - \hat{w}_t\right) + \hat{k}_t, \tag{3.1/47}$$

---

[11]Die Linearisierung wird über z_t statt über r_t durchgeführt. Die Variable $\hat{z}_t$ hat dann eine unmittelbare Interpretation als Abweichung des Realzinses von seinem Steady-State-Niveau: $\hat{z}_t \approx r_t - r$.

so daß (3.1/43) ausgedrückt werden kann als

$$\hat{c}_t = \frac{1-\alpha(1-l)}{(1-\alpha)(1-l)}\hat{w}_t - \frac{l}{(1-l)}\left(\hat{k}_t + \frac{1}{1-\alpha}\hat{A}_t\right). \qquad (3.1/48)$$

Daher können wir (3.1/42) in der Form

$$\hat{k}_{t+1} = w_{11}\hat{k}_t + w_{12}\hat{w}_t + \mathrm{v}_1\hat{A}_t - (1+\nu)\varepsilon_{X,t+1} \qquad (3.1/49)$$

schreiben, wobei ich

$$w_{11} := \frac{\gamma - \alpha\beta(1-\delta)}{(1-\alpha)\beta\gamma} + \frac{(1-\beta)\gamma - \alpha\beta(1-\gamma-\delta)}{(1-\alpha)\beta\gamma}\frac{l}{(1-l)},$$

$$w_{12} := -\frac{\alpha(\gamma - \beta(1-\delta))}{(1-\alpha)^2\beta\gamma} - \frac{(1-\beta)\gamma - \alpha\beta(1-\gamma-\delta)}{(1-\alpha)\beta\gamma}\frac{1-\alpha(1-l)}{(1-\alpha)(1-l)}.$$

$$\mathrm{v}_1 := \frac{\gamma - \beta(1-\delta)}{(1-\alpha)^2\beta\gamma} + \frac{(1-\beta)\gamma - \alpha\beta(1-\gamma-\delta)}{(1-\alpha)^2\beta\gamma}\frac{l}{(1-l)}$$

setze.

In ähnlicher Weise kann man aus (3.1/44) einen Ausdruck für den Reallohn ableiten: Substituiert man (3.1/48), (3.1/46) und (3.1/47) in diese Gleichung, so erhält man eine Differenzengleichung in Reallohn, Kapitalstock und exogenen Schocks. Durch Einsetzen von (3.1/49) eliminiert man dann die Abhängigkeit des Reallohns vom zeitgleichen Kapitalbestand und erhält

$$\hat{w}_{t+1} = w_{21}\hat{k}_t + w_{22}\hat{w}_t + u_2\hat{A}_{t+1} + \mathrm{v}_2\hat{A}_t + q_2(1+\nu)\varepsilon_{X,t+1}, \qquad (3.1/50)$$

wobei

$$w_{21} := \frac{(1-\alpha)\gamma(1-w_{11})l}{\alpha\beta(1-\delta)(1-l)-\gamma},$$

$$w_{22} := \frac{\alpha\gamma(1-l) - \gamma - (1-\alpha)\gamma w_{12} l}{\alpha\beta(1-\delta)(1-l)-\gamma},$$

$$u_2 := \frac{\beta(1-\delta)(1-l)-\gamma}{\alpha\beta(1-\delta)(1-l)-\gamma},$$

$$\mathrm{v}_2 := \frac{l\gamma\left(1-(1-\alpha)v_1\right)}{\alpha\beta(1-\delta)(1-l)-\gamma},$$

$$q_2 := \frac{(1-\alpha)\gamma}{\alpha\beta(1-\delta)(1-l)-\gamma}.$$

Es verbleibt also ein System von zwei Differenzengleichungen erster Ordnung in Reallohn und Kapitalbestand:

$$\begin{bmatrix}\hat{k}_{t+1}\\ \hat{w}_{t+1}\end{bmatrix} = \begin{bmatrix} w_{11} & w_{12}\\ w_{21} & w_{22}\end{bmatrix}\begin{bmatrix}\hat{k}_t\\ \hat{w}_t\end{bmatrix} + \begin{bmatrix}0\\ u_2\end{bmatrix}\hat{A}_{t+1} + \begin{bmatrix}\mathrm{v}_1\\ \mathrm{v}_2\end{bmatrix}\hat{A}_t + \begin{bmatrix}-1\\ q_2\end{bmatrix}(1+\nu)\varepsilon_{X,t+1}$$

$$=: W\begin{bmatrix}\hat{k}_t\\ \hat{w}_t\end{bmatrix} + U\hat{A}_{t+1} + V\hat{A}_t + Q\varepsilon_{X,t+1} \qquad (3.1/51)$$

Die Eigenwertzerlegung der Matrix W sei beschrieben durch

$$W = P\mu P^{-1} = P\begin{bmatrix}\mu_k & 0\\ 0 & \mu_w\end{bmatrix}P^{-1},$$

so daß μ die Diagonalmatrix der Eigenwerte von W und P die Matrix der zugehörigen Eigenvektoren ist. Parametrisiert man das Modell mit plausiblen Parameterwerten (ein Beispiel einer solchen Parametrisierung folgt im nächsten Abschnitt), so gilt in der Regel $\mu_k > 1 > \mu_w$ und die allgemeine Lösung von (3.1/51) ist nicht stabil[12]. Die Lösung der ersten Gleichung aus (3.1/51) muß daher "vorwärts" erfolgen.

---

[12]Die allgemeine Lösung von (3.1/51) lautet

$$\begin{bmatrix}\hat{k}_{t+1}\\ \hat{w}_{t+1}\end{bmatrix} = P\mu^t P^{-1}\begin{bmatrix}\hat{k}_0\\ \hat{w}_0\end{bmatrix} + \sum_{\tau=0}^{t} W^\tau U\hat{A}_{t+1-\tau} + \sum_{\tau=0}^{t} W^\tau V\hat{A}_{t-\tau} + \sum_{\tau=0}^{t} W^\tau Q\varepsilon_{X,t+1-\tau}$$

Multipliziert man diese von links mit $P^{-1} =: (\overline{p}_{ij})$, so sieht man, daß die *homogene* Differenzengleichung eine stabile Lösung für jene Anfangswerte $\hat{k}_0$ und $\hat{w}_0$ hat, die $\overline{p}_{11}\hat{k}_0 + \overline{p}_{12}\hat{w}_0 = 0$ erfüllen. (Diese Anfangswerte sind bis auf einen Skalierungsfaktor eindeutig, sofern $\overline{p}_{11}$ und $\overline{p}_{12}$ von Null verschieden sind). Man kann zeigen, vgl. KPR (1988c), daß die durch diese Anfangsbedingungen gegebene Lösung die Transversalitätsbedingung erfüllt.

Doch wenden wir uns zunächst der zweiten Gleichung aus (3.1/51) zu. Bezeichnet man den Lag-Operator[13] mit B, so schreibt sich diese Gleichung als

$$(1-w_{22}B)\hat{w}_{t+1} = w_{21}\hat{k}_t + u_2\hat{A}_{t+1} + v_2\hat{A}_t + q_2(1+\nu)\varepsilon_{X,t+1}$$

und man kann wie folgt nach $\hat{w}_t$ auflösen:

$$\hat{w}_t = \sum_{\tau=0}^{\infty} w_{22}^{\tau}\left(w_{21}\hat{k}_{t-1-\tau} + u_2\hat{A}_{t-\tau} + v_2\hat{A}_{t-1-\tau} + q_2(1+\nu)\varepsilon_{X,t-\tau}\right) \qquad (3.1/52)$$

Dieser Ausdruck ist wohldefiniert, sofern w_{22} absolut kleiner als Eins ist. Multipliziert man (3.1/51) von links mit P^{-1} und betrachtet die erste Gleichung, so erhält man

$$\begin{aligned}\bar{p}_{11}\hat{k}_{t+1} + \bar{p}_{12}\hat{w}_{t+1} = {} & \mu_k\left(\bar{p}_{11}\hat{k}_t + \bar{p}_{12}\hat{w}_t\right) + \left(\bar{p}_{11}v_1 + \bar{p}_{12}v_2\right)\hat{A}_t \\ & + \bar{p}_{12}u_2\hat{A}_{t+1} + \left(\bar{p}_{12}q_2 - \bar{p}_{11}\right)(1+\nu)\varepsilon_{X,t+1}\end{aligned} \qquad (3.1/53)$$

oder

$$\begin{aligned}\left(1-\frac{1}{\mu_k B}\right)\left(\bar{p}_{11}\hat{k}_t + \bar{p}_{12}\hat{w}_t\right) = {} & -\frac{\bar{p}_{12}u_2}{\mu_k}\hat{A}_{t+1} - \frac{\bar{p}_{11}v_1 + \bar{p}_{12}v_2}{\mu_k}\hat{A}_t \\ & + \frac{\bar{p}_{11} - \bar{p}_{12}q_2}{\mu_k}(1+\nu)\varepsilon_{X,t+1} \quad .\end{aligned}$$

Ist $\mu_k > 1$, so muß diese Gleichung "vorwärts" gelöst werden, so daß

$$\begin{aligned}\hat{w}_t = {} & -\frac{\bar{p}_{11}}{\bar{p}_{12}}\hat{k}_t - \left(\frac{u_2}{\mu_k}\right)\sum_{\tau=0}^{\infty}\mu_k^{-\tau}\hat{A}_{t+1-\tau} - \left(\frac{\bar{p}_{11}v_1 + \bar{p}_{12}v_2}{\bar{p}_{12}\mu_k}\right)\sum_{\tau=0}^{\infty}\mu_k^{-\tau}\hat{A}_{t-\tau} \\ & + \left(\frac{\bar{p}_{11} - \bar{p}_{12}q_2}{\bar{p}_{12}\mu_k}\right)(1+\nu)\sum_{\tau=0}^{\infty}\mu_k^{-\tau}\varepsilon_{X,t+1+\tau} \\ = {} & -\frac{\bar{p}_{11}}{\bar{p}_{12}}\hat{k}_t - \left(\frac{\bar{p}_{11}v_1 + \bar{p}_{12}v_2}{\bar{p}_{12}\mu_k}\right)\hat{A}_t - \left(\frac{u_2}{\mu_k} + \frac{\bar{p}_{11}v_1 + \bar{p}_{12}v_2}{\bar{p}_{12}\mu_k^2}\right)\sum_{\tau=0}^{\infty}\mu_k^{-\tau}\hat{A}_{t+1-\tau} \\ & + \left(\frac{\bar{p}_{11} - \bar{p}_{12}q_2}{\bar{p}_{12}\mu_k}\right)(1+\nu)\sum_{\tau=0}^{\infty}\mu_k^{-\tau}\varepsilon_{X,t+1+\tau}\end{aligned} \qquad (3.1/54)$$

---

[13]Der Lag-Operator (auch Backshift-Operator) ist definiert durch die Operationen $Bx_t := x_{t-1}$, $B^{-1}x_t := x_{t+1}$, $B^j x_t := B^{j-1}Bx_t$, wobei x_t eine beliebige zeitabhängige Funktion und j ein Element der ganzen Zahlen sei.

resultiert. Der optimale Reallohn hängt also vom gegenwärtigen Kapitalbestand, von gegenwärtigen und zukünftigen Produktivitätsschocks sowie von zukünftigen Wachstumsschocks ab. Nehmen wir nun an, die Abweichungen des Produktivitätsschocks von seinem Steady-State-Niveau folgten einem autoregressiven Prozeß erster Ordnung (AR(1)) mit autoregressivem Parameter ρ, $|\rho| < 1$:

$$\hat{A}_t = \rho \hat{A}_{t-1} + \varepsilon_{A,t} \tag{3.1/55}$$

Die Innovationen $\varepsilon_{A,t}$ dieses Prozesses seien unabhängig und identisch verteilt[14]. Unterstellt man rationale Erwartungen und ersetzt daher in (3.1/54) alle zukünftigen Werte durch ihre bedingten Erwartungswerte, so ergibt sich der Reallohn als

$$\begin{aligned}\hat{w}_t &= -\frac{\overline{p}_{11}}{\overline{p}_{12}}\hat{k}_t - \left(\frac{\overline{p}_{11}\mathrm{v}_1 + \overline{p}_{12}\mathrm{v}_2}{\overline{p}_{12}\mu_k} + \frac{\rho}{\mu_k - \rho}\left(u_2 + \frac{\overline{p}_{11}\mathrm{v}_1 + \overline{p}_{12}\mathrm{v}_2}{\overline{p}_{12}\mu_k}\right)\right)\hat{A}_t \\ &=: \pi_{wk}\hat{k}_t + \pi_{wA}\hat{A}_t. \end{aligned} \tag{3.1/56}$$

Die Substitution dieses Ausdrucks in die erste Gleichung aus (3.1/51) ergibt dann

$$\hat{k}_{t+1} = \left(w_{11} - \frac{\overline{p}_{11}}{\overline{p}_{12}}w_{12}\right)\hat{k}_t + \left(\mathrm{v}_1 + w_{12}\pi_{wA}\right)\hat{A}_t - (1+\nu)\varepsilon_{X,t+1}, \tag{3.1/57}$$

das Bewegungsgesetz des Kapitalbestands der stationären Ökonomie. Man beachte in diesem Zusammenhang, daß zwar in der wachsenden Ökonomie der Kapitalbestand prädeterminiert ist, dies jedoch für die stationäre Ökonomie nur im Falle eines deterministischen Wachstums gilt: Die Stationarisierung erfolgte ja mittels Division durch die Wachstumskomponente und in einem Modell mit stochastischem Wachstum beinhaltet dies die Bereinigung um den Einfluß eines unverzögerten Störterms. Obwohl also in der wachsenden Ökonomie der Kapitalbestand bereits in der Vorperiode festgelegt wurde, darf in (3.1/57) der Wachstumsschock $\varepsilon_{X,t+1}$ nicht durch seinen bedingten Erwartungswert in der Vorperiode ersetzt werden, da der Kapitalbestand der stationären Ökonomie durch z. B. einen positiven Schock in der Tat auf ein niedrigeres Niveau gesetzt wird.

---

[14]Ich mache vorläufig keine einschränkenden Annahmen bzgl. der Korrelationsstruktur von ε_X und ε_A.

Die Abhängigkeit des optimalen Kapitalbestands von dem Kapitalbestand der Vorperiode kann noch deutlicher herausgearbeitet werden, indem der diese Abhängigkeit beschreibende autoregressive Koeffizient anders dargestellt wird. Aus

$$P^{-1}W = \mu P^{-1}$$

folgt nämlich durch Komponentenvergleich

$$\bar{p}_{11}w_{11} + \bar{p}_{12}w_{21} = \mu_k \bar{p}_{11}, \tag{3.1/58}$$

$$\bar{p}_{11}w_{12} + \bar{p}_{12}w_{22} = \mu_k \bar{p}_{12}, \tag{3.1/59}$$

$$\bar{p}_{21}w_{11} + \bar{p}_{22}w_{21} = \mu_w \bar{p}_{21}, \tag{3.1/60}$$

$$\bar{p}_{21}w_{12} + \bar{p}_{22}w_{22} = \mu_w \bar{p}_{22}. \tag{3.1/61}$$

Eliminiert man μ_k aus (3.1/58) und (3.1/59) und μ_w aus (3.1/60) und (3.1/61), so erhält man

$$w_{11} + \frac{\bar{p}_{12}w_{21}}{\bar{p}_{11}} = w_{22} + \frac{\bar{p}_{11}w_{12}}{\bar{p}_{12}}, \tag{3.1/62}$$

und

$$w_{11} + \frac{\bar{p}_{22}w_{21}}{\bar{p}_{21}} = w_{22} + \frac{\bar{p}_{21}w_{12}}{\bar{p}_{22}}. \tag{3.1/63}$$

Subtrahiert man (3.1/63) von (3.1/62) und löst nach w_{21} auf, ergibt sich

$$w_{21} = -\frac{\bar{p}_{11}\bar{p}_{21}}{\bar{p}_{12}\bar{p}_{22}} w_{12}, \tag{3.1/64}$$

so daß man durch Einsetzen von (3.1/64) in (3.1/60) das Resultat

$$\mu_w = w_{11} - \frac{\bar{p}_{11}}{\bar{p}_{12}} w_{12}$$

ableitet. Gleichung (3.1/57) erhält daher die einfachere Form

$$\begin{aligned} \hat{k}_{t+1} &= \mu_w \hat{k}_t + \left(\mathrm{v}_1 + w_{12}\pi_{wA}\right)\hat{A}_t - (1+\nu)\varepsilon_{X,t+1} \\ &=: \mu_w \hat{k}_t + \pi_{kA}\hat{A}_t - (1+\nu)\varepsilon_{X,t+1}, \end{aligned} \tag{3.1/57}$$

die zeigt, daß der autoregressive Koeffizient des Kapitalbestands identisch ist mit der charakteristischen Wurzel der Reallohngleichung in (3.1/51).

Der Kapitalbestand $\hat{k}_t$ und der Produktivitätsschock $\hat{A}_t$ können daher als Zustandsvariablen in einem Zustandsraummodell (*State-Space*-Modell) aufgefaßt werden, in dem das Bewegungsgesetz der Zustandsvariablen (*States*) durch den (unter plausibler Parametrisierung stationären) Prozeß

$$\eta_t := \begin{bmatrix} \hat{k}_t \\ \hat{A}_t \end{bmatrix} = \begin{bmatrix} \mu_w & \pi_{kA} \\ 0 & \rho \end{bmatrix} \begin{bmatrix} \hat{k}_{t-1} \\ \hat{A}_{t-1} \end{bmatrix} + \begin{bmatrix} -(1+\nu)\varepsilon_{X,t} \\ \varepsilon_{A,t} \end{bmatrix} =: M\eta_{t-1} + \varepsilon_t, \qquad (3.1/65)$$

gegeben ist[15]. Die Dynamik der Kontrollvariablen ausgedrückt als prozentuale Abweichungen vom jeweiligen Steady-State-Wert ergibt sich aus (3.1/39) bis (3.1/48) als

$$\xi_t := \begin{bmatrix} \hat{y}_t \\ \hat{c}_t \\ \hat{i}_t \\ \hat{l}_t \\ \hat{w}_t \\ \hat{z}_t \end{bmatrix} = \begin{bmatrix} \pi_{yk} & \pi_{yA} \\ \pi_{ck} & \pi_{cA} \\ \pi_{ik} & \pi_{iA} \\ \pi_{lk} & \pi_{lA} \\ \pi_{wk} & \pi_{wA} \\ \pi_{zk} & \pi_{zA} \end{bmatrix} \begin{bmatrix} \hat{k}_t \\ \hat{A}_t \end{bmatrix} =: \Pi\eta_t, \qquad (3.1/66)$$

wobei die Elemente der Π-Matrix definiert sind als

$$\pi_{lk} := 1 - \frac{\pi_{wk}}{1-\alpha},$$

$$\pi_{lA} := \frac{1-\pi_{wA}}{1-\alpha}, \qquad \text{aus (3.1/47)},$$

$$\pi_{ck} := \pi_{wk} - \frac{l}{(1-l)}\pi_{lk},$$

$$\pi_{cA} := \pi_{wA} - \frac{l}{(1-l)}\pi_{lA}, \qquad \text{aus (3.1/48)},$$

$$\pi_{yk} := \alpha\pi_{lk} + 1 - \alpha,$$

$$\pi_{yA} := 1 + \alpha\pi_{lA}, \qquad \text{aus (3.1/39)},$$

[15] Eine eingehende Darstellung von Zustandsraummodellen findet sich in Aoki (1987).

$$\pi_{ik} := \frac{\gamma\mu_w - (1-\delta)}{\gamma - (1-\delta)},$$

$$\pi_{iA} := \frac{\gamma\pi_{kA}}{\gamma - (1-\delta)}, \qquad \text{aus (3.1/45),}$$

und schließlich

$$\pi_{zk} := \frac{\gamma - \beta(1-\delta)}{\gamma}\left(\alpha\pi_{lk} - \alpha\right),$$

$$\pi_{zA} := \frac{\gamma - \beta(1-\delta)}{\gamma}\left(1 + \alpha\pi_{lA}\right) \qquad \text{aus (3.1/44).}$$

In analoger Form können *State-Space*-Formulierungen für andere Transformationen der Ursprungsdaten gefunden werden, wie z. B. für Wachstumsraten oder *gross ratios* der Ökonomie.

Sind die Zustandsvariablen η_t stationär, so bezeichne $\Sigma_{\eta\eta}$ ihre Varianz-Kovarianzmatrix. Folgen die Zustandsvariablen (wie z. B. in (3.1/65)) einem stationären VAR(1)

$$\eta_{t+1} = M\eta_t + \varepsilon_{t+1}, \tag{3.1/67}$$

und ist $\Sigma_{\varepsilon\varepsilon}$ die Kovarianzmatrix der zugehörigen Innovationen, so ergibt sich $\Sigma_{\eta\eta}$ als

$$\Sigma_{\eta\eta} = \sum_{\tau=0}^{\infty} M^{\tau}\Sigma_{\varepsilon\varepsilon}M'^{\tau} \tag{3.1/68}$$

und die Autokovarianzmatrix der Kontrollvariablen ξ_t zur Verzögerung j, $j \geq 0$, errechnet sich als

$$E\left[\xi_t\xi_{t-j}'\right] = \Pi M^j \Sigma_{\eta\eta}\Pi'. \tag{3.1/69}$$

Mit (3.1/69) ist es daher möglich, die Momente der Modellvariablen zu bestimmen, sofern $\Sigma_{\eta\eta}$ hinreichend genau berechnet werden kann. Dies ist ein nicht-triviales Problem, da insbesondere in Modellen mit deterministischem Wachstum die Eigenwerte der Matrix M sehr nahe an Eins liegen können und endliche Approximationen der unendlichen Summe in (3.1/68) dann nur sehr langsam konvergieren. Es ist jedoch, wie abschließend gezeigt werden soll, möglich, einen geschlossenen Ausdruck für $\Sigma_{\eta\eta}$ zu berechnen, sofern alle Eigenwerte von M als betragsmäßig kleiner als Eins angenommen werden, die Konvergenz der unendlichen Summe also gewährleistet ist:

Multipliziert man (3.1/68) von links und rechts mit M bzw. M', erhält man

$$M\Sigma_{\eta\eta}M' = \sum_{\tau=1}^{\infty} M^{\tau}\Sigma_{\varepsilon\varepsilon}M'^{\tau}. \qquad (3.1/70)$$

Subtrahiert man (3.1/70) von (3.1/68) verbleibt

$$\Sigma_{\eta\eta} - M\Sigma_{\eta\eta}M' = \Sigma_{\varepsilon\varepsilon}.$$

Vektoriell kann dies unter Ausnutzung von Rechenregeln für das Kroneckerprodukt $\otimes$ (vgl. z. B. Lütkepohl (1996)) geschrieben werden als

$$\begin{aligned}\operatorname{vec}(\Sigma_{\varepsilon\varepsilon}) &= \operatorname{vec}(\Sigma_{\eta\eta}) - \operatorname{vec}(M\Sigma_{\eta\eta}M') \\ &= \operatorname{vec}(\Sigma_{\eta\eta}) - (M \otimes M)\operatorname{vec}(\Sigma_{\eta\eta}) \\ &= (I - (M \otimes M))\operatorname{vec}(\Sigma_{\eta\eta}),\end{aligned}$$

so daß

$$\operatorname{vec}(\Sigma_{\eta\eta}) = (I - (M \otimes M))^{-1}\operatorname{vec}(\Sigma_{\varepsilon\varepsilon}). \qquad (3.1/71)$$

Mit diesem Ausdruck können die exakten Momente der Modellvariablen aus (3/LDGL) ohne nennenswerten Zeitaufwand berechnet werden.

3.2 Kalibrierung und Evaluation im Zeitbereich

Es entspricht einer weitverbreiteten Gepflogenheit in der RBC-Literatur, die Parameter des Modells zu "kalibrieren" statt sie mit effizienten statistischen Methoden zu schätzen[1]. Dabei ist die Literatur höchst uneins, was unter Kalibrierung zu verstehen ist und wie sie gegenüber der Schätzung abzugrenzen ist. Pagan (1995) definiert: "*Calibration is the process whereby data is employed in order to measure specified characteristics of a system*" und nichts wird durch diese Definition besser illustriert als die begriffliche Unschärfe des Terms "Kalibrierung". Kydland und Prescott (1996) argumentieren, eine Kalibrierung sei keine Schätzung, da sie nicht unter dem Kriterium einer möglichst guten Datenanpassung erfolge, während Hansen und Heckman (1996) die Abgrenzung zwischen Kalibrierung und Schätzung für künstlich halten und hervorheben, daß jeder Kalibrierung eine bestimmte Verlustfunktion zugrunde liege, die allerdings (und dies ist ihre Kritik) oft nicht explizit gemacht werde. Dieser Ansicht ist m. E. zuzustimmen, zumal Kydland und Prescott (1996) selbst ausführen: "*Thus, data are used to calibrate the model economy so that it mimics the world as closely as possible along a limited, but clearly specified, number of dimensions*".

In der Praxis bedeutet "Kalibierung" in der Regel, daß Parameterwerte entweder anderen Studien entliehen werden oder daß sie auf Steady-State-Überlegungen aufbauend aus einfachen Mittelwerten geschätzt werden. Dies sind zwei im wesentlichen grundverschiedene Vorgehensweisen: Der Import von Parameterwerten, die in anderen Modellen geschätzt worden sind, ist höchst problematisch, da die Verschiedenheit der Modelle auch eine verschiedene Funktionalität der Parameter in diesen Modellen nach sich zieht[2]. Die Parameterbestimmung durch Bildung zeitlicher Mittel und Vergleich mit Steady-State-Implikationen jedoch ist eine (grundsätzlich zulässige) Form der modellbezogenen Inferenz. Es handelt sich dabei im wesentlichen

---

[1]Der methodische Ansatz der Kalibrierung ist nicht auf die Real-Business-Cycle-Theorie beschränkt. Pagan (1995) macht darauf aufmerksam, daß sich kalibrierte Modelle in fast allen Teilgebieten angewandter ökonomischer Forschung finden; Hansen und Heckman (1996) weisen auf analoge Vorgehensweisen in der Physik und den Geowissenschaften hin.
[2]Benhabib, Rogerson und Wright (1991) präsentieren in anderem Zusammenhang ein aufschlußreiches Beispiel: Die Nutzenfunktion eines repräsentativen Agenten hänge von einem Parameter ab, der die bezahlten Arbeitsstunden gewichtet. In einer Ökonomie ohne Berücksichtigung von Hausarbeit implizieren positive Werte dieses Parameters stets, daß Freizeit ein normales Gut ist. In einer Ökonomie mit Berücksichtigung von Hausarbeit implizieren *dieselben* Parameterwerte, daß Freizeit ein inferiores Gut ist. Es ist daher offensichtlich unsinnig, eine in dem einen Modell erzielte Parameterschätzung in das andere Modell zu importieren.

um eine Schätzung nach der Methode der verallgemeinerten Momente (*Generalized Method of Moments,* GMM), freilich ohne optimale Wahl der Gewichtungsmatrix. Dennoch ist diese Schätzung unter schwachen Regularitätsannahmen konsistent und asymptotisch normalverteilt, vgl. Hansen (1982) und Ogaki (1993).

Eine der ersten Arbeiten, die methodische und ökonometrische Aspekte der Kalibrierung von Parametern in RBC-Modellen analysiert, ist Singleton (1988). In jüngerer Zeit hat das akademische Interesse an dieser Debatte geradezu sprunghaft zugenommen, man vergleiche die Arbeiten von Canova (1994), Quah (1995), Pagan (1994, 1995), Kim und Pagan (1995), Gallant (1995), Gregory und Smith (1995), sowie Hansen und Heckman (1996).

- *Kalibrierung für die Bundesrepublik Deutschland* -

Im folgenden sollen die Parameter des oben dargestellten RBC-Modells kalibriert werden, indem geeignete arithmetische Mittel realer Daten über den Beobachtungszeitraum als Steady-State-Werte der Volkswirtschaft der Bundesrepublik Deutschland interpretiert werden und analogen Modellgrößen gleichgesetzt werden. Die dadurch gewonnenen Parameter geben eine erste Orientierung über die vermutliche Größenordnung der "wahren" Parameter[3]. Die Schätzung der Parameter mit allgemein akzeptierten statistischen Methoden erfolgt dann am Ende dieses Kapitels.

---

[3]Häufig wird, z. B. von Watson (1993) oder Kydland und Prescott (1996), behauptet, RBC-Modelle erhöben gar nicht den Anspruch, die "wahre" datengenerierende Struktur darzustellen. Es bleibt dabei unklar, ob diese Autoren damit wirklich nahezulegen beabsichtigen, dies begründe einen *qualitativen* Unterschied zwischen RBC- und anderen ökonomischen Modellen. M. E. kann bestenfalls argumentiert werden, daß einige sehr einfache RBC-Modelle in ungewöhnlich starkem Maße stilisiert erscheinen und sich dadurch von realitätsnäheren Modellen gleichen Untersuchungsinteresses *graduell* unterscheiden. Dies sollte jedoch nicht dazu Anlaß geben, die Schätzung von RBC-Modellen zu unterlassen oder unbefriedigende Schätzergebnisse mit Hinweis auf die konzedierte Fehlspezifikation als irrelevant abzustempeln. Letztlich ist jedes Modell nur eine grobe Approximation an die Realität und als solche notwendig fehlspezifiziert, obwohl in statistischen Tests des Modells unter der Nullhypothese in der Regel das Gegenteil angenommen wird. Ich untersuche in diesem Abschnitt das RBC-Modell zunächst unter der Hypopthese, daß die beobachteten Daten von dem theoretischen Modell erzeugt wurden. Die Berücksichtigung einer eventuellen Fehlspezifikation des Modells erfolgt in der anschließenden spektralanalytischen Evaluation.

So entnehmen wir (3.1/14), daß α die Lohnquote der Modellökonomie darstellt. Der Anteil der Bruttoeinkommen aus unselbständiger Arbeit am Volkseinkommen der Bundesrepublik Deutschland belief sich im Mittel der Jahre 1975-1994 auf 72,7%; daher kalibriere ich α=0.73. Zum Vergleich sei darauf verwiesen, daß KPR (1988a) eine erheblich niedrigere Lohnquote von 0.58 unterstellen, während z. B. Kydland und Prescott (1982) oder Hansen (1985) (ebenfalls für die USA) 0.65 errechnen.

Im Steady-State der Modellökonomie wachsen Output, Konsum und Investitionen pro Quartal mit einer konstanten Wachstumsrate von γ_K-1. Die erste Differenz der (logarithmierten) Variablen BIPRSA, VPRIVRSA und INVBURSA im Untersuchungszeitraum beträgt durchschnittlich 0.0053; für den Koeffizienten eines gemeinsamen linearen Trends in einer OLS-Regression der Niveaus wird 0.0049 geschätzt. Gerundet auf drei Nachkommastellen beträgt der kalibrierte Wert für γ_K daher 1.005. Da der lineare Trendterm von STUNSA einen geschätzten Koeffizienten von -0.0010 aufweist, errechnet sich ν folglich, vgl. (3.1/23), als -0.17 und γ_X als 1.006. Diese Werte implizieren ein durchschnittliches reales Wachstum der Nachfrageaggregate von 2% pro Jahr und einen durchschnittlichen Rückgang der geleisteten Arbeitsstunden um 0.4% pro Jahr.

Der Steady-State-Realzins im Modell beträgt $\gamma_K/\beta-1$, vgl.(3.1/24). Nimmt man rationale Agenten an, so sollte im Stichprobendurchschnitt der ex-ante-Realzins ungefähr gleich dem ex-post Realzins sein, d. h. die durchschnittliche erwartete Inflationsrate sollte ungefähr gleich der durchschnittlichen tatsächlichen Inflationsrate sein. Der durchschnittliche ex-post Realzins, definiert als Dreimonatszinssatz abzüglich der Inflationsrate des BIP-Deflators, beträgt in der Bundesrepublik Deutschland pro Jahr 3.2%, d. h. 0.8% pro Quartal. (Diese Schätzung stimmt bemerkenswert gut überein mit der Studie von Barro und Sala-i-Martin (1990), die für den Zeitraum 1959-1988 einen deutschen Realzins von im Mittel 3.1% p. a. schätzen[4]). Ein Realzins von 0.8% pro Quartal impliziert dann den kalibrierten Wert β=0.997.

Betrachtet man das reale Bruttoanlagevermögen aller Unternehmen[5] als adäquates Maß für den Kapitalbestand in der Bundesrepublik Deutschland, so beträgt das Verhältnis von realen Abschreibungen der Unternehmen zum

---

[4]Anders verhält es sich bei KPR (1988a, 1988b), die bei ihrer Kalibrierung einen Realzins von 6.5% p. a. unterstellen und damit sehr viel höher liegen als Barro und Sala-i-Martin den Realzins für die USA schätzen.

[5]In Preisen von 1991, einschließlich Wohnungsvermietung.

realen Bruttoanlagevermögen im Durchschnitt der Jahre 1975-1994 gerade 3%. Dieser Wert ist erheblich niedriger als die sonst meist ohne weitere Begründung angesetzten 10%, vgl. z. B. Kydland und Prescott (1982), KPR (1988a) oder für Deutschland Heinemann (1995). Jedoch scheint dieser niedrige Wert durchaus angemessen zu sein, denn aus (3.1/27) und (3.1/30) folgt, daß der Steady-State-Wert der Investitionsquote sich als

$$\frac{I}{Y}=(1-\alpha)\frac{\gamma_K-(1-\delta)}{r+\delta}$$

ergibt. Löst man diese Gleichung nach δ auf, erhält man

$$\delta=\frac{r\frac{I}{Y}-(1-\alpha)(\gamma_K-1)}{(1-\alpha)-\frac{I}{Y}}. \tag{3.2/1}$$

Die Investitionsquote (reale Bruttoinvestitionen der Unternehmen zu realem Bruttoinlandsprodukt) der Bundesrepublik Deutschland beträgt zwischen 1975 und 1994 durchschnittlich 18,4%, vgl. auch Abbildung 2/2. Setzt man dies zusammen mit den kalibrierten Werten in (3.2/1) ein, so errechnet sich die Abschreibungsrate pro Quartal als 0.007. Dies liegt recht nahe an dem oben kalibrierten δ=0.008, während der andernorts oft verwandte Wert δ=0.025 unvertretbar hoch erscheint.

Die im Steady-State der stationären Ökonomie zur Produktion eingesetzte Arbeitszeit l ergibt sich als Mittelwert der wachstumsbereinigten Arbeitsstunden in der Bundesrepublik Deutschland. Normiert man den Wert der Wachstumskomponente X_t auf Eins im Quartal 1975.1, so erhält man als Mittelwert der stationarisierten Stunden 0.134. Ich setze deshalb l=0.13, d. h. der repräsentative Agent verwendet im Steady-State 13% seiner ihm insgesamt für Arbeitszwecke zur Verfügung stehenden Zeit auf bezahlte Arbeit. Dieser Wert ist niedriger als die 20%, die z. B. KPR (1988a) unterstellen, da ich bei der Berechnung der pro-Kopf-Größen auf die gesamte Wohnbevölkerung Bezug nehme, während KPR die arbeitsfähige Bevölkerung benutzen.

Mit den bisher festgesetzten Parameterwerten ergibt sich θ aus (3.1/28),

$$\theta=\frac{1-l}{l}\frac{\alpha(\gamma_K-\beta(1-\delta))}{\alpha(\gamma_K-\beta(1-\delta))+(1-\alpha)(1-\beta)\gamma_K}, \tag{3.2/2}$$

und man bestimmt so θ=6.26. Dieser Wert ist nahezu doppelt so groß wie der analog von KPR ermittelte. Die unterschiedlichen Kalibrierungen implizieren daher, daß die Freizeit in Deutschland mit einem größeren Gewicht in die Nutzenfunktion eingeht als in den USA, was vielleicht nicht unplausibel ist.

Zu spezifizieren bleiben noch die Parameter der exogenen Prozesse (3.1/31) und (3.1/55). Diese können aus Steady-State-Überlegungen nicht abgeleitet werden, da lediglich ein quasi-deterministischer Steady-State (mit verschwindender Varianz der Störterme) betrachtet wird. Ich übernehme daher einfach die von KPR bevorzugte Spezifikation ρ=0.9. Die Varianzen der Störterme werden modellabhängig spezifiziert und zwar so, daß die Wachstumsrate des Outputs im RBC-Modell mit 0.0080 dieselbe Standardabweichung hat wie die Wachstumsrate des Bruttoinlandsprodukts im Zeitraum von 1975-1994: In der Spezialisierung des Modells auf rein deterministisches Wachstum setze ich $\sigma_X^2 = 0$ und $\sigma_A^2 = 0.0000113$, in dem Spezialfall stochastischen Wachstums abstrahiere ich von stationären Technologieschocks A_t und setze $\sigma_X^2 = 0.000085$ und $\sigma_A^2 = 0$. Indem jeweils für einen Schock eine Varianz von Null angesetzt wird, entfallen schwierig zu rechtfertigende Annahmen über die Kovarianzstruktur der beiden Störterme.

Mit dieser Parametrisierung ergibt sich die Matrix W in (3.1/51) als

$$W = \begin{bmatrix} 1.053 & -0.231 \\ 0.005 & 0.951 \end{bmatrix} = P\mu P^{-1} = P \begin{bmatrix} 1.040 & 0 \\ 0 & 0.964 \end{bmatrix} P^{-1},$$

d. h. es gilt, wie im vorigen Abschnitt bereits unterstellt, $\mu_k > 1 > \mu_w$. Da μ_w und ρ die Eigenwerte der Matrix M in (3.1/65) sind, ist der dort definierte Prozeß der Zustandsvariablen stationär.

- Asymptotische Standardfehler -

Im folgenden sollen nun die theoretischen Momente der künstlichen Ökonomie, wie in (3.1/69) dargestellt, berechnet werden und mit den in Kapitel 2 präsentierten Schätzungen der analogen Momente für die Volkswirtschaft der Bundesrepublik Deutschland verglichen werden. Diese Form der Modellevaluation ist völlig legitim und kann sicherlich als Standardevaluation der RBC-Literatur bezeichnet werden. Angesichts der großen Bedeutung, die ihr in den meisten Arbeiten zugemessen wird, ist es jedoch erstaunlich, daß sie methodisch über das Niveau eines unstrukturierten Vergleichs nicht hinausgekommen zu sein scheint und die Güte eines Modells daher im wesentlichen aufgrund heuristischer Einschätzungen über die Abweichungen theoretischer Momente von ihren empirischen Korrelaten taxiert wird.

Dabei liegt es sicherlich nahe, unter der Annahme, die empirischen Daten seien vom theoretischen Modell erzeugt worden, Standardfehler für die empirisch geschätzten Auto- und Kreuzkorrelationen anzugeben. Für finite Stichprobengrößen können diese im Prinzip durch Bootstrapverfahren ermittelt werden, die auf Simulationen des vollständigen Modells beruhen. Ist die Zahl der Simulationen hinreichend groß, können die wahren Standardfehler (oder Root Mean Squared Errors, RMSE) beliebig genau geschätzt werden. Dieses Vorgehen kann jedoch auch bei den heute verfügbaren Rechengeschwindigkeiten noch sehr zeitaufwendig sein.

Für lange Zeitreihen ist der Rückgriff auf asymptotische Standardfehler daher eine lohnenswerte Alternative. Ist z. B. $\{Z_t\}$ ein stationärer Prozeß, der bestimmten (schwachen) Bedingungen genügt, und bezeichnet $\rho(h)$ den Vektor der ersten h Autokorrelationen dieses Prozesses, so ist dessen OLS-Schätzung $\hat{\rho}(h)$ asymptotisch erwartungstreu und normalverteilt, vgl. Brockwell und Davis (1991, Theoreme 7.2.1 und 7.2.2). Das (i,j)-Element der asymptotischen Kovarianzmatrix ergibt sich aus der sog. Bartlett-Formel als

$$\lim_{n\to\infty} n \operatorname{Cov}\left(\hat{\rho}(i), \hat{\rho}(j)\right) = \sum_{k=-\infty}^{\infty} \begin{pmatrix} \rho(k+i)\,\rho(k+j) + \rho(k-i)\,\rho(k+j) + 2\,\rho(i)\,\rho(j)\,\rho^2(k) \\ -2\,\rho(i)\,\rho(k)\,\rho(k+j) - 2\,\rho(j)\,\rho(k)\,\rho(k+i) \end{pmatrix},$$

wobei n der Stichprobenumfang und $\rho(k)$ die Autokorrelation zum Lag k sei[6].

Unter etwas stärkeren Annahmen kann man ein ähnliches Resultat für geschätzte Kreuzkorrelationen formulieren, vgl. Brockwell und Davis (1991, Theorem 11.2.3). Ist $\{\boldsymbol{Z}_t\}$ ein bivariater Gauss-Prozeß mit absolut summierbaren Auto- und Kreuzkovarianzen, so hat die OLS-Schätzung $\hat{\rho}_{12}(h)$ der

[6] In dieser und der nächsten Formel benutze ich die Symbole k, i und ρ, die mit anderer Bedeutung auch bei der Exposition des RBC-Modells verwandt wurden. Eine Verwechslungsgefahr ist für den den Zusammenhang beachtenden Leser sicherlich nicht gegeben.

ersten h verzögerten Kreuzkorrelationen eine asymptotische Kovarianzmatrix, deren (i,j)-Element durch die Bartlett-Formel[7] gegeben ist als

$$\lim_{n\to\infty} n \operatorname{Cov}\left(\hat{\rho}_{12}(i), \hat{\rho}_{12}(j)\right) = \sum_{k=-\infty}^{\infty} \left\{ \begin{array}{l} \rho_{11}(k)\,\rho_{22}(k+j-i) + \rho_{12}(k+j)\,\rho_{21}(k-i) \\ -\rho_{12}(i)\left[\rho_{11}(k)\,\rho_{21}(k+j) + \rho_{22}(k)\,\rho_{21}(k-j)\right] \\ -\rho_{12}(j)\left[\rho_{11}(k)\,\rho_{21}(k+i) + \rho_{22}(k)\,\rho_{21}(k-i)\right] \\ +\rho_{12}(i)\,\rho_{12}(j)\left[0.5\,\rho_{11}^2(k) + \rho_{12}^2(k) + 0.5\,\rho_{22}^2(k)\right] \end{array} \right\}.$$

Bei Kenntnis der wahren Kovarianzen können die oben gegebenen unendlichen Summen durch hinreichend lange endliche Summen approximiert werden. Aufgrund der in manchen Transformationen recht hohen Persistenz der Modellvariablen kann eine befriedigende Approximation u. U. immer noch in merkbarem Maße Rechenzeit in Anspruch nehmen, allerdings sicherlich weitaus weniger als für Monte-Carlo-Methoden erforderlich wäre.

- Deterministisches Wachstum -

Wie oben bereits erläutert, setze ich nunmehr $\sigma_X^2 = 0$ und $\sigma_A^2 = 0.0000113$, um das RBC-Modell zu einer Ökonomie zu spezialisieren, die allein durch stationäre Technologieschocks getrieben wird und daher um einen nicht-stochastischen exponentiellen Wachstumstrend fluktuiert. Die prozentualen Abweichungen der Modellvariablen von ihrem Steady-State-Wert haben unter der beschriebenen Parametrisierung u. a. die in Tabelle 3.2/1 wiedergegebenen theoretischen Momente. Für die Autokorrelationen und die Kreuzkorrelationen werden in Klammern auch die asymptotischen Standardfehler angegeben, die nach den Bartlett-Formeln berechnet wurden. Fett gedruckt sind theoretische Momente, wenn die analogen empirischen Schätzungen (vgl. Tabelle 2/7) um mehr als zwei asymptotische Standardfehler von den theoretischen Momenten abweichen, ich bezeichne derartige Abweichungen als signifikant. Da für relative Standardabweichungen m. W. keine Standardfehler verfügbar sind und die absoluten Standardabweichungen der Modellvariablen linear von der willkürlich zu kalibrierenden Standardabweichung σ_A abhängen, werden in den ersten beiden Zeilen von Tabelle 3.2/1 keine Standardfehler angegeben.

---

[7]Die in Theorem 11.2.3 von Brockwell und Davis wiedergegebene Formel ist aufgrund von zwei Flüchtigkeitsfehlern nicht korrekt.

Tabelle 3.2/1

Deterministisches Wachstum: Ausgewählte theoretische Momente prozentualer Abweichungen vom Steady-State

	$\hat{y}_t$	$\hat{c}_t$	$\hat{i}_t$	$\hat{l}_t$	$\hat{w}_t$
Standardabw.	0.018	0.007	0.066	0.012	0.008
relat. Std.abw.	1	0.41	3.78	0.69	0.45
Autokorr.					
Lag 1	0.90 (0.05)	**0.99** (0.01)	0.87 (0.05)	**0.87** (0.06)	0.98 (0.02)
Lag 2	0.81 (0.09)	**0.98** (0.02)	0.76 (0.10)	0.75 (0.10)	0.95 (0.04)
Lag 3	0.72 (0.13)	**0.97** (0.03)	0.66 (0.13)	0.64 (0.14)	0.93 (0.06)
Lag 4	0.65 (0.16)	**0.96** (0.04)	0.57 (0.16)	0.55 (0.16)	0.90 (0.09)
Lag 5	0.58 (0.18)	**0.94** (0.06))	0.48 (0.19)	0.47 (0.19)	0.88 (0.11)
Lag 6	0.52 (0.21)	**0.93** (0.07)	0.41 (0.20)	0.39 (0.21)	**0.85** (0.13)
Lag 7	0.47 (0.23)	**0.91** (0.09)	0.35 (0.22)	0.33 (0.22)	**0.83** (0.15)
Lag 8	0.42 (0.24)	**0.89** (0.10)	0.29 (0.23)	0.27 (0.23)	**0.81** (0.17)
Kreuzkorr. mit					
$\hat{y}_t$	1	**0.65** (0.08)	**0.96** (0.03)	**0.92** (0.06)	**0.80** (0.01)
$\hat{c}_t$	**0.65** (0.08)	1	**0.40** (0.00)	**0.30** (0.04)	**0.98** (0.02)
$\hat{i}_t$	**0.96** (0.03)	**0.40** (0.00)	1	**1.00** (0.01)	0.59 (0.07)
$\hat{l}_t$	**0.92** (0.06)	**0.30** (0.04)	**1.00** (0.01)	1	**0.50** (0.11)
$\hat{w}_t$	**0.80** (0.01)	**0.98** (0.02)	0.59 (0.07)	**0.50** (0.11)	1

Im Modell sind die relativen Standardabweichungen des Konsums und des Reallohns bedeutend kleiner als in der Wirklichkeit; sie liegen unter 0.5 statt (wie empirisch beobachtet knapp über 1). Für die relativen Standardabweichungen von Investitionen und Arbeitsstunden aber gibt es nur geringe Abweichungen zwischen Modell und Realität.

Die ersten acht Autokorrelationen von Output, Investitionen und Arbeitsstunden fallen in der Wirklichkeit schneller ab als die entsprechenden Modellgrößen. Die Abweichungen zwischen empirischen und theoretischen Autokorrelationen sind für diese Variablen allerdings (mit Ausnahme der ersten Autokorrelation der Arbeitsstunden, die im Modell zu groß ist) nicht signifikant. Anders verhält es sich mit dem Konsum und dem Reallohn. Bei ersterem sind alle Autokorrelationen der Modellvariablen signifikant zu groß, beim Reallohn immerhin noch die letzten drei ausgewiesenen Autokorrelationen. Beide Reihen werden vom Modell daher offenbar zu glatt und zu persistent erzeugt[8]. Dies muß jedoch nicht unbedingt als eine eklatante Schwäche des Modells gewertet werden, da die empirische Reallohnreihe die bereits erwähnten Meßbarkeitsprobleme enthält und in der Modellierung des Konsums dauerhafte Konsumgüter unberücksichtigt bleiben.

Ein sehr viel problematischeres Bild zeigen die berechneten Kreuzkorrelationen. Mit Ausnahme der Korrelation zwischen Reallohn und Investitionen sind alle Kreuzkorrelationen des Modells signifikant verschieden von ihren empirischen Korrelaten. Die Kreuzkorrelationen des Konsums mit dem Output, den Investitionen und den Arbeitsstunden sind dabei signifikant zu niedrig, alle anderen Kreuzkorrelationen des Modells sind zu hoch. Dies gilt auch für die in der RBC-Literatur oft vermerkte Korrelation zwischen der Arbeitsproduktivität und dem Output (oder Arbeitsproduktivität und Arbeitsstunden): Da das Modell linearisiert wurde (und die prozentualen Abweichungen vom Steady-State ex definitione einen Mittelwert von Null haben), sind durchschnittliche und marginale Arbeitsproduktivität identisch und die Kreuzkorrelationen des Reallohns fallen daher mit den Kreuzkorrelationen der (durchschnittlichen) Produktivität zusammen[9]. Hierbei zeigt sich nun die Bedeutung der errechneten Standardfehler: Die

---

[8]Da auch die anderen Modellvariablen (wenn auch nicht in signifikantem Maße) zu persistent zu sein scheinen, wäre es naheliegend, einen etwas niedrigeren Wert für ρ anzusetzen. Im Lichte der in Tabelle 3.2/2 für die *Wachstumsraten* wiedergegebenen Ergebnisse ist davon jedoch abzusehen, da dies zu einer noch stärker negativen Autokorrelation der Wachstumsraten von Output, Investitionen, Arbeitsstunden und Reallohn führen würde.

[9]Formal sieht man dies sofort durch Substitution von (3.1/40) in (3.1/41): $\hat{w}_t = \hat{y}_t - \hat{l}_t$.

Kreuzkorrelation zwischen Output und Reallohn beträgt im Modell 0.80 und in der Realität 0.60, was man auf den ersten Blick vielleicht nicht als eine sehr dramatische Diskrepanz werten würde. Tatsächlich entspricht die Differenz dieser Größen jedoch rund zwanzig (asymptotischen) Standardfehlern und zählt damit zu den drei auffälligsten Merkmalen in Tabelle 3.2/1. Die RBC-Literatur hat dieser Korrelation also offenbar zu Recht besondere Beachtung geschenkt.

Wendet man sich der Analyse von Wachstumsraten zu, so ist zunächst festzuhalten, daß bei deterministischem Wachstum die ersten Differenzen der prozentualen Abweichungen vom Steady-State bis auf eine Konstante identisch sind mit den Wachstumsraten der Niveauvariablen der wachsenden Ökonomie[10]. So ist z. B. für den Output

$$\begin{aligned}\Delta\hat{y}_t &= \ln\left(\frac{Y_t}{X_t^{1+\nu}}\right) - \ln y - \left(\ln\left(\frac{Y_{t-1}}{X_{t-1}^{1+\nu}}\right) - \ln y\right) \\ &= \Delta\ln Y_t - (1+\nu)\Delta\ln X_t = \Delta\ln Y_t - \ln\gamma,\end{aligned} \tag{3.2/3}$$

und analoge Sachverhalte gelten für die anderen Variablen.

Aus (3.1/65) und (3.1/66) kann leicht eine State-Space-Darstellung für die ersten Differenzen der Kontrollvariablen ξ_t abgeleitet werden, die sich für die Berechnung der Momente der Wachstumsraten als nützlich erweist. Es sei

$$\begin{bmatrix}\eta_t \\ \eta_{t-1}\end{bmatrix} = \begin{bmatrix}\hat{k}_t \\ \hat{A}_t \\ \hat{k}_{t-1} \\ \hat{A}_{t-1}\end{bmatrix} = \begin{bmatrix}\mu_w & \pi_{kA} & 0 & 0 \\ 0 & \rho & 0 & 0 \\ 1 & 0 & 0 & 0 \\ 0 & 1 & 0 & 0\end{bmatrix}\begin{bmatrix}\hat{k}_{t-1} \\ \hat{A}_{t-1} \\ \hat{k}_{t-2} \\ \hat{A}_{t-2}\end{bmatrix} + \begin{bmatrix}-(1+\nu)\varepsilon_{X,t} \\ \varepsilon_{A,t} \\ 0 \\ 0\end{bmatrix} \tag{3.2/4}$$

die Darstellung der Zustandsvariablen und

[10] Und offenbar sind die ersten Differenzen der prozentualen Abweichungen vom Steady-State gleich den Wachstumsraten der Niveauvariablen der stationären Ökonomie.

$$\Delta\xi_t := \begin{bmatrix} dy_t \\ dc_t \\ di_t \\ dl_t \\ dw_t \\ dz_t \end{bmatrix} := \begin{bmatrix} \hat{y}_t \\ \hat{c}_t \\ \hat{i}_t \\ \hat{l}_t \\ \hat{w}_t \\ \hat{z}_t \end{bmatrix} - \begin{bmatrix} \hat{y}_{t-1} \\ \hat{c}_{t-1} \\ \hat{i}_{t-1} \\ \hat{l}_{t-1} \\ \hat{w}_{t-1} \\ \hat{z}_{t-1} \end{bmatrix} = \begin{bmatrix} \pi_{yk} & \pi_{yA} & -\pi_{yk} & -\pi_{yA} \\ \pi_{ck} & \pi_{cA} & -\pi_{ck} & -\pi_{cA} \\ \pi_{ik} & \pi_{iA} & -\pi_{ik} & -\pi_{iA} \\ \pi_{lk} & \pi_{lA} & -\pi_{lk} & -\pi_{lA} \\ \pi_{wk} & \pi_{wA} & -\pi_{wk} & -\pi_{wA} \\ \pi_{zk} & \pi_{zA} & -\pi_{zk} & -\pi_{zA} \end{bmatrix} \begin{bmatrix} \hat{k}_t \\ \hat{A}_t \\ \hat{k}_{t-1} \\ \hat{A}_{t-1} \end{bmatrix} \qquad (3.2/5)$$

die Darstellung der (neuen) Kontrollvariablen[11]. Die Berechnung der Momente kann dann genau analog zu (3.1/69) durchgeführt werden.

Bei den in Tabelle 3.2/2 wiedergegebenen Ergebnissen für die Wachstumsraten fällt auf, daß im Modell lediglich die Wachstumsrate des Konsums (schwach) positiv autokorreliert ist. Die Reallohnreihe scheint nahezu ein *random walk* zu sein und die Wachstumsraten von Output, Konsum und Investitionen sind (da die Reihen durch die Bildung erster Differenzen überdifferenziert werden) sogar schwach negativ autokorreliert. (Die schwach negative Autokorrelation würde ausgeprägter werden, wenn man sich von den Autokorrelationen in Tabelle 3.2/1 dazu verleiten ließe, den Technologieschock weniger persistent zu parametrisieren, d. h. einen kleineren Wert für ρ anzusetzen). Diese Autokorrelationsstrukturen stehen nicht im Einklang mit den empirisch beobachteten (vgl. Tabelle 2/12), teilweise sind die zu verzeichnenden Abweichungen signifikant. Die Effekte der Saisonbereinigung verhindern freilich eine sinnvolle Inferenz bezüglich der Autokorrelationen bezogen auf drei bzw. vier Perioden Verzögerung. Dennoch verbleiben für alle Variablen mit Ausnahme des Konsums signifikante Diskrepanzen an anderen Lags.

Die relativen Standardabweichungen in Tabelle 3.2/2 wurden mit Bezug auf die Standardabweichung der Wachstumsrate des Outputs errechnet. Während die relative Standardabweichung der Wachstumsrate der Investitionen ungefähr ihrem empirischen Analogon entspricht, sind diese für den Konsum, die Arbeitsstunden und den Reallohn im Modell zu klein. Ein weitaus auffälligeres Versagen des Modells aberfindet sich bei den Kreuzkorrelatio-

[11]Zur Notation: Ein kleines vorgestelltes d bezeichnet die Wachstumsrate einer Variablen. Für eine beliebige Niveauvariable x_t gilt also $dx_t \approx \Delta \ln x_t$.

Tabelle 3.2/2

Deterministisches Wachstum:
Ausgewählte theoretische Momente der Wachstumsraten

	dy_t	dc_t	di_t	dl_t	dw_t
Standardabw.	0.0080	0.0001	0.0337	0.0063	0.0017
relat. Std.abw.	1	0.11	4.22	0.79	0.22
Autokorr.					
Lag 1	**-0.05** (0.11)	0.18 (0.14)	-0.05 (0.11)	**-0.05** (0.11)	**0.01** (0.11)
Lag 2	**-0.05** (0.11)	0.15 (0.14)	**-0.05** (0.11)	-0.05 (0.11)	0.00 (0.11)
Lag 3	**-0.04** (0.11)	**0.13** (0.13)	**-0.04** (0.11)	**-0.04** (0.11)	0.00 (0.11)
Lag 4	-0.04 (0.11)	0.11 (0.13)	**-0.04** (0.11)	**-0.04** (0.11)	-0.00 (0.11)
Lag 5	-0.03 (0.11)	0.09 (0.13))	-0.03 (0.11)	**-0.04** (0.11)	**-0.00** (0.11)
Lag 6	-0.03 (0.11)	0.08 (0.13)	-0.03 (0.11)	-0.03 (0.11)	-0.00 (0.11)
Lag 7	-0.03 (0.11)	0.06 (0.13)	-0.03 (0.11)	-0.03 (0.11)	-0.01 (0.11)
Lag 8	-0.02 (0.11)	0.04 (0.13)	-0.03 (0.11)	-0.03 (0.11)	-0.01 (0.11)
Kreuzkorr. mit					
dy_t	1	**0.90** (0.04)	**1.00** (0.00)	**1.00** (0.00)	**0.98** (0.01)
dc_t	**0.90** (0.04)	1	**0.88** (0.04)	**0.88** (0.04)	**0.97** (0.01)
di_t	**1.00** (0.00)	**0.88** (0.04)	1	**1.00** (0.00)	**0.97** (0.01)
dl_t	**1.00** (0.00)	**0.88** (0.04)	**1.00** (0.00)	1	**0.97** (0.01)
dw_t	**0.98** (0.01)	**0.97** (0.01)	**0.97** (0.01)	**0.97** (0.01)	1

Tabelle 3.2/3

Deterministisches Wachstum:
Ausgewählte theoretische Momente wichtiger Kennzahlen

	cy_t	iy_t	yl_t	wy_t
Standardabweichung	0.014	0.050	0.008	0.012
Autokorrelationen				
Lag 1	0.87 (0.06)	0.87 (0.06)	**0.98** (0.02)	0.87 (0.06)
Lag 2	0.75 (0.10)	0.75 (0.10)	**0.95** (0.04)	0.75 (0.10)
Lag 3	0.64 (0.14)	0.64 (0.14)	**0.93** (0.06)	0.64 (0.14)
Lag 4	0.55 (0.16)	0.55 (0.16)	**0.90** (0.09)	0.55 (0.16)
Lag 5	0.47 (0.19)	0.47 (0.19)	**0.88** (0.11)	0.47 (0.19)
Lag 6	0.39 (0.21)	0.39 (0.21)	**0.85** (0.13)	0.39 (0.21)
Lag 7	0.33 (0.22)	0.33 (0.22)	**0.83** (0.15)	0.33 (0.22)
Lag 8	0.27 (0.23)	0.27 (0.23)	**0.81** (0.17)	0.27 (0.23)
Kreuzkorrelation mit				
cy_t	1	**-1**	**-0.50** (0.11)	**1**
iy_t	**-1**	1	**0.50** (0.11)	**-1**
yl_t	**-0.50** (0.11)	**0.50** (0.11)	1	**-0.50** (0.11)
wy_t	**1**	**-1**	**-0.50** (0.11)	1

nen zwischen den Wachstumsraten, die ausnahmslos so hoch sind, daß die Unterschiede zwischen Modell und Wirklichkeit signifikant sind[12].

Konsumquote, Investitionsquote, Arbeitsproduktivität und Reallohnquote haben im Modell eine State-Space-Darstellung der Form

$$\begin{bmatrix} cy_t \\ iy_t \\ yl_t \\ wy_t \end{bmatrix} := \begin{bmatrix} \pi_{ck} - \pi_{yk} & \pi_{cA} - \pi_{yA} \\ \pi_{ik} - \pi_{yk} & \pi_{iA} - \pi_{yA} \\ \pi_{yk} - \pi_{lk} & \pi_{yA} - \pi_{lA} \\ \pi_{wk} - \pi_{yk} & \pi_{wA} - \pi_{yA} \end{bmatrix} \begin{bmatrix} \hat{k}_t \\ \hat{A}_t \end{bmatrix}, \qquad (3.2/6)$$

und die Darstellung der Zustandsvariablen ist unverändert (3.1/65). Berechnet man aus dieser Darstellung die theoretischen Momente, so fällt auf, vgl. Tabelle 3.2/3, daß die im Modell errechneten Standardabweichungen nicht allzu stark von den empirisch ermittelten Werten abweichen. Dies gilt insbesondere für die Konsum- und die Investitionsquote, in abgeschwächtem Maße auch für Produktivität und Reallohnquote. Alle Kennzahlen sind stark autokorreliert mit monoton fallender Autokorrelationsfunktion wie dies auch empirisch beobachtet wird. Allerdings ist die Modellautokorrelation der Arbeitsproduktivität für jede der ersten acht Verzögerungen zu hoch; die Abweichungen von den aus deutschen Daten geschätzten Autokorrelationen sind stets signifikant.

Die Kreuzkorrelationen der Kennzahlen sind im wesentlichen Ausdruck der stark vereinfachten Struktur des Modells. Setzt man (3.1/4) und (3.1/3) in (3.1/11) ein, so erhält man die Zerlegung des Outputs in seine Nachfragekomponenten

$$Y_t = C_t + I_t, \qquad (3.2/7)$$

die unmittelbar impliziert, daß sich Konsum- und Investitionsquote zu Eins addieren und daher perfekt negativ korreliert sind. Subtrahiert man andererseits $\hat{y}_t$ auf beiden Seiten von (3.1/43) und nutzt die Gleichheit von Reallohn und Arbeitsproduktivität, erhält man

$$\hat{c}_t - \hat{y}_t = \hat{w}_t - \frac{1}{1-l}\hat{y}_t + \frac{l}{1-l}\left(\hat{y}_t - \hat{l}_t\right) = \frac{1}{1-l}\left(\hat{w}_t - \hat{y}_t\right).$$

[12]Als 1.00 ausgewiesene Korrelationen ergeben sich aus Rundungen von Korrelationen, die tatsächlich geringfügig kleiner als Eins sind. Auf die Angabe von Nachkommastellen wird verzichtet, wenn die Korrelation definitionsgemäß Eins ist.

Da *l* kleiner als Eins ist, ist die Reallohnquote perfekt positiv mit der Konsumquote und folglich perfekt negativ mit der Investitionsquote korreliert. Diese Modelleigenschaften führen zu einer äußerst rigiden Kreuzkorrelationsstruktur mit erheblichen und statistisch durchgehend signifikanten Diskrepanzen gegenüber der empirisch ermittelten, vgl. Tabelle 2/18.

Die in den obigen Tabellen konstatierten Abweichungen zwischen Modell und Realität lassen sich in ihren wesentlichen Komponenten wie folgt zusammenfassen: Im Hinblick auf die zu erwartenden Autokorrelationen impliziert das Modell zu hohe Werte für die prozentualen Abweichungen des Konsums von seinem Steady-State-Wert und für die Arbeitsproduktivität, außerdem sind die Autokorrelationen der Wachstumsraten an kurzen Lags signifikant zu niedrig. Die Kreuzkorrelationsstrukturen sind für alle Transformationen der Modellvariablen unbefriedigend und in der Regel erheblich zu hoch.

Es wäre vermutlich vorschnell, aus diesen Ergebnissen grundsätzliche Schlüsse über das Erklärungspotential von RBC-Modellen abzuleiten. Denn die gewählte Modellstruktur ist natürlich überaus einfach gehalten und kaum jemand würde ernsthaft die Auffassung vertreten, daß sie der "wahren" datengenerierenden Struktur entspricht. Die interessante Frage ist daher, ob dem augenscheinlichen Versagen des Modells entlang bestimmter Dimensionen durch die Modellierung reicherer Strukturen begegnet werden kann.

So ist z. B. bekannt, daß die Berücksichtigung dauerhafter Konsumgüter eine MA(1)-Struktur im Störterm der Konsumreihe impliziert, vgl. Mankiw (1982). Dies kann zu einer Verminderung der vom Modell implizierten Autokorrelation führen und das Modell daher in bessere Übereinstimmung mit den Daten bringen.In ähnlicher Weise könnte man argumentieren, daß imperfekte und regulierte Arbeitsmärkte zu Phänomenen wie z. B. dem sog. *labor hoarding* führen, also dem Verzicht der Arbeitgeber auf die Entlassung augenblicklich nicht benötigter Arbeitnehmer. Falls das *labor hoarding* empirisch bedeutsam ist, könnte dies zumindest teilweise erklären, weshalb die vom Modell implizierte Autokorrelation der Produktivität sowie deren Kreuzkorrelation mit dem Output zu hoch sind. Die Berücksichtigung weiterer Schocks und weiterer Komponenten der Verwendungsseite des Bruttoinlandsprodukts (Staatsausgaben, Außenbeitrag) würde überdies vermutlich dazu beitragen, die Kreuzkorrelationen zwischen den Modellvariablen zu vermindern.

M. E. findet sich die am schwierigsten zu erklärende Abweichung von Modellimplikationen und beobachteten Dateneigenschaften bei den Autokorrelationen der Wachstumsraten. Während diese (mit Ausnahme des Konsums) im Modell näherungsweise weißes Rauschen darstellen, sind sie empirisch offenbar in nicht leicht zu systematisierender Weise autokorreliert. Dies legt nahe, daß Wachstumsimpulse in einer realen Volkswirtschaft zumindest schwachen Fortpflanzungsmechanismen folgen, die im Modell nicht enthalten sind. Es bleibt aber unklar, welche (nicht modellierten) ökonomischen Zusammenhänge diese Fortpflanzungsmechanismen begründen[13].

- Stochastisches Wachstum -

Wenden wir uns nun dem Modell mit stochastischem Wachstumstrend zu, d. h. setzen wir $\sigma_X^2 = 0.000085$ und $\sigma_A^2 = 0$. Da das durch diese Parameterwerte beschriebene Modell keine stationären Technologieschocks mehr aufweist, entfällt der die Persistenz dieses Schocks determinierende Parameter ρ. Das Modell mit stochastischem Wachstum ist folglich sparsamer parametrisiert als sein deterministisches Gegenstück. Die Zustandsraummodellierung (3.1/65) und (3.1/66) vereinfacht sich dann zu

$$\hat{k}_t = \mu_w \hat{k}_{t-1} - (1+\nu)\varepsilon_{X,t} \qquad (3.2/8)$$

und

[13]In der Literatur finden sich diverse Versuche, RBC-Modelle mit stärkerer Schockfortpflanzung zu konstruieren. Wie bereits erwähnt, zeigt Rouwenhorst (1991), daß Kydland und Prescotts (1982) *time-to-build* Technologie und die Berücksichtigung von Lagerhaltung diesen Zweck im wesentlichen nicht erfüllen. Wen (1995a) demonstriert analytisch, daß die Annahmen positiver Anpassungskosten des Kapitalstocks oder des Konsumverhaltens (sog. *habit persistence)* ebenfalls nicht erfolgreich sind. Fortschritte erzielt Wen (1995b) allerdings in einem Modell, in dem die Nutzenfunktion weder bezüglich des Konsums noch bezüglich der Freizeit separabel ist, in dem die Freizeit intertemporal komplementär (statt, wie üblicherweise angenommen, substitutiv) ist und in dem neben den Technologieschocks auch Präferenzschocks modelliert werden. Leider wirkt diese Zusammenstellung etwas *ad hoc*, zumal sein Modell im Niedrigfrequenzbereich der Arbeitsstunden unbefriedigende Ergebnisse zeigt.
Benhabib und Farmer (1994) sowie Farmer und Guo (1994) untersuchen RBC-Modelle mit Externalitäten in der Produktion und selbsterfüllenden Erwartungen (sog. *sunspots*). Sie zeigen, daß derartige Modifikationen des Grundmodells zu höherer interner Schockfortpflanzung führen können. Der Wert dieser Erkenntnis ist jedoch zweifelhaft, da diese Modelle beobachtungsäquivalent zum Standardmodell mit adäquat spezifizierter externer Schockfortpflanzung sind, vgl. Kamihigashi (1996).

$$\begin{bmatrix} \hat{y}_t \\ \hat{c}_t \\ \hat{i}_t \\ \hat{l}_t \\ \hat{w}_t \\ \hat{z}_t \end{bmatrix} = \begin{bmatrix} \pi_{yk} \\ \pi_{ck} \\ \pi_{ik} \\ \pi_{lk} \\ \pi_{wk} \\ \pi_{zk} \end{bmatrix} \hat{k}_t . \tag{3.2/9}$$

Dabei ist zu beachten, daß der Fall $\nu=-1$ ausgeschlossen werden muß, um den stochastischen Charakter der stationären Ökonomie zu erhalten.

In ihrer Darstellung als prozentuale Abweichungen vom Steady-State sind alle Kontrollvariablen unterschiedlich standardisierte stabile AR(1)-Prozesse, die von derselben Innovation getrieben werden und daher perfekt korreliert sind. Es ist in diesem Fall besonders leicht, Autokorrelationen, relative Standardabweichungen und Kreuzkorrelationen zu bestimmen. Nicht-trivial jedoch ist der Vergleich mit den analogen empirischen Größen. Denn die Wachstumsbereinigung erfordert eine möglichst präzise Ermittlung des stochastischen Trends X_t und damit eine Zerlegung der beobachteten Zeitreihen in eine *random-walk*-Komponente und einen stationären Teil wie dies von Beveridge und Nelson (1981) popularisiert wurde. Für diese Zerlegung gibt es eine Vielzahl von unterschiedlichen methodischen Ansätzen, vgl. u. a. Stock und Watson (1988), Breitung (1992), Engle und Vahid (1993), Evans und Reichlin (1994). Jedoch sind diese in der Praxis vermutlich stark unsicherheitsbehaftet (Canova (1993)). Ich werde daher von einer derartigen Modellevaluation absehen und mich auf diejenigen Transformationen der Modellvariablen beschränken, die eine explizite Bestimmung des stochastischen Wachstumstrends nicht erfordern.

Dies ist z. B. für die Wachstumsraten der Fall. Wegen

$$\begin{bmatrix} \Delta\hat{y}_t \\ \Delta\hat{c}_t \\ \Delta\hat{i}_t \\ \Delta\hat{l}_t \\ \Delta\hat{w}_t \end{bmatrix} = \begin{bmatrix} \Delta \ln Y_t \\ \Delta \ln C_t \\ \Delta \ln I_t \\ \Delta \ln L_t \\ \Delta \ln W_t \end{bmatrix} - \begin{bmatrix} (1+\nu) \\ (1+\nu) \\ (1+\nu) \\ \nu \\ 1 \end{bmatrix} \Delta \ln X_t$$

$$= \begin{bmatrix} \Delta \ln Y_t \\ \Delta \ln C_t \\ \Delta \ln I_t \\ \Delta \ln L_t \\ \Delta \ln W_t \end{bmatrix} - \begin{bmatrix} (1+\nu) \\ (1+\nu) \\ (1+\nu) \\ \nu \\ 1 \end{bmatrix} \left(\ln\gamma_X + \varepsilon_{X,t}\right), \qquad (3.2/10)$$

vgl. (3.2/3), ergibt sich die Kontrolldarstellung der Wachstumsraten unter Nutzung von (3.1/66) und $(1+\nu)\ \ln\gamma_X = \ln\gamma_K = \ln\gamma$ als

$$\begin{bmatrix} \Delta \ln Y_t \\ \Delta \ln C_t \\ \Delta \ln I_t \\ \Delta \ln L_t \\ \Delta \ln W_t \end{bmatrix} = \begin{bmatrix} 1 \\ 1 \\ 1 \\ \nu(1+\nu)^{-1} \\ (1+\nu)^{-1} \end{bmatrix} \ln\gamma + \begin{bmatrix} \pi_{yk}(\mu_w - 1) & (1+\nu)(1-\pi_{yk}) \\ \pi_{ck}(\mu_w - 1) & (1+\nu)(1-\pi_{ck}) \\ \pi_{ik}(\mu_w - 1) & (1+\nu)(1-\pi_{ik}) \\ \pi_{lk}(\mu_w - 1) & \nu - (1+\nu)\pi_{lk} \\ \pi_{wk}(\mu_w - 1) & 1 - (1+\nu)\pi_{wk} \end{bmatrix} \begin{bmatrix} \hat{k}_{t-1} \\ \varepsilon_{X,t} \end{bmatrix} \qquad (3.2/11)$$

und die Zustandsvariablen folgen

$$\begin{bmatrix} \hat{k}_{t-1} \\ \varepsilon_{X,t} \end{bmatrix} = \begin{bmatrix} \mu_w & -(1+\nu) \\ 0 & 0 \end{bmatrix} \begin{bmatrix} \hat{k}_{t-2} \\ \varepsilon_{X,t-1} \end{bmatrix} + \begin{bmatrix} 0 \\ \varepsilon_{X,t} \end{bmatrix}. \qquad (3.2/12)$$

Man beachte, daß sich im Falle von ν=0 die in (3.2/11) wiedergegebene Gleichung für die Wachstumsrate der Arbeitsstunden zu

$$\ln L_t = \pi_{lk}\hat{k}_t$$

vereinfacht. Für ν=0 sind die Arbeitsstunden also stationär, andernfalls jedoch I(1). Alle anderen Variablen sind stets I(1), wie man durch Integrieren von (3.2/10) leicht sieht. Integrieren von (3.2/10) ergibt im übrigen gerade die Beveridge-Nelson-Zerlegung der nicht wachstumsbereinigten Größen. In ihr sind die prozentualen Abweichungen der wachstumsbereinigten Variablen von ihrem Steady State stabile und invertierbare Prozesse, wie man (3.2/8) und (3.2/9) sofort entnimmt.

Da allen instationären Variablen derselbe stochastische Trend zugrundeliegt, sind sie jeweils bivariat kointegriert. So ist z. B. der Output sowohl mit dem Konsum als auch mit den Investitionen kointegriert und (1, -1)' ist der kointegrierende Vektor. Für die Beziehung zwischen Output einerseits und Arbeitsstunden bzw. Reallohn andererseits gilt dies (unter der für die Bundesrepublik Deutschland plausiblen Annahme $\nu<0$) jedoch nicht, d. h. die aus dem Vektor (1, -1)' gebildeten *gross ratios* Arbeitsproduktivität und Reallohnquote sind nicht stationär.

Dies stimmt ungefähr mit den in Kapitel 2 präsentierten Punktschätzungen der kointegrierenden Vektoren überein. Jedoch legten die Kointegrationstests nach Johansen und Shin auch nahe, daß es zwischen Output und Arbeitsstunden bzw. zwischen Output und Reallohn überhaupt keine Kointegrationsbeziehung gibt und daß eine eventuelle Kointegration der Investitionen mit dem Output zweifelhaft ist. Das RBC-Modell mit stochastischem Trend macht hier also erheblich stärkere Aussagen über die langfristigen Gleichgewichtsbeziehungen in der Ökonomie als sich aus einer Analyse deutscher Daten ableiten lassen.

Berechnet man die Momente der vom Modell implizierten Wachstumsraten und vergleicht mit den analogen beobachteten Momenten, so erhält man die in Tabelle 3.2/4 ausgewiesenen Ergebnisse. Danach sind die Wachstumsraten der Modellvariablen fast frei von Autokorrelation, d. h. die Niveauvariablen sind in guter Approximation einfache *random walks*. Dies gilt näherungsweise auch für den Konsum, der in der Modellvariante mit deterministischem Wachstum die einzige Variable war, deren Wachstumsrate schwach positiv korreliert war. Für den Output finden sich signifikante Unterschiede zwischen theoretischen und empirischen Autokorrelationen der Wachstumsraten nur an den Lags 3 und 4, die aufgrund der Saisonbereinigung der empirischen Reihen schwierig auszuwerten sind. Da nach den in Kapitel 2 durchgeführten Ljung-Box-Tests die ersten Differenzen von BIPRSA in der Tat weißes Rauschen sein könnten, scheinen theoretische und empirische Momente für diese Reihe nicht unvereinbar zu sein. Bei den Autokorrelationen aller anderen Variablen finden sich aber signifikante Diskrepanzen zwischen Theorie und Empirie auch abseits der saisonal beeinflußten Lags 3 und 4, so daß das Modell hier als unbefriedigend betrachtet werden muß. Dieser Eindruck wird auch dadurch gestützt, daß die Ljung-Box-Tests der analogen empirischen Reihen die Hypothese weißen

Rauschens klar verwarfen, während die theoretischen Reihen fast nicht autokorreliert sind.

Tabelle 3.2/4

Stochastisches Wachstum:
Ausgewählte theoretische Momente der Wachstumsraten

	dY_t	dC_t	dI_t	dL_t	dW_t
Standardabw.	0.0079	0.00427	0.0211	0.0017	0.0063
relat. Std.abw.	1	0.54	2.67	0.21	0.79
Autokorr.					
Lag 1	-0.00 (0.11)	0.04 (0.12)	-0.02 (0.11)	**-0.00** (0.11)	**0.02** (0.12)
Lag 2	-0.00 (0.11)	0.04 (0.12)	**-0.01** (0.11)	-0.00 (0.11)	0.02 (0.12)
Lag 3	**-0.00** (0.11)	**0.04** (0.12)	-0.01 (0.11)	**-0.00** (0.11)	0.02 (0.12)
Lag 4	**-0.00** (0.11)	0.04 (0.12)	**-0.01** (0.11)	**-0.00** (0.11)	0.02 (0.12)
Lag 5	-0.00 (0.11)	**0.03** (0.12))	-0.01 (0.11)	**-0.00** (0.11)	**0.02** (0.12)
Lag 6	-0.00 (0.11)	0.03 (0.12)	-0.01 (0.11)	-0.00 (0.11)	0.02 (0.12)
Lag 7	-0.00 (0.11)	0.03 (0.12)	-0.01 (0.11)	-0.00 (0.11)	0.02 (0.12)
Lag 8	-0.00 (0.11)	0.03 (0.12)	-0.01 (0.11)	-0.00 (0.11)	0.02 (0.12)
Kreuzkorr. mit					
dY_t	1	**0.99** (0.01)	**1.00** (0.00)	**0.97** (0.03)	**1.00** (0.00)
dC_t	**0.99** (0.01)	1	**0.98** (0.02)	**0.93** (0.05)	**1.00** (0.00)
dI_t	**1.00** (0.00)	**0.98** (0.02)	1	**0.99** (0.01)	**0.99** (0.01)
dL_t	**0.97** (0.03)	**0.93** (0.05)	**0.99** (0.01)	1	**0.95** (0.04)
dW_t	**1.00** (0.00)	**1.00** (0.00)	**0.99** (0.01)	**0.95** (0.04)	1

Bei den relativen Standardabweichungen fällt auf, daß die Wachstumsrate des Konsums im Modell mit stochastischem Trend volatiler und die Wachstumsrate der Arbeitsstunden erheblich weniger volatil ist als im Modell mit deterministischem Trend. Dies ist darauf zurückzuführen, daß im Modell mit deterministischem Trend die Produktivitätsschocks sehr persistent sind und daher unter rationalen Erwartungen zumindest teilweise antizipiert werden können. Folglich kann der nutzenmaximierende Konsument einen relativ glatten Konsumstrom planen. Darüber hinaus gibt die Persistenz des Produktivitätsschocks Anlaß, Arbeitsleistungen in Perioden niedriger Produktivität intertemporal gegen Arbeitsleistungen in Perioden hoher Produktivität zu substituieren. Im Modell mit stochastischem Wachstumstrend aber ist der Konsum nicht antizipierbaren Schocks ausgesetzt und daher weniger glatt, während gleichzeitig wenig Anreiz zu intertemporaler Substitution des Arbeitsangebots besteht, die Arbeitsleistungen also nur vergleichsweise geringe Schwankungen erfahren.

Die empirisch zu beobachtenden relativen Standardabweichungen werden daher im Modell mit stochastischem Trend für den Konsum besser, für das Arbeitsvolumen jedoch weniger gut erfaßt, vgl. Tabelle 2/12 und Tabelle 3.2/2. Allerdings ist auch jetzt noch die relative Standardabweichung der Wachstumsrate des Konsums um etwa die Hälfte zu klein. Exakt von der richtigen Größenordnung ist lediglich die Standardabweichung der Wachstumsrate des Reallohns, während die der Investitionen zwar immer noch, wie auch in der Empirie, mit Abstand die größte aber doch deutlich kleiner als in der Realität ist.

Die Kreuzkorrelationen der Wachstumsraten erweisen sich (wie schon unter der Annahme deterministischen Wachstums) als entschieden zu hoch. Alle Kreuzkorrelationen liegen über 0.9, viele sind von Eins kaum unterscheidbar. Dies kontrastiert erheblich mit den empirischen Kreuzkorrelationen, die nie höher als 0.7 und oft sogar geringer als 0.4 sind. Die Abweichungen zwischen Modell und Realität sind hier auch wieder ausnahmslos signifikant.

Da im Modell mit stochastischem Wachstum die Niveauvariablen Output, Konsum und Investitionen I(1) mit kointegrierendem Vektor (1, -1)' sind, stellen (die Logarithmen von) Konsumquote und Investitionsquote gerade kointegrierende Kombinationen und damit stationäre Größen dar. Sie haben daher zeitinvariante Momente, die aus der entsprechenden Zustandsraumdarstellung leicht bestimmt werden können. Die Arbeitsproduktivität und die Reallohnquote sind im allgemeinen aber instationäre Größen, wie man der Zustandsraumdarstellung (3.2/13) sofort entnimmt[14]. Bei dieser bleibt die Zustandsdarstellung (3.2/8) unverändert und die Kontrolldarstellung ergibt sich mit (3.2/9) als

$$\begin{bmatrix} CY_t \\ IY_t \\ YL_t \\ WY_t \end{bmatrix} := \begin{bmatrix} \ln\frac{C_t}{Y_t} \\ \ln\frac{I_t}{Y_t} \\ \ln\frac{Y_t}{L_t} \\ \ln\frac{W_t}{Y_t} \end{bmatrix} = \begin{bmatrix} \ln\frac{c}{y} \\ \ln\frac{i}{y} \\ \ln\frac{y}{l} \\ \ln\frac{w}{y} \end{bmatrix} + \begin{bmatrix} \hat{c}_t - \hat{y}_t \\ \hat{i}_t - \hat{y}_t \\ \hat{y}_t - \hat{l}_t \\ \hat{w}_t - \hat{y}_t \end{bmatrix} + \begin{bmatrix} 0 \\ 0 \\ \ln X_t \\ -\nu \ln X_t \end{bmatrix}$$

$$= \begin{bmatrix} \ln\frac{c}{y} \\ \ln\frac{i}{y} \\ \ln\frac{y}{l} \\ \ln\frac{w}{y} \end{bmatrix} + \begin{bmatrix} \pi_{ck} - \pi_{yk} \\ \pi_{ik} - \pi_{yk} \\ \pi_{yk} - \pi_{lk} \\ \pi_{wk} - \pi_{yk} \end{bmatrix} \hat{k}_t + \begin{bmatrix} 0 \\ 0 \\ \ln X_t \\ -\nu \ln X_t \end{bmatrix}, \qquad (3.2/13)$$

was unmittelbar impliziert, daß Konsumquote und Investitionsquote AR(1)-Prozesse mit derselben Autokorrelationsfunktion sind. Diese sind zwar unterschiedlich standardisiert, aber perfekt korrelliert, wie man auch den in Tabelle 3.2/5 angegebenen Momenten entnimmt[15]. Da die Momente der Arbeitsproduktivität und der Reallohnquote nicht zeitinvariant sind, werden sie in dieser Tabelle nicht ausgewiesen.

---

[14]Die Arbeitsproduktivität ist offenbar instationär unabhängig von ν. Die Reallohnquote ist stationär nur in dem Spezialfall ν=0.

[15]Die asymptotischen Standardfehler nach der Bartlett-Formel sind dann natürlich Null und alle empirischen Kreuzkorrelationen weichen signifikant von den theoretischen Momenten ab, sofern sie kleiner als Eins geschätzt werden.

Tabelle 3.2/5

Stochastisches Wachstum:
Ausgewählte theoretische Momente von Konsum- und Investitionsquote

	CY_t	IY_t
Standardabweichung	0.014	0.050
Autokorrelationen		
Lag 1	**0.96** (0.03)	**0.96** (0.03)
Lag 2	**0.93** (0.06)	**0.93** (0.06)
Lag 3	**0.90** (0.09)	**0.90** (0.09)
Lag 4	**0.86** (0.11)	**0.86** (0.11)
Lag 5	**0.83** (0.14)	**0.83** (0.14)
Lag 6	**0.80** (0.16)	**0.80** (0.16)
Lag 7	**0.77** (0.18)	**0.77** (0.18)
Lag 8	**0.74** (0.20)	**0.74** (0.20)
Kreuzkorrelation mit		
CY_t	1	**-1**
IY_t	**-1**	1

Da beiden Quoten der gleiche einfache AR(1)-Prozess zugrundeliegt, sind die theoretischen Autokorrelationen identisch und fallen geometrisch ab. Die beobachteten Autokorrelationen scheinen in ähnlicher Weise zu sinken, sind aber ausnahmslos um mehr als zwei asymptotische Standardfehler niedriger als die theoretischen. Einigermaßen ansprechend sind daher in Tabelle 3.2/5 lediglich die Standardabweichungen, die, wie auch schon im Modell mit deterministischem Wachstum, die empirischen Sachverhalte mit vielleicht vertretbaren Fehlermargen approximieren können.

Als Quintessenz aus der Analyse der Modelle im Zeitbereich bleibt daher festzuhalten, daß die beiden Varianten des RBC-Modells entlang zahlreicher Dimensionen z. T. eklatant versagen und nur relativ wenige Aspekte befriedigend gelöst scheinen. Viele der hier aufgezeigten Schwachpunkte der Modelle werden in der zu erwartenden Weise auch bei der sich anschließenden Evaluation im Frequenzbereich sichtbar werden. Dennoch soll diese in einiger Ausführlichkeit durchgeführt werden, da die Frequenzbereichsdarstellung auch die Auswertung globaler Anpassungsmaße (als Maße für die Modellgüte) erlaubt und diese Anpassungsmaße wiederum wertvolle Informationen darstellen, wenn Modifikationen des Grundmodells diesem gegenübergestellt werden sollen.

3.3 Evaluation im Frequenzbereich

In einem vielbeachteten Artikel hat Watson (1993) versucht, die Evaluation eines RBC-Modells zu systematisieren[1]. Ausgangspunkt für seine Überlegungen ist dabei seine Kritik an der Standardevaluation im Zeitbereich, die sich durch Selektivität bei der Berücksichtigung der zu betrachtenden Momente und das Fehlen einer expliziten Metrik zur Beurteilung der Differenz zwischen empirischen und theoretischen Momenten auszeichnet.
Als Alternative schlägt Watson vor, das zu untersuchende Modell in kovarianzstationären Variablen zu schreiben und zur Evaluation *alle* zweiten Momente heranzuziehen, indem das Spektrum der Modellvariablen mit dem geschätzten Spektrum der entsprechenden empirischen Variablen verglichen wird. Dabei nimmt Watson *nicht* an, daß das theoretische Modell die tatsächliche Ökonomie akkurat beschreibt. Er faßt ersteres vielmehr als eine Approximation der letzteren auf und fragt, in welchem Ausmaß zusätzliche Fehlerprozesse den vom Modell generierten Daten hinzugefügt werden müssen, damit diese die Kovarianzstruktur der realen Daten abbilden können. Die zusätzlichen Fehlerprozesse widerspiegeln also die in den Daten enthaltenen Charakteristika zweiter Momente, die vom Modell nicht erfaßt werden. Die Güte des Modells bemißt sich dann daran, wie "groß" (in Relation zu den beobachteten Daten) die erforderlichen Fehlerterme sind.

- Die Methodik -

Um diese Ideen zu präzisieren, ist eine kurze formale Darstellung nötig. Es sei $\mathbf{x}_t$ ein Vektor von Variablen, der durch ein ökonomisches Modell generiert wird[2], und $\Gamma_{\mathbf{x}}(\cdot)$ seine Autokovarianzmatrix zum Lag τ, d. h. es ist $\Gamma_{\mathbf{x}}(\tau) := \mathrm{E}[\mathbf{x}_t \mathbf{x}_{t-\tau}'] - \mathrm{E}[\mathbf{x}_t]\mathrm{E}[\mathbf{x}_{t-\tau}']$. Die autokovarianzerzeugende Funktion $A_{\mathbf{x}}(\zeta)$ ist dann auf einem den Einheitskreis überdeckenden Bereich der komplexen Zahlen definiert als

[1]Streng genommen beschränkt sich Watson keineswegs auf RBC-Modelle sondern entwickelt einen Ansatz, der für beliebige dynamische ökonomische Modelle tauglich ist. Seine Anwendung bezieht sich allerdings nur auf das KPR-Modell.

[2]Es wird also unterstellt, daß numerische Werte für alle Parameter des Modells spezifiziert wurden. Watson (1993) geht davon aus, daß diese Parameter kalibriert wurden; sie können aber im Prinzip auch mit Standardmethoden geschätzt worden sein. Wichtig ist, daß eine Inferenz bezüglich unbekannter Parameter des Modells als nicht mehr erforderlich angesehen wird. Dies unterscheidet Watsons Vorgehen von dem im Grundsatz ähnlichen Ansatz bei Diebold, Ohanian und Berkowitz (1995).

$$\mathrm{A}_{\mathbf{x}}(\zeta) := \sum_{j=-\infty}^{\infty} \Gamma_{\mathbf{x}}(j)\zeta^{j},$$

vgl. Brockwell und Davis (1991). Da Watsons Betrachtung nur zweite Momente berücksichtigt, steht $\mathrm{A}_{\mathbf{x}}(\zeta)$ synonym für das theoretische Modell.

Der Vektor $\mathbf{y}_t$ sei von gleicher Dimension wie $\mathbf{x}_t$ und enthalte die zu $\mathbf{x}_t$ analogen empirischen Größen. Seine (unbekannte, aber schätzbare) autokovarianzerzeugende Funktion wird mit $\mathrm{A}_{\mathbf{y}}(\zeta)$ bezeichnet. Die kreuzautokovarianzerzeugende Funktion des gemeinsamen $(\mathbf{x}_t', \mathbf{y}_t')'$-Prozesses ergibt sich als $\left(A_{\mathbf{xy}}(\zeta)\right)$ mit den Blöcken

$$\mathrm{A}_{\mathbf{xy}}(\zeta) = \sum_{j=-\infty}^{\infty} \Gamma_{\mathbf{xy}}(j)\zeta^{j},$$

wobei $\Gamma_{\mathbf{xy}}(\tau) := \mathrm{E}\left[\mathbf{x}_t \mathbf{y}_{t-\tau}'\right] - \mathrm{E}\left[\mathbf{x}_t\right]\mathrm{E}\left[\mathbf{y}_{t-\tau}'\right]$ die Kreuzkovarianzmatrix zum Lag τ ist. Wegen $\Gamma_{\mathbf{xy}}(\tau) = \Gamma_{\mathbf{yx}}(-\tau)'$ folgt durch einfaches Einsetzen

$$\mathrm{A}_{\mathbf{yx}}(\zeta) = \sum_{j=-\infty}^{\infty} \Gamma_{\mathbf{yx}}(j)\zeta^{j} = \sum_{j=-\infty}^{\infty} \Gamma_{\mathbf{xy}}(-j)'\zeta^{j} = \sum_{j=-\infty}^{\infty} \Gamma_{\mathbf{xy}}(j)'\zeta^{-j} = \mathrm{A}_{\mathbf{xy}}(\zeta^{-1})'.$$

Dies impliziert insbesondere $\mathrm{A}_{\mathbf{yx}}(e^{-i\omega}) = \mathrm{A}_{\mathbf{xy}}(e^{i\omega})'$ für $0 \le \omega \le 2\pi$, d. h auf dem Einheitskreis geht $\mathrm{A}_{\mathbf{yx}}$ durch konjugiert-komplexe Transposition aus $\mathrm{A}_{\mathbf{xy}}$ hervor[3]. (Man sagt abkürzend, daß $\mathrm{A}_{\mathbf{yx}}$ auf dem Einheitskreis hermitisch zu $\mathrm{A}_{\mathbf{xy}}$ ist).

Watson verzichtet nun darauf, mit klassischen Methoden der Inferenzstatistik zu untersuchen, wie wahrscheinlich es bei einem gegebenen Datensatz ist, daß $\mathrm{A}_{\mathbf{x}}(\zeta)$ und $\mathrm{A}_{\mathbf{y}}(\zeta)$ identisch sind. Statt dessen faßt er das theoretische Modell als eine Approximation der realen Ökonomie auf. Der Fehlerprozeß $\mathbf{u}_t := \mathbf{y}_t - \mathbf{x}_t$ beschreibt folglich Stichproben- und Approximationsfehler, die die Differenzen zwischen realen und künstlichen Daten begründen. Seine autokovarianzerzeugende Funktion ergibt sich als

$$\mathrm{A}_{\mathbf{u}}(\zeta) = \mathrm{A}_{\mathbf{y}}(\zeta) + \mathrm{A}_{\mathbf{x}}(\zeta) - \mathrm{A}_{\mathbf{xy}}(\zeta) - \mathrm{A}_{\mathbf{yx}}(\zeta), \tag{3.3/1}$$

[3]In diesem Abschnitt bezeichnet i die Wurzel aus -1 und nicht, wie bisher, den Steady-State-Wert der wachstumsbereinigten Investitionen.

wobei $A_{xy}(\zeta)$ und $A_{yx}(\zeta)$ die entsprechenden kreuzautokovarianzerzeugenden Funktionen sind. Während $A_x(\zeta)$ bekannt ist und $A_y(\zeta)$ konsistent aus den Daten geschätzt werden kann, sind $A_{xy}(\zeta)$ und $A_{yx}(\zeta)$ unbekannt und können auch nicht geschätzt werden, da eine Schätzung eine Stichprobe des gemeinsamen $(\mathbf{x}_t', \mathbf{y}_t')'$-Prozesses voraussetzen würde. In der Regel werden diese kreuzautokovarianzerzeugenden Funktionen daher (häufig nicht explizit) per Annahme spezifiziert.

In einem Fehler-in-den-Variablen Modell würde man z. B. $\mathbf{x}_t$ als unbekannte "wahre" und $\mathbf{y}_t$ als fehlerhaft erhobene Variable auffassen. Eine sinnvolle Annahme wäre dann $A_{xy}(\zeta) = A_x(\zeta)$, so daß $\mathbf{x}_t$ und $\mathbf{u}_t$ unkorreliert an allen Leads und Lags wären[4]: In einem Modell rationaler Erwartungen andererseits könnte man $\mathbf{y}_t$ als rationale Erwartung von $\mathbf{x}_t$ interpretieren, so daß man $A_{xy}(\zeta) = A_y(\zeta)$ annehmen müßte und daher die Unkorreliertheit von $\mathbf{y}_t$ und $\mathbf{u}_t$ postulieren würde. Im Falle eines RBC-Modells ist es jedoch unklar, welche Annahme über $A_{xy}(\zeta)$ angemessen ist. Watsons Ansatz besteht daher darin, auf einschränkende Annahmen bezüglich $A_{xy}(\zeta)$ zu verzichten und statt dessen eine untere Grenze für die "Größe" des Fehlerterms $\mathbf{u}_t$ anzugeben. Ist diese untere Grenze groß, so bedarf es unabhängig von eventuellen Annahmen an $A_{xy}(\zeta)$ erheblichen Rauschens, um künstliche und reale Daten in Übereinstimmung zu bringen, d. h. das Modell approximiert die reale Ökonomie nur schlecht. Ist die untere Grenze jedoch klein, so gibt es mögliche Annahmen über $A_{xy}(\zeta)$, die eine gute Datenanpassung des Modells implizieren.

Falls $\mathbf{x}_t$, $\mathbf{y}_t$ und $\mathbf{u}_t$ seriell unkorreliert sind, wählt Watson $A_{xy}(\zeta)$ daher so, daß die Spur der Varianz-Kovarianz-Matrix von $\mathbf{u}_t$ minimiert wird unter der Nebenbedingung einer positiv-semidefiniten Varianz-Kovarianz-Matrix des gemeinsamen Prozesses $(\mathbf{x}_t', \mathbf{y}_t')'$. Liegt jedoch, wie typischerweise in dynamischen Modellen, serielle Korrelation vor, so zeigt Watson, wie - in Verallgemeinerung des soeben erwähnten Ansatzes - $A_{xy}(\zeta)$ nunmehr so zu bestimmen ist, daß die Spur der Spektralmatrix von $\mathbf{u}_t$ an jeder Frequenz

---

[4]Um dies im einzelnen zu sehen, schreibe man $A_y(\zeta) = A_x(\zeta) + A_u(\zeta) + A_{xu}(\zeta) + A_{ux}(\zeta)$ und substituiere dies in (3.3/1). Man erhält dann $A_{xu}(\zeta) + A_{ux}(\zeta) = A_{xy}(\zeta) + A_{yx}(\zeta) - 2\,A_x(\zeta)$ bzw. $A_{xu}(\zeta) + A_{xu}(\zeta^{-1})' = A_{xy}(\zeta) + A_{xy}(\zeta^{-1})' - A_x(\zeta) - A_x(\zeta^{-1})'$. Ist $A_{xy}(\zeta) = A_x(\zeta)$, so folgt $A_{xu}(\zeta) + A_{xu}(\zeta^{-1})' = 0$. Aufgrund der Definition der autokovarianzerzeugenden Funktion haben wir dann

$$A_{xu}(\zeta) + A_{xu}(\zeta^{-1})' = \sum_{j=-\infty}^{\infty} \left(\Gamma_{xu}(j) + \Gamma_{ux}(j)\right)\zeta^{j} = 0 \qquad \forall \zeta$$

und demnach $\Gamma_{xu}(j) = \Gamma_{ux}(j) = 0 \quad \forall j$, d. h. $\mathbf{x}_t$ und $\mathbf{u}_t$ sind unkorreliert sowohl unverzögert als auch an allen Leads und Lags.

unter der Nebenbedingung einer positiv semidefiniten Spektralmatrix von $(\mathbf{x}_t', \mathbf{y}_t')'$ minimiert wird[5]. Die (aufgrund von Orthogonalitätseigenschaften frequenzweise) Lösung des Minimierungsproblems ist eindeutig und ergibt sich an jeder Frequenz ω als lineare Transformation der autokovarianzerzeugenden Funktion von $\mathbf{y}_t$ an der Stelle $\zeta=e^{-i\omega}$, $0 \leq \omega \leq 2\pi$:

$$\mathrm{A}_{\mathbf{xy}}\left(e^{-i\omega}\right) = G(\omega)\mathrm{A}_{\mathbf{y}}\left(e^{-i\omega}\right) \tag{3.3/2}$$

Die genaue Definition der minimierenden Matrix $G(\omega)$ (in Abhängigkeit von den autokovarianzerzeugenden Funktionen der $\mathbf{x}_t$- und $\mathbf{y}_t$-Prozesse) findet sich in Watsons (1993) Arbeit.

Da die autokovarianzerzeugende Funktion einer Zeitreihe ausgewertet an $\zeta=e^{-i\omega}$ proportional zu ihrem Spektrum ist, ist aufgrund von (3.3/1) das Spektrum des Fehlers $\mathbf{u}_t$ gegeben durch

$$\frac{1}{2\pi} A_{\mathbf{u}}\left(e^{-i\omega}\right) = \frac{1}{2\pi}\left(A_{\mathbf{x}}\left(e^{-i\omega}\right) + \left(I - G(\omega)\right) A_{\mathbf{y}}\left(e^{-i\omega}\right) - A_{\mathbf{y}}\left(e^{i\omega}\right)' G(\omega)'\right). \tag{3.3/3}$$

Definiert man für die k-te Variable den Quotienten aus den k-ten Diagonalelementen der autokovarianzerzeugenden Funktionen von $\mathbf{u}_t$ und $\mathbf{y}_t$ ausgewertet an der Stelle $\zeta=e^{-i\omega}$ als relatives Gewicht der k-ten Komponente des Fehlers $\mathbf{u}_t$ bezogen auf die k-te Komponente der Daten $\mathbf{y}_t$ an der Frequenz ω,

$$r_k(\omega) := \frac{\left[\mathrm{A}_{\mathbf{u}}\left(e^{-i\omega}\right)\right]_{kk}}{\left[\mathrm{A}_{\mathbf{y}}\left(e^{-i\omega}\right)\right]_{kk}},$$

so erhält man durch Einsetzen von (3.3/3) aufgrund der Minimierungseigenschaft von $G(\omega)$ eine untere Schranke für dieses Gewicht. Falls $r_k(\omega)$ - nach heuristischer Einschätzung - "groß" ist, muß daher die Modellanpassung für die k-te Variable an dieser Frequenz als unbefriedigend angesehen werden.

Naheliegenderweise schlägt Watson mit

[5]Tatsächlich ist Watsons Ansatz etwas allgemeiner als hier beschrieben, da Watson eine unterschiedliche Gewichtung der Diagonalelemente in den betrachteten Matrizen zuläßt. In den unten beschriebenen Ergebnissen habe ich alle betrachteten Variablen gleich gewichtet, also tatsächlich die Spur minimiert. Auf die Darstellung des allgemeineren Vorgehens (das im übrigen keine Überraschungen birgt) wird daher hier verzichtet.

$$r_k := \frac{\int_0^{2\pi} \left[\mathrm{A_u}\left(e^{-i\omega}\right) \right]_{kk} d\omega}{\int_0^{2\pi} \left[\mathrm{A_y}\left(e^{-i\omega}\right) \right]_{kk} d\omega}$$

auch eine integrierte Version des Anpassungsmaßes $r_k(\omega)$ vor. Sowohl $r_k(\omega)$ als auch r_k sind per Konstruktion dem Bestimmtheitsmaß, genauer: dem Maß 1-R^2, einer Regression nachempfunden. Da der minimierende Fehlerprozeß $\mathbf{u}_t$ nicht orthogonal zu den Modellvariablen $\mathbf{x}_t$ ist, können die Maße $r_k(\omega)$ und r_k größer als Eins sein. Dies entspricht in einem linearen Regressionsmodell offenbar dem Fall eines negativen Bestimmtheitsmaßes bei fehlenden Orthogonalitätseigenschaften zwischen Regressormatrix und Störterm.

Man beachte, daß $r_k(\omega)$ invariant gegenüber (gleichen) zeitinvarianten linearen Filtern ist, da diese lediglich eine Multiplikation von Zähler und Nenner mit dem gleichen frequenzbezogenen Gain bewirken. Hodrick-Prescott-Filterung oder Saisonbereinigungsverfahren lassen $r_k(\omega)$ daher (nahezu) unbeeinträchtigt, sofern diese (nichtlinearen) Filter durch lineare zeitinvariante Filter approximiert werden können, vgl. King und Rebelo (1993) für positive und Ghysels, Granger und Siklos (1994) für diesbezügliche negative Ergebnisse. Da der Gain eines Filters typischerweise über die Frequenzen variiert, überträgt sich die Invarianzeigenschaft jedoch nicht auf das integrierte Anpassungsmaß r_k.

Schreibt man $\mathbf{x}_t$ und $\mathbf{y}_t$ in ihrer Cramér-Darstellung als Fourier-Stieltjes-Integrale

$$\mathbf{x}_t = \int_0^{2\pi} e^{i\omega t} dz_{\mathbf{x}}(\omega),$$

$$\mathbf{y}_t = \int_0^{2\pi} e^{i\omega t} dz_{\mathbf{y}}(\omega),$$

(man vergleiche für diese Darstellung z. B. Brockwell und Davis (1991)), so ergibt sich ein zu (3.3/2) analoger Sachverhalt für die orthogonalen (stochastischen) Inkremente $dz_{\mathbf{x}}(\omega)$ und $dz_{\mathbf{y}}(\omega)$,

$$dz_{\mathbf{x}}(\omega) = G(\omega) dz_{\mathbf{y}}(\omega),$$

die demnach perfekt korreliert sind. Dies erlaubt die Berechnung einer einfachen linearen Beziehung zwischen den Zufallsvariablen $\mathbf{x}_t$ und $\mathbf{y}_t$: Bezeichnet man mit

$$g_j := \int_0^{2\pi} G(\omega) e^{i\omega j} d\omega \tag{3.3/3a}$$

die aus der inversen Fourier-Transformation resultierende Zeitbereichsdarstellung der Funktion $G(\omega)$ und schreibt daher

$$G(\omega) = \sum_{j=-\infty}^{\infty} g_j e^{-i\omega j} ,$$

so folgt unter geeigneten Annahmen an die Konvergenz der auftretenden Integrale und Summen eine Darstellung von $\mathbf{x}_t$ als linearer Funktion verzögerter und zukünftiger Werte von $\mathbf{y}_t$:

$$\begin{aligned}\mathbf{x}_t &= \int_0^{2\pi} e^{i\omega t} dz_{\mathbf{x}}(\omega) = \int_0^{2\pi} e^{i\omega t} G(\omega) dz_{\mathbf{y}}(\omega) \\ &= \sum_{j=-\infty}^{\infty} g_j \int_0^{2\pi} e^{i\omega(t-j)} dz_{\mathbf{y}}(\omega) = \sum_{j=-\infty}^{\infty} g_j \mathbf{y}_{t-j} =: g(B)\mathbf{y}_t \end{aligned} \tag{3.3/4}$$

Hier ist $g(B)$ ein Lag-Polynom im Lag-Operator B und seiner Inversen B^{-1}.

Es ist sicherlich hilfreich, dieses Resultat und damit Watsons Vorgehen etwas eingehender zu diskutieren. Fassen wir zu diesem Zweck $\mathbf{u}_t = \mathbf{y}_t - \mathbf{x}_t$ zunächst als (definitorische) Beziehung zwischen Realisationen von Zufallsvariablen auf. Da $\mathbf{x}_t$ und $\mathbf{y}_t$ nicht gemeinsam beobachtet werden, enthält diese Beziehung für jeden Zeitpunkt t nur eine beobachtete Größe, sagen wir y_t. Für $\mathbf{x}_t$ liegen keine mit diesem Zeitpunkt zu identifizierenden Beobachtungen vor. Unterstellt man willkürlich einen Wert für eine Realisation von $\mathbf{u}_t$, so impliziert dies automatisch den Wert der zum Zeitpunkt t erfolgten Realisation von $\mathbf{x}_t$.

Faßt man freilich $\mathbf{u}_t = \mathbf{y}_t - \mathbf{x}_t$ als allgemeine Definition einer Zufallsvariablen auf, so folgt sofort, daß $\mathbf{u}_t$ nicht willkürlich gesetzt werden kann, da die Momente von $\mathbf{x}_t$ durch die bekannte autokovarianzerzeugende Funktion $A_x(\zeta)$ eindeutig bestimmt sind. Die Zufallsvariable $\mathbf{u}_t$ muß daher u. a. der Restriktion genügen, daß ihre zweiten Momente die vom Modell beschriebenen zweiten Momente von $\mathbf{x}_t$ implizieren. Diese Eigenschaft erfüllt immer noch eine große Klasse von Zufallsvariablen mit unterschiedlichen Konsequenzen für die implizierte Kovarianzstruktur zwischen $\mathbf{x}_t$ und $\mathbf{y}_t$. Watson wählt aus dieser Klasse den in einem wohldefinierten Sinne kleinsten Störprozeß aus. Damit liefert er gleichzeitig eine vollständige Beschreibung des Verhaltens der (nicht beobachteten) gemeinsamen Stichprobe: Ein gemäß (3.3/4) definierter $(\mathbf{x}_t', \mathbf{y}_t')'$-Prozeß wird in seiner $\mathbf{x}_t$-Komponente durch die vom theoretischen Modell implizierten zweiten Momente beschrieben und weist einen in Watson's Sinne minimalen Approximationsfehler zwischen $\mathbf{x}_t$ und $\mathbf{y}_t$ auf.

Setzt man daher in (3.3/4) eine Realisation des $\mathbf{y}_t$-Prozesses ein, so ergibt sich diejenige Realisation des $\mathbf{x}_t$-Prozesses, die unter Wahrung der vom Modell gesetzten Restriktionen bezüglich der zweiten Momente den $\mathbf{y}_t$-Realisationen so nahe wie möglich kommt. Ich bezeichne derartige Größen künftig als "angepaßte Modellrealisationen" und kennzeichne sie notationell durch ein nachgestelltes "FIT" hinter dem Variablennamen.

- Evaluation des KPR1-Modells -

In den folgenden Abbildungen (Abbildung 3.3/1 bis Abbildung 3.3/5) wird das KPR1-Modell (mit den für die Bundesrepublik Deutschland ermittelten Parameterwerten) mit Watsons Methodologie evaluiert, indem die prozentualen Abweichungen vom Steady-State betrachtet werden. Dargestellt sind jeweils die vom Modell implizierten Spektren, die sich aus der Fourier-Transformation der Autokovarianzmatrizen (3.1/67) ergeben, die entsprechenden empirischen Korrelate[6] und die daraus errechneten Spektren des minimierenden Fehlerprozesses[7]. Da die wahren Spektren der empirischen Daten nicht bekannt sind sondern geschätzt werden müssen, werden natürlich jeweils nicht die oben definierten Ausdrücke errechnet, sondern Schätzungen dieser Ausdrücke, die sich ergeben, wenn wahre Datenspektren durch geschätzte Datenspektren ersetzt werden.

---

[6]Die geschätzten Spektren der empirischen Größen sind dieselben wie die in Kapitel 2 diskutierten Spektren.

[7]Die im Verlauf dieses Kapitels dargestellten Berechnungen erfolgten mit für diese Zwecke geschriebenen GAUSS-Prozeduren. Ich danke Mark Watson für die freundliche Überlassung seiner eigenen Programme, die mir als Vorlage dienten und von mir zum Teil erheblich modifiziert wurden. Die Verantwortung für eventuell verbliebene Fehler in diesen Prozeduren liegt natürlich allein bei mir.

Abbildung 3.3/1

Frequenzbereichsevaluation des KPR1-Modells: Spektren der prozentualen Abweichungen vom Steady-State-Niveau des Outputs

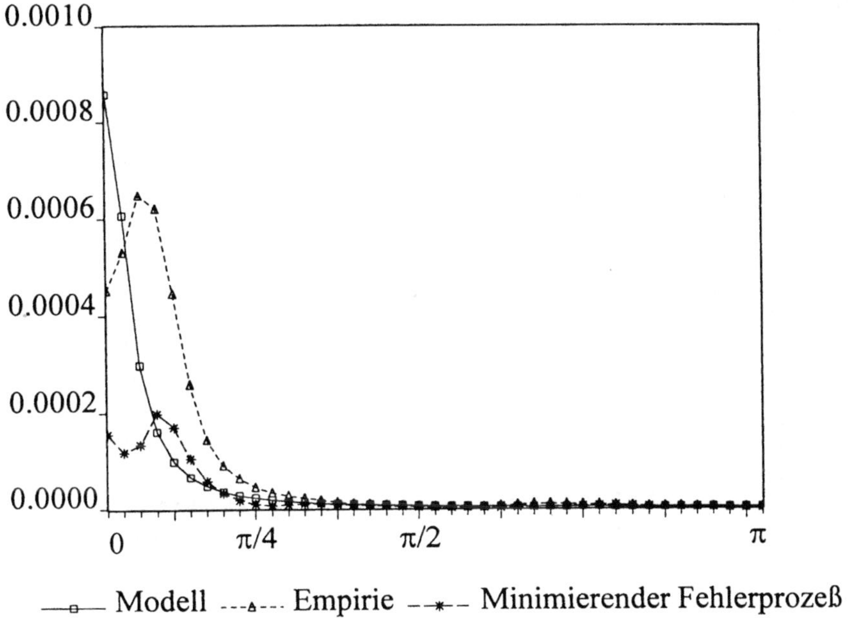

In Abbildung 3.3/1 erkennt man, daß das Modellspektrum des Outputs eine sehr einfache Form hat: Die spektrale Masse nimmt ihr Maximum an der Frequenz Null an und fällt mit steigender Frequenz schnell und monoton ab. Das aus den Daten geschätzte Spektrum hat demgegenüber zwar ebenfalls erhebliche spektrale Masse im langfristigen Bereich, erreicht sein Maximum jedoch ungefähr bei einer zehn-Jahres-Schwingung. Es leuchtet daher unmittelbar ein, daß der minimierende Fehlerprozeß die meiste spektrale Masse an der Frequenz Null und im Bereich der zehn-Jahres-Schwingung aufweist, da hier Modell- und Datenspektrum am auffälligsten divergieren. Wenn der erforderliche Fehlerprozeß auch durchaus nicht unbeträchtlich ist, so ist seine Varianz doch erheblich kleiner als die Varianz von %BIPRSA, so daß man dem RBC-Modell im Bereich des Outputs ein gewisses Erklärungspotential nicht absprechen kann.

Abbildung 3.3/2

Frequenzbereichsevaluation des KPR1-Modells: Spektren der prozentualen Abweichungen vom Steady-State-Niveau des Konsums

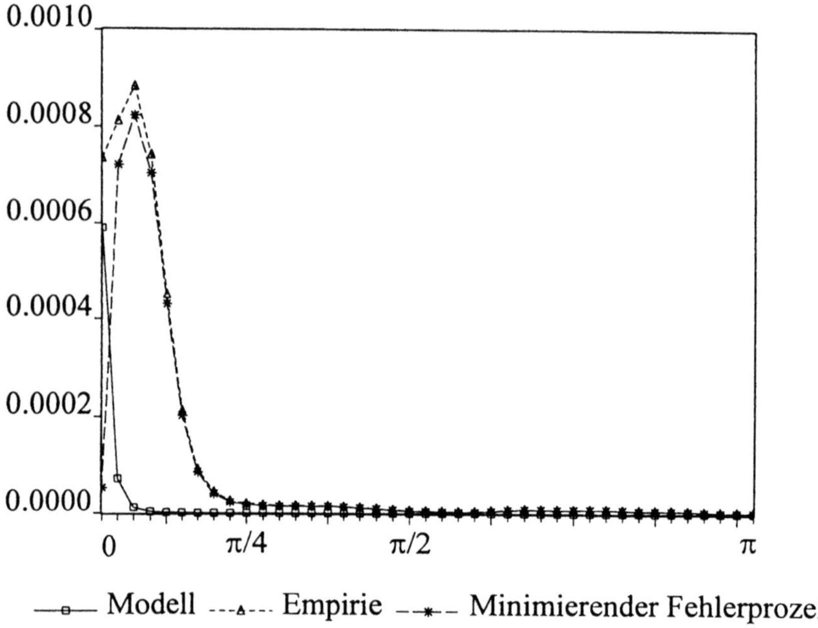

Anders verhält es sich beim Konsum, vgl. Abbildung 3.3/2: Das Datenspektrum dominiert das Spektrum des Modells an allen Frequenzen und reflektiert damit eine wesentlich höhere Varianz der empirischen Beobachtungen als mit den Modellimplikationen verträglich ist. Lediglich in unmittelbarer Nähe der Frequenz Null ist das Fehlerspektrum daher vergleichsweise klein; ansonsten ist das Ausmaß des erforderlichen Fehlerprozesses von annähernd der gleichen Größenordnung wie der zu erklärende Prozeß selbst. Dies kann sinnvollerweise nur als ein deutliches Versagen des Modells gewertet werden.

Abbildung 3.3/3

Frequenzbereichsevaluation des KPR1-Modells: Spektren der prozentualen Abweichungen vom Steady-State-Niveau der Investitionen

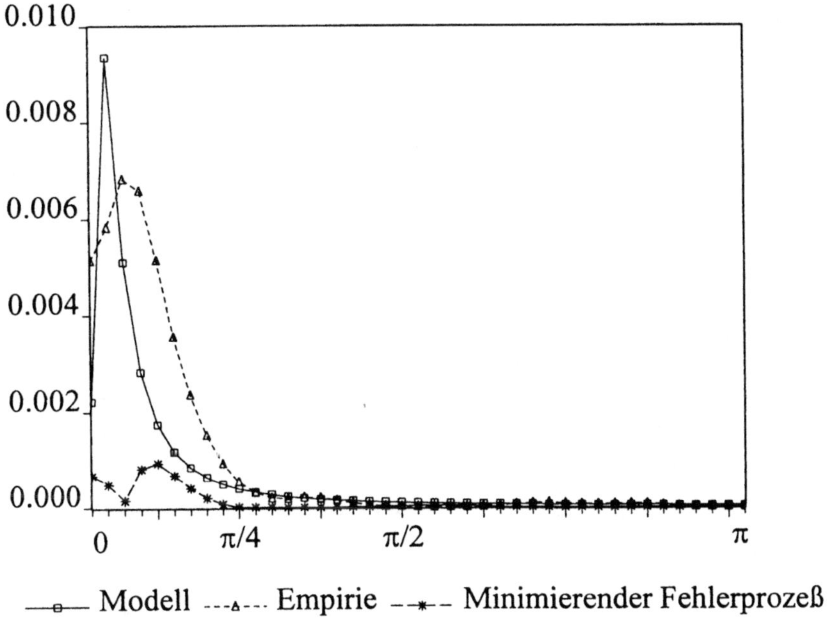

Bei den Investitionen (Abbildung 3.3/3) können demgegenüber weitgehend befriedigende Resultate erzielt werden: Hier haben Modell- und Datenspektrum eine sehr ähnliche Gestalt, wobei das Modellspektrum noch etwas weiter in den Niedrigfrequenzbereich verschoben ist als das Datenspektrum[8]. Das Fehlerspektrum wirkt dementsprechend vergleichsweise klein und suggeriert daher ein gutes Erklärungspotential des Modells für die Investitionen.

[8]Dies kann durchaus auf die glättende Wirkung des Parzen-Fensters bei der Schätzung des Datenspektrums zurückzuführen sein.

Abbildung 3.3/4

Frequenzbereichsevaluation des KPR1-Modells: Spektren der prozentualen Abweichungen vom Steady-State-Niveau der Arbeitsstunden

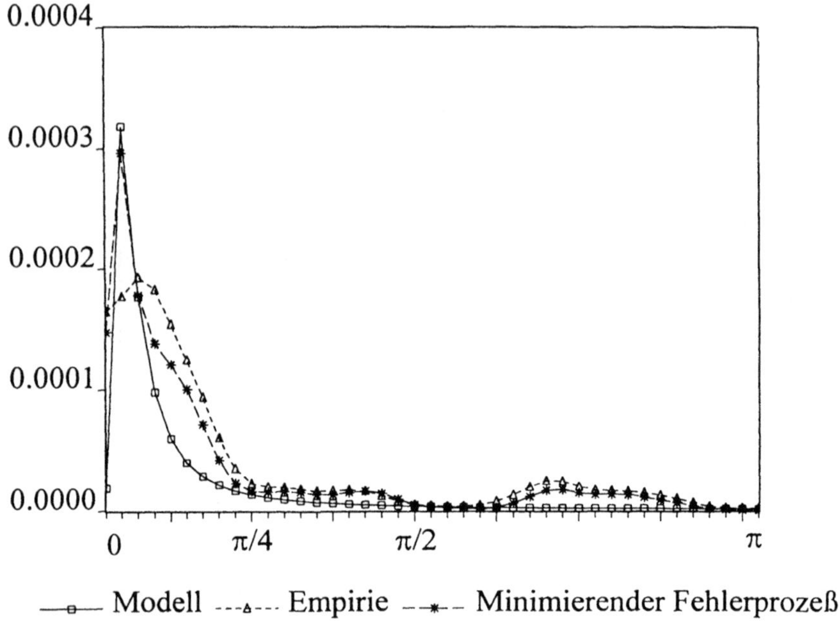

Während die errechneten minimierenden Fehlerprozesse in den bisher diskutierten Abbildungen intuitiv plausibel schienen, ist dies bei den Spektren der Arbeitsstunden in Abbildung 3.3/4 nicht mehr unbedingt der Fall. Modell- und Datenspektrum scheinen nämlich auch hier, ähnlich wie bei den Investitionen, nicht eklatant voneinander abzuweichen, zumal der Eindruck eines gedämpfteren und leicht nach rechts verschobenen Datenspektrums erneut zumindest zum Teil auf die Glättungswirkung des Lag-Fensters zurückgeführt werden kann. Dennoch ist das Spektrum des benötigten Fehlers von ähnlicher Größe und Gestalt wie das Modellspektrum, was auf den ersten Blick unplausibel wirkt.

Abbildung 3.3/5

Frequenzbereichsevaluation des KPR1-Modells: Spektren der prozentualen Abweichungen vom Steady-State-Niveau des Reallohns

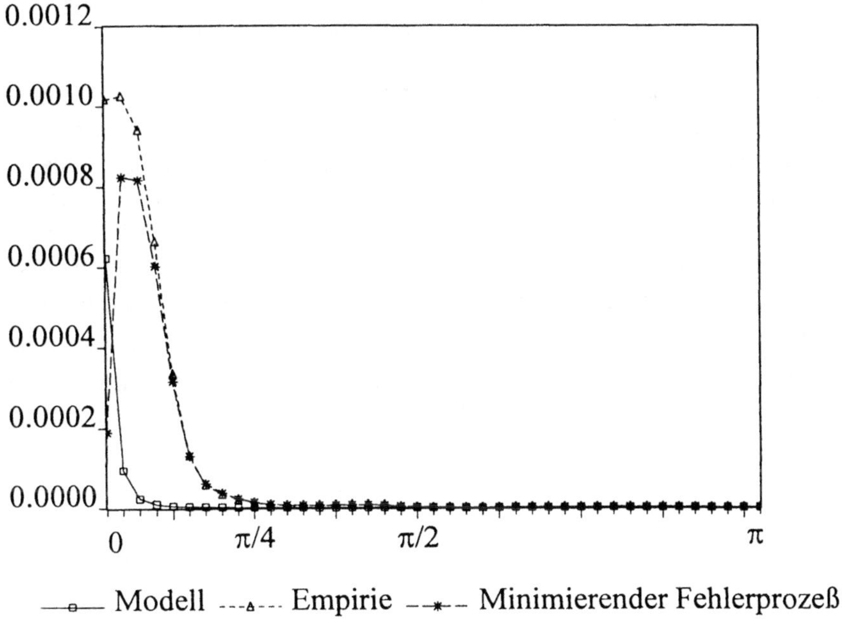

Die Begründung dieses Phänomens findet sich jedoch in der Tatsache, daß die Berechnung des minimierenden Fehlerprozesses eben nicht in einem univariaten Ansatz erfolgt, in dem einzig die der Abbildung zugrundeliegenden eigenen Autokovarianzen maßgebend sind. Vielmehr sind bei der Bestimmung des Fehlerprozesses auch die Modellimplikationen bezüglich der Kreuzkovarianzen zu berücksichtigen und mit den Eigenschaften der realen Daten so weit wie möglich in Einklang zu bringen. In der Tat zeigt eine weitergehende Analyse des Modells zum Beispiel, daß die vom Modell implizierte Kohärenz[9] zwischen Output und Beschäftigung konstant gleich Eins an allen Frequenzen ist. Die empirisch beobachtete Kohärenz zwischen diesen Variablen ist jedoch erheblich geringer (sie liegt im wesentlichen im

[9]Die Kohärenz ist ein spektralanalytisches Analogon zur Korrelation. Der interessierte Leser vergleiche z. B. die einführende Darstellung in Brockwell und Davis (1991).

Bereich von 0.3 - 0.4). Um diesem Sachverhalt Rechnung zu tragen, ist offenbar ein relativ großer Fehlerprozeß vonnöten.

Beim Reallohn schließlich (Abbildung 3.3/5) findet sich ein qualitativ ähnlicher Eindruck wie bereits bei der Frequenzbereichsanalyse des Konsums. Auch hier weist der minimierende Fehlerprozeß eine erhebliche spektrale Masse aus und die Güte des Modells scheint eher gering zu sein.

Eine zusammenfassende Charakterisierung der aus diesen Analysen abgeleiteten Einschätzungen leisten die oben definierten Anpassungsmaße r_j. Sie bewerten das Gewicht des minimierenden Fehlerprozesses relativ zum Gewicht des Datenprozesses über alle Frequenzen. Ich gebe diese Statistiken für die betrachteten Variablen in Tabelle 3.3/1 an und füge in Anlehnung an Watsons (1993) Arbeit auch noch die Auswertung einer analogen Statistik r_j^{BC} bei, die statt über alle Frequenzen zu integrieren nur über jene Frequenzen integriert, die mit Schwingungen zwischen mindestens anderthalb und höchstens acht Jahren assoziiert sind. Die Statistik r_j^{BC} wertet also die Modellanpassung nur im Bereich von gemeinhin als konjunkturell angesehenen Frequenzen aus.

Tabelle 3.3/1

Spektrale Anpassungsmaße des KPR1-Modells:
Prozentuale Abweichungen vom Steady-State

	Output	Konsum	Investitionen	Arbeitsstunden	Reallohn
r_j	0.32	0.78	0.12	0.90	0.72
r_j^{BC}	0.31	0.94	0.11	0.80	0.91

Die spektralen Anpassungsmaße bestätigen deutlich die aus der Analyse der graphischen Darstellungen gewonnenen Eindrücke. Das KPR1-Modell kann (unter geeigneten Annahmen an die Kovarianzstruktur zwischen Modellvariablen und Approximationsfehler) das Investitionsverhalten recht erfolgreich abbilden und ist vielleicht auch für den Output noch akzeptabel. Konsum, Arbeitsstunden und Reallohn aber werden unter allen denkbaren Annahmen über den Fehlerterm $\mathbf{u}_t$ unbefriedigend modelliert. Diese Schlußfolgerung wird von Modifikationen in der Definition des globalen Anpassungsmaßes offenbar kaum beeinträchtigt, da sie sich gleichermaßen aus der

Betrachtung aller Frequenzen wie auch aus der Betrachtung von Konjunkturfrequenzen ergibt.

In Ergänzung dieser Analyse mag ein Blick auf angepaßte Modellrealisationen von Interesse sein. Ich habe deshalb durch eine inverse Fouriertransformation die Koeffizienten des Lag-Polynoms *g(B)* aus (3.3/3a) errechnet und daraus angepaßte Realisationen gemäß (3.3/4) bestimmt. Da *g(B)* ein zweiseitiger Filter ist, müßte die aktuelle Stichprobe nach beiden Seiten um zusätzliche Beobachtungen ergänzt werden, um für jeden beobachteten Wert auch eine angepaßte Realisation errechnen zu können. Da derartige zusätzliche Beobachtungen nicht vorliegen, habe ich sie durch Nullen ersetzt, d. h. der Filter wird am Rand gestutzt. Dies ist auch Watsons Vorgehen, führt aber natürlich u. U. zu einer inakkuraten Wiedergabe der angepaßten Realisationen.

Abbildung 3.3/6

Frequenzbereichsevaluation des KPR1-Modells: Angepaßte Modellrealisationen des Outputs

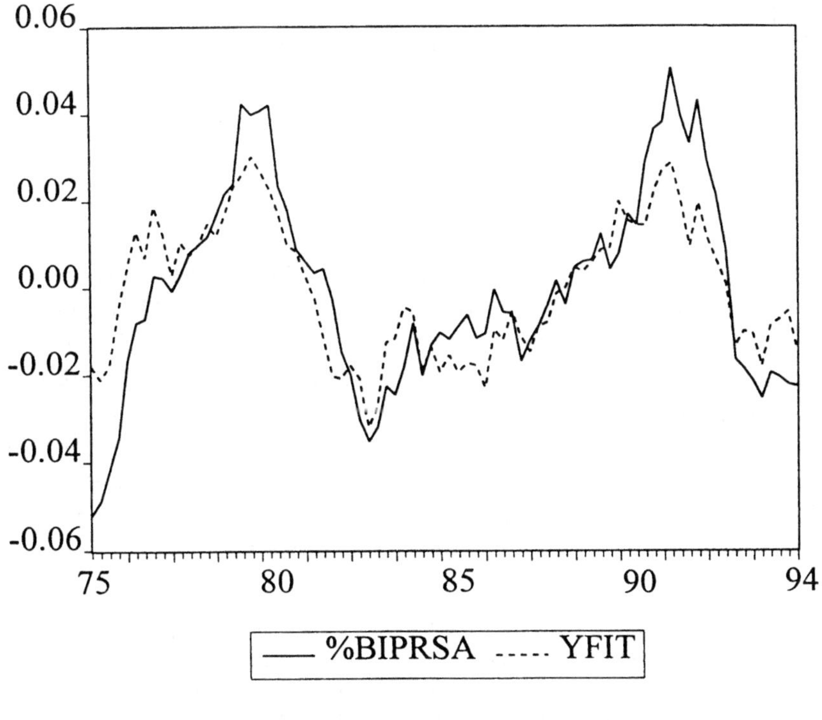

Abbildung 3.3/7

Frequenzbereichsevaluation des KPR1-Modells: Angepaßte Modellrealisationen des Konsums

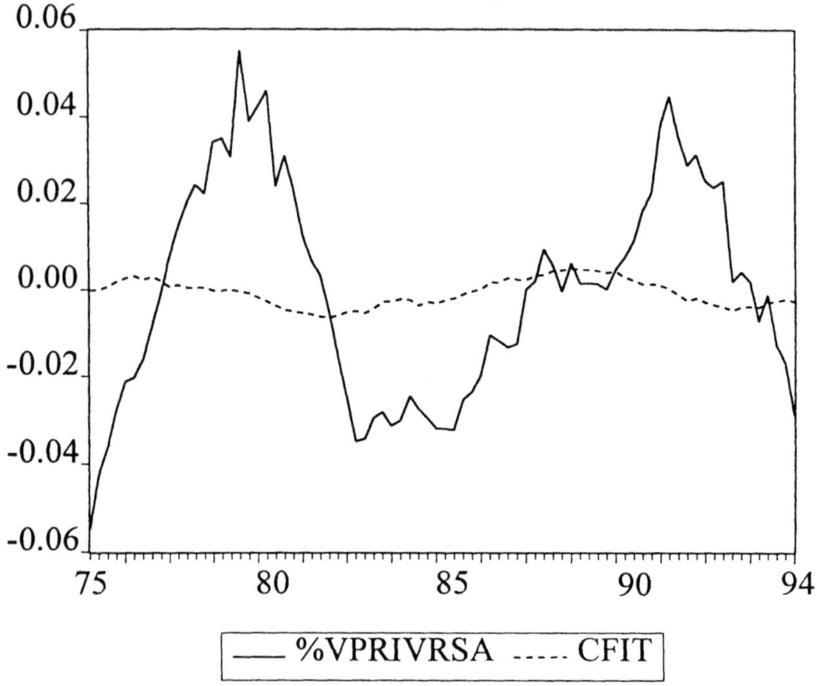

Für den Output, vgl. Abbildung 3.3/6, scheinen die angepaßten Realisationen die tatsächliche Entwicklung recht gut zu reflektieren. Allerdings sind sie - und dies ist ein typisches Phänomen von gleitenden Durchschnitten - weniger volatil und erfassen daher insbesondere zyklische Höhepunkte nur unvollständig. Ganz anders ist demgegenüber der Verlauf der angepaßten Realisationen beim Konsum, der in Abbildung 3.3/7 dargestellt ist: Hier besteht kaum eine Ähnlichkeit zwischen den Modellgrößen und den tatsächlich beobachteten Werten. Insbesondere ist der Verlauf der angepaßten Werte viel zu glatt[10]. Angesichts der geringen Modellgüte bei der Erklärung

[10]Die angepaßte Konsumreihe ist sogar glatter als nach den theoretischen Momenten des Modells zu erwarten wäre. Berechnet man die Standardabweichung des angepaßten Konsums relativ zur Standardabweichung des angepaßten Outputs, ergibt sich ein Wert von 0.2 statt des theoretisch zu erwartenden Werts von 0.41, vgl. Tabelle 3.2.1/1. Dies liegt vermutlich daran, daß die für die Konsumreihe zu verwendenden Gewichte des Filters *g(B)*

der Konsumreihen, die sich schon aus der Auswertung der spektralen Anpassungsmaße ergab, kommt dieses Ergebnis natürlich nicht überraschend.

Abbildung 3.3/8

Frequenzbereichsevaluation des KPR1-Modells: Angepaßte Modellrealisationen der Investitionen

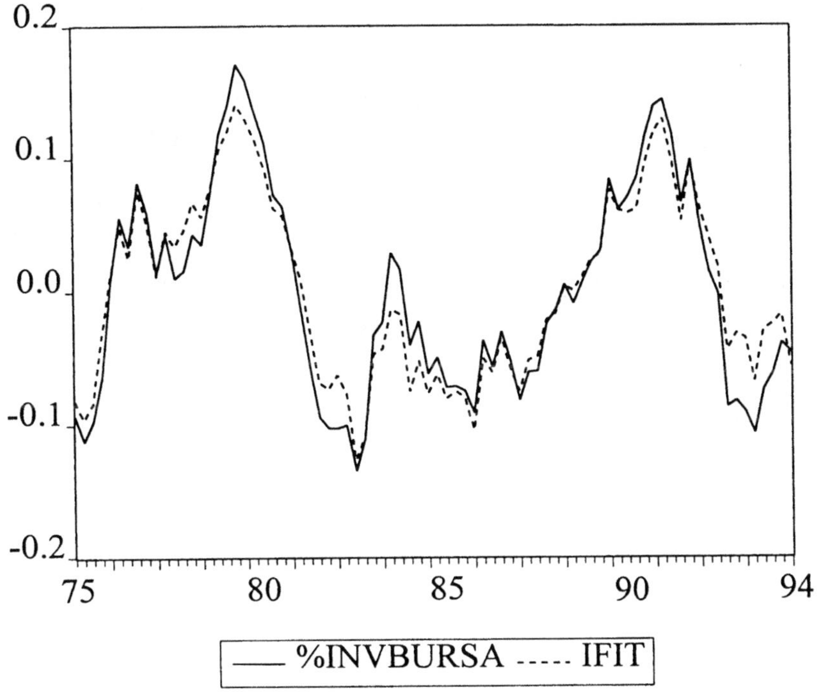

Dementsprechend kann für die Investitionen eine weitgehende Übereinstimmung von tatsächlichen und angepaßten Beobachtungen erwartet werden, während für die Arbeitsstunden und den Reallohn mit erheblichen Divergenzen gerechnet werden muß. Abbildung 3.3/8 bis Abbildung 3.3/10

---

mit zu- bzw. abnehmender Lag-Länge kaum (numerisch) kleiner werden. Dies bedeutet zum einen, daß der errechnete Filter lediglich eine an beiden Seiten gestutzte Version des wahren Filters darstellt, und die Wirkungsunterschiede zwischen dem gestutzten und dem wahren Filter vermutlich nicht vernachlässigbar sind. Zum anderen bedeutet dies, daß die künstliche Erweiterung der Stichprobe um Nullen relativ starke Effekte hat. Beide Eigenschaften können tendenziell die Varianz der erzeugten Reihe mindern.

bestätigen dies. Während die Resultate für die Investitionen durchaus befriedigend sind, haben die angepaßten Realisationen von Arbeitsstunden und Reallohn wenig mit der Realität gemein. Auffällig ist, daß im Bereich der angepaßten Realisationen die Art des Modellversagens für Konsum und Reallohn außerordentlich ähnlich ist und dies einhergeht mit ebenfalls sehr ähnlichen Strukturen dieser Variablen bei Modell-, Daten- und minimierendem Fehlerspektrum, vgl. Abbildung 3.3/2 und Abbildung 3.3/5.

Abbildung 3.3/9

Frequenzbereichsevaluation des KPR1-Modells: Angepaßte Modellrealisationen der Arbeitsstunden

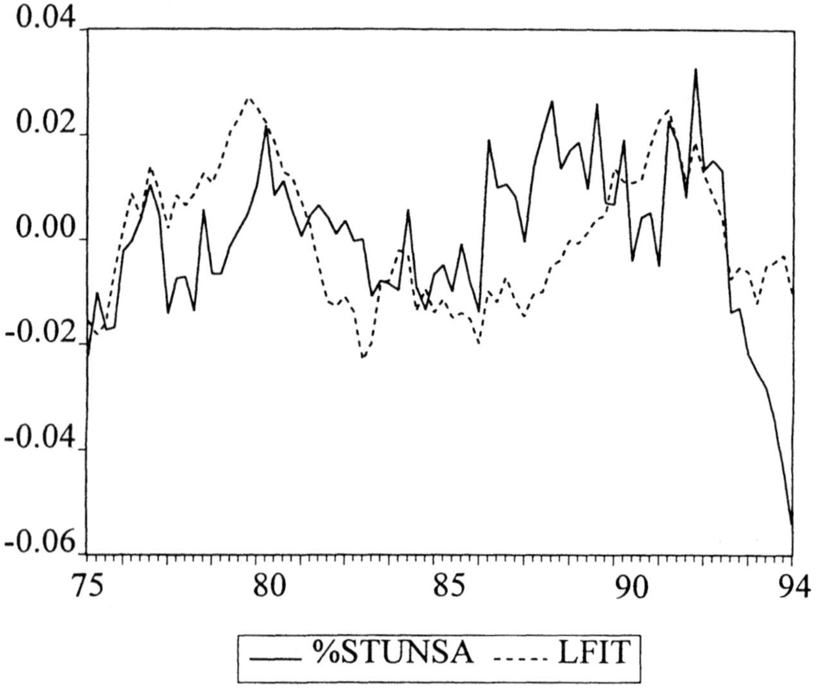

Es ist natürlich möglich, analoge Darstellungen für andere (stationäre) Transformationen von Variablen des KPR1-Modells zu erbringen. Jedoch soll dies hier nicht in derselben Ausführlichkeit erfolgen, da der zusätzliche Erkenntnisgewinn aus weiteren Graphiken dieser Art eher gering ist. Ich beschränke mich daher auf die Angabe der zusammenfassenden Anpassungsmaße r_j und r_j^{BC} für die Wachstumsraten der Modellvariablen und die in Kapitel 2 motivierten wichtigen Kennzahlen.

Abbildung 3.3/10

Frequenzbereichsevaluation des KPR1-Modells: Angepaßte Modellrealisationen des Reallohns

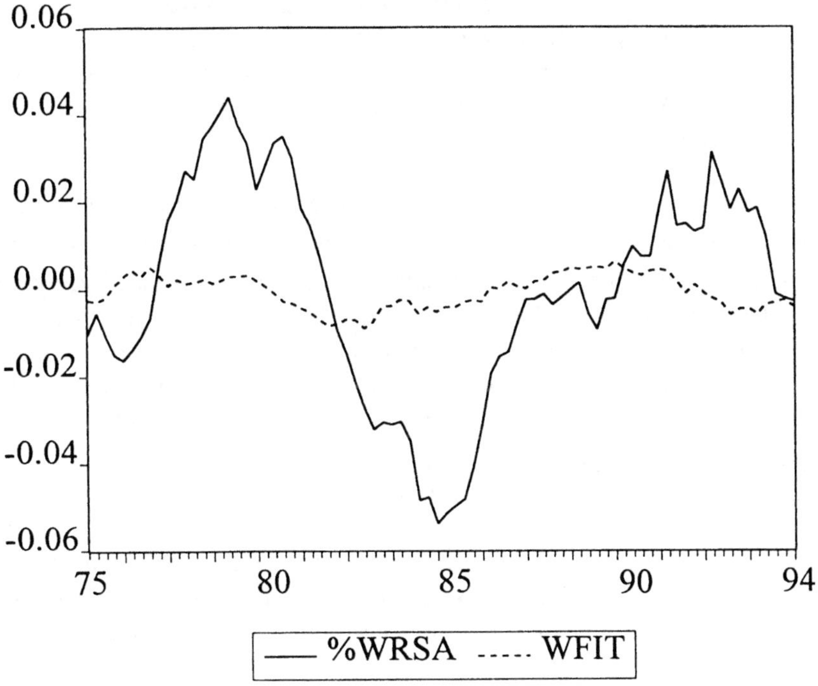

Tabelle 3.3/2

Spektrale Anpassungsmaße des KPR1-Modells: Wachstumsraten

	Output	Konsum	Investitionen	Arbeitsstunden	Reallohn
r_j	0.79	0.96	0.24	0.81	1.03
r_j^{BC}	0.39	0.95	0.08	0.82	1.05

Wenden wir uns zunächst den in Tabelle 3.3/2 angegebenen Anpassungsmaßen für die Wachstumsraten zu, so sind diesmal beim Output und den Investitionen größere Unterschiede zwischen den Anpassungsmaßen r_j und r_j^{BC} erkennbar als in Tabelle 3.3/1. Integriert man über alle Frequenzen, d. h. betrachtet man r_j, wirkt z. B. die Wachstumsrate des Outputs durchaus unbefriedigend modelliert. Auch die Wachstumsrate der Investitionen benötigt einen relativ größeren Fehler, um mit den tatsächlichen Daten in Einklang gebracht zu werden als dies aus der Betrachtung der prozentualen Abweichungen vom Steady State hervorging. Da die Anpassungsmaße r_j für die anderen Größen unverändert unbefriedigend sind, scheint das KPR1-Modell im Bereich der Wachstumsraten also noch schlechter abzuschneiden als bei den prozentualen Abweichungen vom Steady-State.

Diese Aussage muß allerdings relativiert werden, wenn man die errechneten Anpassungsmaße r_j^{BC} betrachtet. Diese sind nämlich ausnahmslos von ungefähr derselben Größenordnung wie schon bei der Analyse der Niveauvariablen in Tabelle 3.3/1. Dies bedeutet, daß das Erklärungspotential des RBC-Modells an den konjunkturellen Frequenzen für prozentuale Abweichungen vom Steady-State und für Wachstumsraten ungefähr gleich ist. Die zusätzlichen Störungen, die das Anpassungsmaß r_j verschlechtern, finden sich, wie eine genauere Analyse von $r_j(\omega)$ zeigt, an den saisonalen Frequenzen π und $\pi/2$, also im extrem hochfrequenten Bereich und an der einer Jahresschwingung zuzuordnenden Frequenz. Sie sind also vermutlich im wesentlichen auf die Saisonbereinigung zurückzuführen, deren Effekte sich ja auch in der Zeitbereichsanalyse der Wachstumsraten bereits deutlich niedergeschlagen hatten[11]. Das Anpassungsmaß r_j sollte man hier also sinnvollerweise nicht betrachten.

Auch bei der Analyse der *gross ratios* (vgl. Tabelle 3.3/3) divergieren die Anpassungsmaße r_j und r_j^{BC} zum Teil nicht unbeträchtlich. Allerdings sind die Schlußfolgerungen, die man aus den jeweiligen Maßen ziehen würde, wohl in beiden Fällen die gleichen: Reallohnquote, Arbeitsproduktivität und insbesondere die Konsumquote werden vom Modell in inakzeptabler Weise erfaßt, während der empirische Verlauf der Investitionsquote überraschend gut wiedergegeben werden kann.

---

[11]Selbst wenn der Ursprung dieser Störungen nicht saisonal bzw. saisonbereinigungsbedingt wäre, wären sie für die Evaluation von geringerem Interesse, da das RBC-Modell nicht den Anspruch erhebt, die kurzfristige Dynamik einer Ökonomie korrekt zu erfassen.

Tabelle 3.3/3

Spektrale Anpassungsmaße des KPR1-Modells: Wichtige Kennzahlen

	Konsumquote	Investitionsquote	Arbeitsprod.	Reallohnquote
r_j	2.32	0.17	0.80	1.02
r_j^{BC}	1.56	0.12	0.84	0.78

- Evaluation des KPR2-Modells -

Zur Abrundung der bisher entstandenen Einsichten soll das KPR2-Modell einer analogen Analyse unterzogen werden. Da die prozentualen Abweichungen vom Steady-State in diesem Modell instationär sind, beschränke ich mich auf Wachstumsraten und Kennzahlen.

Abbildung 3.3/11

Frequenzbereichsevaluation des KPR2-Modells: Spektren der Wachstumsraten des Outputs

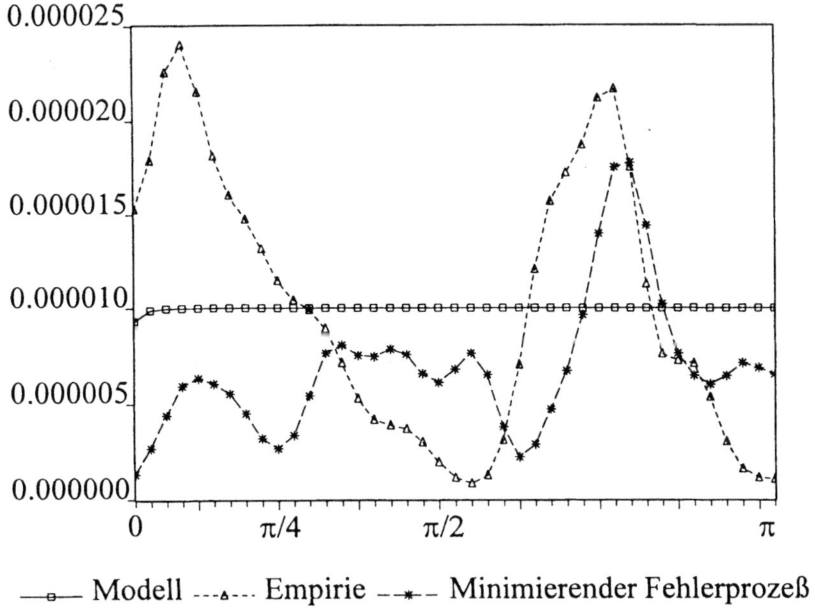

In Abbildung 3.3/11 erkennt man, daß das Modellspektrum der Wachstumsrate des Outputs nahezu konstant ist. Das KPR2-Modell unterstellt also, daß diese Wachstumsrate näherungsweise weißes Rauschen ist. Das geschätzte Spektrum der empirischen Wachstumsraten entspricht dem selbst dann nicht, wenn man von den Effekten der Saisonbereinigung an den Frequenzen π und π/2 abstrahiert. Dabei ist der nach Watsons Ansatz bestimmte minimierende Fehlerterm an den langfristigen Frequenzen sogar noch relativ klein. Aber im kurzfristigen Bereich (Schwingungen mit einer Dauer von zwischen zwei und vier Quartalen), muß für ihn eine Streuung unterstellt werden, die jener der zu erklärenden Daten fast gleicht.

Abbildung 3.3/12

Frequenzbereichsevaluation des KPR2-Modells: Spektren der Wachstumsraten des Konsums

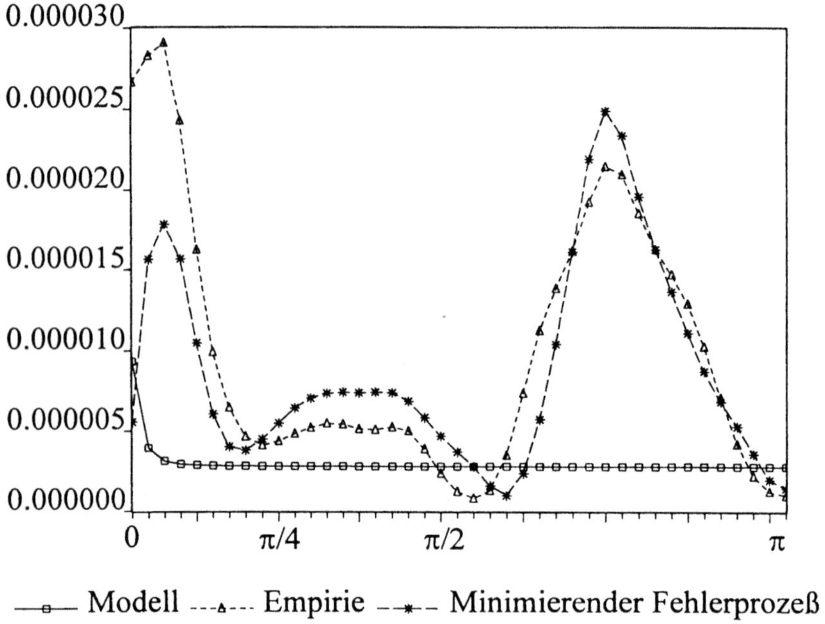

Eine qualitativ ähnliche Bewertung erfährt die entsprechende Abbildung für die Spektren der Wachstumsraten des Konsums, Abbildung 3.3/12. Die einzigen nennenswerten Unterschiede bestehen wohl darin, daß das Modellspektrum sich durch ein deutlich ausgeprägtes Maximum an der Frequenz Null auszeichnet, während das Modellspektrum der Outputwachstumsraten dort ein kaum wahrnehmbares Minimum aufwies, und daß die spektrale Masse des Fehlers relativ zu jener der Daten an allen Frequenzen etwas größer zu sein scheint als in Abbildung 3.3/11.

Abbildung 3.3/13

Frequenzbereichsevaluation des KPR2-Modells: Spektren der Wachstumsraten der Investitionen

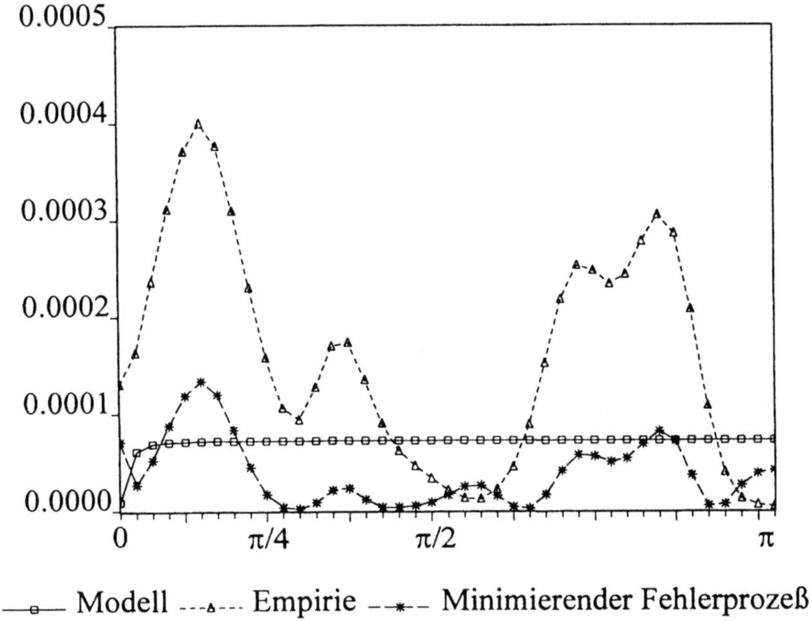

Angesichts dieser Resultate ist es überraschend, daß für die Wachstumsraten der Investitionen Modell- und Datenspektren jenen in den vorstehenden Abbildungen qualitativ sehr ähnlich sind, der Anteil der spektralen Masse des Fehlers aber viel geringer ausfällt, vgl Abbildung 3.3/13. Dies ist möglicherweise ein auf die gleiche Gewichtung der Variablen zurückzuführendes Artefakt: Da die Investitionen sowohl im Modell als auch in der Realität die am stärksten fluktuierende Größe sind, führt das Bestreben, die in allen Komponenten gleich gewichtete Varianz des Fehlers $\mathbf{u}_t$ zu minimieren in der

Tendenz zu einem relativ kleinen Anteil des Fehlerspektrums am Spektrum der Investitionen bzw. deren Wachstumsrate.

Abbildung 3.3/14

Frequenzbereichsevaluation des KPR2-Modells: Spektren der Wachstumsraten der Arbeitsstunden

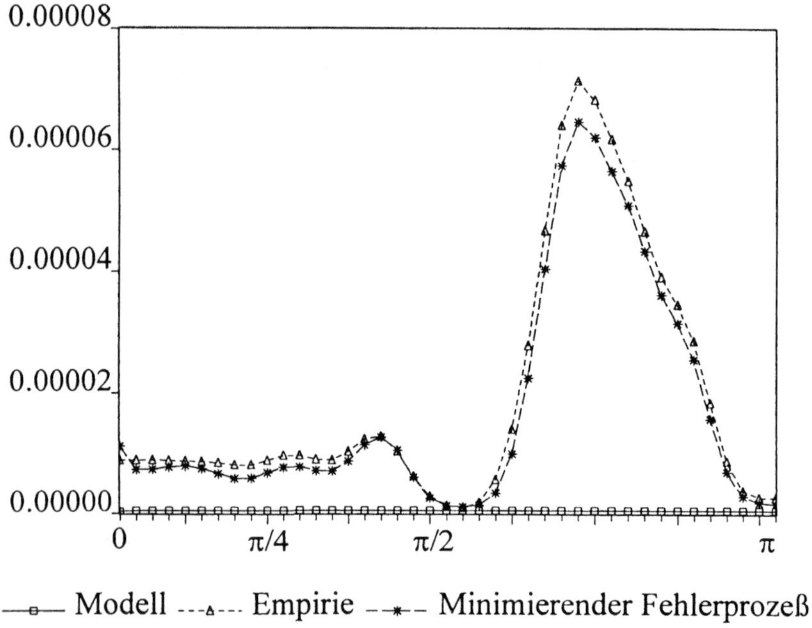

Für die Wachstumsraten der Arbeitsstunden (Abbildung 3.3/14) ist das Modellspektrum viel zu klein in Relation zum Datenspektrum und das Fehlerspektrum dementsprechend vom Datenspektrum fast ununterscheidbar. Dies reflektiert den bereits aus der Zeitbereichsanalyse vertrauten Sachverhalt, daß im KPR2-Modell mit seinen gegenüber dem KPR1-Modell geringeren Möglichkeiten der Konsumglättung wenig Anreiz zur intertemporalen Substitution der Arbeitszeit besteht und die Arbeitsstunden deshalb nur sehr geringe Schwankungen aufweisen. Die tatsächlich beobachteten Fluktuationen der Arbeitsstunden werden vom Modell nicht im mindesten erfaßt.

Abbildung 3.3/15

Frequenzbereichsevaluation des KPR2-Modells: Spektren der Wachstumsraten des Reallohns

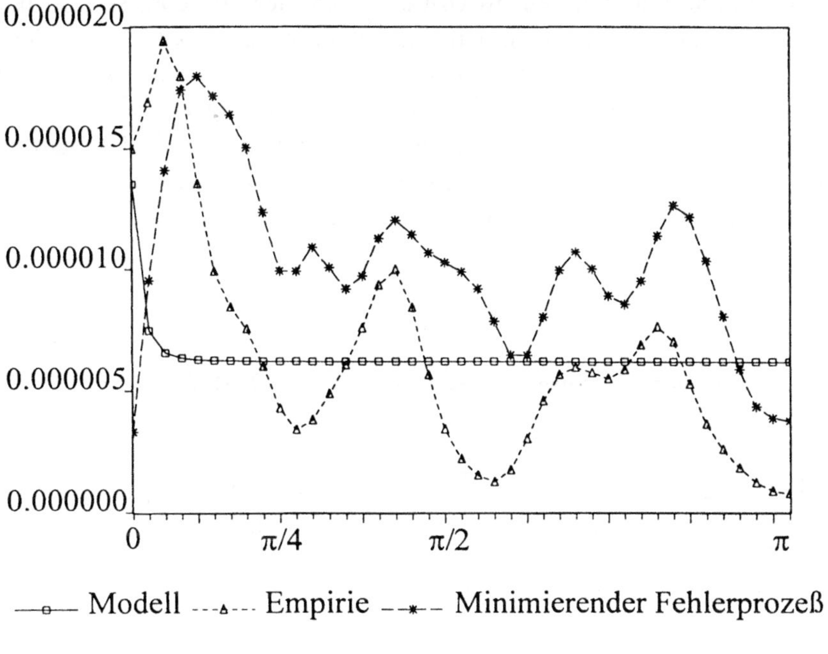

Für die Wachstumsraten des Reallohns (Abbildung 3.3/15) findet sich wieder ein weitgehend konstantes Modellspektrum, das sich vom Spektrum eines unkorrelierten Störprozesses nur durch das ausgeprägte Maximum an der Frequenz Null unterscheidet. Das Datenspektrum folgt einem grundsätzlich anderen Verlauf, es weist mehrere lokale Maxima auf und scheint der Tendenz nach mit zunehmender Frequenz fallend zu sein. Für die meisten Frequenzen (mit Ausnahme der sehr langfristigen) übersteigt das Fehlerspektrum das Datenspektrum und weist so auf gravierende Fehlspezifikationen des Modells hin.

In den Anpassungsmaßen werden die derart gewonnenen Eindrücke zusammengefaßt, vgl. Tabelle 3.3/4. Bis auf die Wachstumsrate des Outputs sind für alle Variablen die Maße r_j und r_j^{BC} von ähnlicher Größenordnung. Für die Wachstumsraten des Konsums, der Arbeitsstunden und des Reallohns kann das Modell die empirischen Beobachtungen selbst unter günstigsten

Annahmen über die Kovarianzeigenschaften des Approximationsfehlers nicht befriedigend erklären. Für die Wachstumsraten der Investitionen benötigt man einen Fehlerprozeß mit einer Varianz von mindestens rund einem Viertel der in den Daten festzustellenden Varianz und für die des Outputs von mindestens rund einem Drittel. Auch diese Ergebnisse sind nicht gerade überzeugende Hinweise auf das Erklärungspotential des RBC-Modells, doch angesichts der sehr einfachen Modellstruktur sind sie vielleicht akzeptabel. Freilich ist für den Output zu berücksichtigen, daß das Anpassungsmaß r_j eine erheblich schlechtere Anpassung anzeigt als das Maß r_j^{BC}. Hier jedoch finden dieselben Argumente Anwendung wie bereits bei der Analyse der Wachstumsraten des KPR1-Modells.

Tabelle 3.3/4

Spektrale Anpassungsmaße des KPR2-Modells: Wachtumsraten

	Output	Konsum	Investitionen	Arbeitsstunden	Reallohn
r_j	0.68	0.88	0.24	0.89	1.59
r_j^{BC}	0.35	0.80	0.24	0.81	1.53

Auf die graphische Wiedergabe angepaßter Modellrealisationen der Wachstumsraten sei hier verzichtet. Derartige Abbildungen bieten keine Überraschungen, die Güte der Anpassungen entspricht ungefähr dem, was die Anpassungsmaße der Tabelle 3.3/4 erwarten lassen. Auch für die Kennzahlen Konsum- und Investitionsquote[12] sehe ich von graphischen Darstellungen ab und beschränke mich auf die Angabe der Anpassungsmaße, vgl. Tabelle 3.3/5. Man sieht hier, daß die Anpassungsmaße für alle Variablen inakzeptabel hoch sind. Bemerkenswert scheint lediglich, daß dies auch für die Investitionsquote gilt, die im KPR1-Modell noch befriedigend abschnitt. Außerdem ist festzuhalten, daß die Fehlspezifikation der Konsumquote nicht mehr ganz so eklatant ist, wie im KPR1-Modell, wenn auch die Diskrepanz zwischen Modellimplikationen und tatsächlichen Beobachtungen noch immer erheblich ist.

---

[12] Man rufe sich in Erinnerung, daß Arbeitsproduktivität und Reallohnquote im KPR2-Modell instationäre Größen sind (vgl. (3.2.2/5)) und daher keine wohldefinierten Spektren besitzen.

Tabelle 3.3/5

Spektrale Anpassungsmaße des KPR2-Modells: Wichtige Kennzahlen

	Konsumquote	Investitionsquote
r_j	0.98	0.79
r_j^{BC}	0.89	0.77

3.4 Evaluation mit Burns-Mitchell-Methodologie[1]

Im Lichte der bisher erarbeiteten Evaluationsergebnisse der KPR-Modelle wirkt es erstaunlich, daß King und Plosser (1994) in einer lesenswerten Publikation die Auffassung vertreten, das KPR1-RBC-Modell sei imstande, künstliche Zeitreihen zu generieren, die mit den vom National Bureau of Economic Research (NBER) verwandten Methoden der Konjunkturanalyse nicht oder nur schwer von analogen empirischen Datensätzen der Vereinigten Staaten unterschieden werden können. Dabei ist nicht völlig geklärt, wie robust die Ergebnisse von King und Plosser sind, denn in einer Paralleluntersuchung des Kydland-Prescott (1982)-Modells kommt Simkins (1994) zu einem gegenteiligen Ergebnis. Das Kydland-Prescott-Modell aber enthält, wie bereits erwähnt, das KPR-Modell als einen Spezialfall.

Die unterschiedlichen Untersuchungsergebnisse können daher entweder auf die im Detail nicht identische Parametrisierung der Modelle oder auf unterschiedliche Auswahl und Nutzung der vom NBER üblicherweise eingesetzten Instrumente zurückzuführen sein. In der Tat beschränkt sich Simkins nicht nur auf die im wesentlichen deskriptive Burns-Mitchell-Methodologie, sondern ergänzt diese um ein klassisch inferenzstatistisches Vorgehen, das Verteilungsannahmen über die Burns-Mitchell-Statistiken macht und (χ^2-verteilte) Prüfmaße auswertet. Es sind im wesentlichen diese ergänzenden Auswertungen, die Simkins negatives Ergebnis begründen.

Im folgenden soll die Behauptung von King und Plosser für die mit deutschen Parameterwerten kalibrierten KPR-Modelle überprüft werden. Dabei werde ich mich der von Simkins vorgeschlagenen inferenzstatistischen Verfahren enthalten, da Verteilungsannahmen dem Burns-Mitchell-Ansatz eigentlich fremd sind. Statt dessen werte ich allein die von Burns und Mitchell (1946)[2] in ihrer Monographie "*Measuring Business Cycles*" vorgeschlagenen deskriptiv-statistischen Maße aus und ersetze das Erfahrungswissen der NBER-Experten durch wiederholte Simulationen der RBC-Modelle, so daß

---

[1]Ich bin Mark Watson zu Dank verpflichtet für die freundliche Überlassung von GAUSS-Prozeduren. Seine Programme liegen den folgenden Analysen mit nur geringfügigen Änderungen zugrunde: Insbesondere habe ich die Routinen um einige von Watson nicht berücksichtigte Statistiken ergänzt und notwendige Anpassungen für die Anwendung auf Wachstumszyklen vorgenommen. Seine Version der Bry-Boschan-Prozedur (s. u.) habe ich unmodifiziert übernommen, sieht man davon ab, daß ein kleinerer Programmierfehler korrigiert wurde, der zu inkorrekten Datierungen des Referenzzyklus führen konnte.

[2]Die Arbeit an diesem Werk war bereits in den späten dreißiger Jahren abgeschlossen. Der zweite Weltkrieg verhinderte ein früheres Erscheinen. Vgl. Klein und Moore (1985, S. 4 und S. 16).

eine "erfahrungsbasierte" Kenntnis der Verteilung der Statistiken entsteht. Zunächst jedoch soll die Burns-Mitchell-Methodologie in ihren wesentlichen Grundzügen dargestellt und kurz diskutiert werden.

- Der Burns-Mitchell-Ansatz[3] -

In ihrer Arbeit am NBER haben Wesley C. Mitchell und Arthur F. Burns bereits seit Beginn dieses Jahrhunderts (s. z. B. Mitchell (1913)) in systematischer Weise versucht, als konjunkturell angesehene wirtschaftliche Phänomene definitorisch zu fassen, zu chronologisieren und durch die Entwicklung deskriptiver Statistiken in wichtigen Eigenschaften zu charakterisieren. So entstammt auch die in der Einleitung bereits zitierte Definition des Begriffs "Konjunkturzyklus" diesem Forschungsprogramm (Burns und Mitchell, 1946, S. 3):

Diese Definition wirkt insofern bemerkenswert modern, als sie auf eine Trennung von "Konjunktur" und "Trend" verzichtet. Vielmehr wird sie überwiegend so aufgefaßt, daß expansive und rezessive Phasen für das *Niveau* der aggregierten volkswirtschaftlichen Aktivität definiert werden, d. h. ohne eine Bereinigung der Variablen um langfristige Wachstumsentwicklungen. Dadurch wird der Begriff des "Konjunkturzyklus" vergleichsweise einfach und weithin akzeptabel, da keine willkürlichen Entscheidungen im Rahmen einer Trendbereinigung erforderlich sind[4].

Auf der Grundlage ihrer Definition haben Burns und Mitchell in *"Measuring Business Cycles"* Methoden entwickelt, um aus der Vielzahl (saisonbereinigter[5]) ökonomischer Zeitreihen die aggregierte konjunkturelle Entwicklung zu identifizieren und so genau wie möglich zu datieren. Unter

[3]Die folgende Beschreibung des methodischen Instrumentariums von Burns und Mitchell führt einige dem Leser vielleicht unvertraute Konzepte ein. Um die Lesbarkeit des Textes nicht zu stark zu erschweren, ist die Erläuterung der entsprechenden Begriffe jedoch zunächst relativ knapp gehalten und nicht in jedem Detail präzise. Genauere Definitionen der verwandten *termini technici* werden am Ende dieses Unterabschnitts zusammengestellt.

[4]Allerdings kann, wie später auszuführen sein wird, die von Burns und Mitchell vorgenommene Normierung der untersuchten Variablen als eine unvollständige Trendbereinigung (die Elimination des Interzyklustrends) aufgefaßt werden.

[5]Traditionell wird die Konjunkturanalyse des NBER mit saisonbereinigten Daten (Census X11-Methode) durchgeführt. Obwohl Forschungen der jüngeren Zeit deutlich gezeigt haben, daß das Arbeiten mit saisonbereinigten Daten zu nicht unerheblichen statistischen Fehlschlüssen Anlaß geben kann (vgl. z. B. Maravall (1995)), soll diese Konvention hier nicht problematisiert werden.

Datierung ist dabei die Erstellung einer Wendepunktchronologie zu verstehen, die die Abgrenzung zwischen expansiven und rezessiven Phasen der gesamtwirtschaftlichen Entwicklung ermöglicht. Diese sog. "NBER Business Cycle Chronology" wird in ihren Grundprinzipien noch heute angewandt und scheint (zumindest im nordamerikanischen Raum) im wesentlichen unkontrovers zu sein.

Die zeitliche Festsetzung oberer und unterer Wendepunkte (*peaks* und *troughs*) ist freilich nicht trivial, da Konjunkturzyklen definitionsgemäß als *gemeinsame* Fluktuationen vieler ökonomischer Variablen angesehen werden, die typischerweise nicht exakt phasengleich sind. Oft jedoch häufen sich die Wendepunkte vieler Reihen mehr oder weniger konzentriert um einen bestimmten Zeitpunkt, so daß dieser als Wendepunkt identifiziert werden kann[6]. Die Gesamtheit aller identifizierten Wendepunkte definiert dann die Folge der sog. Referenzzyklen ("*reference cycle*")[7].

Die eigentliche Analyse konjunktureller Entwicklungen im Burns-Mitchell-Ansatz besteht nun darin, das Verhalten wichtiger ökonomischer Zeitreihen über den Referenzzyklus zu klassifizieren und typische Eigenschaften (stilisierte Fakten) herauszuarbeiten. Bei diesem Bemühen kommt eine besondere Bedeutung der Idee zu, Merkmale des Konjunkturverlaufs nicht nur mit Bezug auf Kalenderzeit sondern auch mit Bezug auf "Zykluszeit" herauszuarbeiten. Burns und Mitchell gehen dabei grundsätzlich vom Vorliegen von Monatsdaten aus; stehen nur Quartalsdaten zur Verfügung, so werden diese auf noch zu beschreibende (primitive) Art in Monatswerte umgerechnet.

---

[6]Dieses Vorgehen ist offensichtlich sehr stark von subjektiven Einschätzungen der beteiligten Konjunkturforscher abhängig und seine Resultate daher u. U. nicht unkontrovers. Die naheliegende Alternative, den Konjunkturzyklus durch die Betrachtung nur eines Maßes für die aggregierte ökonomische Leistung (wie z. B. das Bruttoinlandsprodukt) zu definieren, wird daher auch von anderen Staaten und z. B. der OECD vorgezogen (Klein und Moore (1985, S. 54)). Man muß freilich berücksichtigen, daß zuverlässige Messungen der aggregierten ökonomischen Aktivität zur Zeit des Entstehens von "Measuring Business Cycles" noch nicht verfügbar waren, vgl. Simkins (1994).

[7]Burns und Mitchell untersuchen nicht nur das Verhalten einzelner Zeitreihen über den Referenzzyklus sondern auch über die dieser Zeitreihe eigenen Zyklen, sog. *specific cycles*. Dieser Ansatz wird hier nicht weiter verfolgt, da specific cycles z. T. stark von Referenzzyklen abweichen (z. B. bei Konsumdaten) und ihre Aussagekraft für konjunkturelle Fragestellungen daher unklar ist. Im folgenden werden die Terme "Zyklus" und "Referenzzyklus" synonym verwandt.

Ein voller Zyklus (per Konvention als *trough - peak - trough* -Zyklus betrachtet) wird zu diesem Zweck in neun Stadien, die Zykluszeiteinheiten, unterteilt. Stadium I besteht aus den drei Monaten, deren mittlerer den unteren Wendepunkt enthält, Stadium V aus den drei Monaten, deren mittlerer den oberen Wendepunkt enthält und Stadium IX ist identisch mit Stadium I des folgenden Zyklus. Die Zeit zwischen Stadium I und Stadium V (beginnend mit dem Monat nach dem unteren Wendepunkt und endend mit dem Monat vor dem oberen Wendepunkt) wird dann in die drei möglichst gleich großen Stadien II, III und IV disjunkt zerlegt[8]. Analog definiert man die Stadien VI, VII und VIII der Rezession.

Der Mittelwert einer zu untersuchenden Zeitreihe während eines vollständigen Konjunkturzyklus, die sog. Zyklusbasis, besteht nun aus dem Mittelwert der Zeitreihe vom Beginn des Stadiums I bis zum Ende des Stadiums IX. Um diesen Mittelwert nicht nach unten zu verzerren, werden die sechs Monate der Stadien I und IX nur mit dem halben Gewicht versehen. Im zweiten Schritt der Burns-Mitchell-Methodologie werden alle Beobachtungen dann als Prozentsätze ihres jeweiligen Zyklusmittelwertes ausgedrückt. Die durch diese einfache Normierung entstehenden Variablen (die sog. *cycle relatives*) sind dimensionslos und ermöglichen daher eine weitgehende Vergleichbarkeit von Werten unterschiedlichen Ursprungs. Sie erlauben aber auch den Vergleich zwischen Beobachtungen in unterschiedlichen Konjunkturzyklen[9].

Offenbar in der Annahme, allen Konjunkturzyklen liege eine ungefähr gleiche, nur durch stochastische Einflüsse gestörte Struktur zugrunde, berechnen Burns und Mitchell für die meisten ihrer Statistiken auch Mittelwerte über alle beobachteten Referenzzyklen. Für jede Reihe bestimmen sie z. B. zunächst den durchschnittlichen Wert der *cycle relatives* eines jeden Stadiums und mitteln diese durchschnittlichen *cycle relatives* dann über alle Referenzzyklen. Die resultierenden neun Kenngrößen bilden als sog. *business cycle plots* (oder Neun-Punkt-Diagramme) eine wichtige graphische Charakterisierung des Konjunkturverlaufs makroökonomischer Variablen. Beispiel-

[8]Man beachte aber, daß Phase II um einen Monat mit Phase I und Phase IV um einen Monat mit Phase V überlappt. King und Plosser (1994, S. 414) behaupten, daß alle Phasen überschneidungsfrei seien, haben aber offenbar Burns und Mitchell (1946, S. 144 ff., S. 161) nicht sorgfältig gelesen.

[9]Tatsächlich kann die Transformation in *cycle relatives* als eine (unvollständige) Form der Trendbereinigung aufgefaßt werden: Sie eliminiert den Interzyklustrend, nicht aber den Intrazyklustrend. Entfernt wird also eine Trendfunktion, die konstant während des Zyklus ist, aber Sprungstellen zwischen den Zyklen aufweist.

abbildungen für die Bundesrepublik Deutschland folgen im weiteren Verlauf dieser Arbeit.

Der dritte Schritt des Burns-Mitchell-Ansatzes besteht in der Berechnung statistischer Kenngrößen auf der Basis der *cycle relatives*. Dies beginnt bei der durchschnittlichen Dauer (über alle Referenzzyklen) von Aufschwung, Abschwung und vollem Zyklus. Auch "Amplituden"[10] werden ermittelt: So wird die Amplitude der Aufschwungphase als *cycle relative* des oberen Wendepunkts abzüglich des *cycle relatives* am vorhergehenden unteren Wendepunkt definiert. Die Amplitude der Rezession ergibt sich analog und die Zyklusamplitude einer Variablen ist die Summe der Absolutbeträge von Aufschwung- und Abschwungamplitude[11].

Durchschnittliche monatliche Zuwächse (in Prozentpunkten) werden von Burns und Mitchell erneut für Aufschwung, Abschwung und den vollen Zyklus betrachtet. Auch die durchschnittlichen Monatszuwächse zwischen den Konjunkturstadien (also von der Mitte des Stadiums I zur Mitte des Stadiums II z. B.) finden ihr Interesse. Besondere Bedeutung aber erlangt die sog. "Konformität", die zum Ausdruck bringen soll, wie stark die Fluktuationen bestimmter Variablen mit der Entwicklung des Referenzzyklus übereinstimmen.

Die Konformität des Aufschwungs wird errechnet, indem jedem vollen Referenzzyklus, bei dem die betrachtete Variable in der Aufschwungphase im Durchschnitt steigt, ein Wert von 100 zugewiesen wird (ein Werte von -100, falls sie im Durchschnitt sinkt). Das Mittel dieser Werte über alle Referenzzyklen ist die Aufschwungkonformität. Entsprechend wird die Abschwungkonformität errechnet, nur erhält hier jede Abschwungphase, in der die Variable im Durschnitt sinkt, den Wert von 100 zugewiesen und jede Abschwungphase, in der die Variable steigt, den Wert von -100.

Die Konformität über den gesamten Zyklus definieren Burns und Mitchell nicht als Durchschnitt aus Aufschwung- und Abschwungkonformität son-

[10]Dies sind keine Amplituden im streng physikalischen Sinne, da sie (in der hier beschriebenen Form) auch negative Werte annehmen können.

[11]Anders King und Plosser, die die Zyklusamplitude als Aufschwungamplitude minus Abschwungamplitude definieren. Dies kann zu anderen Resultaten führen, z. B. bei Konsumdaten, deren Abschwungamplitude oft positiv ist. Meine hier gegebene Definition ist konsistent mit Burns und Mitchell, die ihrige nicht. Allerdings betrachten Burns und Mitchell auch für die Aufschwung- und Abschwungamplitude nur Absolutbeträge, worauf ich hier verzichte, um nicht sinnvolle Information zu vernichten. Vgl. Burns und Mitchell (1946, S. 131 ff.).

dern als ein Maß dafür, ob der durchschnittliche Monatszuwachs in der Rezession kleiner ist als in der vorhergehenden und der folgenden Aufschwungphase. Diese Definition ist vergleichsweise kompliziert und anders als alle anderen bisher dargestellten Maße von der *Folge* der Konjunkturzyklen abhängig. Die sog. Zykluskonformität dynamisiert also die bislang auf isolierte Zyklen konzentrierte Betrachtungsweise. Für die Zwecke dieser Arbeit ziehe ich es allerdings vor, King und Plosser (1994) zu folgen, die die Zykluskonformität errechnen, indem sie für jeden Referenzzyklus, bei dem der mittlere monatliche Zuwachs im Aufschwung größer ist als der mittlere monatliche Zuwachs im Abschwung, einen Wert von 100 zuweisen (-100 im umgekehrten Fall) und den Durchschnitt dieser Werte über alle Referenzzyklen bilden. In der Terminologie von Burns und Mitchell heißt dieser Index *"cycle conformity, trough to trough"* und geht als eine von zwei Komponenten in die Berechnung der Zykluskonformität ein. Vgl. Burns und Mitchell (1946, S. 176 ff.).

Burns und Mitchell weisen Konformitäten lediglich für Aufschwung, Abschwung und den ganzen Zyklus aus. Es ist aber vielleicht sinnvoll , den Konformitätsbegriff etwas weiter aufzufächern und Konformitäten auch für die von ihnen vorgeschlagenen Aufschwungstadien II, III und IV bzw. Abschwungstadien VI, VII und VIII zu berechnen. Ich werde von diesen als "Stadienkonformitäten" sprechen. Die Stadienkonformität im Aufschwung ist das gewichtete Mittel der drei Stadienkonformitäten II, III und IV, die Stadienkonformitäten im Abschwung bzw. im gesamten Zyklus sind analog die gewichteten Mittel der Stadienkonformitäten VI, VII und VIII bzw. II-IV und VI-VIII[12]. Diese Stadienkonformitäten sind vermutlich imstande, ein etwas differenzierteres Bild von Kobewegungen einzelner Reihen zu vermitteln als die von Burns und Mitchell verwendeten Maße.

Zum besseren Überblick sollen abschließend die wesentlichen Konzepte des Burns-Mitchell-Ansatzes in einer Reihe von Definitionen festgehalten werden. Es handelt sich freilich nicht um Definitionen von mathematischer Exaktheit, sondern lediglich um Begriffsbestimmungen, die das Prinzip möglichst genau darstellen sollen, im Anwendungsfall aber u. U. einer weiteren Präzisierung bedürfen. Insbesondere werden einige weitere qualifizierende Anforderungen (z. B. über Mindestdauern des Referenzzyklus, Nähe benachbarter Wendepunkte etc.), die in den vorstehenden Erläuterungen größtenteils bereits erwähnt wurden, hier nicht erneut wiedergegeben, um den Text der Definitionen nicht über Gebühr aufzublähen.

---

[12]Jede Stadienkonformität wird mit ihrer Länge (in Monaten) gewichtet.

Definitionen:

Konjunktureller Wendepunkt

Für eine gegebene Menge ökonomischer Zeitreihen ist ein Zeitpunkt ein konjunktureller Wendepunkt, falls die *Niveaus* dieser Zeitreihen bezogen auf eine geeignet groß bestimmte Umgebung dieses Zeitpunktes ein globales Extremum annehmen. Untere Wendepunkte werden als *trough*, obere als *peaks* bezeichnet.

Referenzzyklus

Der Referenzzyklus ist eine Folge von drei Zeitpunkten, von denen der erste und dritte untere konjunkturelle Wendepunkte (*troughs)* bezeichnen, der zweite aber den oberen konjunkturellen Wendepunkt (*peak*) darstellt. Der letzte untere Wendepunkt eines Referenzzyklus fällt mit dem ersten unteren Wendepunkt des nächsten Referenzzyklus zusammen. Die Folge aller Referenzzyklen während eines gegebenen Zeitpunktes wird als Abbild der unbeobachtbaren Konjunktur angesehen, die dem Verlauf der beobachteten Zeitreihen zugrunde liegt.

Phase

Als Phasen werden Aufschwung und Abschwung unterschieden. Die Aufschwungphase eines Referenzzyklus besteht aus der Zeit vom ersten unteren Wendepunkt bis zum oberen Wendepunkt, die Abschwungphase aus der verbleibenden Zeit des Referenzzyklus.

Stadium

Ein Stadium ist eine Untereinheit eines Referenzzyklus. Es werden neun Stadien unterschieden, die eine vollständige (aber nicht disjunkte) Zerlegung eines gegebenen Referenzzyklus darstellen. Stadium I besteht aus den drei

Monaten, deren mittlerer den unteren Wendepunkt enthält, Stadium V aus den drei Monaten, deren mittlerer den oberen Wendepunkt enthält und Stadium IX ist identisch mit Stadium I des folgenden Referenzzyklus. Die Zeit zwischen erstem unteren und oberem Wendepunkt (beginnend mit dem Monat nach dem unteren Wendepunkt und endend mit dem Monat vor dem oberen Wendepunkt) wird dann in die drei möglichst gleich großen Stadien II, III und IV disjunkt zerlegt. Analoges gilt für die Stadien VI, VII und VIII der Abschwungphase.

Zyklusbasis

Die Zyklusbasis einer gegebenen Zeitreihe für einen gegebenen Referenzzyklus ist der Mittelwert der Zeitreihe während des Referenzzyklus.

Cycle Relative

Der *cycle relative* einer Zeitreihe in einem gegebenen Stadium eines gegebenen Referenzzyklus ist der Quotient aus dem Mittelwert der Zeitreihe während dieses Stadiums und der entsprechenden Zyklusbasis.

Monatszuwachs

Der Monatszuwachs in einer gegebenen Phase ist die durchschnittliche Veränderung des *cycle relatives* einer gegebenen Zeitreihe während dieser Phase. Der Monatszuwachs von einem Stadium zum nächsten ist die durchschnittliche monatliche Veränderung des *cycle relatives* der Zeitreihe im Zeitraum von der Mitte des ersten Stadiums zur Mitte des zweiten Stadiums.

Amplitude

Die Aufschwungamplitude ist die Differenz zwischen den *cycle relatives* einer gegebenen Zeitreihe im Stadium V und im vorgelagerten Stadium I. Die Abschwungamplitude ist die analoge Differenz zwischen den *cycle relatives* in Stadien XI und V. Die Zyklusamplitude ist die Summe der Absolutbeträge von Aufschwung- und Abschwungamplitude.

Durchschnittliche Amplitude

Für eine gegebene Zeitreihe ist die durchschnittliche Amplitude der Mittelwert aller derartigen Amplituden über alle Referenzzyklen.

Konformität

Die Konformität ist ein Index, der ein Maß der Prozyklizität einer gegebenen Zeitreihe darstellt. Für einen gegebenen Zeitraum (Aufschwung, Abschwung, Stadium II, III, IV oder VI, VII, VIII) wird ein Wert von +100 angesetzt, wenn die Zeitreihe sich in diesem Zeitraum prozyklisch verhält und -100, wenn sie sich antizyklisch verhält. Dabei bedeutet prozyklisch hier, daß der Zuwachs in dem Zeitraum positiv in der Aufschwungphase oder negativ in der Abschwungphase ist. Der Durchschnitt dieser Zahlen über alle Referenzzyklen ist die (Phasen- oder Stadien-) Konformität der Zeitreihe.

Zykluskonformität

Für eine gegebene Zeitreihe erhält ein gegebener Referenzzyklus den Indexwert +100, wenn der mittlere monatliche Zuwachs im Aufschwung größer ist als der mittlere monatliche Zuwachs im Abschwung, und -100 im umgekehrten Fall. Der Durchschnitt dieser Werte über alle Referenzzyklen ist die Zykluskonformität der Zeitreihe.

- Burns-Mitchell-Statistiken für die Bundesrepublik Deutschland -

Die oben dargestellten Konzepte sollen im folgenden auf deutsche Daten angewendet werden. Hierbei stellt sich zunächst das Problem, daß der bislang zur Evaluation der RBC-Modelle betrachtete Datensatz aus Steady-State-Überlegungen (vgl. Abschnitt 2.1 dieser Arbeit) auf den Zeitraum von 1975-1994 eingeschränkt war. Dies ist zwar ein Zeitraum von immerhin zwanzig Jahren, er umfaßt aber, wie unten darzustellen sein wird, nur wenige volle Konjunkturzyklen[13]. Da zudem der Begriff des Steady-States dem Burns-Mitchell-Ansatz fremd ist, werde ich im folgenden für die Berechnung der Burns-Mitchell-Statistiken grundsätzlich auf den vollen Datensatz 1960.1 - 1994.4 zurückgreifen, genauer gesagt auf die mit unten geschilderter Methodik in Monatswerte umgerechneten Quartalsdaten dieses Zeitraums.

Zunächst ist dann die Ermittlung der Referenzzyklen erforderlich, d. h. die Datierung der konjunkturellen Wendepunkte. Zu diesem Zweck soll auf ein am NBER entwickeltes Computerprogramm von Bry und Boschan (1971) zurückgegriffen werden[14]. Das Bry-Boschan-Programm wurde vom NBER explizit zur Wendepunktbestimmung in der Konjunkturanalyse eingesetzt. Allerdings wurden die vom Programm identifizierten Wendepunkte in der Regel nicht mechanisch übernommen sondern einer auf Erfahrungswissen basierenden Kritik unterzogen, die u. U. zu abweichenden Datierungen führen konnte.

Bry und Boschan haben die rein mechanische Fähigkeit ihres Programms zur Wendepunktidentifikation getestet, indem sie es auf mehr als fünfzig vom NBER analysierte Reihen anwendeten und seine Resultate mit denen des NBER verglichen. Von insgesamt 435 Wendepunktfestsetzungen des NBER wurden 94% vom Programm repliziert, davon rund 90% mit identischen Datierungen. Allerdings schlug das Programm ungefähr 15% mehr Wendepunkte vor, als den NBER-Einschätzungen entsprach.

Für die hier verfolgten Zwecke scheinen diese nicht ganz unerheblichen Abweichungen vom NBER-Vorgehen wenig bedeutend zu sein. Zwar hat eine computergestützte Datierung des Konjunkturzyklus den unbestreitbaren Nachteil, daß sie auf vorhandenes Expertenwissen und -erfahrung nur in relativ eingeschränktem Maße zurückgreifen kann, nämlich nur insoweit diese bei der Programmierung des Quellcodes berücksichtigt wurden. Sie besitzt allerdings den entscheidenden Vorteil, daß sie für jedermann nachvollziehbar und von subjektiven Urteilen weitgehend unabhängig ist. Und wichtiger als eine bis in die Details NBER-nahe Datierung scheint eine konsistente und nachvollziehbare Behandlung aller Datenreihen zu sein. Da diese durch den Einsatz einer computergestützten Prozedur weitaus eher gewährleistet

---

[13] Wie unten gezeigt wird, scheint im ersten Quartal 1975 gerade ein neuer Konjunkturzyklus begonnen zu haben. Schränkt man die Stichprobe auf den Unterzeitraum 1975-1994 ein, kann die erste Beobachtung nicht als ein Wendepunkt identifiziert werden und der im Prinzip vollständige Konjunkturzyklus wird nicht als solcher erkannt.

[14] Ich habe eine in GAUSS geschriebene Version des Bry-Boschan-Programms benutzt, die mir freundlicherweise von Mark Watson zur Verfügung gestellt wurde.

wird als durch erfahrungsbasierte, aber doch auch nicht willkürfreie NBER-Entscheidungen, werde ich im folgenden davon absehen, konjunkturelle Wendepunkte ähnlich wie das NBER anhand subjektiver und vielleicht kontroverser Entscheidungen über Auswahl und Gewichtung makroökonomischer Reihen und deren Wendepunktverhaltens festzusetzen. Statt dessen erfolgt die Datierung des deutschen Konjunkturzyklus anhand des (saisonbereinigten) realen pro-Kopf-Bruttoinlandsprodukts.

Das Bry-Boschan-Programm ist für Monatsdaten[15] konstruiert und arbeitet im Prinzip wie folgt: Zunächst werden mögliche Ausreißer ermittelt und durch weniger extreme Beobachtungen ersetzt. Dann wird die Reihe mit einem Moving-Average-Filter geglättet und es werden vorläufige Wendepunkte ermittelt, die bestimmten Restriktionen genügen. Dieser Schritt wiederholt sich noch zweimal mit anderen Moving-Average-Filtern, wobei jeder neue Moving-Average-Filter geringere Glättungswirkung hat als sein Vorgänger. Schließlich werden die Wendepunkte der Ausgangsreihe (ohne Ausreißerbereinigung) ermittelt, die wiederum einer Reihe von Restriktionen genügen müssen. Eine genauere Darstellung des Vorgehens findet sich in Tabelle 3.4/1, die an Bry und Boschan (1971, S. 21) angelehnt ist[16].

Die Ergebnisse der Bry-Boschan-Prozedur sind in Abbildung 3.4/1 dargestellt, wobei die genaue Datierung der Wendepunkte in Tabelle 3.4/2 festgehalten ist. Es werden vier vollständige *trough-peak-trough* Zyklen identifiziert. Die mittlere Dauer eines vollen Konjunkturzyklus beträgt 78 Monate, also rund sieben Jahre. Diese 78 Monate teilen sich in im Mittel 64 Monate des Aufschwungs und 14 Monate der Rezession.

---

[15]Bry und Boschan bearbeiteten Quartalsdaten, indem sie bei Stromgrößen den Quartalswert gleichmäßig auf die drei Monatswerte aufteilten, bei Bestandsgrößen und Preisen aber einfach jedem Monat den Quartalswert zuwiesen. Ich folge dieser Praxis hier. Eine Anpassung des Programms an Quartalsdaten ist zwar im Prinzip möglich, würde aber eine Reihe von willkürlichen Festsetzungen erfordern, z. B. bei der Konstruktion von Gewichten für eine "Spencer-Kurve" für Quartalsdaten. Ein solches Vorgehen scheint darüber hinaus nicht ratsam zu sein, da die Vergleichbarkeit mit dem NBER-Ansatz beeinträchtigt wäre ohne daß überzeugende Anhaltspunkte für dessen offensichtliche Nachteiligkeit vorlägen.

[16]Es gibt kleine Abweichungen zwischen Bry und Boschans Beschreibung ihres Vorgehens und ihrem Computerprogramm. Tabelle 3.4/1 bezieht sich auf den tatsächlich programmierten Code.

Tabelle 3.4/1

Bry-Boschan-Prozedur zur computergestützen Wendepunktbestimmung

I.	Ausreißerbestimmung und Substitution extremer Beobachtungen.
II.	Zyklusbestimmung in einem zwölfmonatigen gleitenden Durchschnitt; extreme Beobachtungen ersetzt. A. Bestimmung von Werten, die höher (oder niedriger) sind als alle Werte im Umkreis von fünf Monaten. B. Erzwingung alternierender Wendepunkte: Höchster von multiplen oberen Wendepunkten; niedrigster von multiplen unteren Wendepunkten.
III.	Zyklusbestimmung in einem weniger stark geglätteten gleitenden Durchschnitt (sog. Spencer-Kurve); extreme Beobachtungen ersetzt. A. Bestimmung der höchsten (oder niedrigsten) Werte im Umkreis von ±6 Monaten um die Wendepunkte des zwölfmonatigen gleitenden Durchschnitts. B. Erzwingung der Mindestzykluslänge von 15 Monaten durch Elimination niedrigerer oberer oder höherer unterer Wendepunkte bei Zyklen kürzerer Dauer.
IV.	Bestimmung der Wendepunkte in einem kurzfristigen gleitenden Durchschnitt von zwischen drei und sechs Monaten (nach Vorgabe des Nutzers oder datengestützt). A. Bestimmung der höchsten (oder niedrigsten) Werte im Umkreis von ±6 Monaten um die Wendepunkte der Spencer-Kurve.

V. Bestimmung der Wendepunkte in der ungeglätteten Zeitreihe. A. Bestimmung der höchsten (oder niedrigsten) Werte im Umkreis von ±6 Monaten um die Wendepunkte des kurzfristigen gleitenden Durchschnitts. B. Elimination von Wendepunkten, die nicht weiter als 6 Monate vom Anfang oder Ende der Zeitreihe entfernt liegen. C. Elimination von oberen (oder unteren) Wendepunkten an beiden Enden der Zeitreihe, die niedriger (oder höher) sind als noch näher an den Enden plazierte Werte. D. Elimination von Zyklen mit einer Dauer von weniger als 15 Monaten. E. Elimination von Phasen mit einer Dauer von weniger als fünf Monaten.	
VI. Ausgabe der endgültigen Wendepunkte.	

Vier vollständige Zyklen im Zeitraum von 1960-1994 sind möglicherweise einer mehr als man intuitiv erwartet hätte[17], da die Bry-Boschan Prozedur Anfang der achtziger Jahre gleich zwei Zyklen in kurzer Abfolge identifiziert. Unter Umständen würden die Konjunkturforscher des NBER bei ihrer kritischen Würdigung der computergestützten Datierung hier einen Zyklus eliminieren (den *trough* im 4. Quartal 1980 und den *peak* im 3. Quartal 1981). Dies ist aber keineswegs sicher, weil durch diesen Eingriff zwar die atypisch kurze Aufschwungphase im Jahr 1981 vermieden werden könnte, im Gegenzug aber eine atypisch lange Rezession von fast drei Jahren entstehen würde. Da der fragliche Zyklus (im folgenden als Zyklus 3 bezeichnet) immerhin zwei Jahre umfaßt (bei einer Mindestanforderung gemäß NBER-Definition von 15 Monaten) und beide Phasen mehr als die vom NBER ge-

[17] Vgl. z. B. die Übersicht in Tichy (1994, S. 45), wo unterschiedliche Studien zitiert werden, die den Kurzzyklus Anfang der achtziger Jahre nicht identifizieren.

forderten fünf Monate andauern (der Aufschwung neun, der Abschwung sogar 15 Monate), werde ich in dieser Arbeit von einer Elimination absehen[18].

Abbildung 3.4/1

Konjunkturelle Wendepunkte des realen pro-Kopf-Bruttoinlandsprodukts[19]

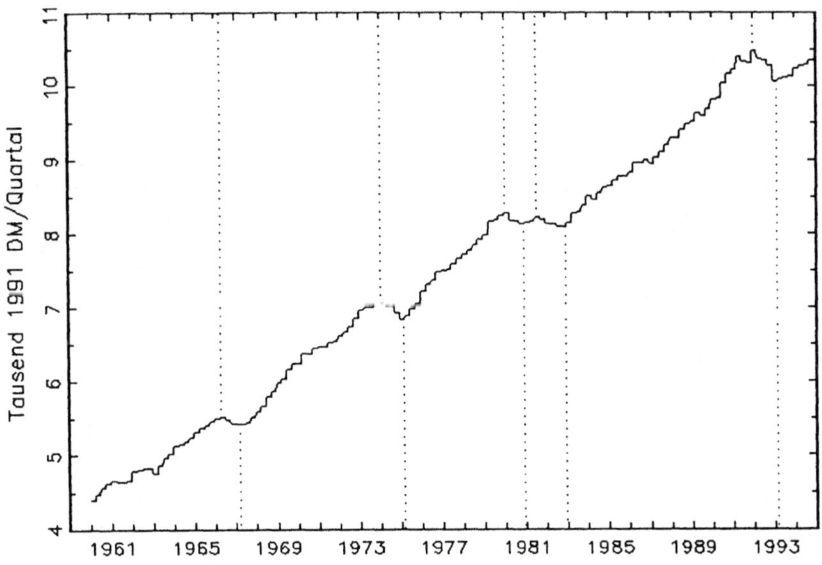

[18]Dies ist für die Zwecke dieser Arbeit auch deshalb empfehlenswert, weil es sicherlich unsinnig und unzweckmäßig wäre, bei den anschließenden Simulationen von RBC-Modellen die dort generierten fiktiven Konjunkturverläufe einer erfahrungsbasierten Einzelkritik zu unterziehen.

[19]Die Wendepunkte beziehen sich auf das *Niveau* der Zeitreihe, vgl. Tichy (1994).

Tabelle 3.4/2

Konjunkturelle Wendepunkte des realen pro-Kopf-Bruttoinlandsprodukts

Untere Wendepunkte	Obere Wendepunkte
---	2. Quartal 1966
1. Quartal 1967	1. Quartal 1974
1. Quartal 1975	1. Quartal 1980
4. Quartal 1980	3. Quartal 1981
4. Quartal 1982	1. Quartal 1992
3. Quartal 1993	---

Mit dem ermittelten Referenzzyklus werde ich nun für die empirisch beobachteten Reihen Bruttoinlandsprodukt, privater Verbrauch, Bruttoinvestitionen der Unternehmen, Arbeitsstunden und Reallohn die oben beschriebenen Burns-Mitchell-Statistiken errechnen, die später mit entsprechenden Statistiken simulierter Daten verglichen werden sollen. Da ich nicht, wie bislang, die Logarithmen dieser Variablen verwende, sondern in Anlehnung an Burns und Mitchell die Ausgangswerte analysiere, schreibe ich die Variablen in diesem Abschnitt kursiv, d. h. es gilt *BIPRSA*=exp(BIPRSA) etc. Eine analoge Schreibweise kennzeichnet die Niveaus der Modellvariablen.

Tabelle 3.4/3 gibt für diese Variablen (bezogen auf den Zeitraum 1960-1994) mittlere Amplituden und mittlere monatliche Zuwächse an. Betrachtet man zunächst die Amplituden, so fällt auf, daß *BIPRSA, VPRIVRSA, INVBURSA* und *WRSA* im Aufschwung kräftig wachsen, die Beschäftigung *STUNSA* jedoch sogar im Aufschwung sinkt. Dies ist sicherlich maßgeblich auf Verkürzungen der wöchentlichen Arbeitszeit zurückzuführen, zeigt freilich auch, daß diese nicht im erwünschten Maße durch Neueinstellungen ausgeglichen wurden. In der Rezession gehen das Bruttoinlandsprodukt leicht und die Bruttoinvestitionen dramatisch zurück, während der private Konsum im wesentlichen stagniert und der Reallohn sogar noch steigt. Die Beschäftigung sinkt deutlich stärker als in der Aufschwungphase. Die Amplitude während des gesamten Zyklus reflektiert die auch aus RBC-Modellen ableitbaren Volatilitätseigenschaften der großen makroökonomischen Aggregate: Investitionen sind den mit Abstand stärksten Fluktuationen unterworfen und der private Konsum verläuft etwas glatter als die Entwicklung des volkswirtschaftlichen Einkommens[20].

Tabelle 3.4/3

Konjunkturzyklen in der Bundesrepublik Deutschland: Mittlere Amplituden und mittlere monatliche Zuwächse in Prozent der Zyklusbasis

Mittel über vier Referenzzyklen	*BIPRSA*	*VPRIVRSA*	*INVBURSA*	*STUNSA*	*WRSA*
Amplitude					
- im Aufschwung	17.28	17.22	22.04	-1.90	18.68
- im Abschwung	-2.36	0.08	-12.23	-3.33	2.43
- im Zyklus	19.64	18.66	38.74	6.04	21.97
Monatszuwachs					
- im Aufschwung	0.24	0.20	-0.01	-0.03	0.21
- im Abschwung	-0.17	0.01	-0.80	-0.24	0.19
- von I nach II	0.26	0.13	0.14	-0.09	0.03
- von II nach III	0.23	0.25	0.06	0.00	0.31
- von III nach IV	0.22	0.21	0.07	-0.02	0.25
- von IV nach V	0.27	0.16	-0.37	0.03	0.15
- von V nach VI	-0.04	-0.03	-1.04	-0.15	0.25
- von VI nach VII	-0.19	-0.01	-0.87	-0.22	0.34
- von VII nach VIII	-0.25	0.02	-0.92	-0.28	0.10
- von VIII nach IX	-0.13	0.06	-0.75	-0.31	0.01

Da Aufschwung- und Abschwungphasen unterschiedlich lang anhalten, können die durchschnittlichen Amplituden ein verzerrtes Bild insbesondere von der Stärke der Rezession liefern. Aussagekräftiger ist dann ein Ver-

[20]Die Amplitude im Zyklus ist definiert als Summe der Absolutwerte der Amplituden in der Aufschwung- und der Abschwungphase. Man beachte, daß diese Eigenschaft sich nicht auf die mittleren Amplituden überträgt. Denn hier ist die mittlere Amplitude im Zyklus ein Durchschnitt über die Summe von Absolutbeträgen, während mittlere Auf- und Abschwungamplitude Durchschnitte über Werte sind, die nicht notwendigerweise alle dasselbe Vorzeichen aufweisen.

gleich der monatlichen Zuwächse. Besonders hervorzuheben ist, daß der durchschnittliche Monatszuwachs des Outputs im Aufschwung nur geringfügig größer als der monatliche durchschnittliche Rückgang in der Rezession ist und daß der monatliche Zuwachs des Rellohns fast unberührt von der konjunkturellen Entwicklung ist. Ebenfalls bemerkenswert ist, wie gut die Arbeitsmarktwirksamkeit der Konjunktur nun zutage tritt: Die Beschäftigungsentwicklung stagniert im wesentlichen im Aufschwung und ist stark rückläufig in der Rezession. Auch die Investitionen scheinen im Aufschwung nahezu unverändert zu sein, doch ist hier die ausgewiesene Statistik irreführend, da ihr Vorzeichen ausschließlich auf einen stark negativen Monatszuwachs im dubiosen Zyklus 3 zurückzuführen ist; alle anderen durchschnittlichen Monatszuwächse im Aufschwung sind eindeutig positiv.

Die mittleren Monatszuwächse zwischen den Stadien (jeweils von der Mitte des einen zur Mitte des nächsten Stadiums berechnet) liefern ein ähnliches Bild: Auffällig ist jedoch, daß die Investitionen bereits in der letzten Aufschwungphase rückläufig sind[21] und der private Konsum nur im Anfang der Rezession leicht nachgebend ist. Starke Reallohnzuwächse sind bis weit in die Rezession hinein zu verzeichnen; erst in der letzten Phase des Zyklus scheint es eine gewisse Lohnzurückhaltung zu geben, die bis in den Beginn des neuen Zyklus hinein anhält.

Tabelle 3.4/4 weist Konformitätsmaße aus[22]. In allen zeitlichen Abgrenzungen überwiegen positive Konformitäten, was der NBER-Definition des

---

[21]Dies ist nicht nur auf Zyklus 3 sondern auch auf Zyklus 1 (1967-1975) zurückzuführen. Haben die Investitionen einen Vorlauf (wie z. B. im einfachen Akzeleratormodell), so ist ein solches Phänomen nicht überraschend.

[22]Obwohl das Bruttoinlandsprodukt den Referenzzyklus definiert, müssen die Konformitäten des Bruttoinlandsprodukts nicht unbedingt den Wert hundert annehmen. Für die Stadienkonformitäten ist dies klar: Steigt das BIP im Aufschwung, so bedeutet dies noch nicht, daß das BIP in *jedem* Aufschwungstadium steigt; es kann ohne weiteres in einem Aufschwungstadium fallen. Denn ein Rückgang des BIPs in einer Aufschwungphase wird von der Bry-Boschan-Prozedur nicht bereits als Ende des Aufschwungs aufgefaßt, sofern dieser Rückgang nicht mindestens fünf Monate anhält. Ein ähnlicher Sachverhalt kann dann sogar zu einem recht skurrilen Phänomen führen: Eliminert die Bry-Boschan-Prozedur zwei in Schritt V.A der Tabelle 3.4/1 identifizierte Wendepunkte aufgrund unzulänglicher Zyklus- oder Phasenlänge (Schritt V.D und V.E), so kann in dem verbleibenden größeren Zyklus das BIP im "Aufschwung" fallen oder im "Abschwung" steigen. (Interessierten Lesern stellt der Verfasser gern einen künstlichen Datensatz zur Verfügung, der diese Eigenschaft aufweist). Das Phänomen ist offensichtlich ein Schwachpunkt der von Bry und Boschan entwickelten computergestützten Datierungsmethode. Es sei jedoch darauf hingewiesen, daß derartige Konstellationen ziemlich selten sind. In den anschließend beschriebenen Simulationen tritt das Phänomen in ungefähr einem Prozent der Fälle auf und führt dann dazu, daß insbesondere die

Konjunkturzyklus entspricht. Negative Konformitäten finden sich im wesentlichen im Aufschwung bei der Beschäftigung und im Abschwung beim Reallohn. Die Stadienkonformitäten machen darüber hinaus deutlich, daß im Abschwung auch der private Konsum nicht ausgeprägt prozyklisch ist.

Tabelle 3.4/4

Konjunkturzyklen in der Bundesrepublik Deutschland: Mittlere Konformitäten

Mittelwerte über vier Zyklen	*BIPRSA*	*VPRIVRSA*	*INVBURSA*	*STUNSA*	*WRSA*
Konformität im					
- Aufschwung	100	50	50	-50	50
- Abschwung	100	50	100	100	-50
- Zyklus	100	50	50	100	50
Stadienkonformität im					
- Stadium II	75	75	75	-25	75
- Stadium III	100	50	0	0	100
- Stadium IV	75	75	75	-75	75
- Stadium VI	100	50	100	100	-50
- Stadium VII	100	-50	50	0	-50
- Stadium VIII	100	0	100	100	100
- Aufschwung	83	67	50	-33	83
- Abschwung	100	-5	81	61	-4
- Zyklus	95	68	63	-22	82

Eine komprimierte graphische Darstellung der bisher ausgewerteten Kennzahlen bilden die durchschnittlichen *business cycle plots* der einzelnen Reihen, die in Abbildung 3.4/2 dargestellt sind. Sie enthalten zwar im wesentlichen keine über die in Tabelle 3.4/3 und Tabelle 3.4/4 hinausgehenden Informationen, liefern aber eine kompakte Zusammenfassung der bisher erar-

durchschnittliche Abschwungkonformität des Outputs nicht unbedingt stets gleich hundert ist.

beiteten Ergebnisse. In den folgenden Abschnitten sollen analoge Maße für künstliche Datenreihen berechnet werden, die durch Simulationen der KPR-Modelle erzeugt wurden.

Abbildung 3.4/2

Konjunkturzyklen in der Bundesrepublik Deutschland: Durchschnittliche Business Cycle Plots[23]

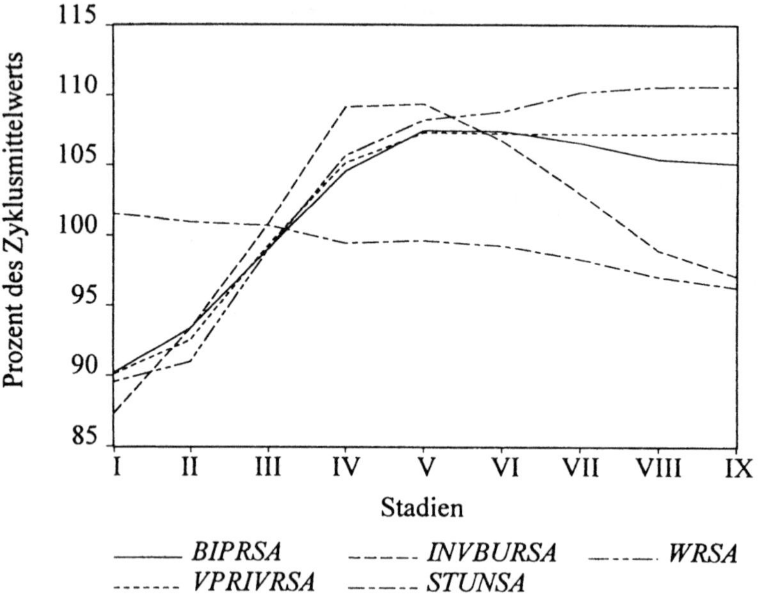

[23]Auf der Abszisse werden die Stadien I-IX, also *business-cycle*-Zeiteinheiten abgetragen. Diese Darstellung folgt Simkins (1994). Man könnte auch reale Zeiteinheiten abtragen, wie dies z. B. King und Plosser (1994) in ansonsten analogen Darstellungen tun. Für deutsche Daten ist die mittlere Dauer der einzelnen Stadien (in Monaten) allerdings sehr unterschiedlich: Für die Stadien I-IX ermittelt man 3, 21, 21, 21, 3, 4, 5, 4 und 3 Monate. In realen Zeiteinheiten würde die Graphik also den Aufschwungstadien sehr viel Raum geben,. während die Abschwungstadien äußerst gedrängt erschienen: Allein der Darstellung des Stadiums IV würde mehr Platz gewidmet als allen folgenden Stadien.

- *Adelman-Tests* -

Vermutlich aufgrund ihres deskriptiven und atheoretischen Charakters hat sich die Burns-Mitchell-Methodologie im akademischen Bereich bis heute nicht nachhaltig durchsetzen können. Die von Koopmans (1947) geäußerte Kritik, hier werde *"Measurement Without Theory"* betrieben, mag repräsentativ für die skeptische Grundhaltung vieler Konjunkturforscher der Nachkriegszeit gewesen sein. Die europäische Tradition der Konjunkturforschung übernahm die NBER-Methodik ohnehin nicht dauerhaft bzw. nur mit erheblichen Modifikationen und verfolgte im wesentlichen eigene Ansätze (vgl. Mintz (1969), Gabisch und Lorenz (1987), Tichy (1994)).

Vereinzelt jedoch wurde die NBER-Methodologie mit offensichtlichem Erkenntnisfortschritt eingesetzt. Das bekannteste Beispiel einer solchen Anwendung stellt der sog. Adelman-Test dar, bei dem Adelman und Adelman (1959) das ökonometrische Modell von Klein und Goldberger (1959) daraufhin analysierten, ob von diesem Modell erzeugte künstliche Daten Burns-Mitchell-Statistiken implizierten, die denen der tatsächlichen (US-amerikanischen) Konjunktur hinreichend ähnlich waren. Eine mit zusätzlicher Stochastik versehene Variante des Klein-Goldberger-Modells war in der Tat in der Lage, diesen "Test" zu bestehen.

Seit diesem vielbeachteten Aufsatz sind sporadisch Anstrengungen unternommen worden, makroökonometrische Modelle anhand von Adelman-Tests zu evaluieren, so z. B. in den von Hickman (1972) herausgegebenen Studien. Zu den jüngsten Versuchen dieser Art zählen die erwähnten Papiere von King und Plosser (1994) und Simkins (1994)[24].

Im folgenden sollen die vorgestellten RBC-Modelle einem der Arbeit von Adelman und Adelman (1959) nachempfundenen "Test" unterzogen werden. Dabei handelt es sich natürlich nicht um einen Test im strengen statistischen Sinne - schon deshalb, weil die Vertreter der RBC-Theorie sicherlich nicht behaupten würden, daß eine wie auch immer geartete Parametrisierung des RBC-Modells als die wahre, datengenerierende Struktur einer realen Ökonomie angesehen werden kann. Man wird der RBC-Schule wohl eher gerecht, wenn man die Ergebnisse ihrer Arbeiten wie folgt paraphrasiert: "Ein plausibel parametrisiertes RBC-Modell ist trotz seiner Einfachheit imstande,

---

[24]Überhaupt scheint sich in jüngster Zeit in der Literatur ein erneutes Interesse an dem Burns-Mitchell-Ansatz abzuzeichnen. Neben den erwähnten Arbeiten benutzt Watson (1994) die Burns-Mitchell-Methodologie, um die Stabilisierungspolitik der Nachkriegszeit zu analysieren und Artis, Kontolemis und Osborn (1995) untersuchen internationale Aspekte der Konjunkturentwicklung für die G7-Staaten mit demselben Instrumentarium.

Daten zu erzeugen, deren Charakterisierung durch allgemein gebräuchliche Statistiken überraschend wenig von analogen Charakterisierungen realer Daten abweicht."

Diese Aussage soll nun im Adelman-Test als Surrogat für die "Nullhypothese" eines klassisch-statistischen Tests dienen. Anders als eine herkömmliche Nullhypothese ist sie nicht exakt formuliert, sondern unterstellt ein heuristisches Verständnis von 'plausibler Parametrisierung', 'überraschend geringer Abweichung' und 'allgemein gebräuchlichen Statistiken'. Sie rekurriert daher auf das subjektive Urteilsvermögen des sachkundigen Ökonomen. Dementsprechend ist auch Ablehnung oder Zustimmung zu dieser Aussage (als Analogon zu Verwerfen oder Akzeptanz einer Nullhypothese) letztlich eine subjektive Entscheidung des jeweiligen Lesers. Um diese zu ermöglichen, will ich im folgenden untersuchen, inwieweit Statistiken (die zumindest in den USA zur Charakterisierung konjunktureller Verläufe allgemein gebräuchlich sind) Diskrepanzen zwischen künstlich vom Modell erzeugten und realen Daten aufdecken können.

Es erscheint daher sinnvoll, gedanklich in zwei Schritten vorzugehen. Zum einen muß für eine gegebene Statistik entschieden werden, ob sie bei Auswertung mit realen und simulierten Daten 'erhebliche' Unterschiede aufweist. In Anlehnung an die klassische Testtheorie werde ich einen Unterschied als 'erheblich' betrachten, wenn die empirisch ermittelte Statistik um mehr als zwei aus den Simulationsergebnissen geschätzte Standardabweichungen von dem Simulationsmittelwert dieser Statistik abweicht[25]. Ich spreche dann von einer 'signifikanten' Abweichung. In einem zweiten Schritt muß der jeweilige fachkundige Leser subjektiv entscheiden, ob die Anzahl 'signifikanter' Statistiken (und ggf. der Grad ihrer 'Signifikanz') gemessen an der Einfachheit des Modells als 'überraschend gering' anzusehen ist, oder ob in seinem Urteil die beobachtete Evidenz gegen das Modell mit bloßem Verweis auf dessen Einfachheit nicht befriedigend erklärt ist.

Mit den oben beschriebenen kalibrierten Parameterwerten[26] habe ich für beide Modelle (KPR1 und KPR2) jeweils 500 "Historien" für Y, C, I, L und

---

[25]In den Graphiken weise ich "Konfidenzgrenzen" aus, die analog als Simulationsmittelwert plus/minus zwei geschätzte Standardfehler der simulierten Statistik definiert sind.

[26]Ich habe die zuvor beschriebenen Kalibrierungen benutzt, die sich auf den Zeitraum 1975-1994 stützen, da nur dieser Zeitraum mit einer Steady-State-Interpretation vereinbar scheint. Angesichts der Tatsache, daß ansonsten die Untersuchungen dieses Unterabschnitts den gesamten Datensatz 1960-1994 nutzen, mag man dies für kritikwürdig halten. Es ist jedoch nicht wahrscheinlich, daß sich die Ergebnisse wesentlich verändern würden, wenn

W à 140 Beobachtungen erzeugt[27]. (Dies entspricht den 140 beobachteten Quartalswerten im Zeitraum 1960.1 - 1994.4). Für jede der simulierten Historien wurde dann eine Folge von Referenzzyklen (d. h. von Zyklen von Y) mit Hilfe der Bry-Boschan-Prozedur bestimmt und auf deren Basis die zu Tabelle 3.4/3 und Tabelle 3.4/4 analogen Burns-Mitchell-Statistiken errechnet. Im folgenden werden von diesen Simulationsergebnissen jeweils der Mittelwert (über alle Historien) und die zugehörige Standardabweichung angegeben. Für die Anzahl der Zyklen sei hier zunächst auch noch das Histogramm der Simulationsergebnisse angegeben, vgl. Abbildung 3.4/3 und Abbildung 3.4/4.

Offenbar sind vier empirisch beobachtete Zyklen im Zeitraum 1960-1994 nach beiden Modellen ein durchaus wahrscheinliches Ereignis. Auch die eventuelle Elimination der fragwürdigen Wendepunkte 1980/81 mit dann nur noch drei Zyklen wäre völlig im Einklang mit den Simulationsergebnissen, würde sogar für beide Modelle exakt mit dem Median der Verteilung übereinstimmen. Wie die Bera-Jarque-Tests anzeigen, sind beide simulierten Verteilungen signifikant von der Normalverteilung verschieden. Ein Unterschied zwischen den Modellen KPR1 und KPR2 scheint darin zu bestehen, daß das stochastische Wachstum eine etwas stärker rechtsschiefe Verteilung generiert, bei der in 35 Jahren bis zu neun vollständige Referenzzyklen beobachtet werden können, gegenüber einem Höchstwert von sieben bei den KPR1-Simulationen.

---

man die Kalibrierung auf 1960-1994 bezöge. Mit derselben Methodik wie zuvor erhielte man α=0.70, β=0.999, γ=1.0056, ν=-0.31 und einen Steady-State-Anteil der Arbeitszeit von 17%. Mit Ausnahme von ν sind diese Werte nicht sehr von den oben verwandten verschieden, und ν betrifft lediglich den Trend der Arbeitsstunden, nicht aber die Modelldynamik. Bei der abschließenden Diskussion der im folgenden zu beschreibenden Resultate werde ich im übrigen eine tiefere Begründung beisteuern, warum die Ergebnisse der Adelman-Tests qualitativ nahezu invariant sind gegenüber einer Vielzahl von ökonomisch plausiblen Parametrisierungen des Modells.

[27]Unter einer "Historie" verstehe ich hinfort eine simulierte Realisation des beschriebenen RBC-Modells mit 140 Beobachtungen. Die Realisation entsteht durch Simulation von (3.1/65) und (3.1/66) und Umrechnung auf den Wachstumspfad, d. h. die Ausgangswerte der Adelman-Tests sind trendbehaftete Niveauwerte. Die zugrundeliegenden stochastischen Störungen sind normalverteilte (Pseudo-)Zufallszahlen, die mit dem Zufallszahlengenerator von GAUSS, Version 3.2, erzeugt wurden. Einige dieser künstlichen Reihen wiesen weniger als zwei obere oder weniger als zwei untere Wendepunkte auf und ermöglichten daher u. U. nicht die Berechnung der vorgestellten Burns-Mitchell-Maße. Ich habe diese Reihen im folgenden nicht berücksichtigt. Dies führt zu einem Selektivitätsbias, dessen Korrektur, wie ich unten zeigen werde, meine Resultate noch verstärken würde.

Abbildung 3.4/3

KPR1-Konjunkturzyklen:
Anzahl simulierter *trough-peak-trough*-Referenzzyklen

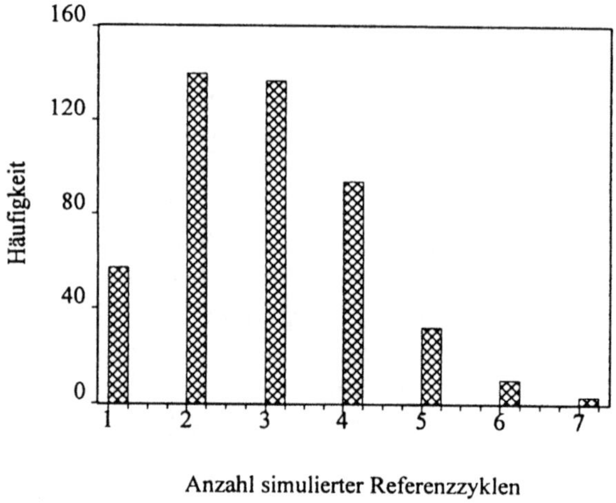

Mittelwert	2.89
Median	3.00
Maximum	7.00
Minimum	1.00
Std. Abw.	1.24
Schiefe	0.52
Kurtosis	3.07
Jarque-Bera	21.40
P-Wert	0.000

Abbildung 3.4/4

KPR2 Konjunkturzyklen:
Anzahl simulierter *trough-peak-trough*-Referenzzyklen

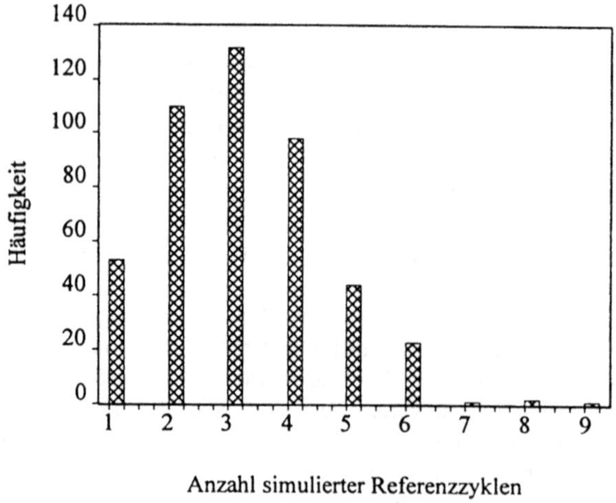

Mittelwert	3.13
Median	3.00
Maximum	9.00
Minimum	1.00
Std. Abw.	1.39
Schiefe	0.58
Kurtosis	3.43
Jarque-Bera	29.54
P-Wert	0.000

Die folgenden Tabellen weisen nun jeweils den Mittelwert (über alle Historien) und (kursiv darunter) die simulierte Standardabweichung der entsprechenden Burns-Mitchell Statistik aus. Dabei bedeuten fett gedruckte Zahlen, daß der entsprechende empirische Wert für die Bundesrepublik Deutschland mehr als zwei geschätzte Standardabweichungen vom Simulationsmittelwert entfernt ist. Für Anzahl und Dauer der Referenzzyklen bzw. der Zyklusphasen erhält man z. B. die in Tabelle 3.4/5 wiedergegebenen Ergebnisse. Die dort ausgewiesenen Statistiken zeigen erneut, daß die entsprechenden empirischen Erfahrungen von den Modellen gut reproduziert werden können. Zwar ist die mittlere Dauer eines Aufschwungs und des vollen Zyklus nach beiden Modellen deutlich länger als in der Empirie und die mittlere Anzahl Zyklen kleiner, aber gemessen an den ermittelten Standardabweichungen sind diese Unterschiede nicht signifikant. Zudem würde die ja durchaus vertretbare Entscheidung, Zyklus 3 zu eliminieren, die empirischen Statistiken in diesen Bereichen deutlich näher an die simulierten Mittelwerte heranrücken lassen[28]. Einschränkend muß allerdings darauf hingewiesen werden, daß angesichts einiger sehr großer Standardfehler z. B. bei der Dauer des Aufschwungs oder des Zyklus Signifikanzen auch kaum zu erwarten sind.

Tabelle 3.4/5

Konjunkturzyklen:
Mittlere Dauer und mittlere Anzahl von Zyklen

	Empirisch	KPR1	KPR2
Anzahl *trough-peak-trough*-Zyklen	4	2.89 *1.24*	3.13 *1.39*
Dauer des Aufschwungs (in Monaten)	64	95 *49*	83 *47*
Dauer des Abschwungs (in Monaten)	14	12 *4*	13 *7*
Dauer des Zyklus (in Monaten)	78	108 *51*	96 *49*
Standardabweichungen sind *kursiv* gesetzt; **Fettdruck** bezeichnet "signifikante" Abweichungen von der Empirie.			

Neun-Punkt-Diagramme fassen, wie bereits erwähnt, wichtige Information der Burns-Mitchell-Statistiken graphisch zusammen. Bevor daher auf die

[28]Freilich um den Preis einer dann größeren Diskrepanz bei der Länge der durchschnittlichen Rezession.

Burns-Mitchell-Statistiken im einzelnen eingegangen wird, sollen die durchschnittlichen *cycle relatives* aus Abbildung 3.4/2 zusammen mit Konfidenzgrenzen aus den KPR-Simulationen dargestellt werden. In den in Abbildung 3.4/5 - Abbildung 3.4/9 wiedergegebenen Graphen werden die empirischen durchschnittlichen *cycle relatives* (durchgezogene Linien) und die KPR1-Konfidenzgrenzen (Mittelwert plus/minus zwei geschätzte Standardabweichungen aus KPR1-Simulationen; gestrichelte Linien) dargestellt. Die entsprechenden Graphen für die KPR2-Simulationen sehen sehr ähnlich aus, so daß auf ihre Wiedergabe hier verzichtet wird.

Abbildung 3.4/5

Durchschnittlicher Business Cycle Plot des Bruttoinlandsprodukts und KPR1-Konfidenzgrenzen

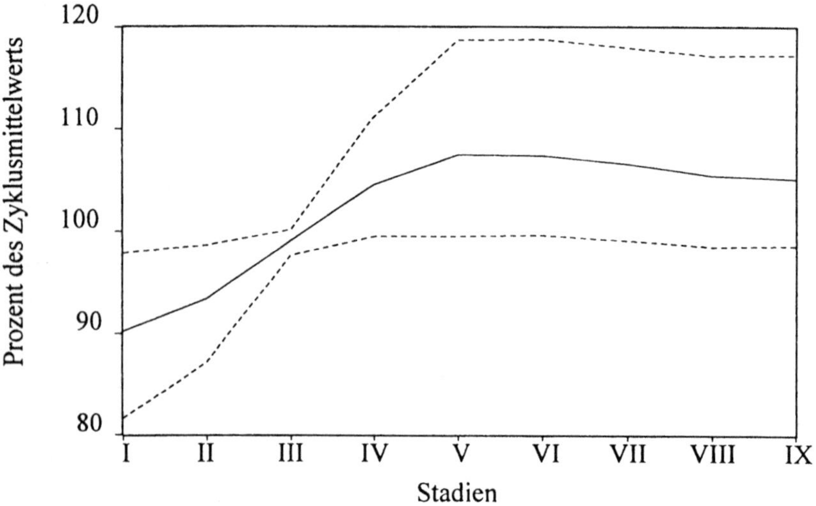

Abbildung 3.4/6

Durchschnittlicher Business Cycle Plot des privaten Verbrauchs und KPR1-Konfidenzgrenzen

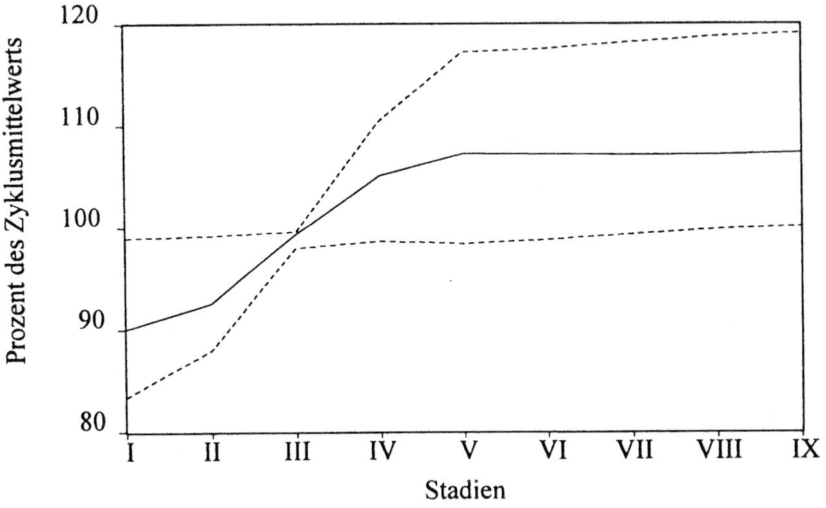

Abbildung 3.4/7

Durchschnittlicher Business Cycle Plot der privaten Bruttoinvestitionen und KPR1-Konfidenzgrenzen

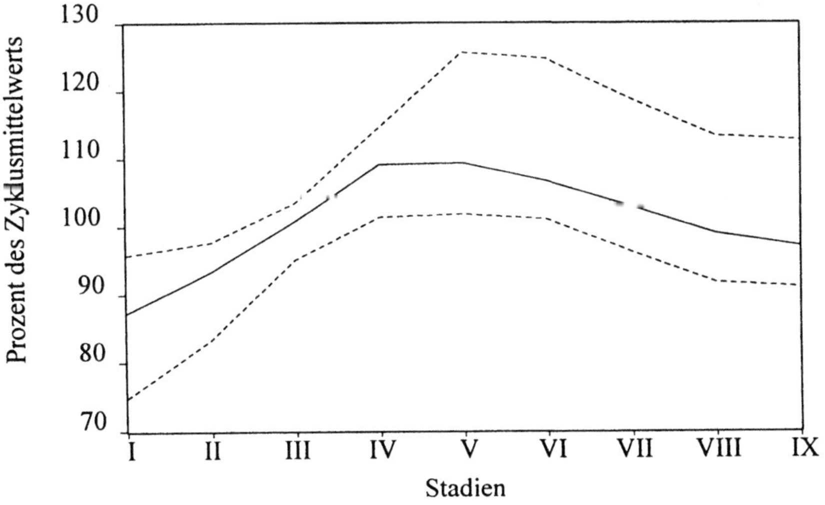

Abbildung 3.4/8

Durchschnittlicher Business Cycle Plot des Arbeitsvolumens und KPR1-Konfidenzgrenzen

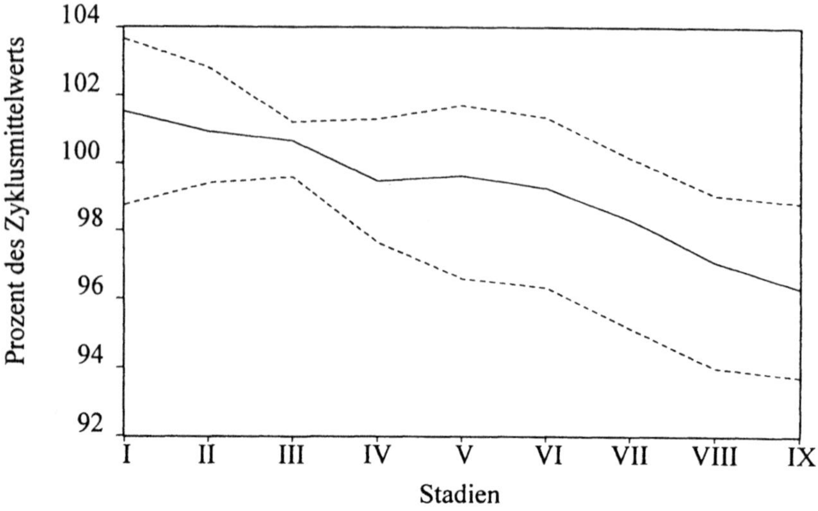

Abbildung 3.4/9

Durchschnittlicher Business Cycle Plot des Reallohns und KPR1-Konfidenzgrenzen

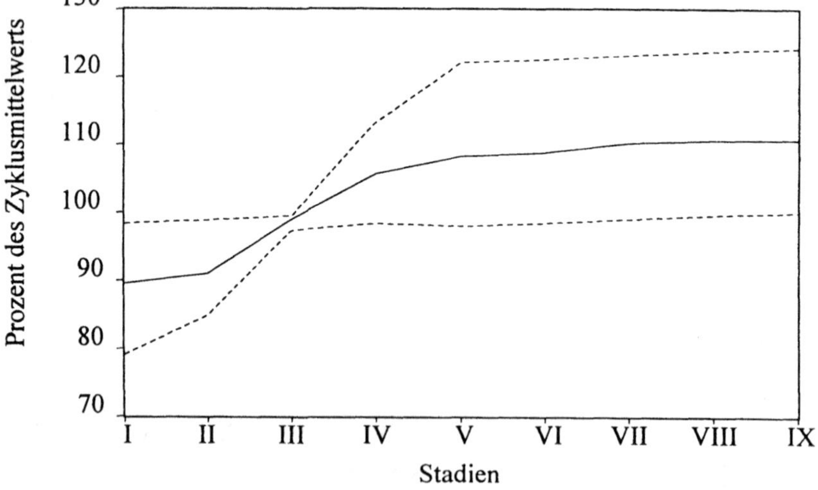

Auch die *business-cycle plots* liefern keine Handhabe, die KPR-Modelle zu "verwerfen". Die empirischen Neun-Punkt-Graphen liegen ausnahmslos innerhalb der Konfidenzgrenzen und sprechen daher durchaus für die Real-Business-Cycle Modelle. Auffällig an den Abbildungen ist lediglich, daß das Konfidenzband im Stadium III stets recht eng ist. Der Grund für dieses Phänomen ist augenscheinlich die Normierung der Zeitreihen. Da der Mittelwert eines Zyklus immer auf 100% gesetzt wird und typischerweise irgendwo zwischen dem anfänglichen *trough* und dem *peak* angenommen wird, liegt der *cycle relative* im Stadium III offenbar meist in der Nähe von 100%, d. h. im Stadium III gibt es eine nur geringe Streuung des *cycle relative* und daher enge Konfidenzgrenzen.

Bis zu diesem Punkt scheinen die RBC-Modelle durch die Burns-Mitchell-Statistiken also weitestgehend bestätigt zu werden und eine oberflächliche Analyse könnte dies zum Anlaß der Behauptung nehmen, die RBC-Modelle würden den Adelman-Test bestehen. Daß diese Schlußfolgerung voreilig ist, zeigt m. E. die stärker disaggregierte Analyse der in den folgenden Tabellen aufbereiteten Simulationsergebnisse. Die in Tabelle 3.4/6 wiedergegebenen mittleren Amplituden und mittleren monatlichen Zuwächse des KPR1-Modells zeigen z. B., daß zwar die von King und Plosser (1994) betrachteten Amplituden im wesentlichen mit den empirischen Befunden vereinbar sind, daß aber die simulierten mittleren monatlichen Zuwächse insbesondere beim Konsum und beim Reallohn signifikant verschieden von den entsprechenden tatsächlichen Beobachtungen sind. Ähnlich verhält es sich in Tabelle 3.4/7, in der sich die analogen Simulationsergebnisse für das KPR2-Modell finden. Zwar sind die mittleren monatlichen Zuwächse in der Konsum- und der Reallohnreihe jetzt nicht mehr mehrheitlich signifikant, dafür aber massieren sich Verletzungen der Arbeitshypothese bei der Beschäftigung, und auch in der Investitionsreihe hat sich das Erscheinungsbild verschlechtert. Insgesamt sind von jeweils 65 ausgewerteten Statistiken 18 bei KPR1 und 20 bei KPR2 signifikant von den empirischen Sachverhalten verschieden, so daß man m. E. schwerlich die Behauptung aufrechterhalten kann, die Real-Business-Cycle-Modelle "bestünden" den Adelman-Test.

Tabelle 3.4/6

Konjunkturzyklen des KPR1-Modells:
Mittlere Amplituden und mittlere monatliche Zuwächse in Prozent der Zyklusbasis

Mittelwerte über alle Zyklen	*Y*	*C*	*I*	*L*	*W*
Amplitude					
- im Aufschwung	19.32	16.70	28.49	-2.07	21.35
	8.76	*8.59*	*10.13*	*2.33*	*10.82*
- im Abschwung	-1.20	**1.82**	-11.83	-2.87	2.03
	0.68	*0.69*	*2.79*	*0.64*	*0.86*
- im Zyklus	20.62	18.53	40.40	5.59	23.38
	8.84	*8.64*	*11.42*	*2.02*	*10.89*
Monatszuwachs					
- im Aufschwung	0.20	0.16	**0.34**	-0.01	0.21
	0.06	*0.03*	*0.17*	*0.03*	*0.04*
- im Abschwung	-0.11	**0.14**	-1.01	-0.24	0.16
	0.06	*0.03*	*0.31*	*0.06*	*0.03*
- von I nach II	0.21	**0.16**	0.40	0.01	**0.20**
	0.06	*0.01*	*0.24*	*0.05*	*0.02*
- von II nach III	0.20	**0.17**	0.33	-0.01	**0.21**
	0.05	*0.01*	*0.20*	*0.04*	*0.01*
- von III nach IV	0.22	**0.18**	0.34	-0.02	0.23
	0.05	*0.01*	*0.19*	*0.04*	*0.01*
- von IV nach V	0.24	**0.20**	**0.41**	-0.01	**0.26**
	0.06	*0.01*	*0.26*	*0.05*	*0.02*
- von V nach VI	0.07	**0.17**	-0.27	-0.12	0.20
	0.11	*0.02*	*0.51*	*0.09*	*0.03*
- von VI nach VII	-0.24	**0.16**	-1.69	-0.36	**0.16**
	0.14	*0.02*	*0.59*	*0.10*	*0.03*
- von VII nach VIII	-0.24	**0.15**	-1.58	-0.35	0.15
	0.13	*0.02*	*0.57*	*0.10*	*0.03*
- von VIII nach IX	0.07	**0.15**	-0.20	**-0.10**	**0.19**
	0.11	*0.02*	*0.46*	*0.08*	*0.03*
Standardabweichungen sind *kursiv* gesetzt; **Fettdruck** bezeichnet "signifikante" Abweichungen von der Empirie.					

Tabelle 3.4/7

Konjunkturzyklen des KPR2-Modells:
Mittlere Amplituden und mittlere monatliche Zuwächse in Prozent der Zyklusbasis

Mittelwerte über alle Zyklen	*Y*	*C*	*I*	*L*	*W*
Amplitude					
- im Aufschwung	16.96 *9.76*	15.68 *9.53*	21.48 *10.94*	-3.38 *2.44*	20.28 *12.09*
- im Abschwung	-1.19 *1.41*	0.42 *1.26*	**-6.84** *2.63*	**-1.00** *0.37*	-0.09 *1.66*
- im Zyklus	18.43 *9.85*	16.28 *9.61*	28.61 *11.72*	4.38 *2.46*	21.03 *12.15*
Monatszuwachs					
- im Aufschwung	0.19 *0.06*	0.17 *0.04*	**0.26** *0.12*	-0.03 *0.01*	0.22 *0.06*
- im Abschwung	-0.11 *0.06*	0.02 *0.03*	-0.55 *0.19*	**-0.07** *0.02*	**-0.03** *0.05*
- von I nach II	0.21 *0.06*	0.18 *0.04*	0.31 *0.16*	**-0.03** *0.01*	**0.23** *0.06*
- von II nach III	0.20 *0.05*	**0.18** *0.03*	0.27 *0.14*	**-0.04** *0.01*	0.23 *0.05*
- von III nach IV	0.21 *0.06*	0.19 *0.04*	0.27 *0.15*	-0.04 *0.01*	0.25 *0.05*
- von IV nach V	0.23 *0.07*	0.21 *0.04*	**0.30** *0.19*	**-0.04** *0.01*	**0.28** *0.06*
- von V nach VI	0.04 *0.10*	**0.10** *0.05*	**0.18** *0.28*	**-0.06** *0.02*	0.11 *0.08*
- von VI nach VII	-0.22 *0.13*	-0.03 *0.07*	-0.90 *0.36*	**-0.10** *0.02*	**-0.11** *0.11*
- von VII nach VIII	-0.22 *0.13*	-0.03 *0.07*	-0.86 *0.35*	**-0.09** *0.02*	-0.12 *0.11*
- von VIII nach IX	0.05 *0.11*	0.09 *0.06*	**-0.10** *0.28*	**-0.05** *0.02*	0.10 *0.10*

Standardabweichungen sind *kursiv* gesetzt; **Fettdruck** bezeichnet "signifikante" Abweichungen von der Empirie.

Ein ähnliches Bild ergibt sich bei der Betrachtung der mittleren Konformitäten. Die KPR1-Simulationen in Tabelle 3.4/8 zeigen, daß Konsum, Investitionen und Reallohn im RBC-Modell nicht die empirischen Konformitäten reflektieren, und für den Konsum und (in abgeschwächter Form) den Reallohn zeigt sich dies auch bei der Berechnung der Stadienkonformitäten. Von 60 ausgewerteten Statistiken sind erneut 18 signifikant. Die KPR2-Simulationen scheinen sich hier etwas günstiger darzustellen: Signifikant sind nur dreizehn aus sechzig Statistiken. Aber auch dies ist sicherlich noch immer eine beträchtliche Anzahl, zumal von den drei wichtigsten Konformitäten (Aufschwung, Abschwung, Zyklus) der Variablen Konsum, Investitionen, Beschäftigung und Reallohn mehr als 50% signifikant sind.

Es ist vielleicht sinnvoll zu betonen, daß zumindest die Signifikanzen in Tabelle 3.4/8 und Tabelle 3.4/9 nicht durchgehend überraschend sind, da RBC-Modelle, wie bereits im Abschnitt 3.2 hervorgehoben, eine zu hohe Korrelation zwischen den betrachteten Variablen implizieren - und damit zu hohe Konformitäten. Aber mit dieser Betrachtungsweise erklärt sich nur ein Teil der signifikanten Statistiken aus diesen Tabellen. Denn in Tabelle 3.4/8 ist die Abschwungkonformität des Konsums signifikant zu klein, d. h. der Konsum des RBC-Modells weist eine zu hohe Antikonformität auf. Dies ist auf das Postulat der RBC-Modelle zurückzuführen, daß rationale Agenten in ihren Konsumplänen die Fluktuationen des Outputs und damit die Einkommensfluktuationen sehr stark glätten. Der Glättungseffekt ist im KPR1-Modell so stark, daß in der Konsumreihe der negative Einfluß der Rezession mehr als überkompensiert wird durch den positiven deterministischen Wachstumstrend und der Konsum daher selbst in der Rezession noch schwach wächst, also antikonform ist. Da der repräsentative Agent des Modells vermutlich eine bessere (und damit stärkere) Konsumglättung erzielt als die tatsächlichen Konsumenten der Bundesrepublik Deutschland, ist es erklärlich, weshalb die Antikonformität der Konsumreihe im Abschwung trotz der anerkannt hohen Kreuzkorrelationen in RBC-Modellen signifikant sein kann.

Tabelle 3.4/8

Konjunkturzyklen des KPR1-Modells:
Mittlere Konformitäten

Mittelwerte über alle Zyklen	*Y*	*C*	*I*	*L*	*W*
Konformität im Aufschwung	100 *0*	**100** *0*	**98** *11*	-45 *57*	**100** *0*
Konformität im Abschwung	99 *11*	**-100** *0*	100 *4*	100 *0*	**-100** *5*
Konformität im Zyklus	100 *0*	**99** *6*	**100** *0*	100 *0*	**100** *4*
Stadienkonformität Stadium II	94 *18*	**98** *9*	71 *45*	-20 *67*	**98** *9*
Stadienkonformität Stadium III	95 *17*	**99** *6*	72 *46*	-36 *60*	99 *6*
Stadienkonformität Stadium IV	94 *18*	**98** *9*	68 *48*	-36 *61*	98 *9*
Stadienkonformität Stadium VI	62 *34*	**-63** *33*	63 *33*	63 *33*	-63 *33*
Stadienkonformität Stadium VII	37 *53*	-73 *31*	62 *40*	69 *36*	-72 *31*
Stadienkonformität Stadium VIII	62 *34*	-63 *33*	63 *33*	63 *33*	**-63** *33*
Stadienkonformität Aufschwung	94 *12*	**98** *7*	71 *27*	-31 *36*	**98** *7*
Stadienkonformität Abschwung	53 *31*	**-68** *30*	63 *31*	66 *31*	**-68** *31*
Stadienkonformität Zyklus	90 *11*	72 *17*	73 *23*	-17 *37*	72 *17*

Standardabweichungen sind *kursiv* gesetzt; **Fettdruck** bezeichnet "signifikante" Abweichungen von der Empirie.

Tabelle 3.4/9

Konjunkturzyklen des KPR2-Modells:
Mittlere Konformitäten

Mittelwerte über alle Zyklen	*Y*	*C*	*I*	*L*	*W*
Konformität im Aufschwung	100 *0*	**100** *0*	**97** *18*	**-98** *10*	**100** *0*
Konformität im Abschwung	98 *12*	30 *65*	99 *11*	100 *0*	**85** *32*
Konformität im Zyklus	99 *7*	**99** *7*	**100** *7*	98 *14*	**99** *7*
Stadienkonformität Stadium II	86 *27*	91 *20*	70 *43*	-84 *30*	90 *22*
Stadienkonformität Stadium III	90 *23*	**94** *15*	75 *38*	**-88** *25*	93 *17*
Stadienkonformität Stadium IV	87 *26*	93 *16*	65 *44*	-86 *27*	91 *21*
Stadienkonformität Stadium VI	66 *33*	12 *55*	67 *32*	68 *32*	**38** *48*
Stadienkonformität Stadium VII	37 *53*	-15 *60*	59 *43*	**77** *28*	6 *61*
Stadienkonformität Stadium VIII	67 *33*	22 *54*	67 *33*	68 *32*	43 *47*
Stadienkonformität Aufschwung	88 *18*	93 *14*	70 *26*	**-86** *20*	91 *16*
Stadienkonformität Abschwung	56 *30*	6 *29*	65 *29*	72 *28*	29 *27*
Stadienkonformität Zyklus	85 *16*	77 *18*	74 *22*	-55 *28*	81 *16*
Standardabweichungen sind *kursiv* gesetzt; **Fettdruck** bezeichnet "signifikante" Abweichungen von der Empirie.					

Abschließend sei noch darauf hingewiesen, daß der - in meinen Augen - deutlich ablehnende Gesamteindruck der hier durchgeführten Form eines Adelman-Tests entstanden ist, obwohl in den Simulationen einzelne Historien (nämlich jene, die weniger als zwei *peaks* oder zwei *troughs* aufwiesen) a priori eliminiert worden sind. Da Historien mit maximal einem, möglicherweise sogar keinem Zyklus in den fünfunddreißig Beobachtungsjahren von der empirischen Erfahrung des Wirtschaftsgeschehens in der Bundesrepublik Deutschland wohl ziemlich weit entfernt sind, steht zu erwarten, daß deren Berücksichtigung, falls sie möglich gewesen wäre, eher zu einer stärkeren Ablehnung der RBC-Hypothese geführt hätte. Der durch die Elimination eingetretene Selektivitätsbias wirkt also zugunsten der Arbeitshypothese. Dennoch scheint mir die Vielzahl der signifikanten Statistiken Anlaß genug zu sein, die von der RBC-Schule verfochtene These einer überraschend guten Reflexion empirischer Sachverhalte auch in Ansehung der unbestrittenen Einfachheit des getesteten Modells zu bestreiten.

Dies aber wirft ein interessantes Licht auf die Burns-Mitchell-Methoden und die Leistungsfähigkeit des Adelman-Tests. Hatten nämlich King und Plosser (1994) noch mit offenkundigem Erstaunen resümiert, daß der Adelman-Test wohl eine nur geringe Güte haben müsse, wenn so unterschiedliche Modelle wie das Klein-Goldberger-Modell und das KPR-RBC-Modell diesen Test gleichermaßen "bestünden", so scheinen die hier präsentierten Ergebnisse eher die Schlußfolgerung nahezulegen, daß der Adelman-Test durchaus aussagefähig ist und zwischen unterschiedlichen Modellen zu diskriminieren versteht: Während das Klein-Goldberger-Modell (für amerikanische Daten) den Test recht passabel "besteht", kann für prototypische RBC-Modelle (zumindest für deutsche Daten) doch recht massive modellinkompatible Evidenz erarbeitet werden.

Dies spricht nicht notwendigerweise gegen den Real-Business-Cycle-Ansatz insgesamt, da die hier "getesteten" Modelle keine sonderlich reiche Struktur aufweisen und entsprechend sparsam parametrisiert sind. Es ist nicht auszuschließen, daß reichere Modelle des RBC-Typs eine erheblich bessere Datenanpassung zulassen, und *eine* derartige Erweiterung des Basismodells (die in der Tat zu verbesserten Ergebnissen führt) soll in Kapitel 4 ausführlich analysiert werden. Ohne die Berechtigung von Koopmans Kritik grundsätzlich in Frage stellen zu wollen, bleibt daher festzuhalten, daß die Burns-Mitchell-Methodologie auch auf theoretischem Gebiet offenbar durchaus sinnvoll eingesetzt werden kann, um Schwächen bestehender Modelle herauszuarbeiten und Hinweise auf mögliche Erweiterungen des Modells zu geben.

- Wachstumszyklen -

Die oben beschriebenen Adelman-Tests können freilich mit Verweis auf die geringe Anzahl von lediglich vier beobachteten Konjunkturzyklen im Zeitraum 1960 - 1994 kritisiert werden. Da im Burns-Mitchell-Ansatz häufig über alle Referenzzyklen gemittelt wird und ein Mittel über nur vier "Beobachtungen" in der Tat stark unsicherheitsbehaftet ist, ist nicht auszuschließen, daß aus der beobachteten "Signifikanz" vieler derartig gebildeter Statistiken voreilig Schlüsse gezogen werden. Es ist festzuhalten, daß diese Kritik mein hier geschildertes Vorgehen stärker trifft als King und Plossers Arbeit, da letztere mit einer im Jahre 1948 beginnenden Stichprobe arbeiten konnten und daher ihren Berechnungen sieben Konjunkturzyklen im Zeitraum von 1948.1 - 1987.4 zugrundelegen konnten. Zwar ist dies ebenfalls nicht gerade eine beeindruckend solide Basis für die angestrebte Inferenz, aber immerhin ist die Zahl der beobachteten Zyklen fast doppelt so hoch wie in der vorliegenden Arbeit.

Um nun den Versuch eines quantitativ besser fundierten Adelman-Tests zu machen, werde ich im folgenden auf jenes Instrumentarium zurückgreifen, das die NBER-Konjunkturforscherin Mintz (1969) vor fast dreißig Jahren ebenfalls aufgrund einer zu geringen Zahl von beobachteten Konjunkturzyklen ihrer (in völlig anderem Zusammenhang entstandenen) Studie zugrundelegte. Mintz schlug nämlich vor, statt des klassischen Konjunkturzyklus, der, zumindest in der oben erwähnten NBER-Definition, auf Fluktuationen der *Niveaus* der betrachteten Zeitreihen abstellt, sog. Wachstumszyklen zu betrachten. Unter Wachstumszyklen werde ich hinfort Fluktuationen in der Wachstumsrate der beobachteten Variablen verstehen[29]. Dabei übernehme ich die Anforderungen an Mindest- und Höchstdauer (der Wachstumszyklen) sowie andere qualifizierende Bedingungen in der Definition des Wachstumszyklus unmodifiziert aus der Konjunkturdefinition des NBER. Dieses Vorgehen wurde auch von Mintz und von Klein und Moore (1985) gewählt.

Der Vorzug einer Modellevaluation in Termini von Wachstumszyklen liegt nun darin, daß man typischerweise sowohl in der Empirie als auch in Simulationen von RBC-Modellen in einem festgelegten Stichprobenzeitraum erheblich mehr Wachstumszyklen als Konjunkturzyklen identifizieren kann. (Daß die Anzahl der Wachstumszyklen mindestens so groß sein muß wie die

---

[29]Mintz selbst benutzte eine andere Terminologie. Ihr Begriff des "growth cycle" ist daher konzeptionell nicht mit dem hier verwandten Wachstumszyklus identisch, obwohl sie derartig definierte Zyklen ebenfalls analysiserte.

Anzahl der Konjunkturzyklen folgt bereits daraus, daß definitionsgemäß jeder Hochpunkt (Tiefpunkt) der konjunkturellen Entwicklung eine Phase negativer (positiver) Wachstumsraten einleitet). Damit schwindet im übrigen auch das Selektivitätsproblem in den erzeugten Historien, da nunmehr, zumindest in den von mir erzeugten Realisationen, alle Simulationen genügend viele Wachstumszyklen aufwiesen, um Burns-Mitchell-Statistiken zu berechnen.

Mein hier zu beschreibendes Vorgehen unterscheidet sich also von dem oben dargelegten im wesentlichen darin, daß ich statt der Niveaus der Variablen deren Wachstumsraten analysiere[30]. Eine einzige weitere Modifikation erscheint angeraten: Da Wachstumsraten bereits in Prozentpunkten gemesssen werden, ist eine Berechnung von *cycle relatives* wenig sinnvoll. Ich werde statt dessen für alle Variablen lediglich deren durchschnittliche Wachstumsrate während eines Referenzzyklus von den tatsächlich (z. B. im jeweiligen Stadium) beobachteten Wachstumsraten abziehen und diese Abweichungen so behandeln wie im ursprünglichen Burns-Mitchell-Ansatz die *cycle relatives* behandelt werden. Abgesehen davon wird das Burns-Mitchell-Verfahren genauso angewandt wie bei der Analyse von Niveauwerten.

Um einen Referenz-Wachstumszyklus zu bestimmen, wende ich daher die Bry-Boschan-Prozedur auf die Wachstumsraten des realen pro-Kopf-Bruttoinlandsprodukts an. Die Ergebnisse finden sich in Abbildung 3.4/10 und die exakte Datierung der Wendepunkte kann Tabelle 3.4/10 entnommen werden. Insgesamt werden zwischen 1960 und 1994 neun *trough-peak-trough* Wachstumszyklen in der Bundesrepublik Deutschland identifiziert. Einige (aber eben nicht alle) dieser zyklischen Bewegungen korrespondieren mit den oben datierten Konjunkturzyklen, indem sie zyklische Expansionen oder Kontraktionen der Niveaus einleiten, vgl. Tabelle 3.4/2. Dabei fällt auf, daß konjunkturelle Tiefpunkte relativ leicht mit unteren Wendepunkten des Wachstumszyklus in Zusammenhang zu bringen sind; der Vorlauf des letzteren beträgt zwischen lediglich einem und maximal drei Quartalen. Der Zusammenhang zwischen oberen Wendepunkten des Konjunktur- und des Wachstumszyklus ist demgegenüber sehr viel unsystematischer und der Vorlauf kann erheblich länger als ein Jahr sein.

30Man beachte, daß es sich um Wachstumsraten pro Quartal, nicht pro Jahr, handelt. Die Umrechnung auf Monatswerte ändert daran nichts; es wird für jeden Monat die Wachstumsrate des jeweiligen Quartals ausgewiesen, d. h. diese Wachstumsrate wird interpretiert als das Wachstum der zurückliegenden drei Monate.

Betrachtet man die Tiefpunkte der Wachstumszyklen genauer, so fällt auf, daß bis ungefähr 1980 ein recht gut ausgeprägtes Muster zu erkennen ist, bei dem schwächere und stärkere Störungen des Wachstumsprozesses alternieren[31]. Dabei korrespondieren - was nicht überrascht - die stärkeren Wachstumsschwächen mit den konjunkturellen Tiefpunkten. Seit 1980 ist dieser Zusammenhang weniger ausgeprägt, aber vielleicht dennoch noch unterschwellig erkennbar. Ein analoges Muster bei den oberen Wendepunkten des Wachstumszyklus ist nicht erkennbar.

Abbildung 3.4/10

Wendepunkte des Wachstumszyklus von *BIPRSA* (in Prozent)

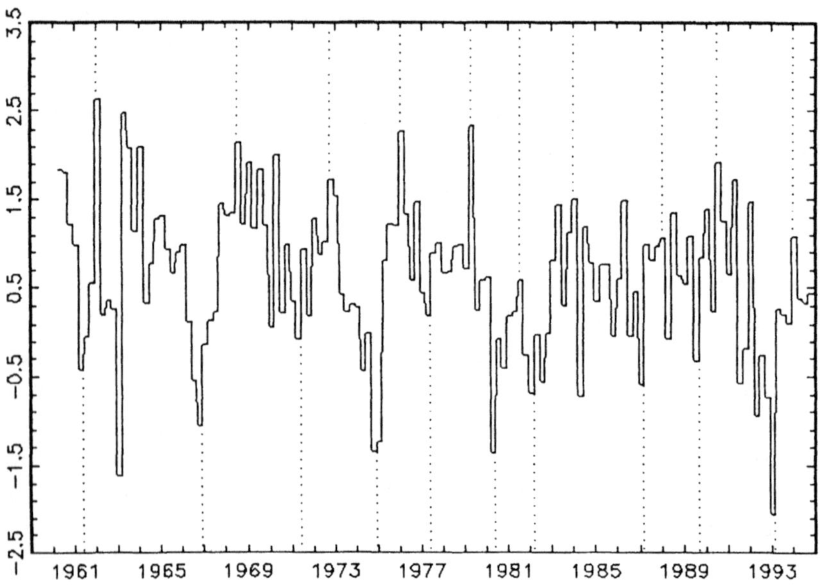

[31]Einige stark ausgeprägte Tiefpunkte werden vom Bry-Boschan-Programm nicht als Wendepunkte des Wachstumszyklus identifiziert, weil die Mindestanforderungen bezüglich der Phasenlängen nicht erfüllt sind. So z. B. im zweiten Quartal 1984, wo die auftretende Wachstumsstörung vermutlich auf den sechswöchigen Arbeitskampf in der Metallindustrie zurückzuführen ist.

Tabelle 3.4/10

Wendepunkte der Wachstumszyklen von *BIPRSA* und deren Ausprägung

Untere Wendepunkte		Obere Wendepunkte	
2. Quartal 1961	-0.4%	1. Quartal 1962	2.6%
4. Quartal 1966	-1.0%	3. Quartal 1968	2.1%
2. Quartal 1971	-0.1%	4. Quartal 1972	1.7%
4. Quartal 1974	-1.4%	1. Quartal 1976	2.3%
2. Quartal 1977	0.2%	2. Quartal 1979	2.3%
2. Quartal 1980	-1.4%	3. Quartal 1981	0.6%
1. Quartal 1982	-0.7%	1. Quartal 1984	1.5%
1. Quartal 1987	-0.6%	1. Quartal 1988	1.1%
3. Quartal 1989	-0.3%	3. Quartal 1990	1.9%
1. Quartal 1993	-2.1%	1. Quartal 1994	1.1%

Zur sprachlichen Vereinfachung werde ich auch weiterhin von "Aufschwung" und "Abschwung" sprechen, möchte aber darauf hinweisen, daß, sofern dies nicht ausdrücklich anders angegeben ist, diese Ausdrücke für den Rest des Unterabschnitts sich jeweils auf Wachstumszyklen beziehen. Man entnimmt nun Tabelle 3.4/10, daß der durchschnittliche Aufschwung (des Wachstumszyklus) erheblich kürzer ist als der durchschnittliche Abschwung: Ein Aufschwung dauert im Mittel ungefähr fünf Quartale, während der mittlere Abschwung ca. neun Quartale beträgt. Diese zunächst vielleicht erstaunliche Erkenntnis ist freilich leicht vereinbar mit der klassischen Konjunktureigenschaft, daß Konjunkturaufschwünge erheblich länger anhalten als Konjunkturabschwünge, da der erste Teil des Wachstumszyklus*abschwungs,* der typischerweise noch durch positive Wachstumsraten gekennzeichnet ist, dem Konjunkturzyklus*aufschwung* zuzurechnen ist.

Mit den identifizierten Referenz-Wachstumszyklen berechne ich nun erneut die oben erläuterten Burns-Mitchell-Statistiken. Tabelle 3.4/11 enthält zunächst mittlere Amplituden und mittlere monatliche Zuwächse. Erneut sind die Amplituden der Investitionen unstrittig die größten, dann jedoch folgen Output, Arbeitsstunden, Konsum und Reallohn[32]. Diese Reihung von Amplituden in den Wachstumsraten ist sehr verschieden von der entsprechen-

[32]Es handelt sich natürlich um die Amplituden der Wachstumsraten der jeweiligen Variablen. Der sprachlichen Vereinfachung wegen verzichte ich auf eine exakte Formulierung.

den Reihung in den Niveaus, wo die Amplituden des Reallohns an zweiter Stelle lagen und die der Arbeitsstunden an letzter. Interessanterweise ist die Amplitude des Reallohns negativ im Aufschwung und positiv im Abschwung, so daß eine (allerdings nur schwache) Antizyklizität vorliegt. Man kann daher darüber spekulieren, ob reduziertes Reallohnwachstum Aufschwünge begünstigt und starkes Reallohnwachstum Abschwünge verursacht.

Tabelle 3.4/11

Wachstumszyklen in der Bundesrepublik Deutschland: Mittlere Amplituden und mittlere monatliche Zuwächse in Prozent der Zyklusbasis

Mittel über neun Wachstumszyklen	DBIPRSA	DVPRIVRSA	DINVBURSA	DSTUNSA	DWRSA
Amplitude im					
- Aufschwung	1.81	0.68	4.32	1.33	-0.29
- Abschwung	-1.92	-0.83	-4.79	-1.45	0.09
- Zyklus	3.74	1.75	10.58	2.78	1.30
Monatszuwachs im					
- Aufschwung	0.14	0.05	0.32	0.10	-0.02
- Abschwung	-0.09	-0.04	-0.15	-0.06	0.01
von					
- I nach II	0.24	0.30	0.27	0.15	-0.09
- II nach III	0.12	-0.09	0.35	0.18	-0.04
- III nach IV	0.01	-0.03	0.32	-0.12	0.01
- IV nach V	0.29	0.11	0.37	0.27	0.02
- V nach VI	-0.08	-0.08	-0.17	-0.05	0.01
- VI nach VII	-0.09	-0.04	-0.22	-0.01	0.01
- VII nach VIII	-0.10	-0.02	-0.08	-0.08	0.04
- VIII nach IX	-0.07	-0.04	-0.11	-0.13	-0.04

Für alle Variablen sind die Amplituden im Aufschwung von annähernd derselben Größenordnung wie im Abschwung. Da jedoch der mittlere Auf-

Abbildung 3.4/11

Wachstumszyklen in der Bundesrepublik Deutschland: Durchschnittliche Abweichungen von der mittleren Wachstumsrate des Zyklus

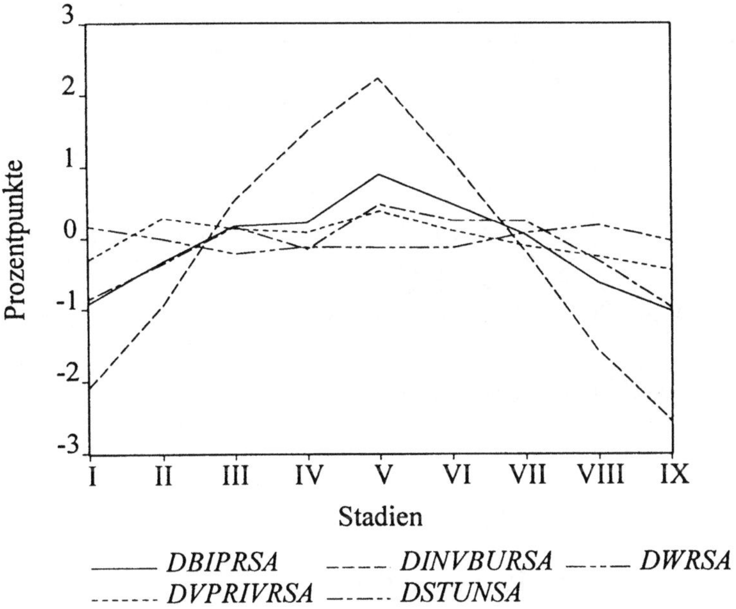

Betrachtet man zunächst die in Abbildung 3.4/12 und Abbildung 3.4/13 wiedergegebenen Häufigkeitsverteilungen der simulierten Wachstumszyklen beider Modelle, so zeigt sich, daß der empirisch beobachtete Wert von neun Zyklen im Beobachtungszeitraum bemerkenswert gut mit den Simulationsergebnissen verträglich ist. Zwar liegt, vgl. Tabelle 3.4/13, die Anzahl der Wachstumszyklen in den KPR-Modellen im Mittel geringfügig höher, die (kursiv gesetzten) Standardabweichungen zeigen jedoch, daß diese Abweichungen keineswegs als signifikant anzusehen sind.

Abbildung 3.4/12

KPR1-Simulationen:
Anzahl simulierter *Trough-Peak-Trough*-Wachstumszyklen

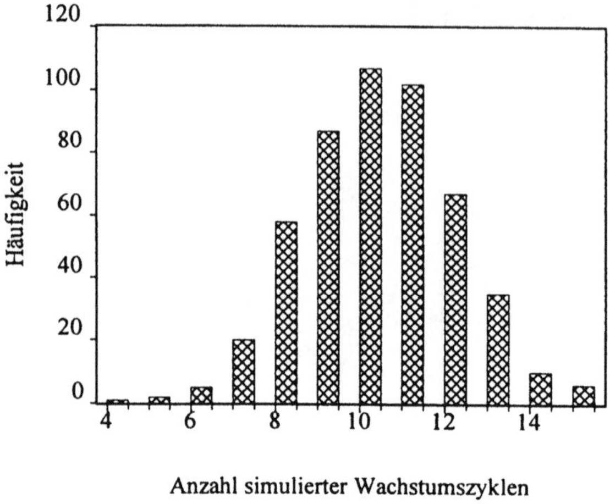

Mittelwert	10.2
Median	10.0
Maximum	15.0
Minimum	4.00
Std. Abw.	1.81
Schiefe	-0.00
Kurtosis	3.04
Jarque-Bera	0.037148
P-Wert	0.981597

Abbildung 3.4/13

KPR2-Simulationen:
Anzahl simulierter *Trough-Peak-Trough*-Wachstumszyklen

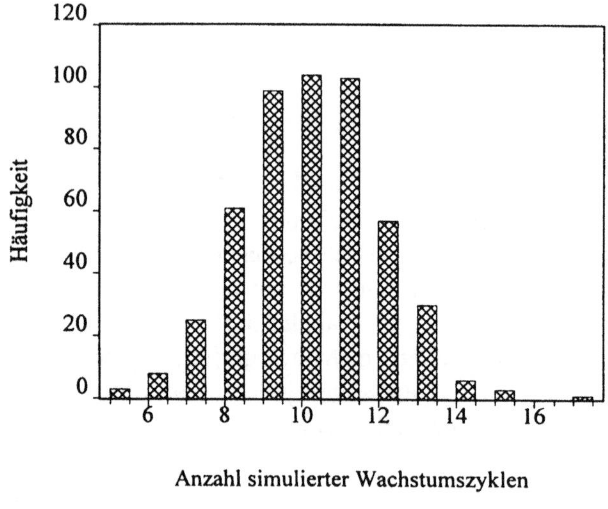

Mittelwert	10.0
Median	10.0
Maximum	17.0
Minimum	5.00
Std. Abw.	1.79
Schiefe	0.08
Kurtosis	3.20
Jarque-Bera	1.38
P-Wert	0.50

Ähnlich verhält es sich mit der durchschnittlichen Dauer von Aufschwung, Abschwung und gesamtem Wachstumszyklus. Im Mittel sind für beide KPR-Modelle die Aufschwungphasen etwas länger und die Abschwungphasen etwas kürzer als beobachtet, jedoch betragen die Abweichungen von den empirischen Werten nie auch nur eine Standardabweichung. Nennenswerte Unterschiede zwischen den Modellvarianten lassen sich entlang dieser Dimension nicht feststellen.

Tabelle 3.4/13

Wachstumszyklen:
Mittlere Dauer und mittlere Anzahl von Zyklen

	Empirisch	KPR1	KPR2
Anzahl *trough-peak-trough*-Zyklen	9	10.22 *1.81*	10.02 *1.79*
Dauer des Aufschwungs (in Monaten)	14	16.13 *3.01*	16.19 *3.06*
Dauer des Abschwungs (in Monaten)	28	22.36 *7.13*	23.13 *6.61*
Dauer des Zyklus (in Monaten)	42	38.49 *7.49*	39.25 *7.57*
Standardabweichungen sind *kursiv* gesetzt; **Fettdruck** bezeichnet "signifikante" Abweichungen von der Empirie.			

Anders verhält es sich jedoch bei der Analyse der mittleren Amplituden und der mittleren monatlichen Zuwächse, vgl. Tabelle 3.4/14 und Tabelle 3.4/15. Für das KPR1-Modell sind z. B. nur die Amplituden des Output- und des Arbeitsstundenwachstums mit empirischer Evidenz kompatibel und dasselbe gilt für die monatlichen Zuwächse in der Aufschwung- und Abschwungphase. Betrachtet man die Zuwächse zwischen den einzelnen Stadien, so ist keine der Variablen uneingeschränkt in Übereinstimmung mit den realen Beobachtungen, aber es fällt erneut auf, daß das Erklärungspotential des KPR1-Modells besonders schlecht ist im Bereich des Konsums und des Reallohns.

Tabelle 3.4/14

Wachstumszyklen des KPR1-Modells: Mittlere Amplituden und mittlere monatliche Zuwächse der Wachstumsraten

Mittelwerte über alle Zyklen	DY	DC	DI	DL	DW
Amplitude					
- im Aufschwung	1.75 *0.20*	**0.17** *0.02*	**7.36** *0.82*	1.36 *0.15*	**0.39** *0.04*
- im Abschwung	-1.74 *0.20*	**-0.17** *0.02*	**-7.33** *0.82*	-1.36 *0.15*	**-0.38** *0.04*
- im Zyklus	3.49 *0.39*	**0.34** *0.04*	**14.69** *1.62*	2.72 *0.30*	**0.77** *0.09*
Monatszuwachs					
- im Aufschwung	0.14 *0.03*	**0.01** *0.00*	**0.57** *0.11*	0.11 *0.02*	**0.03** *0.01*
- im Abschwung	-0.13 *0.03*	**-0.01** *0.00*	**-0.55** *0.15*	-0.10 *0.03*	**-0.03** *0.01*
- von I nach II	**0.33** *0.01*	**0.03** *0.01*	**1.41** *0.34*	0.26 *0.06*	**0.07** *0.02*
- von II nach III	0.01 *0.06*	**0.00** *0.01*	0.04 *0.26*	**0.01** *0.05*	**0.00** *0.01*
- von III nach IV	0.01 *0.06*	**0.00** *0.01*	0.03 *0.24*	**0.01** *0.04*	0.00 *0.01*
- von IV nach V	0.33 *0.07*	**0.04** *0.01*	**1.36** *0.31*	0.25 *0.06*	**0.08** *0.02*
- von V nach VI	0.01 *0.07*	**0.01** *0.01*	0.02 *0.32*	0.00 *0.06*	0.01 *0.02*
- von VI nach VII	-0.22 *0.10*	-0.02 *0.01*	-0.92 *0.42*	-0.17 *0.08*	**-0.05** *0.02*
- von VII nach VIII	-0.22 *0.09*	-0.02 *0.01*	**-0.91** *0.40*	-0.17 *0.07*	**-0.05** *0.02*
- von VIII nach IX	0.01 *0.08*	**0.00** *0.01*	0.05 *0.32*	-0.01 *0.06*	0.00 *0.02*
Standardabweichungen sind *kursiv* gesetzt; **Fettdruck** bezeichnet "signifikante" Abweichungen von der Empirie.					

Tabelle 3.4/15

Wachstumszyklen des KPR2-Modells:
Mittlere Amplituden und mittlere monatliche Zuwächse der Wachstumsraten

Mittelwerte über alle Zyklen	DY	DC	DI	DL	DW
Amplitude					
- im Aufschwung	1.67	**0.89**	4.47	**0.25**	**1.42**
	0.19	*0.10*	*0.51*	*0.03*	*0.16*
- im Abschwung	-1.67	-0.88	-4.45	**-0.25**	**-1.42**
	0.19	*0.10*	*0.51*	*0.03*	*0.16*
- im Zyklus	3.34	1.77	8.92	**0.50**	**2.84**
	0.38	*0.20*	*1.01*	*0.06*	*0.32*
Monatszuwachs					
- im Aufschwung	0.13	0.07	0.34	**0.02**	**0.11**
	0.03	*0.01*	*0.07*	*0.00*	*0.02*
- im Abschwung	-0.12	-0.06	-0.32	**-0.02**	**-0.10**
	0.03	*0.02*	*0.09*	*0.00*	*0.03*
- von I nach II	0.31	**0.16**	**0.83**	**0.05**	**0.26**
	0.08	*0.04*	*0.21*	*0.01*	*0.07*
- von II nach III	0.01	**0.01**	0.03	**0.00**	0.01
	0.06	*0.03*	*0.16*	*0.01*	*0.05*
- von III nach IV	0.01	0.00	0.02	**0.00**	0.01
	0.06	*0.03*	*0.16*	*0.01*	*0.05*
- von IV nach V	0.31	0.17	**0.83**	**0.04**	**0.27**
	0.07	*0.04*	*0.20*	*0.01*	*0.06*
- von V nach VI	0.00	**0.00**	-0.00	**0.00**	0.01
	0.06	*0.03*	*0.17*	*0.01*	*0.06*
- von VI nach VII	-0.20	-0.10	-0.54	-0.03	**-0.17**
	0.09	*0.05*	*0.23*	*0.01*	*0.07*
- von VII nach VIII	-0.20	-0.11	-0.53	**-0.03**	**-0.17**
	0.09	*0.05*	*0.24*	*0.01*	*0.08*
- von VIII nach IX	0.01	0.00	0.02	**0.00**	0.00
	0.07	*0.04*	*0.18*	*0.01*	*0.06*
Standardabweichungen sind *kursiv* gesetzt; **Fettdruck** bezeichnet "signifikante" Abweichungen von der Empirie.					

Das KPR2-Modell (Tabelle 3.4/15) schneidet bei den Amplituden und den monatlichen Zuwächsen im Auf- und Abschwung von Konsum- und Investitionswachstum besser ab, weist dafür aber fast durchgängig signifikante Statistiken im Bereich der Arbeitsstunden auf. Dieselbe Tendenz ergibt sich aus den stadienbezogenen monatlichen Zuwächsen: Das Arbeitsstundenwachstum, das im KPR1-Modell durch nur wenige signifikante Statistiken gekennzeichnet war, gibt nun massiven Anlaß, das Modell zu verwerfen, während die Statistiken der anderen Variablen, obwohl bei weitem nicht perfekt, sich gegenüber der Modellvariante KPR1 verbessert haben. Insgesamt sind von 65 Statistiken in Tabelle 3.4/15 27 signifikant. Dieses Verhältnis ist nur geringfügig besser als das analoge für KPR1 in Tabelle 3.4/14, wo 32 Statistiken signifikant sind.

Für die Konformitäten verhält es sich etwas anders; die Unterschiede zwischen KPR1 und KPR2 sind weit weniger deutlich ausgeprägt und die anschließende Diskussion bezieht sich daher auf beide Modelle, d. h. auf Tabelle 3.4/16 und Tabelle 3.4/17 gleichermaßen. Signifikante Abweichungen der Modellsimulationen von den westdeutschen Daten erfolgen für die Aufschwung-, Abschwung- und Zykluskonformität des Konsum-, Investitions- und Reallohnwachstums. Dies ist nicht sehr verwunderlich, denn die Abhängigkeit der Modelldynamik von nur einem Schock und die bereits im Abschnitt 3.2 hervorgehobene Eigenschaft hoher Kreuzkorrelationen der Modellvariablen lassen ein solches Resultat erwarten. Es erstaunt vor diesem Hintergrund jedoch, daß die Stadienkonformitäten überraschend gut ausfallen: Beim Konsumwachstum gibt es nicht eine einzige signifikante Statistik, beim Output, den Investitionen und den Arbeitsstunden findet man nur eine und beim Reallohn zwei. Insgesamt freilich sind immer noch 14 von 60 Statistiken signifikant.

Tabelle 3.4/16

Wachstumszyklen des KPR1-Modells:
Mittlere Konformitäten

Mittelwerte über neun Zyklen	DY	DC	DI	DL	DW
Konformität					
- im Aufschwung	100 *0*	**100** *0*	**100** *0*	100 *0*	**100** *0*
- im Abschwung	100 *0*	**100** *0*	**100** *0*	100 *0*	**100** *0*
- im Zyklus	100 *0*	**100** *0*	**100** *0*	100 *0*	**100** *0*
Stadienkonformität					
- Stadium II	5 *25*	4 *26*	5 *26*	5 *26*	5 *26*
- Stadium III	**4** *28*	4 *29*	4 *30*	4 *30*	5 *30*
- Stadium IV	4 *27*	7 *26*	4 *27*	3 *27*	5 *27*
- Stadium VI	72 *17*	62 *21*	**72** *17*	**72** *17*	**68** *18*
- Stadium VII	10 *29*	12 *29*	10 *29*	10 *29*	12 *29*
- Stadium VIII	71 *17*	72 *17*	71 *18*	70 *18*	72 *17*
- Aufschwung	4 *13*	5 *13*	4 *13*	4 *13*	5 *13*
- Abschwung	50 *13*	48 *13*	50 *13*	50 *13*	**50** *13*
- Zyklus	31 *11*	30 *11*	31 *11*	31 *11*	31 *11*

Standardabweichungen sind *kursiv* gesetzt; **Fettdruck** bezeichnet "signifikante" Abweichungen von der Empirie.

Tabelle 3.4/17

Wachstumszyklen des KPR2-Modells:
Mittlere Konformitäten

Mittelwerte über neun Zyklen	DY	DC	DI	DL	DW
Konformität					
- im Aufschwung	100 *0*	**100** *0*	**100** *0*	100 *0*	**100** *0*
- im Abschwung	100 *0*	**100** *0*	**100** *0*	100 *0*	**100** *0*
- im Zyklus	100 *0*	**100** *0*	**100** *0*	100 *0*	**100** *0*
Stadienkonformität					
- Stadium II	5 *26*	4 *27*	5 *27*	5 *27*	4 *26*
- Stadium III	**7** *29*	7 *29*	6 *29*	6 *29*	7 *30*
- Stadium IV	2 *27*	3 *27*	2 *27*	1 *26*	3 *27*
- Stadium VI	73 *16*	71 *17*	**73** *16*	**73** *16*	**72** *16*
- Stadium VII	11 *31*	12 *30*	12 *31*	11 *31*	12 *30*
- Stadium VIII	72 *17*	72 *17*	71 *17*	68 *18*	72 *17*
- Aufschwung	5 *14*	5 *14*	4 *14*	4 *14*	5 *14*
- Abschwung	51 *13*	51 *13*	51 *13*	50 *13*	**51** *13*
- Zyklus	32 *12*	32 *12*	32 *12*	31 *12*	32 *12*
Standardabweichungen sind *kursiv* gesetzt; **Fettdruck** bezeichnet "signifikante" Abweichungen von der Empirie.					

Der Vergleich von durchschnittlichen *growth cycle plots* der empirischen Wachstumsraten mit Konfidenzgrenzen, die aus den simulierten Werten plus bzw. minus zwei Standardabweichungen gewonnen wurden, bestätigt den Eindruck eines insgesamt doch eher schlechten Erklärungspotentials der KPR-Modelle. In Abbildung 3.4/14 bis Abbildung 3.4/23 sind die empirischen *growth cycle plots* durch durchgezogene Linien gekennzeichnet, während die Konfidenzgrenzen gestrichelt dargestellt sind.

Abbildung 3.4/14

Durchschnittlicher Growth Cycle Plot der Wachstumsrate des Bruttoinlandsprodukts und KPR1-Konfidenzgrenzen

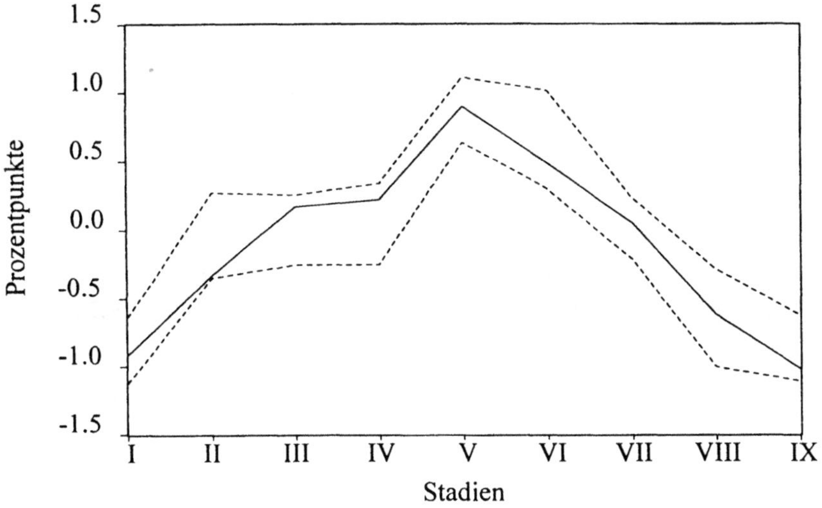

Abbildung 3.4/15

Durchschnittlicher Growth Cycle Plot der Wachstumsrate des privaten Verbrauchs und KPR1-Konfidenzgrenzen

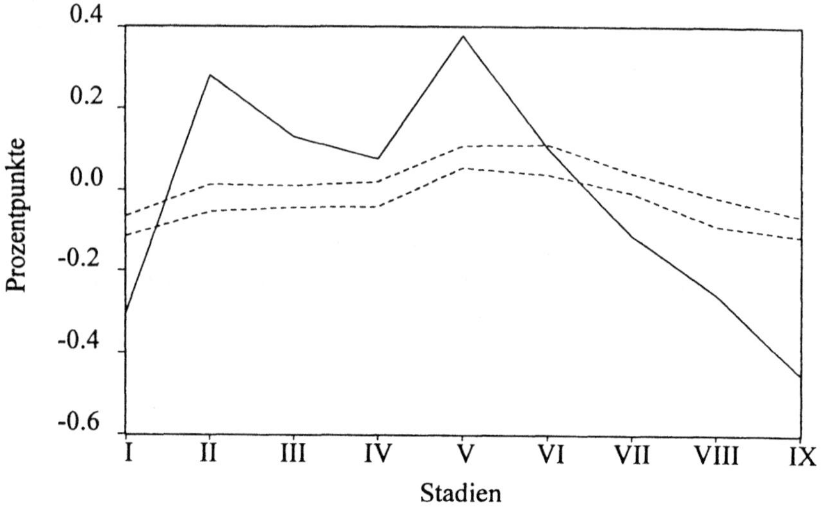

Abbildung 3.4/16

Durchschnittlicher Growth Cycle Plot der Wachstumsrate der Bruttoinvestitionen und KPR1-Konfidenzgrenzen

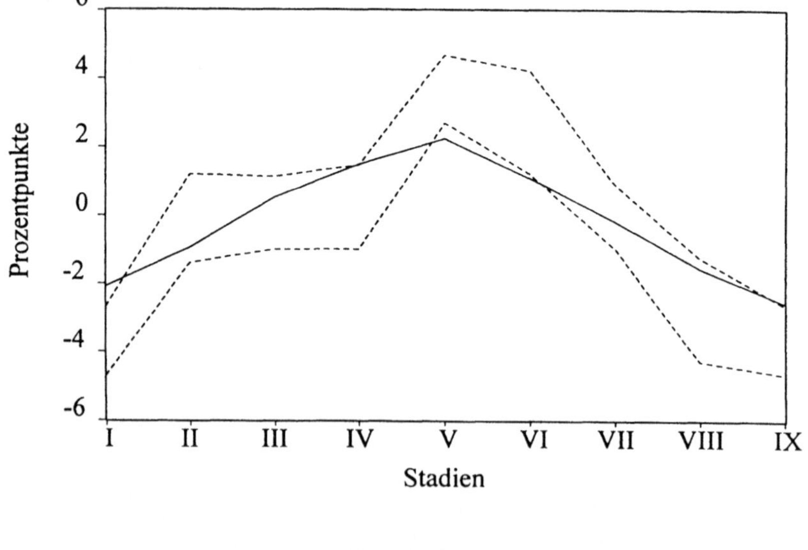

Abbildung 3.4/17

Durchschnittlicher Growth Cycle Plot der Wachstumsrate der Arbeitsstunden und KPR1-Konfidenzgrenzen

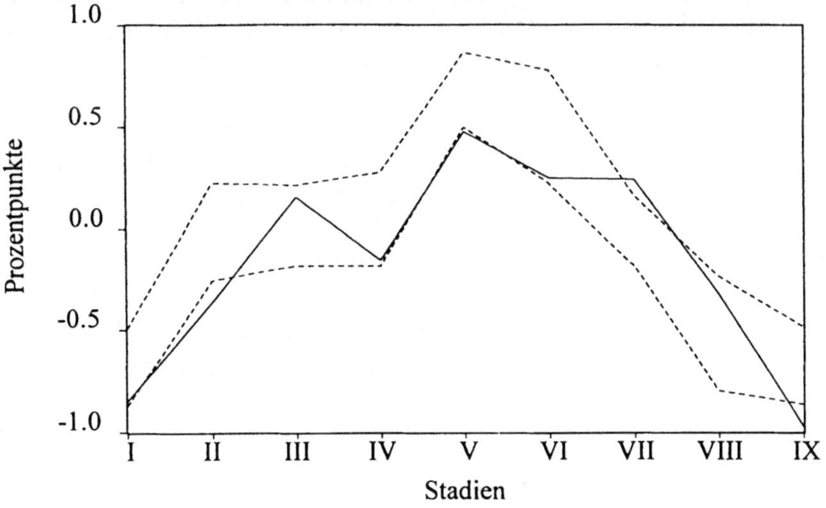

Abbildung 3.4/18

Durchschnittlicher Growth Cycle Plot der Wachstumsrate des Reallohns und KPR1-Konfidenzgrenzen

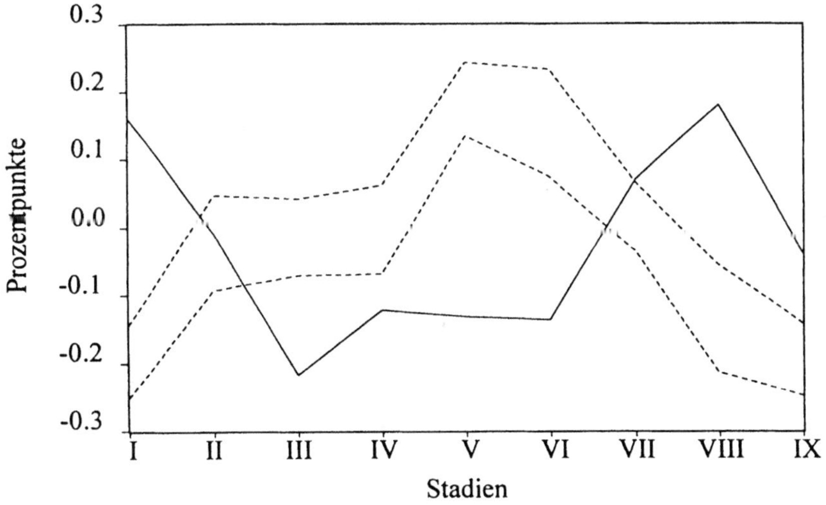

Für das KPR1-Modell sieht man, daß die Wachstumsraten des privaten Verbrauchs und des Reallohns weit außerhalb ihrer Konfidenzintervalle liegen. Beim Wachstum von Investitionen und Arbeitsstunden ist die Situation weniger dramatisch, aber immer noch sind signifikante Abweichungen von den Modellimplikationen zu verzeichnen. Nur die Wachstumsrate des Bruttoinlandsprodukts wird vom Modell offenbar befriedigend erfaßt.

Wenden wir uns dem KPR2-Modell zu, so ändert sich das Bild erheblich: Die auffälligsten Modellabweichungen erfolgen nun beim Arbeitsstundenwachstum (statt beim Wachstum des Konsums) und, wie schon zuvor, bei der Wachstumsrate des Reallohns. Im Bereich des privaten Konsums ist aufgrund erheblich weiterer Konfidenzgrenzen eine deutliche Verbesserung zu verzeichnen. Doch ähnlich wie das Investitionswachstum geben auch diese Wachstumsraten noch zu signifikanten Statistiken Anlaß. Erneut ist daher das Outputwachstum die einzige befriedigend modellierte Variable.

Abbildung 3.4/19

Durchschnittlicher Growth Cycle Plot der Wachstumsrate des Bruttoinlandsprodukts und KPR2-Konfidenzgrenzen

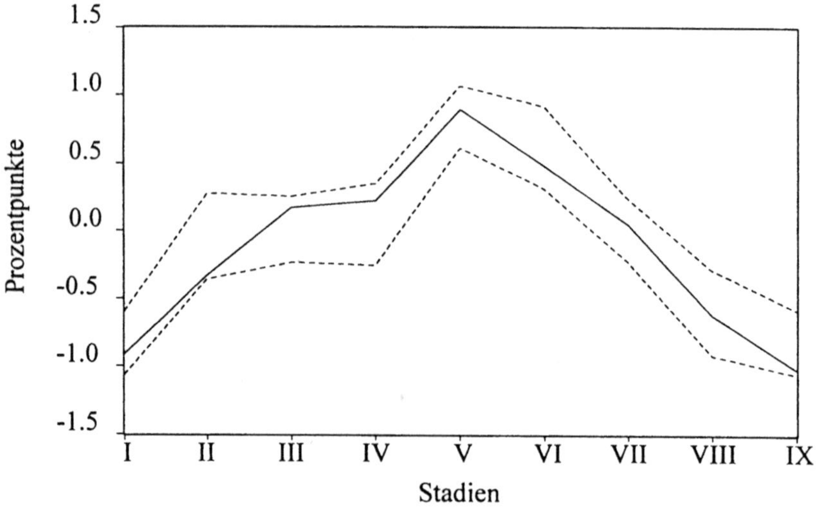

Abbildung 3.4/20

Durchschnittlicher Growth Cycle Plot der Wachstumsrate des privaten Verbrauchs und KPR2-Konfidenzgrenzen

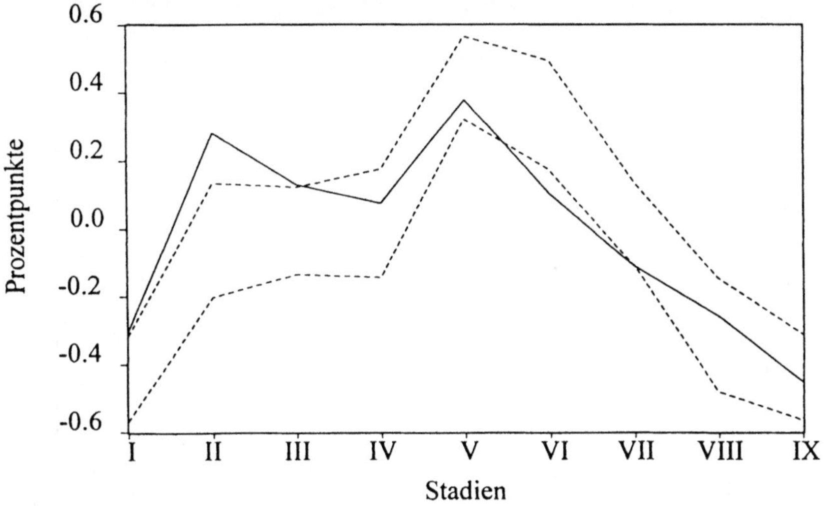

Abbildung 3.4/21

Durchschnittlicher Growth Cycle Plot der Wachstumsrate der Bruttoinvestitionen und KPR2-Konfidenzgrenzen

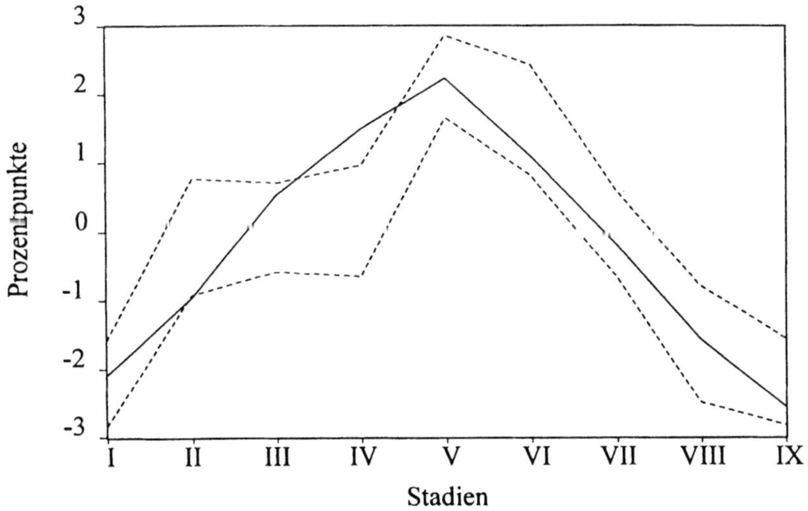

Abbildung 3.4/22

Durchschnittlicher Growth Cycle Plot der Wachstumsrate der Arbeitsstunden und KPR2-Konfidenzgrenzen

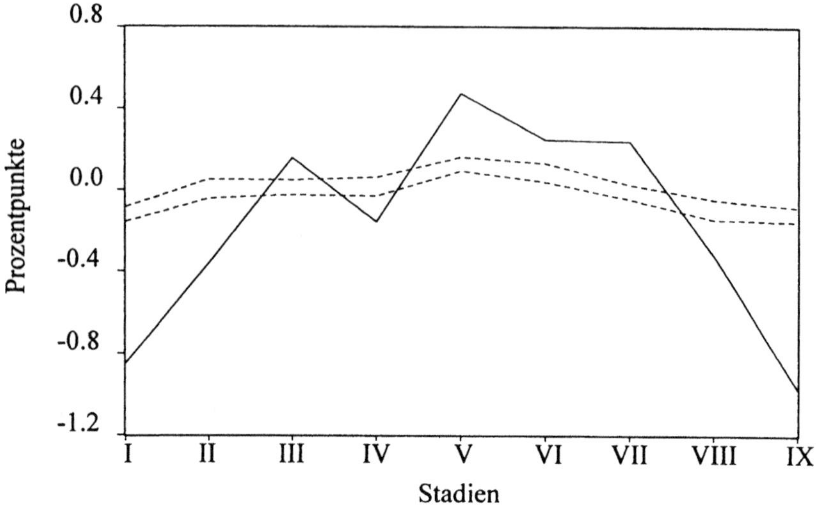

Abbildung 3.4/23

Durchschnittlicher Growth Cycle Plot der Wachstumsrate des Reallohns und KPR2-Konfidenzgrenzen

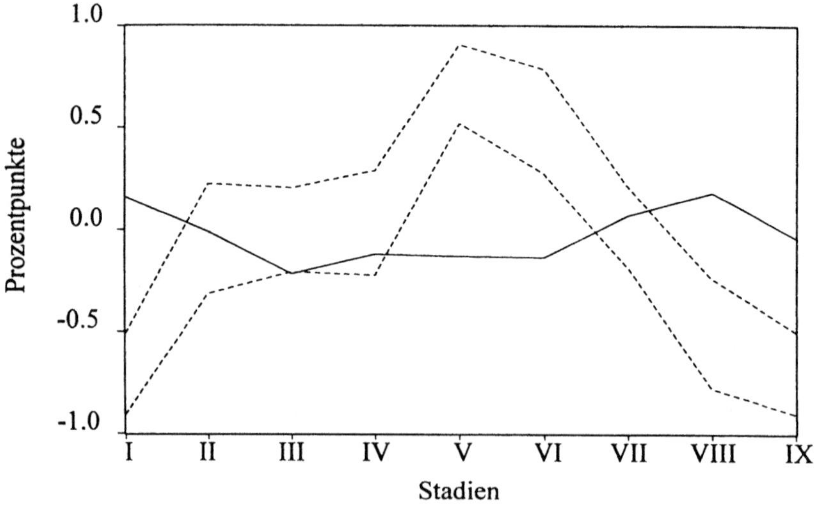

Zusammenfassend läßt sich als auffälligste Eigenschaft dieser Neun-Punkt-Diagramme wohl festhalten, daß die das KPR1-Modell kennzeichnenden extrem engen Konfidenzgrenzen des Konsumwachstums in den KPR2-Simulationen verschwinden, umgekehrt aber das KPR2-Modell ähnlich enge Konfidenzgrenzen beim Wachstum der Arbeitsstunden aufweist. Dies ist auf die bereits früher diskutierten Glättungsbemühungen des repräsentativen Agenten zurückzuführen: Im KPR1-Modell führt die relativ gute Prognosemöglichkeit des stationären Technologieschocks zu Konsumglättung und intertemporaler Substitution von Freizeit, während im KPR2-Modell diese Effekte aufgrund der Unvorhersehbarkeit der stochastischen Wachstumsimpulse weitgehend fehlen und das Arbeitsangebot daher kaum schwankt.

Überdies ist nicht nur das Wachstum von Konsum (KPR1) bzw. Arbeitsstunden (KPR2) absolut unbefriedigend modelliert. Denn das Reallohnwachstum wird ebenfalls (und zwar in beiden Modellvarianten) sehr schlecht abgebildet und die empirisch beobachteten Werte liegen oft weit außerhalb der Konfidenzgrenzen. Wirklich befriedigend sind lediglich die Neun-Punkt-Diagramme für das Outputwachstum, denn wenn auch die Investitionen (in beiden Modellen) sowie Arbeitsstunden (KPR1) bzw. Konsum (KPR2) nicht so dramatisch aus den Konfidenzschranken ausbrechen wie die oben erwähnten Variablen, so finden sich doch auch hier etliche Werte, die mehr als zwei Standardabweichungen von den empirisch beobachteten abweichen.

- Schlußfolgerungen -

Wie ich eingangs ausdrücklich betont habe, ist ein "Adelman-Test" kein exakter statistischer Test und kann daher lediglich zu subjektiven Urteilen Anlaß geben. Im Sinne einer solchen persönlichen Einschätzung möchte ich freilich vermerken, daß eine ausführliche Analyse der RBC-Modelle mit dem von Burns und Mitchell entwickelten Instrumentarium vielfältige und z. T. erhebliche Diskrepanzen zwischen Modell und Empirie zutage zu fördern imstande ist. Diese Diskrepanzen sind so stark, daß m. E. die Schlußfolgerung gerechtfertigt ist, die KPR-Modelle würden vom Adelman-Test verworfen. Positiv gewendet bedeutet dies, daß die Sorge King und Plossers, der Adelman-Test habe nur geringe "Güte", da er zwischen dem Klein-

Goldberger-Modell und einem RBC-Modell nicht zu diskriminieren verstehe, weitgehend unbegründet scheint.

Damit verbleibt die Frage, weshalb King und Plossers Schlußfolgerungen zu meiner hier niedergelegten Wertung derart konträr sind. Naheliegenderweise kann man dabei zunächst vermuten, daß der Bezug auf unterschiedliche Volkswirtschaften, d. h. das Arbeiten mit unterschiedlichen Datensätzen und Parameterwerten dafür maßgebend ist. Ohne diesen Gesichtspunkt grundsätzlich unterschlagen zu wollen, möchte ich eine alternative und m. E. wesentlichere Erklärung anbieten:

King und Plosser haben ihren Adelman-Test ausschließlich für *Niveaus* konstruiert. Dabei verwenden sie nur eine kleine (und ihre Schlußfolgerungen begünstigende) Auswahl der von mir analysierten Statistiken. Unterstellen wir der Einfachheit halber, daß der Informationsgehalt dieser Statistiken ungefähr dem der Neun-Punkt-Diagramme entspricht. Wie ich mit Abbildung 3.4/5 bis Abbildung 3.4/9 gezeigt habe, kommt es dabei nicht zu nennenswert signifikanten Ergebnissen. Der analoge Adelman-Test für *Wachstumsraten*, auf den King und Plosser verzichtet haben, hätte freilich massive Evidenz gegen die Modelle zutage gefördert, vgl. Abbildung 3.4/14 bis Abbildung 3.4/23.

Der Grund für die unterschiedlichen Schlußfolgerungen aus der Analyse von Niveaus und Wachstumsraten liegt in der speziellen Struktur von RBC-Modellen, die ich im Detail im nächsten Unterabschnitt erläutern werde. Wie dort zu zeigen sein wird, können die endogenen *Niveau*variablen eines RBC-Modells in nicht allzu schlechter Approximation als einfache AR(1)-Prozesse mit hoher Persistenz aufgefaßt werden. Dies ist auch für die empirischen Korrelate der Modellvariablen eine vertretbare erste Approximation, vgl. Tabelle 2/7. Die *Wachstumsraten* der Modellvariablen sind dann aber ungefähr weißes Rauschen und dies entspricht nicht mehr den empirischen Befunden, wie ich in Kapitel 2 gezeigt habe. Ein Adelman-Test bezüglich der Wachstumsraten wird daher weitaus eher in der Lage sein, ein RBC-Modell zu verwerfen als ein Adelman-Test bezüglich der Niveaus. Insofern ist es interessant festzuhalten, daß eine Analyse der Niveaus mit einem hinreichend disaggregierten Burns-Mitchell-Instrumentarium (zumindest für deutsche Daten) ebenfalls zu m. E. klar ablehnenden Ergebnissen führen kann.

3.5 Stichprobeneigenschaften

Zum besseren Verständnis der bislang präsentierten Modellevaluationen ist es hilfreich, die dynamische Struktur der Modellökonomie eingehender zu diskutieren. Von besonderem Interesse sind dabei die Schockfortpflanzungsmechanismen des Modells, d. h. die dynamischen Reaktionen der endogenen Variablen auf exogene Impulse des Technologieschocks (KPR1) oder des Wachstumsprozesses (KPR2). Ich werde mich dabei auf die Analyse des KPR1-Modells beschränken; es wird aber aus dem folgenden ersichtlich werden, daß ganz ähnliche Eigenschaften auch für das KPR2-Modell nachgewiesen werden können.

- Schockfortpflanzungsmechanismen -

Die Schockfortpflanzung von RBC-Modellen ist, vor allem in letzter Zeit, in verschiedenen Studien explizit untersucht worden, vgl. z. B. Cogley und Nason (1995) und Wen (1995a). Dabei ist Wens Vorgehen erheblich stärker analytisch geprägt als das von Cogley und Nason; letztere stellen im wesentlichen auf Simulationen ab, ohne, wie Wen, die Funktionsweise der internen Schockfortpflanzungsmechanismen herauszuarbeiten. (In der Tat hätten sich Cogley und Nason wohl viel Arbeit sparen können, wären sie in Kenntnis von Wens Papier gewesen). Ich stütze mich daher im folgenden wesentlich auf Wens Arbeit; verallgemeinere seinen Ansatz jedoch, um auch variablen Arbeitseinsatz, ein ja sehr wesentliches Element des KPR-Modells, betrachten zu können.

Um die Schockfortpflanzung des KPR1-Modells besser zu verstehen, ist es zunächst angezeigt, die State-Space-Darstellung (3.1/65) und (3.1/66) der prozentualen Abweichungen vom Steady-State zu betrachten[1]. In dieser treten zwei Zustandsvariablen, Kapitalbestand und Technologieschock auf, von denen eine, der Kapitalbestand, eine sog. kontrollierte Zustandsvariable ist, da sie ja in der Vorperiode über die Investitionstätigkeit endogen bestimmt wurde. Die exogenen Impulse gehen also ausschließlich auf die Technologieinnovation $\varepsilon_{A,t}$ zurück. Ich will im folgenden die Effekte einer einprozentigen Erhöhung des Technologieschocks auf die endogenen Modellvariablen verfolgen, d. h. ich betrachte die quantitativen Wirkungen von $\hat{A}_t = 0.01$ auf die Modellvariablen der Periode t und der Periode t+1. Dies

[1]Die folgende Diskussion bezieht sich stets auf prozentuale Abweichungen vom Steady-State, ohne daß ich dies jeweils gesondert hervorheben werde.

soll in einer heuristischen Betrachtungsweise geschehen, die typische ökonomische Wirkungsmechanismen unterstellt und bei Abschätzungen Parameterannahmen macht, die im Rahmen allgemein gebräuchlicher Größenordnungen liegen.

Aus (3.1/1) folgt, daß ein nicht antizipierter Technologieschock im allgemeinen sowohl Anpassungsreaktionen des Outputs als auch des Arbeitsinputs derselben Periode nach sich zieht. Der Kapitalbestand jedoch ist gemäß (3.1/4) prädeterminiert und reagiert erst in der Folgeperiode. Linearisiert man (3.1/10) um den Steady-State der wachstumsbereinigten Ökonomie,

$$\hat{y}_t = \frac{c}{y}\hat{c}_t + \frac{i}{y}\hat{i}_t, \tag{3.5/1}$$

so sieht man, daß die Veränderung des Outputs zu Veränderungen in den Verwendungskomponenten Konsum und Investitionen führt: $\hat{y}_t$ ergibt sich als konvexe Linearkombination von $\hat{c}_t$ and $\hat{i}_t$, wobei die Konsum- und die Investitionsquote die entsprechenden Gewichte sind. Aufgrund des durch Nutzenmaximierung implizierten Konsumglättungsverhaltens stimuliert ein Einkommenszuwachs die Konsumnachfrage weniger stark als das Einkommen selbst gestiegen ist[2] und daher resultiert ein positiver Technologieschock typischerweise in Anpassungsreaktionen, die $0 \leq \hat{c}_t < \hat{y}_t < \hat{i}_t$ erfüllen.

Durch Substitution von (3.1/33) und (3.1/34) in (3.1/21) erhält man

$$\theta c_t l_t = \alpha y_t (1 - l_t). \tag{3.5/2}$$

Diese Gleichung wird in der bekannten Weise linearisiert, so daß man unter Ausnutzung von $\hat{c}_t \geq 0$ eine Abschätzung für die Anpassungsreaktionen von Arbeitsinput und Output in der Periode t erhält:

$$\begin{aligned} \hat{l}_t &= (1-l)(\hat{y}_t - \hat{c}_t) \\ &< (1-l)\hat{y}_t \end{aligned} \tag{3.5/3}$$

Setzt man diese Abschätzung in (3.1/39) ein und wertet mit den kalibrierten Parameterwerten α=0.73 und l=0.13 aus, so resultiert

---

[2]Daß die Konsumausgaben weniger stark steigen als der Zuwachs des gegenwärtigen Einkommens ist gerade Keynes' "Fundamental-Psychologisches Gesetz".

$$\hat{y}_t < \frac{1}{1-\alpha(1-l)}\left(\hat{A}_t + (1-\alpha)\hat{k}_t\right) \qquad (3.5/3)$$
$$= 2.74\left(\hat{A}_t + 0.27\,\hat{k}_t\right)$$
$$\approx 3\hat{A}_t + 0.75\,\hat{k}_t.$$

Da der Kapitalstock prädeterminiert ist, geht aus dieser Ungleichung hervor, daß eine einprozentige Abweichung des Technologieschocks von seinem Steady-State-Niveau zu einer weniger als dreiprozentigen Erhöhung des Outputs in derselben Periode führt. Man kann sich leicht überlegen, daß diese Abschätzung auch für andere ökonomisch plausible Parametrisierungen Gültigkeit behält.

Die eigentliche Schockfortpflanzung beginnt nun in Periode $t+1$ mit den weiteren Anpassungsreaktionen der endogenen Variablen. Um den Effekt auf den Output der dem Technologieschock folgenden Periode zu studieren, wollen wir annehmen, daß die Investitionsquote ungefähr $i/y=0.2$ beträgt und daß der gesamte zusätzliche Output der Vorperiode investiert wurde, d. h. wir setzen $\hat{c}_t = 0$ als untere Abschätzung für die Anpassung des Konsums der Vorperiode. Letzteres ist eine vereinfachende Annahme, die dazu führt, daß die Schockfortpflanzung tendenziell überschätzt wird.

Nach (3.5/1) folgt dann, daß die Investitionen der Periode t um maximal 15% über ihrem Steady-State-Niveau liegen und dies impliziert, daß der Kapitalbestand in $t+1$ um höchstens fünfzehn Prozent mal $(\gamma-(1-\delta))/\gamma$ über dem der Vorperiode liegt, vgl. (3.1/45). Mit der in Abschnitt 3.2 abgeleiteten Parametrisierung ($\gamma=1.005$, $\delta=0.008$) bedeutet dies, daß der Kapitalbestand der Periode $t+1$ um höchstens 0.19% von seinem Steady-State-Niveau abweicht. Setzt man nun (3.1/55) in (3.5/3) ein, so zeigt sich, daß der Technologieimpuls der Periode t den Output der Periode $t+1$ um nicht mehr als

$$2.74\rho\% + 2.74(1-\alpha)0.19\% = 2.74\rho\,\% + 0.14\%.$$

erhöht. Mit anderen Worten, die Persistenz der Anpassungsreaktionen des Outputs hängt maßgeblich von der Persistenz des exogenen Technologieschocks ab, die sich in dem Wert des Parameters ρ niederschlägt. Gibt es keine exogene Persistenz, d. h. is $\rho=0$, schrumpft die Anpassungsreaktion des Outputs innerhalb von nur einer Periode (also binnen dreier Monate) um einen Faktor von rund zwanzig! Aufgrund von (3.5/1) konvergieren die Investitionen mit ähnlicher Konvergenzgeschwindigkeit zu ihrem Steady-

State-Niveau. Die modellimmanente Schockfortpflanzung ist also extrem schwach und fast die gesamte Persistenz des Modells wird von dem Parameter ρ des exogenen Technologieprozesses gesteuert.

- Approximative ARMA-Darstellungen -

Diese Überlegungen können sinnvoll angewandt werden in der Analyse der ARMA-Darstellung der endogenen Variablen. Um letztere herzuleiten, schreibe man das Bewegungsgesetz der Zustandsvariablen (3.1/65) als

$$\det(I - MB)\eta_t = \operatorname{adj}(I - MB)\varepsilon_t, \tag{3.5/4}$$

wobei B erneut den Lagoperator und $\operatorname{adj}(\cdot)$ die Adjungierte darstellt. Wegen (3.1/66) erhält man durch Multiplikation von links mit Π den Ausdruck

$$(1 - \mu_w B)(1 - \rho B)\xi_t = \Pi \begin{pmatrix} \pi_{kA} B \\ 1 - \mu_w B \end{pmatrix} \varepsilon_{A,t}, \tag{3.5/5}$$

der zeigt, daß die endogenen Modellvariablen ARMA(2,1)-Prozesse mit gemeinsamem AR-Polynom aber unterschiedlichen MA-Polynomen sind. Faßt man (3.5/5) als einen VARMA-Prozeß auf (Vector Autoregressive Moving Average), so ist offensichtlich, daß die Kovarianzmatrix der Störterme Rang 1 hat und damit singulär ist.

Auf der rechten Seite von (3.5/5) muß die erste Spalte der Matrix Π mit dem Koeffizienten π_{kA} multipliziert werden, der die Reaktion des Kapitalbestands auf einen Technologieschock der Vorperiode beschreibt. Diese Reaktion ist, nach meinen obigen Argumenten, typischerweise relativ klein; in der gegebenen Parametrisierung errechnet sich der Koeffizient als $\pi_{kA}= 0.125$. Die erste Spalte der Matrix Π aber enthält die Reaktionen der Kontrollvariablen auf Änderungen des Kapitalbestands und diese Reaktionen sind, wie wir oben exemplarisch gesehen haben, für wichtige Variablen ebenfalls recht klein[3]. Mit der beschriebenen Parametrisierung ergibt sich z. B.

[3]Eine wichtige Ausnahme ist der Konsum, der aufgrund des Konsumglättungsverhaltens weniger stark auf Technologieschocks als auf Änderungen im Kapitalbestand (d. h. im Vermögen) reagiert.

$$(1-\mu_w B)(1-\rho B)\begin{pmatrix}\hat{y}_t\\ \hat{c}_t\\ \hat{i}_t\\ \hat{l}_t\\ \hat{w}_t\end{pmatrix}=\begin{pmatrix}-0.005\\ 0.056\\ -0.219\\ -0.052\\ 0.048\end{pmatrix}\varepsilon_{A,t-1}+\begin{pmatrix}2.310\\ 0.247\\ 9.663\\ 1.794\\ 0.516\end{pmatrix}(1-\mu_w B)\varepsilon_{A,t}\,. \qquad (3.5/6)$$

Nehmen wir an, der erste Summand auf der rechten Seite von (3.5/6) sei vernachlässigbar klein relativ zum zweiten Summanden, d. h. relativ zur Größe der Koeffizienten in der zweiten Spalte von Π. Dies scheint für die meisten Variablen eine vertretbare Approximation zu sein; am ehesten ist die Annahme für die Konsumreihe problematisch. Wir können dann den Term $(1-\mu_w B)$ auf beiden Seiten der Gleichung kürzen und erhalten

$$\begin{pmatrix}\hat{y}_t\\ \hat{c}_t\\ \hat{i}_t\\ \hat{l}_t\\ \hat{w}_t\end{pmatrix}\approx\begin{pmatrix}2.310\\ 0.247\\ 9.663\\ 1.794\\ 0.516\end{pmatrix}(1-\rho B)^{-1}\varepsilon_{A,t}=\begin{pmatrix}2.310\\ 0.247\\ 9.663\\ 1.794\\ 0.516\end{pmatrix}\hat{A}_t\,. \qquad (3.5/7)$$

Dies bedeutet, daß die von einem KPR1-RBC-Modell generierten Variablen als unterschiedlich standardisierte Transformationen desselben exogenen stochastischen Prozesses approximiert werden können. Aus Approximation (3.5/7) folgen unmittelbar die bereits diskutierten Zeitreiheneigenschaften der prozentualen Abweichungen vom Steady-State des KPR1-Modells, vgl Tabelle 3.2/1: Die Varianzen der Variablen lassen sich in aufsteigender Folge ordnen als die von Konsum, Reallohn, Arbeitsstunden, Output und Investitionen, die Kreuzkorrelationen dieser Variablen sind nahe an Eins und ihre Autokorrelationen ähneln jener der exogenen Technologieschocks.

Die Dynamik des KPR1-RBC-Modells ist daher im wesentlichen auf die Dynamik der exogenen Impulse zurückzuführen; in der obigen Approximation (3.5/7) gibt es keine modellimmanente Schockfortpflanzung. Da aber empirische Makrodaten normalerweise recht hohe Persistenz haben, ist es nötig, persistente Technologieprozesse zu spezifizieren, um RBC-Modelle als erfolgreich reklamieren zu können. Häufig ergeben sich dann Modellvariablen, die entweder eine Einheitswurzel aufweisen oder "nahezu integriert" im Sinne von Phillips (1987, 1988) sind, d. h. die stationär mit einer Wurzel nahe am Einheitskreis sind. Um zu illustrieren, wie nahe die Modellvariablen des KPR1-Modells an einem integrierten Prozeß sind, errechne ich nun eine zweite und exaktere Approximation:

Schreibt man (3.5/6) mit den hier benutzten Parameterwerten als

$$\left(1-1.864B-0.868B^2\right)\xi_t=\begin{pmatrix}2.310(1-0.966B)\\0.247(1-0.739B)\\9.663(1-0.987B)\\1.794(1-0.994B)\\0.516(1-0.871B)\end{pmatrix}\varepsilon_{A,t} \qquad (3.5/8)$$

und berücksichtigt, daß das Lag-Polynom auf der linken Seite von (3.5/8) bei für volkswirtschaftliche Aggregate üblicher Stichprobengröße praktisch beobachtungsäquivalent ist zu den (auf drei Nachkommastellen gerundeten) Lag-Polynomen

$$\begin{aligned}(1-0.966B)(1-0.898B)&=\left(1-1.864B+0.867B^2\right)\\(1-B)(1-0.864B)&=\left(1-1.864B+0.864B^2\right)\\(1-0.987B)(1-0.877B)&=\left(1-1.864B+0.866B^2\right)\\(1-0.994B)(1-0.870B)&=\left(1-1.864B+0.865B^2\right)\\(1-0.871B)(1-0.993B)&=\left(1-1.864B+0.865B^2\right),\end{aligned}$$

so daß (3.5/8) außerordentlich gut approximiert wird durch

$$\begin{pmatrix}(1-0.898B)\hat{y}_t\\(1-B)(1-0.864B)\hat{c}_t\\(1-0.877B)\hat{i}_t\\(1-0.862B)\hat{l}_t\\(1-0.993B)\hat{w}_t\end{pmatrix}\approx\begin{pmatrix}2.310\\0.247(1-0.739B)\\9.663\\1.794\\0.516\end{pmatrix}\varepsilon_{A,t}\,. \qquad (3.5/9)$$

Nach dieser Approximation sind Output, Investitionen und Arbeitsstunden stationäre AR(1)-Prozesse mit Wurzeln geringfügig kleiner als 0.9, der Reallohn ist fast ein *random walk* und der Konsum ist ein sog.

ARIMA(1,1,1), d. h. ein ARMA(1,1)-Prozeß, der integriert der Ordnung Eins ist.

Vergleicht man die Approximationen (3.5/7) und (3.5/9), so scheint der wesentliche Unterschied darin zu bestehen, daß (3.5/7) in einer gewissen Überspitzung des tatsächlichen Sachverhalts den Eindruck erweckt, als verfüge das KPR1-Modell über gar keine internen Schockfortpflanzungsmechanismen; die Struktur der Outputdynamik entspricht der Struktur der Inputdynamik. Die qualitativ bessere Approximation (3.5/9) modifiziert diesen Eindruck: Während für Output, Investitionen und Arbeitsstunden Input- und Outputdynamik in der Tat nur sehr geringe Unterschiede aufweisen, erzeugt das Modell beim Konsum und beim Reallohn doch aus einem stationären Inputprozeß Outputprozesse, die fast ununterscheidbar von integrierten Prozessen sind.

Diese Eigenschaft ist allerdings wiederum davon abhängig, daß der Inputprozeß bereits relativ hohe Persistenz aufweist. Es ist deshalb schwierig, von einer endogen erzeugten Dynamik zu sprechen. Mit derselben Vorgehensweise wie zuvor kann man zeigen, daß für kleinere Werte von ρ, z. B. $\rho=0$, auch der Konsum und der Reallohn annähernd weißes Rauschen sind und daher im wesentlichen lediglich die Inputdynamik reflektieren.

- Verteilung geschätzter Autokorrelationen -

Geschätzte Autokorrelationen von stationären AR(1)-Prozessen mit Wurzeln nahe am Einheitskreis weisen in endlichen Stichproben häufig eine nicht zu vernachlässigende negative Verzerrung auf; vgl. Evans und Savin (1981)[4].

[4]Die nachfolgende Diskussion bezieht sich ausschließlich auf die in der statistischen Literatur besonders gut erforschten Stichprobeneigenschaften von AR(1) Prozessen. Die Konsumreihe des RBC-Modells ist jedoch, nach Approximation (3.5/9), ein ARIMA(1,1,1), dessen Stichprobeneigenschaften weit komplizierter und vielleicht auch noch nicht abschließend geklärt sind. Hassler (1994) hat die asymptotische Verteilung geschätzter Autokorrelationen von I(1)-Prozessen hergeleitet und gezeigt, daß bei einem einfachen *random walk* die geschätzten Autokorrelationen mit zunehmender Ordnung relativ schnell fallen, obwohl die wahren Autokorrelationen asymptotisch gegen Eins konvergieren. (In endlichen Stichproben sind die wahren Autokorrelationen integrierter Prozesse nicht zeitinvariant). Hassler zeigt darüber hinaus, daß ein integrierter Moving-Average-Prozeß IMA(1,1) mit negativer MA-Autokorrelation noch stärker nach unten verzerrte geschätzte Autokorrelationen aufweist als ein *random walk*, und daß umgekehrt die Verzerrung bei einem integrierten autoregressiven ARI(1,1) mit positiver Autokorrelation geringer ist als beim *random walk*. Aus diesen Eigenschaften kann man die Vermutung

Die wahre, theoretische Autokorrelation wird daher systematisch unterschätzt. Evaluiert man daher ein RBC-Modell des oben beschriebenen Typs durch Vergleich von theoretischen und geschätzten Autokorrelationen, so sollte man dem Umstand Rechnung tragen, daß selbst wenn das RBC-Modell in der Tat den datengenerierenden Prozeß korrekt beschreibt, der Erwartungswert der geschätzten Autokorrelationen geringer ist als die vom Modell implizierten theoretischen Autokorrelationen. Vorschläge zur approximativen Ermittlung der zu erwartenden Verzerrung stammen z. B. von Marriott und Pope (1954); einen Überblick über ähnliche Arbeiten vermitteln Kendall und Stuart (1966). Mit den heute verfügbaren Rechnergeschwindigkeiten können die mittleren Verzerrungen jedoch auch unschwer durch Simulationen bestimmt werden.

Betrachtet man z. B. die Evaluationsbemühungen von KPR (1988a) für ihr mit etwas anderen Parameterwerten kalibriertes Modell, so ergeben sich die wahren Autokorrelationen erster Ordnung für Output, Investitionen und Arbeitsstunden als 0.93, 0.88, bzw. 0.86. Die entsprechenden Schätzungen für einen Datensatz der USA (Quartalsdaten von 1948.1-1986.4) sind 0.96, 0.93 und 0.94. Auf den ersten Blick scheinen diese Werte recht nahe an den theoretischen Autokorrelationen zu liegen, so daß KPR diese (und weitere derartige) Ergebnisse als Evidenz zugunsten ihres Modells auffasssen. Berücksichtigt man aber, daß geschätzte Autokorrelationen von AR(1)-Prozessen im Mittel nach unten verzerrt sind, so ist es zumindest überraschend festzustellen, daß die von KPR empirisch ermittelten Autokorrelationen alle größer als die entsprechenden wahren Werte sind. In Lucke (1996) zeige ich anhand von Simulationen, daß die von KPR geschätzten empirischen Autokorrelationen in der Tat signifikant zu hoch sind um mit der datengenerierenden Struktur von KPR1 kompatibel zu sein.

herleiten, daß der in (3.5/9) auftretende ARIMA(1,1,1) eine geringere Verzerrung der geschätzten Autokorrelationen hat als der reine *random walk*, denn die positive Autokorrelation des AR-Teils wirkt der negativen Autokorrelation des MA-Teils entgegen, und da die Wurzel des AR-Teils größer ist als die Wurzel des MA-Teils, ist anzunehmen, daß der erste Effekt dominiert.

Abbildung 3.5/1

Empirische Verteilung der geschätzten ersten Autokorrelation von $\hat{y}_t$

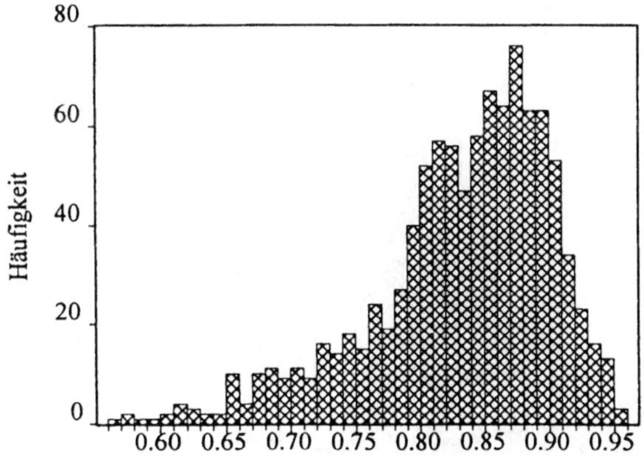

Mittelwert	0.832
Median	0.846
Maximum	0.955
Minimum	0.561
Std. Abw.	0.070
Schiefe	-0.990
Kurtosis	3.894
Jarque-Bera	196.7
P-Wert	0.000

Im folgenden präsentiere ich die Ergebnisse einer ähnlichen Untersuchung für deutsche Daten: Ich parametrisiere das KPR1-Modell mit den vorstehend beschriebenen Parameterwerten und erzeuge 1000 Realisationen der prozentualen Abweichungen vom Steady-State durch Simulation von (3.1/65) und (3.1/66)[5]. Jede Realisation umfaßt achtzig Beobachtungen, die dem Stichprobenumfang 1975.1-1994.4 entsprechen. Ich berechne für jede Realisation die ersten drei Autokorrelationen der Variablen Output, Konsum, Investitionen, Arbeitsstunden und Reallohn. Die empirische Verteilung der ersten Autokorrelationen des Outputs und des Reallohns sind wiedergegeben in Abbildung 3.5/1 und Abbildung 3.5/2:

---

[5]In allen Simulationen dieser Arbeit wurden normalverteilte Pseudo-Zufallszahlen mit dem GAUSS-Zufallszahlengenerator, GAUSS-Version 3.2, erzeugt.

Abbildung 3.5/2

Empirische Verteilung der geschätzten ersten Autokorrelation von $\hat{w}_t$

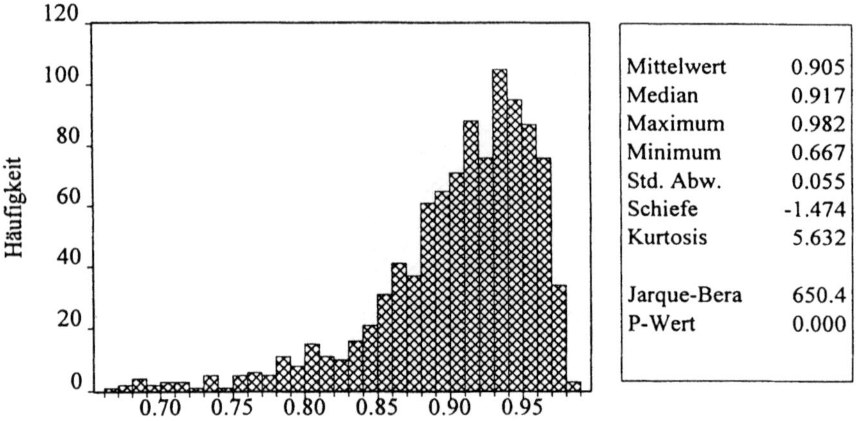

Beide empirischen Verteilungen sind stark linksschief und, nach Maßgabe des Jarque-Bera-Tests, hochsignifikant nichtnormal. Der Mittelwert der simulierten Autokorrelationsschätzungen liegt bei 0.83 für den Output bzw. 0.91 für den Reallohn, was erheblich niedriger ist als die wahren Werte für die erste Autokorrelation, die 0.90 bzw. 0.98 betragen. Ähnliches gilt für die analogen Histogramme der anderen Variablen, auf deren Abbildung ich hier verzichte.

Die simulierten Verteilungen geschätzter Autokorrelationen können nun zur Überprüfung der Frage benutzt werden, wie wahrscheinlich es ist, daß die mit empirischen Daten geschätzten Autokorrelationen von einem KPR1-Modell generiert worden sind. Für die erste Autokorrelation von %BIPRSA z. B. hatten wir einen Wert von 0.90 ermittelt. Ich errechne nun aus den simulierten ersten Autokorrelationen von $\hat{y}_t$ den Anteil derjenigen Werte, die größer als 0.90 geschätzt wurden. Dieser Anteil ist 14.2%, d. h. 142 der geschätzten tausend ersten Autokorrelationen des Outputs fallen in den Simulationen größer als 0.90 aus. Dieser Prozentsatz ist erstaunlich gering, wenn man berücksichtigt, daß 0.90 (zufällig) gleichzeitig die wahre theoretische Autokorrelation ist; bei einer symmetrischen Verteilung hätte man daher einen Anteil von 50% extremerer Beobachtungen erwarten sollen. Da der Anteil extremerer Beobachtungen in den Simulationen analog ist zu der

Wahrscheinlichkeit extremerer Teststatistiken in einem einseitigen Test auf Gleichheit von empirischer und theoretischer Autokorrelation, werde ich diesen Anteil hinfort einfach als "simulierten P-Wert" bezeichnen.

In Tabelle 3.5/1 fasse ich theoretische Autokorrelationen des KPR1-Modells aus Tabelle 3.2/1, deren empirische Korrelate aus Tabelle 2/7 und die simulierten P-Werte der letzteren zusammen. Das dabei sich ergebende Bild modifiziert den aus der Analyse von Tabelle 3.2/1 entstandenen Eindruck in nicht ganz unerheblichem Maße.

Bei den Autokorrelationen erster Ordnung ist insbesondere auffallend, daß für den Reallohn der geschätzte Wert von 0.97 bereits signifikant zu hoch ist, obwohl der wahre Wert 0.98 noch höher ist und überdies außerordentlich nahe an den geschätzten 0.97 liegt. Umgekehrt verhält es sich für den Konsum. Die nach der Bartlett-Formel berechneten asymptotischen Standardfehler hatten die empirische Autokorrelation erster Ordnung als signifikant zu klein wirken lassen, die Simulationsergebnisse aber zeigen, daß aufgrund der starken Schiefe der Verteilung der geschätzte Wert durchaus mit dem KPR1-Modell vereinbar ist. Analoges gilt für die Autokorrelationen zweiter und dritter Ordnung des Konsums.

Für die Investitionen lagen die wahre und die geschätzte erste Autokorrelation um weniger als eine asymptotische Standardabweichung auseinander, die Abweichung schien daher klar insignifikant. Der simulierte P-Wert ist jedoch nur geringfügig größer als 5%, was zeigt, daß die Schätzung, wenn auch nicht signifikant, so doch recht weit von dem wahren Wert entfernt ist. Eine ähnlich knappe Entscheidung ist bei den Arbeitsstunden zu treffen: Die empirische Schätzung der Autokorrelation erster Ordnung ist so niedrig, daß mehr als 95% der simulierten Schätzungen größer ausfallen. Ein einseitiger Test würde hier also einen (simulierten) P-Wert von 4.3% aufweisen, was als Evidenz gegen das Modell aufzufassen wäre.

Tabelle 3.5/1

Simulierte P-Werte für geschätzte Autokorrelationen

	Modell	Empirie	P-Wert (simul.)
	Autokorrelation 1.Ordnung		
$\hat{y}_t$	0.90	0.90	0.142
$\hat{c}_t$	0.99	0.91	0.876
$\hat{i}_t$	0.87	0.91	0.057
$\hat{l}_t$	0.87	0.67	0.957
$\hat{w}_t$	0.98	0.97	0.037
	Autokorrelation 2.Ordnung		
$\hat{y}_t$	0.81	0.79	0.205
$\hat{c}_t$	0.98	0.84	0.826
$\hat{i}_t$	0.76	0.79	0.144
$\hat{l}_t$	0.75	0.56	0.819
$\hat{w}_t$	0.95	0.91	0.151
	Autokorrelation 3.Ordnung		
$\hat{y}_t$	0.72	0.66	0.305
$\hat{c}_t$	0.97	0.75	0.824
$\hat{i}_t$	0.66	0.63	0.309
$\hat{l}_t$	0.64	0.48	0.671
$\hat{w}_t$	0.93	0.85	0.198

Man darf bei dieser Form der Analyse nicht übersehen, daß für unterschiedliche Variablen (wie z. B. Output und Arbeitsstunden) geschätzte Autokorrelationen einer gegebenen Ordnung unter der Nullhypothese hoch korreliert sein müßten. Denn wenn tatsächlich das KPR1-Modell die datengenerierende Struktur beschriebe, dann wären, gemäß Approximation (3.5/7), die geschätzten Autokorrelationen von Output und Arbeitsstunden fast identisch. Liegt die geschätzte Autokorrelation des Outputs daher deutlich über ihrem Erwartungswert (approximiert durch den Mittelwert der simulierten Verteilung), so wäre, bei Richtigkeit der Nullhypothese, dasselbe für die entsprechende Autokorrelation der Arbeitsstunden zu erwarten. Statt dessen stellen wir aber fest, daß letztere erheblich niedriger als ihr Erwartungswert ist, und dieser Sachverhalt konstituiert daher erneut (indirekte) Evidenz gegen das KPR1-Modell.

Die vorstehenden Ausführungen legen scheinbar eindeutig den Schluß nahe, daß es bei der Evaluierung von RBC-Modellen sinnvoller ist, empirisch geschätzte Momente der Daten mit analog geschätzten Momenten aus Simulationen des Modells zu vergleichen, statt die theoretischen Momente als Bezugspunkte zu wählen. Diese Auffassung ist m. E. richtig, sofern die simulierten Momente tatsächlich nur zur Modell*evaluation* herangezogen werden. Für die Modell*interpretation* jedoch können simulierte Momente irreführend sein, wie man sich in Frequenzbereichsdarstellungen schnell veranschaulichen kann:

Bezeichnen wir zu diesem Zweck als "simulierte Spektralschätzung" eine auf simulierten Daten basierende Schätzung der spektralen Dichtefunktion, die die aus den Simulationen errechneten Stichproben-Autokorrelationen nutzt. Bezeichnen wir ferner als "wahre Spektralschätzung" eine Schätzung der spektralen Dichtefunktion, die sich von der simulierten Spektralschätzung nur dadurch unterscheidet, daß statt der Stichproben-Autokorrelationen die wahren Autokorrelationen verwandt werden[6]. Da die Stichproben-Autokorrelationen im Mittel systematisch kleiner sind als die wahren Autokorrelationen des Modells, hat die simulierte Spektralschätzung geringere spektrale Masse im extremen Niedrigfrequenzbereich und mehr spektrale Masse bei höheren Frequenzen. In Lucke (1996) zeige ich, daß dieser Effekt quantitativ bedeutend sein kann und daß die Verschiebung spektraler Masse sich zugunsten der sog. konjunkturellen Frequenzen auswirkt.

---

[6]Die "simulierte Spektraldichtung" muß mit der "wahren Spektralschätzung" statt mit der "wahren" spektralen Dichtefunktion verglichen werden, um die abzuleitenden Schlußfolgerungen unabhängig von den Verzerrungs- und Glättungseigenschaften des Schätzverfahrens zu machen.

Dies bedeutet, daß eine auf simulierte Momente gestützte Modellinterpretation dazu neigen wird, dem Modell eine höhere Relevanz für konjunkturelle Fragestellungen zuzusprechen, als ihm tatsächlich zukommt. Um dem vorzubeugen, sollte die Modellinterpretation sich folglich auf die wahren Momente, die Modellevaluation aber auf simulierte Momente stützen. Letzteres wurde oben nur auszugsweise und bei weitem nicht in derselben Ausführlichkeit durchgeführt, in der im Abschnitt 3.2 geschätzte empirische mit wahren theoretischen Momenten verglichen wurden. Wenn von einer umfangreicheren Evaluation nach der hier favorisierten Methodik abgesehen wird, dann geschieht dies zum geringeren Teil aufgrund des doch nicht ganz unerheblichen Rechneraufwands, im wesentlichen jedoch, weil die oben präsentierten Ergebnisse den Eindruck nahelegen, daß eine simulationsgestützte Evaluation zwar im Detail andere Ergebnisse zeitigt als der Vergleich zwischen empirischen und theoretischen Momenten, in der Grundtendenz aber zu derselben Aussage, nämlich massiver Evidenz zuungunsten des RBC-Modells, gelangt.

3.6 Maximum Likelihood Schätzung

Die in den vorstehenden Abschnitten beschriebenen Evaluationsmethoden bezogen sich stets auf eine mit kalibrierten Parameterwerten ausgestattete Modellversion. Es ist zu fragen, ob die doch in weiten Teilen negativen Evaluationsresultate möglicherweise dadurch zu erklären sind, daß die Kalibrierung, aufgefaßt als ineffiziente Schätzmethode, die "wahren" Parameterwerte stark fehlerhaft schätzt. Wir wollen daher in diesem Abschnitt unterstellen, daß die RBC-Modelle von ihrer grundlegenden Struktur her ein angemessenes Abbild der real existierenden Ökonomie darstellen, daß aber effiziente Schätzmethoden notwendig sind, um die Modelle erfolgreich zu parametrisieren.

Kurz gefaßt lautet das Untersuchungsziel dieses Abschnitts daher, ob eine (asymptotisch) effiziente Schätzung der tiefen Modellparameter zu wesentlich anderen Parameterwerten führt als die Kalibirerung. Dabei gibt es im Prinzip drei mögliche Ergebnisse einer solchen Untersuchung:

- Die geschätzten Parameterwerte sind statistisch nicht signifikant verschieden von den kalibrierten Werten. Dies bedeutet, daß die bisher erarbeiteten Evaluationsresultate im wesentlichen Bestand haben. Die untersuchten Real Business Cycle Modelle entsprechen demnach entlang verschiedener Dimensionen nicht in befriedigendem Maße der real existierenden Ökonomie. Sie können jedoch sinnvoll als eine Approximation der letzteren aufgefaßt werden, etwa so, wie die Projektion eines komplexen Körpers in einem hochdimensionalen Raum auf einen erheblich niedriger dimensionierten Unterraum als eine Approximation des Körpers aufgefaßt werden kann, solange einige seiner charakteristischen Konturen noch erkennbar sind.

- Die geschätzten Parameterwerte sind zwar statistisch signifikant verschieden von den kalibrierten Werten, bleiben jedoch ökonomisch sinnvoll interpretierbar. Dies bedeutet, daß die Evaluation der Modelle anhand der geschätzten Parameterwerte wiederholt werden muß, um die Übereinstimmung zwischen Modell und Realität erneut zu überprüfen.

- Die geschätzten Parameterwerte sind statistisch signifikant verschieden von den kalibrierten Werten und ökonomisch nicht sinnvoll interpretierbar. Dies bedeutet, daß die Real-Business-Cycle-Modelle so stark fehlspezifiziert sind, daß sie selbst als grobe Approximation an die reale Ökonomie nicht tauglich sind. Bildlich gesprochen führt die Projektion eines komplexen Körpers auf einen niedrigdimensionalen Unterraum zu Konturen, die als Abbild des Körpers nicht mehr erkennbar sind.

Die hier anzuwendende Schätzmethode soll die Maximum-Likelihood-Schätzung (ML) sein, die unter Standardannahmen asymptotisch konsistent, normalverteilt und effizient, d. h. varianzminimal ist[1]. Ausführliche Darstellungen des Maximum-Likelihood-Prinzips finden sich in fast allen einschlägigen Lehrbüchern, leicht verständlich z. B. auch in der Ableitung der asymptotischen Eigenschaften ist Mood, Graybill und Boes (1974). Speziell zur Schätzung von VARMA-Modellen gegebenenfalls unter zusätzlichen Parameterrestriktionen konsultiere man Lütkepohl (1991), dessen Exposition die folgende Ableitung einer approximativen Likelihood-Funktion entlehnt ist.

Wie ich in (3.5/5) gezeigt habe, lassen sich die prozentualen Abweichungen des KPR1-Modells als ein VARMA(2,1) darstellen[2]. Andere stationäre Transformationen von Modellvariablen der KPR-Modelle lassen analoge Repräsentationen zu, so daß ich zunächst die Likelihood-Funktion eines allgemeinen VARMA(2,1)-Prozesses ableiten werde, der durch

---

[1]Es existiert natürlich eine Vielzahl von alternativen Schätzmethoden, namentlich die verallgemeinerte Momentenschätzung (GMM), die z. B. von Singleton (1988) und Burnside (1995) propagiert wird. Diese hat, wie Wickens (1995) hervorhebt, den Vorzug, daß die tiefen Parameter unmittelbar aus den Euler-Gleichungen, d. h. *vor* der Linearisierung des Modells geschätzt werden. Allerdings ist ihre Implementation nicht trivial, da in den Euler-Gleichungen zahlreiche schwierig oder nicht unmittelbar zu beobachtende Variablen auftreten (Kapitalbestand, erwarteter Realzins etc.). Zudem ist die GMM-Schätzung in den im nächsten Kapitel zu betrachtenden Modellen mit Rationierungsmechanismen problematisch, weil in den Euler-Gleichungen zusätzliche Lagrange-Parameter auftreten, wenn eine Marktseite rationiert ist.
Für die in jüngster Zeit zur Schätzung nichtlinearer dynamischer Modelle vorgeschlagenen simulationsgestützten Schätzer (vgl. Gouriéroux, Monfort und Renault (1993), Smith (1993)) präsentiert Coenen (1996) eine Monte-Carlo-Studie, die suggeriert, daß deren Qualität erheblich geringer ist als die der ML-Schätzung.

[2]Ich illustriere im folgenden die Schätzung der Modellparameter anhand der prozentualen Abweichungen der Modellvariablen vom Steady State des KPR1-Modells. Diese sind, wie ich in Kapitel 3 gezeigt habe, stationäre und invertierbare Prozesse. Da Wachstumsraten und *gross ratios* ebenfalls stationäre Größen sind, könnte man eine Schätzung auch auf diesen basieren lassen. Allerdings sind im KPR1-Modell Wachstumsraten und *gross ratios* überdifferenziert und daher nicht invertierbar. Eine Einheitswurzel im MA-Teil kann aber unter Umständen zu Schwierigkeiten im Konvergenzverhalten der ML-Schätzung führen, so daß sich im KPR1-Modell die prozentualen Abweichungen vom Steady-State für die Schätzung anbieten.

$$\mathbf{y}_t = A_1\mathbf{y}_{t-1} + A_2\mathbf{y}_{t-2} + \mathbf{e}_t + M_1\mathbf{e}_{t-1}, \qquad t=1,\dots,T \qquad (3.6/1)$$

beschrieben werde. Hierbei sei $\mathbf{y}_t$ ein Vektor von zum Zeitpunkt t beobachteten (mittelwertbereinigten) Variablen, $\mathbf{e}_t$ sei ein dem Zeitpunkt t zuzuordnender Vektor normalverteilter unbeobachteter Störterme mit Kovarianzmatrix $\Sigma_\mathbf{e}$ und A_1, A_2 und M_1 seien Matrizen fester Koeffizienten. Liegt eine Stichprobe des Beobachtungsumfangs T vor, so läßt sich die gesamte Stichprobe in Abhängigkeit von den unbeobachteten Prä-Stichprobenwerten $\mathbf{y}_0$ und $\mathbf{y}_{-1}$ schreiben als

$$\mathbf{A}\begin{pmatrix}\mathbf{y}_1\\ \mathbf{y}_2\\ \vdots\\ \vdots\\ \mathbf{y}_T\end{pmatrix} + \begin{pmatrix}-A_1\mathbf{y}_0 - A_2\mathbf{y}_{-1}\\ -A_2\mathbf{y}_0\\ 0\\ \vdots\\ 0\end{pmatrix} = \mathbf{M}\begin{pmatrix}\mathbf{e}_0\\ \mathbf{e}_1\\ \vdots\\ \vdots\\ \mathbf{e}_T\end{pmatrix}, \qquad (3.6/2)$$

wobei

$$\mathbf{A} := \begin{pmatrix} I & 0 & 0 & 0 & \cdots & 0\\ -A_1 & I & 0 & 0 & \cdots & 0\\ -A_2 & -A_1 & I & 0 & \cdots & 0\\ 0 & -A_2 & -A_1 & I & \ddots & \vdots\\ \vdots & \ddots & \ddots & \ddots & \ddots & 0\\ 0 & \cdots & 0 & -A_2 & -A_1 & I \end{pmatrix}, \qquad \mathbf{M} := \begin{pmatrix} M_1 & I & 0 & \cdots & 0\\ 0 & M_1 & I & \ddots & \vdots\\ \vdots & \ddots & \ddots & \ddots & 0\\ 0 & \cdots & 0 & M_1 & I \end{pmatrix}$$

und det($\mathbf{A}$)=1, d. h. $\mathbf{A}$ ist nichtsingulär. Wir erhalten daher aus (3.6/2)

$$\mathbf{y} := \begin{pmatrix}\mathbf{y}_1\\ \mathbf{y}_2\\ \vdots\\ \vdots\\ \mathbf{y}_T\end{pmatrix} = \mathbf{A}^{-1}\begin{pmatrix}A_1\mathbf{y}_0 + A_2\mathbf{y}_{-1}\\ A_2\mathbf{y}_0\\ 0\\ \vdots\\ 0\end{pmatrix} + \mathbf{A}^{-1}\mathbf{M}\begin{pmatrix}\mathbf{e}_0\\ \mathbf{e}_1\\ \vdots\\ \vdots\\ \mathbf{e}_T\end{pmatrix},$$

so daß $\mathbf{y}$ für feste Prä-Stichprobenwerte eine normalverteilte Zufallsvariable mit Erwartungswert $\mathbf{A}^{-1}((A_1\mathbf{y}_0+A_2\mathbf{y}_{-1})', \mathbf{y}_0'A_2', 0,\dots,0)'$ und Kovarianzmatrix $\mathbf{A}^{-1}\mathbf{M}\left(I_{T+1}\otimes\Sigma_\mathbf{e}\right)\mathbf{M}'(\mathbf{A}^{-1})'$ ist. Die exakte Likelihoodfunktion von $\mathbf{y}$ ist daher proportional zu

$$\frac{\exp\left\{-\frac{1}{2}(\mathbf{y}-E[\mathbf{y}])'\left(\mathbf{A}^{-1}\mathbf{M}(I_{T+1}\otimes\Sigma_{\mathbf{e}})\mathbf{M}'(\mathbf{A}^{-1})'\right)^{-1}(\mathbf{y}-E[\mathbf{y}])\right\}}{\sqrt{\det\left(\mathbf{A}^{-1}\mathbf{M}(I_{T+1}\otimes\Sigma_{\mathbf{e}})\mathbf{M}'(\mathbf{A}^{-1})'\right)}},$$

sofern die Kovarianzmatrix des Gesamtsystems invertierbar ist.

Jedoch ist dieser Ausdruck aus dreierlei Gründen problematisch. Erstens nämlich tritt in ihm noch der Erwartungswert von $\mathbf{y}$ auf, der in den ersten Komponenten von Null verschieden ist und von den unbeobachteten Prä-Stichprobenwerten abhängt. Zweitens ist nicht gewährleistet, daß die Kovarianzmatrix des Gesamtsystems regulär ist. Drittens würde ihre Inverse, wenn sie existierte, numerisch sehr aufwendig zu berechnen sein, da die Kovarianzmatrix typischerweise eine Matrix von sehr hoher Dimension ist.

Man kann diese drei Probleme lösen, indem man statt der exakten eine approximative Likelihoodfunktion unter der Annahme $\mathbf{y}_0=\mathbf{y}_{-1}=\mathbf{e}_0=0$ ableitet. Partitioniert man nämlich

$$\mathbf{M}=\begin{pmatrix} M_1 & \mathbf{M}_2 \\ 0 & \end{pmatrix}$$

und setzt alle Prä-Stichprobenwerte gleich Null, so vereinfacht sich (3.6/2) zu

$$\mathbf{A}\,\mathbf{y}=\mathbf{M}_2\begin{pmatrix}\mathbf{e}_1\\ \vdots \\ \mathbf{e}_T\end{pmatrix}=:\mathbf{M}_2\mathbf{e}, \qquad (3.6/3)$$

wobei $\det(\mathbf{M}_2)=1$ ist, d. h. $\mathbf{M}_2$ ist regulär. Die approximative Likelihoodfunktion ergibt sich dann als

$$\begin{aligned} l(A_1, A_2, M_1, \Sigma_{\mathbf{e}}|\mathbf{y}) &= (2\pi)^{-T/2}\sqrt{\det\left(\mathbf{A}'\mathbf{M}_2^{-1\prime}(I_T\otimes\Sigma_{\mathbf{e}})^{-1}\mathbf{M}_2^{-1}\mathbf{A}\right)} \\ &\quad \exp\left\{-\frac{1}{2}\mathbf{y}'\mathbf{A}'\mathbf{M}_2^{-1\prime}(I_T\otimes\Sigma_{\mathbf{e}})^{-1}\mathbf{M}_2^{-1}\mathbf{A}\mathbf{y}\right\} \\ &= \left(2\pi\det(\Sigma_{\mathbf{e}})\right)^{-T/2}\exp\left\{-\frac{1}{2}\mathbf{e}'(I_T\otimes\Sigma_{\mathbf{e}}^{-1})\mathbf{e}\right\}. \end{aligned} \qquad (3.6/4)$$

Unter der Annahme $\mathbf{y}_0=\mathbf{y}_{-1}=\mathbf{e}_0=0$ ist in (3.6/4) die Inversion der Matrix $\mathbf{M}_2$ nicht mehr erforderlich, da die Komponenten des Vektors $\mathbf{e}$ sukzessive aus (3.6/1) berechnet werden können. Gleichzeitig schwindet für invertierbare MA-Polynome die Bedeutung des über diese Annahme induzierten Approximationsfehlers mit wachsendem Stichprobenumfang, so daß die approximative Likelihoodfunktion asymptotisch mit der wahren Likelihoodfunktion identisch ist. Ich werde hinfort stets die approximative Likelihoodfunktion (3.6/4) verwenden, ohne noch ausdrücklich auf ihren approximativen Charakter zu verweisen[3].

In (3.6/4) wird die Likelihoodfunktion in Abhängigkeit von den Koeffizientenmatrizen A_1, A_2, M_1 und $\Sigma_\mathbf{e}$ geschrieben. Allerdings sind diese Koeffizienten nur unter bestimmten Bedingungen identifizierbar. Eine hinreichende Bedingung für die Identifizierbarkeit ist die Forderung, daß A_1 und A_2 skalar sind, d. h. daß der VARMA-Prozeß in der sog. "finalen Gleichungsform" vorliegt, vgl. Lütkepohl (1991). Diese Bedingung ist im vorliegenden Kontext von besonderem Interesse, weil die VARMA-Darstellung des KPR-Modells (3.5/5), die ich hier als

$$\xi_t = (\mu_w + \rho)\xi_{t-1} - \mu_w \rho \xi_{t-2} + \Pi\left[\begin{pmatrix} 0 \\ 1 \end{pmatrix}\varepsilon_{A,t} + \begin{pmatrix} \pi_{kA} \\ -\mu_w \end{pmatrix}\varepsilon_{A,t-1}\right]$$

$$= (\mu_w + \rho)\xi_{t-1} - \mu_w \rho \xi_{t-2} + \begin{pmatrix} \pi_{yA}\varepsilon_{A,t} \\ \pi_{cA}\varepsilon_{A,t} \\ \pi_{iA}\varepsilon_{A,t} \\ \pi_{lA}\varepsilon_{A,t} \\ \pi_{wA}\varepsilon_{A,t} \\ \pi_{zA}\varepsilon_{A,t} \end{pmatrix} + \begin{pmatrix} \pi_{yk}\pi_{kA} - \pi_{yA}\mu_w \\ \pi_{ck}\pi_{kA} - \pi_{cA}\mu_w \\ \pi_{ik}\pi_{kA} - \pi_{iA}\mu_w \\ \pi_{lk}\pi_{kA} - \pi_{lA}\mu_w \\ \pi_{wk}\pi_{kA} - \pi_{wA}\mu_w \\ \pi_{zk}\pi_{kA} - \pi_{zA}\mu_w \end{pmatrix}\varepsilon_{A,t-1} \qquad (3.6/5)$$

schreibe, der finalen Gleichungsform sehr nahe kommt. Bezogen auf (3.6/1) gilt hier $A_1=(\mu_w+\rho)I$ und $A_2=-\mu_w\rho\, I$, d. h. die Matrizen des autoregressiven

[3]Man kann die exakte Likelihood-Funktion schätzen, indem man Kalman-Rekursionen auf die *State-Space*-Darstellung (3.1/63) und (3.1/64) anwendet, vgl. Lütkepohl (1991) und Hamilton (1995). Allerdings zeigt Nelson (1988), daß ML-Schätzungen von State-Space-Modellen, in denen Variablen einen stochastischen Trend haben, starken Verzerrungen unterliegen können. Aufgrund der von Phillips (1987, 1988) entwickelten Theorie "fast integrierter" Zeitreihen steht zu vermuten, daß dieses Problem auch bei stationären Variablen auftritt, die durch Lag-Polynome mit Wurzeln nahe am Einheitskreis charakterisiert werden. Insofern ist eine Schätzung der tiefen Parameter, die unmittelbar auf der *State-Space*-Darstellung des KPR-Modells aufbaut, vermutlich nicht zu empfehlen.

Teils sind skalar. Jedoch ist die Koeffizientenmatrix der unverzögerten Störgrößen nicht, wie in (3.6/1), eine Einheitsmatrix. Setzt man aber $m_{1j}:=\pi_{jk}\pi_{kA}/\pi_{jA}-\mu_w$ für $j=y,c,i,l,w,z$, so kann man durch einfache Transformation der Störgrößen die Modellvariablen als VARMA in finaler Gleichungsform schreiben:

$$\xi_t=(\mu_w+\rho)\xi_{t-1}-\mu_w\rho\xi_{t-2}$$
$$+\begin{pmatrix}\pi_{yA}\varepsilon_{A,t}\\ \pi_{cA}\varepsilon_{A,t}\\ \pi_{iA}\varepsilon_{A,t}\\ \pi_{lA}\varepsilon_{A,t}\\ \pi_{wA}\varepsilon_{A,t}\\ \pi_{zA}\varepsilon_{A,t}\end{pmatrix}+\begin{pmatrix}m_{1y}&0&0&0&0&0\\ 0&m_{1c}&0&0&0&0\\ 0&0&m_{1i}&0&0&0\\ 0&0&0&m_{1l}&0&0\\ 0&0&0&0&m_{1w}&0\\ 0&0&0&0&0&m_{1z}\end{pmatrix}\begin{pmatrix}\pi_{yA}\varepsilon_{A,t-1}\\ \pi_{cA}\varepsilon_{A,t-1}\\ \pi_{iA}\varepsilon_{A,t-1}\\ \pi_{lA}\varepsilon_{A,t-1}\\ \pi_{wA}\varepsilon_{A,t-1}\\ \pi_{zA}\varepsilon_{A,t-1}\end{pmatrix}$$
$$=:(\mu_w+\rho)\xi_{t-1}-\mu_w\rho\xi_{t-2}+u_{A,t}+M_{1\bullet}u_{A,t-1} \qquad (3.6/6)$$

Die Parameter von (3.6/6), die ich hinfort als "Oberflächenparameter" bezeichnen werde[4], sind nun identifiziert. Unser Untersuchungsinteresse gilt jedoch in erster Linie den tiefen Parametern des RBC-Modells, die mit den Oberflächenparametern nichtlinear verknüpft sind. Über die Bedingungen für deren Identifizierbarkeit existieren meines Wissens keine allgemeinen Resultate. Behelfsweise werde ich mich darauf beschränken, die Identifiziertheit der Oberflächenparameter sicherzustellen und darüber hinaus zu fordern, daß die Zahl der tiefen Parameter nicht größer, nach Möglichkeit sogar kleiner als die Zahl der Oberflächenparameter ist. Sind diese Bedingungen erfüllt, so scheint eine Identifizierbarkeitsvermutung um so stärker gerechtfertigt zu sein, je kleiner das Verhältnis von tiefen zu Oberflächenparametern ist.

[4]Der englische *terminus technicus* ist "shallow parameters", vgl. z. B. Cooley und LeRoy (1985). Von den deutschen Übersetzungsmöglichkeiten des Wortes "shallow" - u. a. seicht, flach, oberflächlich - wirkt letztere wohl am angemessensten. Man beachte, daß "reduzierte-Form-Parameter" den Sachverhalt nicht sinnvoll beschreibt, da auch in einer strukturellen Schreibweise dieses VARMAs die "strukturellen" Parameter Oberflächenparameter sind, die in funktionaler Form von den tiefen Parametern abhängen.

- Vorabschätzung von Trendparametern -

Wie in Kapitel 2 bereits ausführlich diskutiert wurde, sind die beobachteten Daten stark trendbehaftet. Da der wahre Trend nicht bekannt ist, muß er geschätzt werden, was im KPR-Modell auf eine Schätzung der Parameter γ und ν herausläuft, vgl. (3.2.2/3). Während ν ein reiner Trendparameter ist, der die Matrizen M und Π der Zustandsraumdarstellung (3.1/63) und (3.1/64) nicht beeinflußt, ist γ sowohl Trendparameter als auch eine determinierende Größe von M und Π. Bei Ausnutzung aller Information müßte also zumindest die Schätzung von γ (und damit die Trendbereinigung der Zeitreihen) im Rahmen der Maximierung der Likelihoodfunktion erfolgen.

Ich habe erfolglos versucht, eine derartige Schätzung von γ zu implementieren[5]. Das auftretende Problem besteht darin, Routinen zu schreiben, die in einer vertretbaren Zeitspanne konvergieren[6]. Der Grund für die unzulänglichen Konvergenzeigenschaften scheint darin zu bestehen, daß in der numerischen Optimierung eine starke Wechselbeziehung zwischen dem Trendterm γ und dem Persistenzparameter ρ wirksam wird. Revisionen des geschätzten Parameters γ ziehen Revisionen von ρ nach sich und umgekehrt, wobei freilich der jeweilige Zuwachs der Likelihoodfunktion sehr klein ist. Auch die Änderungen in den Parametern selbst sind typischerweise geringfügig, nicht jedoch der errechnete relative Gradient, dessen Wert maßgeblich für die Konvergenz ist[7].

Ich habe mich deshalb dazu entschlossen, die Trendparameter vorab zu schätzen und die Schätzwerte in der ML-Schätzung wie feste Konstanten zu behandeln. Dies führt zwar zu einem Effizienzverlust, aber gleichzeitig auch zu einem erheblich niedrigeren Bedarf an Rechnerzeit. Darüber hinaus erleichtert die nun geringere Zahl von freien Parametern in der ML-Schätzung sicherlich deren Identifizierbarkeit. Da die Identifizierbarkeit der tiefen Parameter (wie unten noch weiter auszuführen sein wird) tendenziell ein er-

[5]Alle ML-Schätzungen dieser Arbeit beruhen auf in GAUSS 3.2 geschriebenen Routinen des Verfassers. Diese Routinen nutzen das GAUSS-Modul MAXLIK für die eigentliche Maximierung der Log-Likelihood-Funktion.

[6]Zum Teil waren derartige Schätzungen auf einem 486er PC mit 66 Mhz Taktfrequenz nach acht Stunden noch nicht konvergiert.

[7]Das von mir durchgehend benutzte Konvergenzkriterium stellt auf das GAUSS-Konzept des "relativen Gradienten" ab. Der "relative Gradient" besteht komponentenweise aus den numerisch berechneten Elastizitäten der Zielfunktion bezüglich der geschätzten Parameter. Ich habe Konvergenz unterstellt, sobald der relative Gradient in jeder Komponente kleiner als 0.0001 war, was ein nach meinen Erfahrungen absolut hinlängliches Kriterium darstellt.

hebliches Problem der ML-Schätzungen konstituiert, habe ich neben γ und ν auch l, den Steady-State-Wert der wachstumsbereinigten Arbeitsstunden, vorab geschätzt, denn dieser ergibt sich bei der Schätzung von ν unmittelbar aus dem Absolutglied der dieser Schätzung zugrundeliegenden Regression.

Es stellt sich nun die Frage, wie die Trendparameter γ und ν vorab möglichst präzise geschätzt werden können. Naheliegend ist es z. B., die beobachteten, d. h. trendbehafteten Größen (nach Logarithmierung) auf einen linearen Trend zu regressieren und aus den geschätzten Koeffizienten die gewünschten tiefen Parameter zu errechnen. Allerdings wird eine solche Schätzung typischerweise erhebliche Autokorrelation in den Residuen aufweisen, weshalb man erwägen kann, noch verzögert endogene Variable in die Regressionsgleichung aufzunehmen[8]. Betrachtet man die Wachstumsraten der trendbehafteten Variablen, so kann der Trend durch Regression auf eine Konstante (und ggf. verzögerte Wachstumsraten) geschätzt werden.

Da die Güte der ML-Schätzungen nicht unwesentlich von der Präzision abzuhängen scheinen, mit der die Variablen wachstumsbereinigt werden, will ich die Vorabschätzung von γ anhand einer Simulationsstudie darstellen. Ich erzeuge daher, wie in Abschnitt 3.4 beschrieben, künstliche (trendbehaftete) Zeitreihen Y_t, C_t und I_t durch stochastische Simulation der Modelle KPR1 bzw. KPR2. Für jede Historie mit (hier) achtzig simulierten Beobachtungen schätze ich γ in fünf verschiedenen Modellen aus den Ergebnissen einfacher OLS-Schätzungen[9]:

---

[8]Wie aus der VARMA-Darstellung (3.5/5) hervorgeht, weisen die Residuen derartiger Regressionen eine MA-Struktur auf, sofern das KPR-Modell der datengenerierende Prozeß ist. Diese erfordert im Prinzip erneut ein iteratives Schätzverfahren, was bei dieser Vorabschätzung aber vermieden werden soll. Alternativ kann die MA-Struktur durch eine hohe Zahl verzögert endogener Variabler approximiert werden.

[9]Im folgenden bezeichnet für i=1,...,5 $\hat{\gamma}_i$ einen Schätzwert für γ, $\hat{t}_i$ einen Schätzwert für einen Trendkoeffizienten t_i, $\hat{c}_i$ einen Schätzwert für ein Absolutglied etc.

Modell 1:
Regression der Niveaus auf einen gemeinsamen Trend ohne verzögert endogene Variablen

$$\begin{pmatrix} \ln Y_t \\ \ln C_t \\ \ln I_t \end{pmatrix} = \begin{pmatrix} c_{1Y} \\ c_{1C} \\ c_{1I} \end{pmatrix} + t_1 \begin{pmatrix} t \\ t \\ t \end{pmatrix} + \begin{pmatrix} \varepsilon_{1Y,t} \\ \varepsilon_{1C,t} \\ \varepsilon_{1I,t} \end{pmatrix}$$

$$\hat{\gamma}_1 = \exp(\hat{t}_1)$$

Modell 2:
Regression der Niveaus auf einen gemeinsamen Trend und um eine Periode verzögerte endogene Variablen

$$\begin{pmatrix} \ln Y_t \\ \ln C_t \\ \ln I_t \end{pmatrix} = \begin{pmatrix} c_{2Y} \\ c_{2C} \\ c_{2I} \end{pmatrix} + t_2 \begin{pmatrix} t \\ t \\ t \end{pmatrix} + \begin{pmatrix} b_{2Y,1} & 0 & 0 \\ 0 & b_{2C,1} & 0 \\ 0 & 0 & b_{2I,1} \end{pmatrix} \begin{pmatrix} \ln Y_{t-1} \\ \ln C_{t-1} \\ \ln I_{t-1} \end{pmatrix} + \begin{pmatrix} \varepsilon_{2Y,t} \\ \varepsilon_{2C,t} \\ \varepsilon_{2I,t} \end{pmatrix}$$

$$\hat{\gamma}_2 = \exp\left(\frac{\hat{t}_2}{3} \left(\frac{1}{1-\hat{b}_{2Y,1}} + \frac{1}{1-\hat{b}_{2C,1}} + \frac{1}{1-\hat{b}_{2I,1}} \right) \right)$$

Modell 3:
Regression der Niveaus auf einen gemeinsamen Trend und um bis zu zwei Perioden verzögerte endogene Variablen

$$\begin{pmatrix} \ln Y_t \\ \ln C_t \\ \ln I_t \end{pmatrix} = \begin{pmatrix} c_{3Y} \\ c_{3C} \\ c_{3I} \end{pmatrix} + t_3 \begin{pmatrix} t \\ t \\ t \end{pmatrix} + \begin{pmatrix} b_{3Y,1} & 0 & 0 \\ 0 & b_{3C,1} & 0 \\ 0 & 0 & b_{3I,1} \end{pmatrix} \begin{pmatrix} \ln Y_{t-1} \\ \ln C_{t-1} \\ \ln I_{t-1} \end{pmatrix}$$
$$+ \begin{pmatrix} b_{3Y,2} & 0 & 0 \\ 0 & b_{3C,2} & 0 \\ 0 & 0 & b_{3I,2} \end{pmatrix} \begin{pmatrix} \ln Y_{t-2} \\ \ln C_{t-2} \\ \ln I_{t-2} \end{pmatrix} + \begin{pmatrix} \varepsilon_{3Y,t} \\ \varepsilon_{3C,t} \\ \varepsilon_{3I,t} \end{pmatrix}$$

$$\hat{\gamma}_3 = \exp\left(\frac{\hat{t}_3}{3} \left(\frac{1}{1-\hat{b}_{3Y,1}-\hat{b}_{3Y,2}} + \frac{1}{1-\hat{b}_{3C,1}-\hat{b}_{3C,2}} + \frac{1}{1-\hat{b}_{3I,1}-\hat{b}_{3I,2}} \right) \right)$$

Modell 4:
Regression der ersten Differenzen auf eine gemeinsame Konstante ohne verzögert endogene Variablen

$$\begin{pmatrix} \Delta \ln Y_t \\ \Delta \ln C_t \\ \Delta \ln I_t \end{pmatrix} = c_4 \begin{pmatrix} 1 \\ 1 \\ 1 \end{pmatrix} + \begin{pmatrix} \varepsilon_{4Y,t} \\ \varepsilon_{4C,t} \\ \varepsilon_{4I,t} \end{pmatrix}$$

$$\hat{\gamma}_4 = \exp(\hat{c}_4)$$

Modell 5:
Regression der ersten Differenzen auf eine gemeinsame Konstante und um eine Periode verzögerte endogene Variablen

$$\begin{pmatrix} \Delta \ln Y_t \\ \Delta \ln C_t \\ \Delta \ln I_t \end{pmatrix} = c_5 \begin{pmatrix} 1 \\ 1 \\ 1 \end{pmatrix} + \begin{pmatrix} b_{5Y,1} & 0 & 0 \\ 0 & b_{5C,1} & 0 \\ 0 & 0 & b_{5I,1} \end{pmatrix} \begin{pmatrix} \Delta \ln Y_{t-1} \\ \Delta \ln C_{t-1} \\ \Delta \ln I_{t-1} \end{pmatrix} + \begin{pmatrix} \varepsilon_{5Y,t} \\ \varepsilon_{5C,t} \\ \varepsilon_{5I,t} \end{pmatrix}$$

$$\hat{\gamma}_5 = \exp\left(\frac{\hat{c}_5}{3} \left(\frac{1}{1-\hat{b}_{5Y,1}} + \frac{1}{1-\hat{b}_{5C,1}} + \frac{1}{1-\hat{b}_{5I,1}} \right) \right)$$

Man beachte, daß die Schätzungen $\hat{\gamma}_i$, i=1, 2, 3, auch im KPR2-Modell konsistent sind, da die OLS-Schätzungen der zugrundeliegenden Trendterme konsistent sind, vgl. Durlauf und Phillips (1988).

Aus insgesamt 1000 simulierten Historien errechne ich für jeden Schätzer $\hat{\gamma}_i$, i=1,...,5, den Mittelwerte über die 1000 Schätzungen und den sog. *Root Mean Squared Error*, die Quadratwurzel aus dem mittleren quadratischen Fehler, gegeben den wahren Wert γ=1.005. Die Ergebnisse dieser Monte-Carlo-Studie sind in Tabelle 3.6/0 festgehalten.

Tabelle 3.6/0

Eigenschaften alternativer Trendschätzer

	KPR1 (1000 Simulationen)		KPR2 (1000 Simulationen)	
	Mittelwert	RMSE	Mittelwert	RMSE
$\hat{\gamma}_1$	1.00499	0.00048	1.00508	0.00106
$\hat{\gamma}_2$	1.00488	0.00556	1.00446	0.02509
$\hat{\gamma}_3$	1.00501	0.00132	1.00685	0.06095
$\hat{\gamma}_4$	1.00498	0.00050	1.00507	0.00099
$\hat{\gamma}_5$	1.00498	0.00051	1.00508	0.00100

Offenbar ist im KPR1-Modell keiner der untersuchten Schätzer gravierend verzerrt. Dies ist anders im KPR2-Modell, wo $\hat{\gamma}_3$ im Mittel nicht unerheblich vom wahren Wert abweicht. Betrachtet man den RMSE, so stellt man fest, daß im KPR1-Modell $\hat{\gamma}_1$ und im KPR2-Modell $\hat{\gamma}_4$ am günstigsten zu sein scheint. Dies sind gerade die beiden Schätzer, die aus einem Regressionsansatz ohne verzögert endogene Variablen stammen. Die Berücksichtigung verzögert endogener Variabler erweist sich also durchgängig als nicht ratsam.

Interessanterweise sind die Unterschiede zwischen $\hat{\gamma}_1$ und $\hat{\gamma}_4$ (gemessen am RMSE) bei beiden Modellen eher gering. Ist der wahre datengenerierende Prozeß unbekannt (jedoch entweder vom Typ KPR1 oder vom Typ KPR2), so kann man offenbar ohne größere Fehler befürchten zu müssen γ entweder durch $\hat{\gamma}_1$ oder durch $\hat{\gamma}_4$ schätzen. In den folgenden Simulationsstudien werde ich freilich im KPR1-Modell stets $\hat{\gamma}_1$ und im KPR2-Modell stets $\hat{\gamma}_4$ verwenden. Analoges gilt für die Schätzung von ν.

- *Simulationsdesign* -

Ich werde im folgenden diverse Maximum-Likelihood-basierte Schätzverfahren diskutieren und ihre vermutlichen Eigenschaften in finiten Stichproben durch Simulationsstudien dokumentieren. Dabei verfahre ich wie folgt: Ich generiere 100 unabhängige Historien des jeweiligen RBC-Modells mit jeweils 80 Beobachtungen pro Variable. Die Parametrisierung der Modelle basiert auf den für die Bundesrepublik Deutschland kalibrierten Parameterwerten, die bereits den Simulationen in Abschnitt 3.4 zugrundelagen. Bei jedem Schätzverfahren werden dieselben 100 Historien verwendet, so daß die Unterschiede in den Ergebnissen in der Tat den Schätzverfahren, nicht aber stochastischen Stichprobendifferenzen zuzurechnen sind.

Die tiefen Parameter des KPR-Modells sind gewissen theoretischen Restriktionen unterworfen: So müssen α, β, und δ zwischen null und eins liegen, ρ muß betragsmäßig kleiner als eins sein und Varianzen sollen stets positiv sein. Diesen Postulaten wurde dadurch entsprochen, daß die Maximierung der Likelihoodfunktion nicht über die tiefen Parameter selbst, sondern über geeignet definierte Hilfsvariablen h_α, h_β, h_δ und h_ρ erfolgte, die wie folgt mit den tiefen Parametern verknüpft sind:

$$\alpha = \frac{1}{\pi}\arctan\left(h_\alpha\right) + \frac{1}{2}$$

$$\beta = \frac{1}{\pi}\arctan\left(h_\beta\right) + \frac{1}{2}$$

$$\delta = \frac{1}{\pi}\arctan\left(h_\delta\right) + \frac{1}{2}$$

$$\rho = \frac{2}{\pi}\arctan\left(h_\rho\right) \qquad (3.6/7)$$

Für die Varianzen wurde naheliegenderweise einfach deren natürlicher Logarithmus als Hilfsvariable genutzt. Damit können alle Hilfsvariablen beliebig im Raum der reellen Zahlen variieren, ohne daß die tiefen Parameter die theoretischen Restriktionen des KPR-Modells verletzen.

Die Transformation der Variablen hat natürlich keinerlei Einfluß auf das Maximum der Likelihood-Funktion. Überdies besagt das Invarianzprinzip der ML-Schätzung (s. z. B. Mood, Graybill und Boes (1974)), daß die aus ML-Schätzern $\hat{h}_\alpha$, $\hat{h}_\beta$, $\hat{h}_\delta$ und $\hat{h}_\rho$ gemäß (3.6/7) errechneten Schätzungen $\hat{\alpha}$, $\hat{\beta}$, $\hat{\delta}$, und $\hat{\rho}$ ebenfalls konsistent sind, sofern erstere konsistent sind. Entsprechendes gilt für Varianzschätzungen. Ein Beispiel für ML-Schätzungen, die nicht konsistent (aber dennoch sinnvoll) sind, folgt im Unterabschnitt "Fehlspezifizierte ML-Schätzung".

Der von mir verwendete Maximierungsalgorithmus ist der in GAUSS als "BFGS" (Broyden, Fletcher, Goldfarb und Shanno) gekennzeichnete, vgl. Dennis und Schnabel (1983). Wie oben bereits erwähnt, habe ich als Konvergenzkriterium generell gefordert, daß der Absolutbetrag des relativen Gradienten komponentenweise kleiner als 0.0001 ist. Allerdings kommt es öfters vor, daß die ML-Schätzungen nur sehr langsam konvergieren. Der Grund für diese langsame Konvergenz liegt möglicherweise an den Transformationen (3.6/7) für Variablen, die, wie β und δ, relativ nahe am Rand des zulässigen Parameterraumes liegen. Da die Arcustangens-Funktion für sehr große und sehr kleine Funktionsargumente nahezu horizontal ist, kann die Likelihood-Funktion über einem relevanten Wertebereich der Hilfsvariablen sehr flach und das exakte Maximum daher schwierig aufzufinden sein. Gleichzeitig aber induzieren diese problematischen Wertebereiche der Hilfsvariablen fast konstante Werte für die Parameter β und δ, so daß vermutlich kein großer Fehler gemacht wird, wenn die Maximierungsroutine nach einer hinreichend großen Zahl von Iterationen abgebrochen wird, ohne daß das o. g. Konvergenzkriterium erfüllt wurde.

Aufgrund solcher Überlegungen habe ich die Anzahl der ML-Iterationen in den Simulationen auf maximal hundert beschränkt. Wurde nach der hundertsten Iteration das Konvergenzkriterium noch nicht erfüllt, so habe ich dennoch den Parametervektor beim Abbruch der Prozedur wie einen konvergierten ML-Schätzer aufgefaßt. Bei sinnvoll konstruierten Schätzverfahren sollte eine längere Laufzeit der Iterationen bis zur Konvergenz (oder bis zu einem später angesetzten Abbruch) in aller Regel zu etwas besseren Schätzresultaten führen[10].

Insofern können die untenstehenden Simulationsresultate also eine untere (m. E. recht gute) Abschätzung für die Qualität der Schätzverfahren geben. Diese Einschätzung bedarf allerdings einer Ergänzung durch eine angemessene, d. h. datengestützte Wahl von Startwerten. Denn gäbe man die wahren Parameterwerte als Startwerte vor, so könnten die Parameterwerte bei vorzeitigem Abbruch der Iterationen die Qualität des Schätzverfahrens natürlich nicht überzeugend belegen.

Um ein möglichst realistisches Design zu erzielen, habe ich die Startwerte für jede ML-Schätzung jeweils aus den simulierten Zeitreihen "kalibriert", unterstellend, daß der Realzins r_t und der Kapitalbestand K_t unbeobachtbar sind. Es ergibt sich dann

[10]Ich habe mit dem optimalen Abbruchzeitpunkt experimentiert und mich für hundert Iterationen entschieden, da von jenen Schätzungen, die nach hundert Iterationen noch nicht konvergiert waren, die weitaus meisten auch nach tausend Iterationen noch keine Konvergenz erzielt hatten.

$$\tilde{\alpha} := \frac{1}{80} \sum_{t=1}^{80} \frac{W_t L_t}{Y_t}$$

unmittelbar als die implizierte Lohnquote, aber die Kalibrierung von β und δ ist komplizierter. Um auch diese Werte zu kalibrieren, schreiben wir die Investitionsquote als

$$\frac{I}{Y} = (1-\alpha)\frac{\gamma - (1-\delta)}{r+\delta} \qquad (3.2/1)$$

und ersetzen den unbeobachtbaren Term $r+\delta$ durch

$$r+\delta = (1-\alpha)\left(\frac{\alpha}{w}\right)^{\frac{\alpha}{(1-\alpha)}} \qquad \text{aus (3/23).}$$

Wir erhalten dann mit

$$\delta = \frac{I}{Y}\left(\frac{\alpha}{w}\right)^{\frac{\alpha}{(1-\alpha)}} + 1 - \gamma \qquad (3.6/8)$$

einen Ausdruck für δ, der auf im Prinzip beobachtbaren Größen fußt, da bereits aus den vorab durchgeführten Trendschätzungen Schätzwerte $\hat{\gamma}$ und $\hat{w}$ verfügbar sind. Ich kalibriere daher

$$\tilde{\delta} := \left(\frac{\tilde{\alpha}}{\hat{w}}\right)^{\frac{\tilde{\alpha}}{(1-\tilde{\alpha})}} \left(\frac{1}{80}\sum_{t=1}^{80}\frac{I_t}{Y_t}\right) + 1 - \hat{\gamma},$$

$$\tilde{r} := (1-\tilde{\alpha})\left(\hat{\gamma} - (1-\tilde{\delta})\right)\left(\frac{1}{80}\sum_{t=1}^{80}\frac{Y_t}{I_t}\right) - \tilde{\delta} \qquad \text{aus (3.2/1)}$$

und

$$\tilde{\beta} := \frac{\hat{\gamma}}{1+\tilde{r}} \qquad \text{aus (3/22).}$$

Diese Kalibrierungen sind gleichermaßen gültig für das KPR1- und das KPR2-Modell. Im KPR1-Modell brauchen wir zusätzlich aber noch einen kalibrierten Wert für ρ. Ich leite diesen ab, indem ich in Anlehnung an Approximation (3.5/7) die simulierte und wachstumsbereinigte Outputreihe mit

OLS als einen AR(1)-Prozeß schätze und den geschätzten Autokorrelationskoeffizienten $\hat{\rho}$ als Startwert der ML-Routine verwende.

Die Residuen dieser Regression enthalten zugleich wichtige Information über die Varianz des Störterms $\varepsilon_{A,t}$ im KPR1-Modell. Ist $\hat{\sigma}_u^2$ die geschätzte Varianz dieser Residuen, so erhalten wir mit (3.5/7) eine Approximation von σ_A^2, indem wir durch π_{yA}^2 dividieren. Für π_{yA} aber verfügen wir über die Abschätzung $(1-\alpha(1-l))^{-1}$ aus (3.5/3) und ein Schätzwert $\hat{l}$ ist aus den Vorab-Trendschätzungen verfügbar. Als kalibrierten Wert für σ_A^2 erhalten wir daher

$$\tilde{\sigma}_A^2 := \hat{\sigma}_u^2\left(1-\tilde{\alpha}\left(1-\hat{l}\right)\right)^2.$$

Im KPR2-Modell schließlich können wir die im vorigen Abschnitt hergeleitete Erkenntnis $\pi_{yk} \approx 0$ nutzen, um mit (3.2.2/3)

$$\tilde{\sigma}_X^2 := \left(\frac{1}{1+\hat{\nu}}\right)^2 \frac{1}{79}\sum_{t=1}^{79}\left(\Delta \ln Y_t - \hat{\gamma}\right)^2$$

zu kalibrieren, wobei $\hat{\nu}$ der Schätzwert für ν aus den Trendschätzungen ist. Nutzt man diese kalibrierten Parameter in den unter (3.6/7) beschriebenen Transformationen, so liegen für alle interessierenden Parameter der Likelihoodfunktion datengestützte Parameterwerte vor, die zwar die Kenntnis des zu schätzenden Modells, nicht aber die Kenntnis der wahren Parameter voraussetzen.

- Univariate ML-Schätzung -

Versucht man, die tiefen Parameter eines KPR-Modells durch Maximierung von (3.6/4) zu schätzen, so stößt man zunächst auf das Problem, daß die Kovarianzmatrix der Residuen in (3.5/5) oder analogen Darstellungen Rang eins hat und folglich singulär ist. Eine wesentliche Voraussetzung für die oben dargestellte Berechnung der Likelihoodfunktion eines multivariaten Systems ist daher nicht erfüllt. Eine naheliegende Möglichkeit, diese Schwierigkeit zu umgehen, besteht nun darin, lediglich die Liklelihoodfunktion einer einzelnen Variablen zu maximieren. Dies ist zwar, gegeben die verfügbare Information, keine effiziente Schätzmethode, man könnte aber versucht sein, den Effizienzverlust als gering anzusehen, da die Niveauvariablen des Systems (die prozentualen Abweichungen vom Steady-State) ja sehr hoch korreliert sind - was gerade das Resultat der Rangdefizienz ist.

Ich will die Eigenschaften einer univariaten ML-Schätzung am Beispiel des Outputs im KPR1-Modell illustrieren. Durch die beschriebenen Vorab-Schätzungen der Trendparameter erhält man gleichzeitig eine Zerlegung der beobachteten Outputreihe in ihre (logarithmische) Trendkomponente und die (geschätzten) prozentualen Abweichungen des Outputs vom Steady-State. Letztere werden im Modell durch einen ARMA(2,1)-Prozeß beschrieben, vgl. (3.6/6). In einem ARMA(2,1) sind aber genau vier Oberflächenparameter identifiziert, während im RBC-Modell nach der Vorab-Schätzung noch fünf tiefe Parameter, α, β, δ, ρ und σ_A^2. geschätzt werden müßten. Es liegt also ein klares Identifizierbarkeitsproblem vor, das nur gelöst werden kann, indem auf die Bestimmung mindestens eines tiefen Parameters verzichtet wird. Wir wollen daher vorläufig unterstellen, der wahre Wert von σ_A^2 sei bekannt und nur α, β, δ und ρ seien zu schätzen.

Die Ergebnisse der simulierten Schätzungen finden sich in Tabelle 3.6/1. Angegeben ist jeweils das arithmetische Mittel der Schätzwerte, das Minimum, das Maximum und die Quadratwurzel aus dem mittleren quadratischen Fehler (Root Mean Squared Error, RMSE). Da der mittlere quadratische Fehler, das Quadrat des RMSE, sich aus der Varianz des Schätzwertes zuzüglich seiner quadrierten mittleren Verzerrung zusammensetzt, enthält die Tabelle implizit auch Angaben zur Varianz der simulierten Schätzungen.

Tabelle 3.6/1 enthält die Ergebnisse der mit Maximum-Likelihood-geschätzten Parameter in einem ersten Block und die Ergebnisse der ML-Schätzungen in einem zweiten Block. In künftigen Tabellen wird auf diesen zweiten Block verzichtet, da die Ergebnisse der Vorab-Schätzungen stets dieselben sind.

Es ist nicht ohne weiteres möglich, aufgrund der in Tabelle 3.6/1 aufgeführten Statistiken die Qualität der univariaten ML-Schätzung zu beurteilen. Dies wird erst durch Vergleich mit rivalisierenden Schätzverfahren möglich werden. Es scheint aber, als ob sowohl die ML-Schätzungen als auch die auf OLS basierenden Vorab-Schätzungen im Mittel die wahren Parameter durchaus richtig wiederzugeben imstande sind. Außerdem werden offenkundig, urteilt man aufgrund der errechneten RMSEs, einige Parameter, namentlich β, außerordentlich präzise geschätzt, während andere, so insbesondere α, in dieser Hinsicht durchaus noch Raum für Verbesserungen versprechen.

Tabelle 3.6/1

Simulationsergebnisse der univariaten ML-Schätzung

		Simulationsergebnisse			
	Wahrer Wert	Mittelwert	Minimum	Maximum	RMSE
α	0.73	0.7132	0.5852	0.8523	0.0597
β	0.997	0.9970	0.9967	0.9973	0.0001
δ	0.008	0.0090	0.0034	0.0204	0.0034
ρ	0.9	0.8170	0.6151	0.9510	0.1068
Vorab geschätzte Parameter					
γ	1.005	1.0049	1.0036	1.0059	0.0005
l	0.13	0.1300	0.1277	0.1330	0.0010
ν	-0.17	-0.1754	-0.2999	-0.0968	0.0392

Ergebnisse der folgenden Abschnitte vorwegnehmend sei darauf hingewiesen, daß der RMSE für α in der Tat ziemlich hoch ist. Der Grund für dieses Phänomen liegt vermutlich in der Tatsache, daß die ARMA(2,1)-Darstellung "nahezu nicht identifiziert" ist. Denn betrachtet man Approximation (3.5/7), so ersieht man sofort, daß der durch vier Oberflächenparameter gekennzeichnete ARMA(2,1)-Prozeß offenbar relativ gut durch einen von nur zwei Oberflächenparametern abhängigen AR(1)-Prozeß approximiert werden kann. Es gibt daher augenscheinlich nahezu beobachtungsäquivalente Strukturen im Bereich der Oberflächenparameter und diese Eigenschaft überträgt sich vermutlich auch auf die tiefen Parameter. Trifft dies aber zu, so kann es nicht verwundern, daß einige tiefe Parameter relativ ungenau geschätzt werden. Es steht sogar zu vermuten, daß dieses Problem um so deutlicher zu Tage tritt, je ungeeigneter die in der Maximierungsroutine verwandten Startwerte sind.

- Fehlspezifizierte ML-Schätzung -

Um die mit der univariaten ML-Schätzung verknüpften Identifikationsprobleme zu umgehen, liegt es nahe, nach Möglichkeiten zu suchen, mehr als nur eine vom RBC-Modell erzeugte Variable für die Likelihood-Schätzung zu verwenden. Denn obwohl die Autokorrelationsstrukturen zusätzlicher Variablen vermutlich weitgehend unergiebig sind, da sie, wie Approximation (3.5/7) suggeriert, fast ausschließlich Aufschluß über ρ liefern, zeigt dieselbe Approximation doch auch, daß wesentliche Information über die anderen tiefen Parameter des RBC-Modells in den unterschiedlichen Standardabweichungen der Modellvariablen enthalten ist.

Ein möglicher Weg, die Rangdefizienz der Kovarianzmatrix der Störterme zu umgehen, besteht darin, ein fehlspezifiziertes Modell zu schätzen, über das die Restriktion einer regulären Kovarianzmatrix verhängt wird. Eine allgemeine theoretische Rechtfertigung für die ML-Schätzung fehlspezifizierter Modelle wurde von White (1982) entwickelt, der zeigt, daß asymptotisch die ML-Schätzer eines fehlspezifizierten Modells gegen diejenigen Parameterwerte konvergieren, die das Kullback-Leibler'sche Informationskriterium (KLIC), vgl. Kullback (1959), minimieren[11]. Gemäß der Konstruktion von Informationskriterien sind die in einem fehlspezifizierten Modell geschätzten Parameterwerte daher durchaus sinnvoll zu interpretieren, da sie (asymptotisch) jene Werte darstellen, die unsere Unwissenheit über das wahre Modell minimieren.

Nehmen wir daher an, wir versuchten mit den vom KPR1-Modell generierten Daten für Output, Konsum, Investitionen und Arbeitsstunden[12] ein RBC-Modell zu schätzen, das neben den Technologieinnovationen $\varepsilon_{A,t}$ noch weitere unabhängige Schocks enthält. Nehmen wir der Einfachheit halber an, das zu schätzende fehlspezifizierte Modell habe die Zustandsraumdarstellung (3.1/63) und

$$\xi_{4,t} = \Pi_4 \eta_t + \begin{pmatrix} 0 & \varepsilon_{c,t} & \varepsilon_{i,t} & \varepsilon_{l,t} \end{pmatrix}', \tag{3.6/9}$$

[11]Das Konzept der Konsistenz einer Schätzfunktion ist im Rahmen fehlspezifizierter Modelle natürlich nicht mehr unbedingt sinnvoll.

[12]Ich verzichte im folgenden auf die Berücksichtigung von Reallohn- und Realzinsreihen, da bei der empirischen Umsetzung der hier diskutierten Schätzungen eine Einbeziehung der Faktorpreise zu den in Kapitel 2 diskutierten Erfassungs- und Meßbarkeitsproblemen führen würde.

wobei Π_4 die obere (4 × 2)-Matrix aus Π darstellt und $\xi_{4,\tau}$ die ersten vier Zeilen von ξ_τ, d. h. die prozentualen Abweichungen vom Steady-State der Variablen y_t, c_t, i_t und l_t umfaßt. Die Störgrößen $\varepsilon_{c,t}$, $\varepsilon_{i,t}$, und $\varepsilon_{l,t}$ seien unabhängig von $\varepsilon_{A,\tau}$ und untereinander sowie seriell unkorreliert. Sie können als ein Präferenzschock, ein Investitionsgüternachfrageschock und ein Arbeitsmarktschock interpretiert werden.

Gleichung (3.6/9) hat formal dieselbe Struktur wie (3.1/64), wenn man

$$\tilde{\xi}_{4,t} := \xi_{4,t} - \begin{pmatrix} 0 & \varepsilon_{c,t} & \varepsilon_{i,t} & \varepsilon_{l,t} \end{pmatrix}'$$

setzt. Die zu (3.5/5) analoge VARMA-Darstellung des fehlspezifizierten Modells ergibt sich daher sofort als

$$\begin{aligned} \xi_{4,t} &= (\mu_w + \rho)\xi_{4,t-1} - \mu_w \rho \xi_{4,t-2} + \Pi_4 \left[\begin{pmatrix} 0 \\ 1 \end{pmatrix} \varepsilon_{A,t} + \begin{pmatrix} \pi_{kA} \\ -\mu_w \end{pmatrix} \varepsilon_{A,t-1} \right] \\ &+ (1-\mu_w B)(1-\rho B)\begin{pmatrix} 0 & \varepsilon_{c,t} & \varepsilon_{i,t} & \varepsilon_{l,t} \end{pmatrix}'. \end{aligned} \qquad (3.6/10)$$

Dies ist ein VARMA(2,2), dessen Kovarianzmatrix Höchstrang hat, sofern die Varianzen der zusätzlich eingeführten Störgrößen positiv sind. Um die Anzahl der tiefen Parameter so gering wie möglich zu halten, nehme ich in allen folgenden Schätzungen dieses fehlspezifizierten Modells an, daß eine feste und bekannte Konstante c_ε>0 existiert, für die

$$\sigma_A^2 = c_\varepsilon \operatorname{var}(\varepsilon_{c,t}) = c_\varepsilon \operatorname{var}(\varepsilon_{i,t}) = c_\varepsilon \operatorname{var}(\varepsilon_{l,t})$$

gilt. Postuliert man kleine Werte von c_ε, so ist das fehlspezifizierte Modell nicht sehr verschieden von dem wahren RBC-Modell. Gleichwohl weist es eine reguläre Kovarianzmatrix der Störterme auf und kann daher mit den zu Beginn dieses Abschnitts beschriebenen Standardansätzen für eine Likelihoodmaximierung geschätzt werden.

Die grundlegende Idee der Schätzung eines derart fehlspezifizierten Modells ist also analog zur sog. Ridge-Schätzung im klassischen linearen Regressionsmodell mit Multikollinearität, vgl. Hoerl und Kennard (1970a, 1970b). Je kleiner c_ε gewählt wird, desto geringer ist vermutlich die durch die Fehlspezifikation in Kauf zu nehmende Verzerrung der Schätzparameter, aber desto größer sind die Stabilitätsprobleme der Likelihood-Routine aufgrund einer nahezu singulären Kovarianzmatrix. Im folgenden werde ich die Eigenschaften des Schätzverfahrens mit den Werten c_ε=0.01, 0.1, 1 untersuchen.

Tabelle 3.6/2

Simulationsergebnisse der fehlspezifizierten ML-Schätzung; Varianz der Technologieinnovation bekannt

		Simulationsergebnisse			
	Wahrer Wert	Mittelwert	Minimum	Maximum	RMSE
		c_ε=0.01			
α	0.73	0.7234	0.6818	0.7579	0.0164
β	0.997	0.9972	0.9940	0.9990	0.0006
δ	0.008	0.0071	0.0010	0.0279	0.0049
ρ	0.9	0.8197	-0.9366	0.9755	0.4060
		c_ε=0.1			
α	0.73	0.7239	0.6819	0.7547	0.0158
β	0.997	0.9972	0.9953	0.9987	0.0005
δ	0.008	0.0071	0.0013	0.0281	0.0048
ρ	0.9	0.9132	0.7884	0.9802	0.0374
		c_ε=1			
α	0.73	0.7210	0.6573	0.7589	0.0188
β	0.997	0.9971	0.9939	0.9984	0.0005
δ	0.008	0.0075	0.0011	0.0282	0.0047
ρ	0.9	0.8828	0.6011	0.9746	0.0642

Betrachtet man die RMSEs, so stellt man fest, daß die fehlspezifizierte ML-Schätzung erheblich bessere Resultate bei der Schätzung von α und (mit Ausnahme des Falls c_ε=0.01) bei der Schätzung von ρ zu erzielen imstande ist als der univariate ML-Ansatz. Allerdings führt letzterer zu etwas günstigeren Resultaten bei β und δ, also jenen Parametern, die nahe an der Grenze des zulässigen Parameterraumes liegen. Dennoch scheinen die Vorzüge der fehlspezifizierten Schätzung zu überwiegen, denn β wird durch beide Methoden höchst präzise geschätzt und wenn auch die Fehlermarge bei der fehlspezifizierten Schätzung rund fünfmal so groß ist wie bei der univariaten Schätzung, so bleibt sie doch immer noch vernachlässigbar klein. Und der

RMSE von δ ist bei der fehlspezifizierten Schätzung in den Fällen c_ε=0.1 und c_ε=1 nicht gerade dramatisch höher als bei dem univariaten Ansatz.

Vergleicht man die Varianten der fehlspezifizierten Schätzung mit Bezug auf die RMSEs, so fällt zunächst auf, daß für c_ε=0.01 durchweg schlechtere Resultate erzielt werden als für c_ε=0.1. Besonders eklatant ist dies bei der Schätzung von ρ, wo im ersten Fall vereinzelt sogar Schätzwerte nahe an -1 erzielt werden, wie man an den ausgewiesenen Minima erkennt. Die Unterschiede zwischen c_ε=0.1 und c_ε=1 sind nicht ganz so ins Auge springend, lassen aber doch erkennen, daß c_ε=0.1 insgesamt zu etwas besseren Resultaten führt als c_ε=1.

Tabelle 3.6/3

Simulationsergebnisse der fehlspezifizierten ML-Schätzung; Varianz der Technologieinnovation unbekannt

		Simulationsergebnisse			
	Wahrer Wert	Mittelwert	Minimum	Maximum	RMSE
c_ε=0.01					
α	0.73	0.6060	0.0025	0.7911	0.2783
β	0.997	0.9940	0.9740	0.9979	0.0070
δ	0.008	0.0055	0.0002	0.0146	0.0044
ρ	0.9	0.9108	-0.9227	0.9949	0.1991
σ_A^2	0.000011	0.000862	0.000003	0.006327	0.001232
c_ε=0.1					
α	0.73	0.6906	0.0103	0.7522	0.1285
β	0.997	0.9956	0.9581	0.9982	0.0059
δ	0.008	0.0062	0.0006	0.0149	0.0038
ρ	0.9	0.9284	0.8322	0.9900	0.0423
σ_A^2	0.000011	0.000085	0.000002	0.000555	0.000110
c_ε=1					
α	0.73	0.7160	0.0249	0.8063	0.0738
β	0.997	0.9970	0.9702	0.9989	0.0028
δ	0.008	0.0076	0.0009	0.0281	0.0043
ρ	0.9	0.8689	0.6428	0.9894	0.0805
σ_A^2	0.000011	0.000011	0.000002	0.000072	0.000009

Unglücklicherweise verschlechtern sich die recht positiven Schätzeigenschaften der fehlspezifizierten Schätzung, wenn auch die Varianz der Technologieinnovation zu schätzen ist. Wie aus Tabelle 3.6/3 hervorgeht, vergrößern sich die RMSEs erheblich durch die zusätzliche Schätzung dieses einen Parameters. Für alle drei Varianten kommt es in Einzelfällen vor, daß α mit Werten nahe an Null geschätzt wird. Der entsprechende RMSE ist günstigstenfalls von ungefähr derselben Größenordnung wie bei der univariaten ML-Schätzung. Auch die anderen RMSEs fallen beträchtlich größer aus als in der Simulation mit bekannter Varianz der Technologieinnovation. Deren Schätzwerte schwanken selbst bei den günstigeren Varianten c_ε=0.1 und c_ε=1 erheblich und tragen durch diese Schwankungen wahrscheinlich wesentlich zu den verschlechterten Schätzeigenschaften bei. Erneut ist die Variante c_ε=0.01 von indiskutabler Qualität; die Varianten c_ε=0.1 und c_ε=1 sind eher akzeptabel und sich gegenseitig nicht eindeutig überlegen[13].

- Gewichtete ML-Schätzung -

Es scheint also ratsam zu sein, eine Form der Maximum-Likelihood-Schätzung zu entwickeln, die nicht auf Fehlspezifikationen des wahren Modells abstellt, gleichwohl aber die Einbeziehung mehrere Variabler in das Schätzverfahren ermöglicht. Ausgangspunkt dafür sei erneut die univariate ML-Schätzung. Im obigen Unterabschnitt wurde dieses Schätzverfahren für die Likelihood-Funktion des Outputs l_y vorgestellt, die durch die Wahl des ML-Schätzers xml_y maximiert wurde:

$$xml_y = \arg\max\, l_y$$

Für die univariaten Likelihood-Funktionen l_c, l_i und l_l können analoge ML-Schätzer xml_c, xml_i und xml_l errechnet werden. Unter Standardannahmen sind alle diese ML-Schätzer konsistent, d. h. sie konvergieren nach Wahrscheinlichkeit gegen den wahren Parameterwert xw:

$$\operatorname{plim} xml_y = \operatorname{plim} xml_c = \operatorname{plim} xml_i = \operatorname{plim} xml_l = xw$$

[13]Ein weiterer Nachteil dieses Schätzverfahrens besteht darin, daß die ML-Iterationen im fehlspezifizierten Modell nur sehr langsam konvergieren.

Betrachtet man nun eine gewichtete Summe[14] der univariaten Likelihood-Funktionen und den diese Summe maximierenden Schätzer

$$xml=\text{argmax}\ (l_y+l_c+l_i+l_l),$$

so folgt unmittelbar, daß plim $xml = xw$ gelten muß, denn die Wahrscheinlichkeit dafür, daß xw die Summe der Likelihood-Funktionen asymptotisch maximiert, muß gegen Eins streben, wenn die Wahrscheinlichkeit für die Maximierung jedes einzelnen Summanden durch denselben Vektor gegen Eins strebt.

Ich bezeichne diese Form der Likelihood-Schätzung als "gewichtete Likelihood-Schätzung". Sie unterstellt keine Fehlspezifikation und ermöglicht dennoch die Einbeziehung der in den unterschiedlichen Standardabweichungen der stationären Variablen enthaltene Information. Wie schon die Likelihood-Funktion der fehlspezifizierten ML-Schätzung, so enthält auch die gewichtete Likelihood-Funktion zwölf Oberflächenparameter, so daß bei der Schätzung von fünf tiefen Parametern kein Identifizierbarkeitsproblem entstehen sollte. Gleichzeitig bereitet aber auch die Singularität der Kovarianzmatrix keine numerischen Probleme mehr.

Simulationsergebnisse für die gewichtete Likelihood-Schätzung finden sich in Tabelle 3.6/4, wobei nun von Anfang an unterstellt wurde, daß die Varianz der Technologieinnovation unbekannt ist und mitgeschätzt werden muß. Für die Schätzung von α, β und σ_A^2 ist der RMSE deutlich kleiner als im günstigsten Fall der entsprechenden fehlspezifizierten Schätzung, aber δ und ρ werden von der gewichteten Schätzung offenbar schlechter erfaßt. Für diese letzten Variablen legen die simulierten Mittelwerte nahe, daß der gewichtete ML-Schätzer in endlichen Stichproben nicht unerhebliche Verzerrungen aufweist. Ansatzweise ist dies auch bei α zu beobachten, jedoch suggeriert der RMSE hier, daß eine eventuelle Verzerrung hier durch eine recht geringe Varianz des Schätzers mehr als wettgemacht wird. Instruktiv ist in diesem Zusammenhang insbesondere der Vergleich zwischen maximalen und minimalen geschätzten α-Werten bei der gewichteten ML-Schätzung und bei den fehlspezifizierten Varianten.

---

[14]Ich spreche von einer gewichteten Summe, da das folgende Argument für jede mit positiven Gewichten gewichtete Summe der univariaten Likelihood-Funktionen Gültigkeit hat. Ich betrachte im Verlauf dieser Arbeit allerdings nur den Spezialfall einer einfachen Summe, d. h. den Fall von auf Eins festgesetzten Gewichten.

Tabelle 3.6/4

Simulationsergebnisse der gewichteten ML-Schätzung

		Simulationsergebnisse			
	Wahrer Wert	Mittelwert	Minimum	Maximum	RMSE
α	0.73	0.7610	0.7113	0.7790	0.0331
β	0.997	0.9971	0.9966	0.9980	0.0002
δ	0.008	0.0193	0.0051	0.0400	0.0132
ρ	0.9	0.8206	0.6088	0.9436	0.0995
σ_A^2	0.000011	0.000011	0.000006	0.000017	0.000002

- Schätzung des KPR1-Modells mit empirischen Daten -

Es ist wohl unstrittig, daß die univariate ML-Schätzung aufgrund der zu geringen Zahl von identifizierbaren Parametern und die fehlspezifizierte ML-Schätzung mit c_ε=0.01 aufgrund mangelnder Präzision keine empfehlenswerten Schätzverfahren sind. Darüber hinaus sind die obigen Simulationsergebnisse jedoch nicht in der Lage, eine bestimmte Schätzmethode als anderen klar überlegen auszuweisen, vielmehr sind bestimmte Abwägungsentscheidungen erforderlich. M. E. gibt es freilich mindestens drei Gründe, weshalb die gewichtete ML-Schätzung *in der empirischen Anwendung* der fehlspezifizierten Schätzung vorzuziehen ist:

- Die fehlspezifizierte ML-Schätzung scheint zu einem gewissen Ausreißer-Verhalten zu neigen, das zumindest bei der Schätzung von α extreme und ökonomisch nicht mehr interpretierbare Parameterschätzungen zutage fördert. Demgegenüber bleiben die geschätzten Parameterwerte der gewichteten ML-Schätzung doch stets in vernünftigen Größenordnungen, auch dann, wenn der entsprechende RMSE deutlich größer ist als bei der fehlspezifizierten Schätzung. Die gewichtete ML-Schätzung scheint also robuster zu sein, was in der Anwendung auf reale Daten, deren wahrer datengenerierende Prozeß typischerweise Abweichungen von den hier verwandten Modellannahmen aufweisen wird, vielleicht einen nicht zu unterschätzenden Vorzug darstellt.

- Die Qualität der fehlspezifizierten ML-Schätzung hängt maßgeblich von dem Wert der Konstanten c_ε ab. In den Simulationen ist es einfach, geeignete Werte von c_ε zu bestimmen, aber es gibt keine Gewähr dafür, daß diese Werte auch in der empirischen Anwendung zu einer guten Schätzung führen. Im allgemeinen bedarf man der Kenntnis des wahren Modells, um einen sinnvollen Grad der Fehlspezifikation festzulegen.

- Die gewichtete ML-Schätzung konvergiert typischerweise schnell, während die fehlspezifizierte ML-Schätzung schon mit simulierten Daten erhebliche Konvergenzprobleme aufweist. Es steht zu vermuten, daß dieses Problem sich mit empirischen Daten noch verschärfen könnte, weshalb auch unter numerischen Gesichtspunkten die gewichtete Schätzung vorzuziehen sein dürfte.

Tabelle 3.6/5

KPR1: Ergebnisse der gewichteten ML-Schätzung

	Kalibrierter Wert	Startwert	Geschätzter Wert	P-Wert LR(1)
α	0.73	0.73	0.6076	0.727
β	0.997	0.997	0.9970	0.998
δ	0.008	0.008	0.1210	0.026
ρ	0.9	0.9	0.9347	0.831
σ_A^2	0.000011	0.000011	0.000165	0.000
Vorab geschätzte Parameter				
γ	1.005	-	1.0049	-
l	0.13	-	0.1344	-
ν	-0.17	-	-0.1746	-
Log-Likelihood Startwerte: -49.30 Log-Likelihood Schätzwerte: 14.90				

Unter Berücksichtigung dieser Aspekte habe ich mich entschlossen, das KPR-Modell anhand gewichteter ML-Schätzungen zu schätzen. Nutzt man nun die im Kapitel 2 eingehend diskutierte Stichprobe zur Konstruktion der Variablen %BIPRSA, %CPRIVRSA, %INVBURSA und %STUNSA und schätzt die tiefen Parameter des KPR1-Modells wie oben beschrieben durch die Kombination einer Vorab-OLS-Trendschätzung mit einer gewichteten ML-Schätzung, so erhält man die in Tabelle 3.6/5 ausgewiesenen Schätzergebnisse.

Tabelle 3.6/5 enthält in der rechten Spalte Likelihood-Ratio-Statistiken für die jeweilige Hypothese, daß der dort ausgewiesene Parameter seinem kalibrierten Wert gleich ist, während alle anderen Parameter die geschätzten Parameterwerte annehmen. Man sieht so z. B., daß der geschätzte Wert für α zwar numerisch recht verschieden von seinem kalibrierten Wert ist, daß diese Signifikanz nach Maßgabe des LR-Tests aber nicht signifikant ist. Auch für β und ρ scheinen die Schätzergebnisse nach diesem Kriterium befriedigend zu sein. Für δ jedoch läßt sich die Nullhypothese δ=0.008 nicht aufrechterhalten und auch für die Varianz der Technologieinnovation liegt eine hochsignifikante Statistik vor.

Diese Resultate sind insofern interessant, als insbesondere der Schätzwert für δ keine sinnvolle ökonomische Interpretation mehr besitzt. Eine Abschreibungsrate von 12% pro Quartal entspricht einer ungefähr fünfzigprozentigen Abschreibung auf Produktivkapital pro Jahr und dies ist sicherlich erheblich zu hoch. Die ML-Schätzergebnisse sind daher mit dem KPR1-Modell nicht vereinbar.

Zu einer ähnlichen Einschätzung gelangt man, wenn man die Übereinstimmung zwischen kalibrierten und geschätzten Werten als verbundene Hypothese überprüft. Unterstellt man z. B. daß für alle fünf geschätzten Parameter die kalibrierten Werte die wahren Werte sind, so müßte die LR-Teststatistik 2(14.90+49.30)=128.4 asymptotisch einer χ^2-Verteilung mit fünf Freiheitsgraden entstammen, diese Hypothese wird aber natürlich hochsignifikant abgelehnt.

Etwas anders verhält es sich, wenn man unterstellt, daß lediglich die Varianz der Technologieinnovation falsch kalibriert wurde. Läßt man für diese den geschätzten Wert zu und testet die Hypothese, daß α, β, δ und ρ ihren kalibrierten Werten gleich sind, ergibt sich ein asymptotisch $\chi^2(4)$-verteiltes Prüfmaß, das unter der Nullhypothese einen P-Wert von 0.063 hat. Diese Nullhypothese könnte also gerade noch akzeptiert werden.

Insgesamt freilich überwiegt der Eindruck, daß die empirisch beobachteten Daten schwer mit dem KPR1-Modell vereinbar sind. Die kalibrierten Werte werden von den Schätzresultaten zumindest nicht in ihrer Gesamtheit unterstützt und die geschätzten Werte sind wegen der zu hohen Abschreibungsrate nicht ökonomisch interpretierbar. Es bleibt daher zu untersuchen, ob die Schätzung des KPR2-Modells zu günstigeren Resultaten führen wird.

- Schätzung des KPR2-Modells -

Die prozentualen Abweichungen vom Steady-State können für das KPR2-Modell nicht durch einfache Regression auf einen linearen Trend konstruiert werden, da dieses Vorgehen den I(1)-Charakter der Variablen nicht verändern würde. Will man sich auf einfache Ansätze beschränken, kommen daher im wesentlichen zwei in Frage, um beobachtete Größen in stationäre und invertierbare Variablen zu transformieren: Entweder man betrachtet Wachstumsraten oder kointegrierende Kombinationen. Da aber die empirischen Wachstumsraten, wie in den vorangegangenen Kapiteln illustriert, in ihren stochastischen Eigenschaften stark von den Effekten der Saisonbereinigung gezeichnet sind, scheint es nicht ratsam zu sein, diese zur Schätzung eines Modells heranzuziehen, dessen Zeitreihen von Saisoneffekten bzw. entsprechenden Bereinigungsversuchen frei sind.

Ich will daher die kointegrierenden Kombinationen der Niveauvariablen zur Schätzung des KPR2-Modells heranziehen. Wie in Kapitel 3 ausgeführt, kointegrieren im KPR2-Modell der Konsum und die Investitionen jeweils mit kointegrierendem Vektor (1,-1)' mit dem Output, d. h. die *gross ratios* Konsumquote und Investitionsquote sind die gesuchten kointegrierenden Kombinationen. Die Arbeitsproduktivität aber ist (genauso wie die aufgrund der erwähnten Meßbarkeitsprobleme hier nicht weiter betrachtete Reallohnquote) ein I(1)-Prozeß. Der kointegrierende Vektor für Arbeitsstunden und Output ist gemäß (3.2.2/3) gegeben durch $((\nu+1)/\nu, -1)'$, sofern ν von Null verschieden ist.

Aus (3.2.2/2) erhalten wir daher die Kontrolldarstellung

$$\begin{bmatrix} \ln C_t - \ln Y_t \\ \ln I_t - \ln Y_t \\ (\nu+1)\nu^{-1}\ln L_t - \ln Y_t \end{bmatrix} = \begin{bmatrix} \ln c - \ln y \\ \ln i - \ln y \\ (\nu+1)\nu^{-1}\ln l - \ln y \end{bmatrix} + \begin{bmatrix} \pi_{ck} - \pi_{yk} \\ \pi_{ik} - \pi_{yk} \\ (\nu+1)\nu^{-1}\pi_{lk} - \pi_{yk} \end{bmatrix} \hat{k}_t \qquad (3.6/10)$$

für die kointegrierenden Kombinationen und die Zustands-Darstellung ist unverändert durch

$$\hat{k}_t = \mu_w \hat{k}_{t-1} - (1+\nu)\varepsilon_{X,t} \tag{3.2.2/1}$$

gegeben. Löst man nach (3.2.2/1) und substituiert in (3.6/10), so ergibt sich die VARMA-Darstellung der kointegrierenden Kombinationen als einfacher multivariater AR(1)-Prozeß:

$$(1-\mu_w B)\begin{bmatrix} \ln C_t - \ln Y_t \\ \ln I_t - \ln Y_t \\ (\nu+1)\nu^{-1}\ln L_t - \ln Y_t \end{bmatrix} =$$

$$(1-\mu_w)\begin{bmatrix} \ln c - \ln y \\ \ln i - \ln y \\ (\nu+1)\nu^{-1}\ln l - \ln y \end{bmatrix} - (\nu+1)\begin{bmatrix} \pi_{ck} - \pi_{yk} \\ \pi_{ik} - \pi_{yk} \\ (\nu+1)\nu^{-1}\pi_{lk} - \pi_{yk} \end{bmatrix}\varepsilon_{X,t} \tag{3.6/11}$$

Da ich für die Schätzungen die mittelwertbereinigten kointegrierenden Kombinationen verwenden werde, fügt sich der seiner Konstanten entledigte Prozeß (3.6/11) unmittelbar in die obige Darstellung eines VARMA(2,1) ein und die (approximative) Likelihood-Funktion wird exakt so abgeleitet wie oben beschrieben. Die einzige notwendige Modifikation in der ML-Schätzung ist dann die, daß ν und damit der kointegrierende Vektor von Arbeitsstunden und Output geschätzt werden muß. Ich greife zu diesem Zweck auf die bereits diskutierte Vorab-Schätzung der Trendterme zurück, die u. a. in einem Schätzwert für ν resultiert und berechne die kointegrierende Kombination mit diesem Schätzwert so als sei er der wahre Wert von ν.

Daß ein solches Vorgehen zu sinnvollen ML-Schätzungen führt, überprüfe ich erneut anhand von Simulationen. Das Simulationsdesign ist dabei genauso wie vorstehend beschrieben, nur daß nun natürlich das KPR2-Modell simuliert wird und die unbeobachtete kointegrierende Kombination zwischen Arbeitsstunden und Output durch eine Schätzung ersetzt wird. Angesichts der Erfahrungen mit unterschiedlichen Schätzverfahren im KPR1-Modell beschränke ich meine Aufmerksamkeit auf die zuvor favorisierte gewichtete ML-Schätzung. Ich leite also für die drei Variablen in (3.6/11) jeweils die univariate Likelihood-Funktion ab und maximiere deren Summe durch geeignete Wahl der tiefen Parameter. Man beachte, daß in (3.6/11) lediglich vier Oberflächenparameter vorkommen und daher maximal vier tiefe Parameter identifiziert sind. Dies ist gerade hinreichend für die hier vorzunehmenden Schätzungen, denn durch den Wegfall von ρ verbleiben α, β, δ und σ_X^2 als die über Maximum-Likelihood zu schätzenden Parameter.

Tabelle 3.6/6

Simulationsergebnisse der gewichteten ML-Schätzung

	Wahrer Wert	Simulationsergebnisse Mittelwert	Minimum	Maximum	RMSE
α	0.73	0.7558	0.5141	0.7934	0.0393
β	0.997	0.9968	0.9756	0.9986	0.0022
δ	0.008	0.0325	0.0050	0.1382	0.0342
σ_X^2	0.000085	0.000113	0.000057	0.000267	0.000109
Vorab geschätzte Parameter					
γ	1.005	1.0049	1.0020	1.0082	0.0011
l	0.13	0.1301	0.1284	0.1317	0.0006
ν	-0.17	-0.1784	-0.3254	-0.1078	0.0406

Die Ergebnisse der Simulationen werden in Tabelle 3.6/6 zusammengefaßt. Vergleicht man die RMSEs dieser Tabelle mit jenen der gewichteten ML-Schätzung im KPR1-Modell (Tabelle 3.6/4), so fällt auf, daß die Schätzzuverlässigkeit im KPR2-Modell für die meisten Parameter deutlich geringer ist als im KPR1-Modell. Lediglich für α wird ein RMSE von vergleichbarer Größenordnung erzielt.

Offenbar sind die höheren RMSEs im KPR2-Modell auf eine größere Varianz der Schätzung zurückzuführen, denn die Verzerrungen der Schätzwerte sind meist von ungefähr derselben Größenordnung wie im KPR1-Modell und sicherlich nie dramatisch größer. Die Angaben zu Minima und Maxima der Schätzwerte zeigen dies auch recht deutlich, denn hier treten einige doch recht eigenartige Schätzwerte auf, namentlich eine Abschreibungsrate δ von 13% pro Quartal.

Es liegt nahe, die deutlich schlechteren Schätzeigenschaften der gewichteten ML-Schätzung im KPR2-Modell zum Anlaß zu nehmen, um alternative Schätzansätze wie die fehlspezifizierte ML-Schätzung auf ihre Leistungsfähigkeit im KPR2-Modell hin zu untersuchen. Unglücklicherweise führt dies nicht zu verbesserten Schätzverfahren, denn auch die fehlspezifizierte ML-Schätzung erfährt im KPR2-Modell einen erheblichen Varianzzuwachs und die zuvor geäußerten Bedenken bezüglich einer empirischen Anwendung dieses Verfahrens haben unverändert Gültigkeit. Ich wende daher die gewichtete ML-Schätzung ungeachtet ihrer geminderten Qualität auch bei der Schätzung des KPR2-Modells an.

Tabelle 3.6/7

KPR2: Ergebnisse der gewichteten ML-Schätzung

	Kalibrierter Wert	Startwert	Geschätzter Wert	P-Wert LR(1)
α	0.73	0.73	0.7440	0.926
β	0.997	0.997	0.9998	0.897
δ	0.008	0.008	0.0511	0.765
σ_X^2	0.000085	0.000085	0.001086	0.000
Vorab geschätzte Parameter				
γ	1.005	-	1.0053	-
l	0.13	-	0.1366	-
ν	-0.17	-	-0.2128	-
Log-Likelihood Startwerte: 1.40 Log-Likelihood Schätzwerte: 9.90				

Betrachtet man die Ergebnisse der ML-Schätzung in Tabelle 3.6/7, so fällt zunächst auf, daß die Diskrepanz zwischen der Log-Likelihood der Startwerte und der Log-Likelihood der Schätzwerte erheblich geringer ist als im KPR1-Modell. Dennoch lehnt ein LR-Test die verbundene Hypothese, die wahren Werte der vier Parameter seien die kalibrierten Werte mit einem P-Wert von 0.002 noch deutlich ab. Bei einer genaueren Analyse der Schätzergebnisse fällt freilich auf, daß diese Ablehnung offenbar maßgeblich auf den kalibrierten Wert für die Varianz der Wachstumsinnovation zurückzuführen ist. Denn testet man auf Gleichheit eines einzelnen Parameters mit seinem kalibrierten Wert, so kann diese Nullhypothese für α, β und δ unschwer akzeptiert werden (s. die rechte Spalte in Tabelle 3.6/7), während sie für σ_X^2 hochsignifikant verworfen wird. Modifiziert man aber die verbundene Hypothese dahingehend, daß α, β und δ ihren kalibrierten Werten gleich seien, während σ_X^2 korrekt durch seinen Schätzwert wiedergegeben werde, so hat diese Hypothese einen (asymptotischen) P-Wert von 0.939 und ist folglich gut mit den empirischen Daten vereinbar.

Da auch die Punktschätzungen für α, β und δ noch von ökonomisch vertretbarer Größenordnung sind (der Wert für δ ist vielleicht ein bißchen problematisch), können wir festhalten, daß das KPR2-Modell in seiner kalibrierten Form von den empirischen Daten im wesentlichen gestützt wird. Die einzig erforderliche Modifikation betrifft die Varianz der Technologieinnovation, die offenbar zu niedrig kalibriert wurde[15]. Aber diese Varianz ist im KPR-Modell lediglich ein Skalierungsfaktor, der die Korrelationsstruktur der Modellvariablen nicht beeinflußt. Alle im Abschnitt 3.2 aufgedeckten signifikanten Abweichungen zwischen Momenten des KPR2-Modells und Momenten der Daten haben daher nichts von ihrer Aussagekraft verloren.

Die Schätzung der KPR-Modelle führt daher zu zwei wesentlichen Ergebnissen: Zum einen läßt sich die kalibrierte Version des KPR1-Modells kaum mit den beobachteten Daten vereinbaren, bzw. die empirischen Daten suggerieren eine deutlich andere und ökonomisch nicht sinnvoll interpretierbare Parametrisierung des KPR1-Modells. Zum anderen aber ist das kalibrierte KPR2-Modell (mit angepaßter Varianz σ_X^2) eine angesichts der durch den Modellrahmen auferlegten Beschränkungen zufrieden-stellende Approximation an den "wahren" datengenerierenden Prozeß[16]. In vorangegangenen Analysen herausgearbeitete signifikante Abweichungen zwischen Momenten des Modells und Momenten der Daten sprechen daher in der Tat gegen das Modell (und nicht gegen seine Parametrisierung). Sie entstehen aufgrund einer zu restriktiven Modellstruktur und legen damit nahe, das prototypische RBC-Modell so zu modifizieren, daß eine bessere Reflektion empirischer Sachverhalte möglich ist.

---

[15]Die Varianz der Schocks wurde sowohl im KPR1- als auch im KPR2-Modell mit Blick auf die Wachstumsrate des Outputs verankert. Diese Entscheidung war offenbar unzureichend, da sie die Varianz der anderen Wachstumsraten außer acht ließ. Sie führt dazu, daß für die meisten anderen Variablen die vom Modell implizierte Varianz der jeweiligen Wachstumsrate kleiner ist als in der Empirie beobachtet, vgl. Tabelle 2.1.2/3, Tabelle 3.2.1/2 und Tabelle 3.2.2/1. Es wäre sinnvoller gewesen, diesem Sachverhalt Rechnung zu tragen, indem eine höhere Varianz kalibriert worden wäre, die zwar zu einem Überschießen der Varianz bei der Wachstumsrate des Outputs geführt hätte, dafür aber zugleich eine bessere Anpassung an die Varianzen anderer Wachstumsraten hätte gewährleisten können.

[16]Dies ist um so bemerkenswerter, als das KPR2-Modell ja das sparsamer parametrisierte ist.

4. Kapitel: Ein nicht-walrasianisches RBC-Modell

Die Evaluation des prototypischen RBC-Modells aus dem vorangehenden Kapitel hat deutlich gezeigt, daß das KPR-Modell in vielfacher Hinsicht den in den Daten beobachteten Charakteristika nicht gerecht wird. Die mancherorts geäußerte Behauptung, die von diesem Modell erzeugten Zeitreihen zeigten eine angesichts der einfachen Modellstruktur bemerkenswerte Ähnlichkeit mit realen Daten, scheint leichtfertig und hält einer genaueren Analyse nicht stand.

Gleichwohl zeigen die Ergebnisse der ML-Schätzung des KPR-Modells, daß dieses immerhin als sinnvoller Ausgangspunkt für weitere Forschung dienen kann. Denn da, wie oben bereits erwähnt, die ML-Schätzer in einem fehlspezifizierten Modell als jene Parameterwerte interpretiert werden können, die unsere Unwissenheit über das wahre Modell minimieren, bedeutet die Tatsache, daß die ML-Schätzungen des KPR-Modells ökonomisch interpretierbare Parameterwerte zutage fördern, daß unter den gegebenen Beschränkungen der Modellstruktur die Interpretation der funktionalen Beziehungen als ökonomische Sachverhalte in der Tat die im informationstheoretischen Sinne beste Deutung der empirisch beobachteten Daten zuläßt.

Dies ist freilich kein allzu starkes Ergebnis. Eine derartig schwache Konsistenzanforderung zwischen Modell und Daten kann ohne weiteres für eine große Zahl von sehr verschiedenartigen theoretischen Modellen erfüllt sein, die dann mit gleicher Berechtigung für sich reklamieren können, ein sinnvoller Ausgangspunkt weiterer Forschungsanstrengungen zu sein. Jedoch ist zu berücksichtigen, daß in der Klasse widerspruchsfreier dynamischer Konjunkturmodelle eine dieses Minimalkriterium deutlich überschreitende Qualität der Datenanpassung bislang wohl unerreicht ist. Der Versuch, das KPR-Modell durch geeignete Modifikationen empirisch erfolgreicher zu machen, erscheint deshalb wenn auch nicht zwingend, so doch zumindest vertretbar.

Da Modifikationen einer gegebenen Grundstruktur allenfalls graduellen Fortschritt verheißen, wäre es naiv zu erwarten, daß das modifizierte Modell eine bessere Datenanpassung entlang von mehr als nur einer äußerst beschränkten Anzahl von Dimensionen zu leisten imstande ist. Es erscheint deshalb sinnvoll, vorab ein bestimmtes Charakteristikum des prototypischen RBC-Modells zu isolieren, das empirisch unbefriedigend und verbesserungsfähig erscheint. Das Modell ist dann geeignet zu modifizieren, um anschließend zu überprüfen, ob erstens die gewünschte Verbesserung eingetreten und zweitens andere Eigenschaften des Modells sich zumindest nicht summarisch verschlechtert haben.

Ein solches charakteristisches Merkmal, dem hinfort meine besondere Aufmerksamkeit gelten wird, ist die zeitgleiche Korrelation zwischen Reallohn und Beschäftigung[1]. Dieser Korrelation ist spätestens seit dem Ende der dreißiger Jahre besondere Bedeutung zuerkannt worden, da Keynes (1936) in seiner "*General Theory of Employment, Interest, and Money*" vermerkt: "*(The) real wage earned by a unit of labor has a unique inverse correlation with the volume of employment*" und damit fast umgehend die Reaktion von Dunlop (1938) und Tarshis (1939) provozierte, die darauf hinwiesen, daß der Reallohn empirisch kein ausgeprägt prozyklisches Verhalten aufzuweisen scheint.

Diese sog. "Dunlop-Tarshis-Beobachtung" hat seither oft dazu gedient, makroökonomische Modellinnovationen zu motivieren; z. B. in Barro und Grossmans (1971) Ungleichgewichts-theorie oder in Lucas' (1981) Werk

[1]Diese Korrelation ist eng verknüpft mit der von vielen Autoren der RBC-Schule thematisierten Korrelation zwischen (durchschnittlicher) Produktivität und dem Output, vgl. z. B. McCallum (1989) und Stadler (1994). Denn zum einen sind aufgrund der Lösungstechnik (Taylor-Approximationen ersten Grades bei Linearisierung der Euler-Gleichungen) die zweiten Momente von durchschnittlicher und marginaler Arbeitsproduktivität typischerweise identisch, so daß Reallohn und Arbeitsproduktivität bezüglich ihrer zweiten Momente ununterscheidbar sind. Zum anderen aber ist die in Abschnitt 3.5 diskutierte sehr langsame Anpassung des Kapitalbestandes bei angenommener Vollbeschäftigung der Produktionsfaktoren ursächlich dafür, daß Output und Beschäftigung hoch korreliert sind. Insofern bezieht sich auch Prescott (1986) auf dasselbe Phänomen, wenn er als hauptsächliches Versagen seines Modells beklagt, daß die empirische Arbeitselastizität der Produktion geringer sei als von der Theorie vorausgesagt. Ich konzentriere mich im folgenden auf die Korrelation zwischen Reallohn und Arbeitsstunden als derjenigen Ausprägung einer aus verschiedenartigen Blickwinkeln faßbaren Modellcharakteristik, die besonders gut an die ältere Literatur bis hin zu Keynes (1936) anknüpft.

über Konjunkturzyklen. Letzterer kommentiert mit leicht resignativem Unterton: "*Observed real wages are not constant over the cycle, but neither do they exhibit consistent pro- or countercyclical tendencies. This suggests that any attempt to assign systematic real wage movements a central role in an explanation of business cycles is doomed to failure*". Offenbar unter dem Einfluß derartiger Einschätzungen stilisieren Christiano und Eichenbaum (1992) die Fähigkeit eines Modells zur Replikation der empirisch beobachteten Korrelation zwischen Reallohn und Arbeiststunden sogar zu einem "Lackmus-Test" für aggregierte makroökonomische Modelle.

Diese Bemerkung ist zumindest für die RBC-Theorie nicht ganz von der Hand zu weisen, denn wie schon in der Einleitung dargestellt war die von gängigen keynesianischen oder neu-klassischen Modellen implizierte negative Korrelation zwischen Reallohn und Beschäftigung maßgeblich für die Entwicklung angebotsseitiger makrotheoretischer Modelle, die - wie die RBC-Modelle - eine positive Korrelation prognostizieren. Jedoch ist man damit vermutlich beträchtlich über das Ziel hinausgeschossen, denn der Reallohn scheint empirisch genausowenig ausgeprägt prozyklisch wie ausgeprägt antizyklisch zu sein, vgl. die im folgenden zitierten Angaben aus Danthine und Donaldson (1993). Die meisten RBC-Modelle aber sagen eine stark positive Korrelation zwischen Reallohn und Beschäftigung voraus, da mit positiven Technologieschocks sowohl die Beschäftigung als auch das Grenzprodukt der Arbeit wächst.

Um dies zahlenmäßig zu erfassen, sei darauf verwiesen, daß in Kydland und Prescotts (1982) RBC-Modell eine Korrelation von 0.9 für Hodrick-Prescott-gefilterte Variablen und desgleichen in Hansens (1985) Modell mit unteilbarer Arbeit eine Korrelation von 0.85 impliziert wird. In den KPR-Modellen ergibt sich für die prozentualen Abweichungen vom Steady-State eine Korrelation von 0.5 im KPR1-Modell und von Eins im KPR2-Modell, vgl. Tabelle 3.2/1 und (3.2/9). Selbst der niedrigste dieser Werte, die 0.5 des KPR1-Modells, ist damit deutlich höher als die empirisch in Deutschland beobachtete Korrelation von 0.17, s. Tabelle 2/7 und erneut Tabelle 3.2/1.

Die betragsmäßig niedrige Korrelation zwischen Reallohn und Beschäftigung ist kein auf die Bundesrepublik Deutschland beschränktes Phänomen. Danthine und Donaldson (1993) analysieren die Korrelationen HP-gefilterter Reihen für zehn OECD-Staaten und finden empirische Korrelationen zwischen einem maximalen Wert von 0.40 für die Schweiz und einem minimalen Wert von -0.57 für Kanada. Innerhalb des durch diese Extremwerte beschriebenen Intervalls variieren die ermittelten Korrelationen durchaus unsystematisch, wobei die meisten schwach positiv und zwei fast exakt Null sind. Für die USA wird von diesen Autoren 0.36 errechnet und für die Bundesrepublik Deutschland 0.29. Da insgesamt die beobachteten Korrelationen deutlich näher an Null als an Eins liegen, sprechen Vertreter der RBC-Schule wie z. B. Prescott (1986) in diesem Zusammenhang von dem *"employment variability puzzle"*.

Woran aber liegt das Versagen (nicht nur) der RBC-Modelle in Bezug auf die Korrelation zwischen Reallohn und Beschäftigung? Da es sich um eine ausgesprochene Arbeitsmarktcharakteristik handelt, die hier thematisiert wird, liegt der Verdacht nahe, daß eine ungenügende oder sogar grob fehlerhafte Modellierung des Arbeitsmarktes ursächlich ist. Angesichts der Tatsache, daß die strengen Gleichgewichtstraditionen verhafteten RBC-Modelle Arbeitsmärkte in aller Regel als geräumt, Arbeitslosigkeit also als durchgängig freiwillig ansehen[2], liegt eine mögliche Fehlspezifikation auch recht offensichtlich auf der Hand. Dem seit sicherlich zwanzig Jahren zu beobachtenden Angebotsüberhang auf den meisten westeuropäischen Arbeitsmärkten wird diese Form der Modellierung m. E. auch nicht annähernd gerecht.

Es ist nun durchaus möglich, daß die walrasianische Annahme der kontinuierlichen Arbeitsmarkträumung eng mit der Existenz des *employment variability puzzle* verknüpft ist. Denn unter dieser Annahme impliziert eine Veränderung der Beschäftigung ceteris paribus stets eine Veränderung des Reallohns - gleichgerichtet in angebotsorientierten, entgegengesetzter Art in nachfragedominierten Modellen. Wäre die Arbeitslosigkeit jedoch unfreiwillig, so könnte die Beschäftigung im Prinzip bei konstanten Reallöhnen gesteigert (oder gesenkt) werden. Die Korrelation zwischen Reallohn und Beschäftigung kann daher in Modellen mit unfreiwilliger Arbeitslosigkeit weit weniger ausgeprägt sein als in markträumenden Modellen, in denen "Arbeitslosigkeit" lediglich die Kehrseite einer freiwilligen intertemporalen Substitution von Freizeit ist.

---

[2]Eine gewisse Ausnahme bildet Hansens (1985) RBC-Modell mit unteilbarer Arbeit. Allerdings ist auch bei ihm die Arbeitslosigkeit *ex ante* freiwillig.

4.1 Rationierungsmodelle

Führt man unfreiwillige Arbeitslosigkeit in ein allgemeines Gleichgewichtsmodell ein, so impliziert dies über das Walras-Gesetz ausbleibende Markträumung auf mindestens einem anderen Markt. Ich werde daher derartige Modelle synonym als nicht-walrasianische, Ungleichgewichts- oder Rationierungsmodelle bezeichnen.

In diesem Zusammenhang ist es unerläßlich, eine saubere Trennung zwischen geplanten und realisierten Angebots- bzw. Nachfragemengen durchzuhalten. Für eine gegebene Menge von Preisen plant ein Haushalt sowohl sein Arbeitsangebot als auch seine Güternachfrage. Diese müssen die Budgetidentität erfüllen, d. h. der *geplanten* Güternachfrage liegt die Annahme zugrunde, das *geplante* Arbeitsangebot werde zum gegebenen Lohnsatz nachgefragt und entsprechend entlohnt. Stellt sich nun heraus, daß das geplante Arbeitsangebot größer ist als die geplante Arbeitsnachfrage der Unternehmen, so liegt ein Überschußangebot auf dem Arbeitsmarkt vor und (ebenfalls auf der Ebene der geplanten Größen) eine Überschußnachfrage auf dem Gütermarkt. Während ersteres jedoch "sichtbar" ist (in Form von Arbeitssuchenden auf den Arbeitsämtern), bleibt das Gütermarktungleichgewicht "unsichtbar", da die Haushalte mit dem geplanten, aber nicht realisierten Einkommen keine über das Angebot hinausgehenden Konsumabsichten signalisieren können. Revidiert der Haushalt nun in Anerkennung der für ihn relevanten Mengenbeschränkungen seine Planungen, so bestimmt er seine sog. "effektiven" Angebots- und Nachfragemengen, die, da sie keinen weiteren Rationierungen unterworfen sind, zugleich die realisierten Transaktionen bezeichnen. In effektiven Mengen besteht daher weder auf dem Arbeits- noch auf dem Gütermarkt ein Ungleichgewicht. Die Budgetidentitäten sind sowohl in geplanten als auch in realisierten ("effektiven") Einheiten stets erfüllt und gleiches gilt für das Walras-Gesetz[3].

In den einfachsten Ungleichgewichtsmodellen ist der zweite rationierte Markt der Gütermarkt, im allgemeinen jedoch läßt sich die Rationierung nicht einem einzelnen Markt zuordnen. Enthält das betrachtete Modell keine

---

[3]Diese Sachverhalte sind im Prinzip einfach, wurden aber vor dem richtungsweisenden Papier von Clower (1967), das zwischen *"notional"* und *"effective" demand* unterscheidet, oft nicht richtig verstanden. Sie führten daher zu erheblichen Irrtümern und Mißverständlichkeiten in der älteren Literatur. Einer der bekanntesten derartigen Fehler unterlief Keynes (1936) mit seiner Behauptung, das Walras-Gesetz gelte in ungleichgewichtigen Situationen nicht.

Lagerhaltung, so unterscheidet die statische Ungleichgewichtstheorie in der Tradition von Barro und Grossman (1971) oder z. B. Benassy (1986, 1990) typischerweise drei verschiedene Regime, die unterschiedliche Überschußnachfragekonstellationen auf den einzelnen Märkten abbilden.

- Statische Ungleichgewichtsmodelle -

Um diese Sachverhalte zu illustrieren, sei folgendes einfache statische Modell betrachtet, das Benassy (1990) entlehnt ist: Die Nutzenfunktion eines repräsentativen Haushalts sei gegeben durch

$$u(c, l^s, m^d) = \ln c + \ln(1 - l^s) + \ln m^d, \tag{4.1/1}$$

wobei c der reale Konsum, l^s das Arbeitsangebot und m^d die reale Geldnachfrage seien[4]. Die gesamte verfügbare Zeit des Haushalts ist (ebenso wie das Preisniveau) auf Eins normiert. Nehmen wir an, daß der Reallohn w fixiert ist (d. h. alle Preise sind fest), so maximiert der Haushalt für einen gegebenen Realkassenbestand m seine Nutzenfunktion unter der Budgetbedingung

$$c + m^d \equiv wl^s + \pi + m, \tag{4.1/2}$$

in der π seine Gewinne aus unternehmerischer Tätigkeit bezeichnet. Da die Preise fest sind, ist der Haushalt darüber hinaus den Mengenrestriktionen

$$l^s \leq l^d \tag{4.1/3}$$

$$c \leq y \tag{4.1/4}$$

unterworfen, die besagen, daß das Arbeitsangebot die Arbeitsnachfrage l^d genausowenig übersteigen darf wie die reale Konsumgüternachfrage das reale Güterangebot, das mit y bezeichnet wird[5]. Maximiert der Haushalt seinen Nutzen (4.1/1) unter den Nebenbedingungen (4.1/2) bis (4.1/4), so ergeben sich u. a. die notwendigen Bedingungen

---

[4]Ich lasse hier Geld als Argument der Nutzenfunktion zu, um die Geldhaltung motivieren zu können. Alternativ wird zu demselben Zweck oft auf die Modellierung einer sog. *Cash-in-advance*-Ökonomie zurückgegriffen, vgl. Lucas (1980) und Lucas und Stokey (1987).

[5]Eine analoge Beschränkung für den Geldmarkt ist aus Gründen, die später offensichtlich werden, nicht erforderlich.

$$\frac{1}{c} + \mu_b - \mu_y = 0, \tag{4.1/5}$$

$$\frac{1}{1-l^s} + w\mu_b + \mu_l = 0, \tag{4.1/6}$$

$$\frac{1}{m^d} + \mu_b = 0, \tag{4.1/7}$$

in denen μ_b, μ_l und μ_y die im Kuhn-Tucker-Ansatz mit den Restriktionen (4.1/2) bis (4.1/4) verknüpften Multiplikatoren sind[6]. Dabei sind μ_l und μ_y stets nichtnegativ, und null genau dann, wenn die entsprechende Restriktion nicht bindend ist. Durch Einsetzen von (4.1/7) in (4.1/5) bzw. (4.1/6) erhält man

$$c = \frac{m^d}{1 + m^d \mu_y}, \tag{4.1/8}$$

$$l^s = 1 - \frac{m^d}{w - m^d \mu_l}. \tag{4.1/9}$$

Die repräsentative Firma maximiere ihre Gewinne

$$\pi \equiv y - wl^d, \tag{4.1/10}$$

unter der Nebenbedingung einer Produktionsfunktion mit abnehmenden Skalenerträgen,

$$y = \left(l^d\right)^\alpha \tag{4.1/11}$$

und Mengenrestriktionen

$$l^d \leq l^s, \tag{4.1/12}$$

$$y \leq c. \tag{4.1/13}$$

Diese Ungleichungen sind gerade spiegelbildlich zu (4.1/3) und (4.1/4) und implizieren mit diesen zusammen die Gleichheit von Angebot und Nachfrage auf Arbeits- und Gütermarkt. Ich werde diese (in der Regel erzwungene) Übereinstimmung der beiden Marktseiten als Rationierungsgleich-

[6]Eine Darstellung des Kuhn-Tucker-Ansatzes findet sich in zahlreichen Lehrbüchern, die sich mit nichtlinearer Optimierung unter Nebenbedingungen befassen, z. B. in Takayama (1987).

gewichte bezeichnen. Es sei bereits hier vermerkt, daß Rationierungsgleichgewichte zwar formal, nicht aber inhaltlich Ähnlichkeit mit herkömmlichen walrasianischen Gleichgewichten haben.

Nach Einsetzen von (4.1/11) in (4.1/10) und (4.1/13) erhält man als notwendige Bedingung für ein Gewinmaximum u. a.

$$\left(1-\lambda_y\right)\alpha\left(l^d\right)^{\alpha-1}-w-\lambda_l=0, \tag{4.1/14}$$

wobei λ_l und λ_y die den Mengenrestriktionen (4.1/12) und (4.1/13) zuzuordnenden nichtnegativen Kuhn-Tucker-Multiplikatoren sind. Auflösen nach der Arbeitsnachfrage ergibt dann

$$l^d=\left(\alpha\frac{1-\lambda_y}{w+\lambda_l}\right)^{\frac{1}{1-\alpha}}. \tag{4.1/15}$$

Wie bereits erwähnt, sind die Rationierungsgleichgewichte ebenso wie das walrasianische Gleichgewicht durch die Gleichheit von Angebot und Nachfrage gekennzeichnet. Ich schreibe deshalb in Gleichgewichtssituationen

$$l^*=l^s=l^d,$$
$$y^*=y=c,$$
$$m^*=m=m^d.$$

Sind Arbeits- und Gütermarkt in einem Gleichgewicht, so folgt aus dem Walras-Gesetz sofort, daß auch der Geldmarkt im Gleichgewicht sein muß, denn Einsetzen der gleichgewichtigen Mengen l^* und y^* in (4.1/2) ergibt sofort

$$m^d\equiv wl^*+y^*-wl^*+m-y^*=m,$$

so daß das Geldmarktgleichgewicht bereits durch die Mengenrestriktionen von Haushalten und Unternehmen erzwungen wird. Dies erklärt, weshalb im Nutzenmaximierungsproblem des Haushalts keine Mengenrestriktion bezüglich des Geldmarktes erforderlich war.

Ein Rationierungsgleichgewicht liegt vor, wenn mindestens einer der mit den Mengenrestriktionen (4.1/3), (4.1/4), (4.1/12) und (4.1/13) verknüpften

Multiplikatoren μ_l, μ_y, λ_l und λ_y von Null verschieden ist[7]. Das walrasianische Gleichgewicht entspricht dem Fall, in dem keine Marktseite einer Mengenrestriktion unterworfen ist, in dem also alle vier Multiplikatoren der Mengenrestriktionen verschwinden. Im einzelnen unterscheidet man folgende Fälle:

1. Walrasianisches Gleichgewicht (W): $\mu_l = \mu_y = \lambda_l = \lambda_y = 0$

Weder Haushalte noch Unternehmen sind Mengenrestriktionen unterworfen. Man erhält

$$l_W^* = \left(\frac{\alpha}{w}\right)^{\frac{1}{1-\alpha}} = 1 - \frac{m}{w} \qquad \text{aus (4.1/15) und (4.1/9),}$$

$$y_W^* = \left(\frac{\alpha}{w}\right)^{\frac{\alpha}{1-\alpha}} = m \qquad \text{aus (4.1/11) und (4.1/8).}$$

Hier werden l^* und y^* als Funktion der exogenen Größen Reallohn w und realer Geldbestand m ausgedrückt. Die mit einem walrasianischen Gleichgewicht vereinbaren Werte von w und m ergeben sich eindeutig als

$$w^* := \alpha^{\alpha}(1+\alpha)^{1-\alpha},$$
$$m^* := \alpha^{\alpha}(1+\alpha)^{-\alpha}.$$

Betrachtet man alle denkbaren positiven (w,m)-Kombinationen, wird das walrasianische Gleichgewicht demnach durch ein einzelnes Element im zweidimensionalen euklidischen Raum repräsentiert.

---

[7]Ist ein Multiplikator von Null verschieden, so gilt dies stets für genau einen weiteren Multiplikator. Außer in der Situation des walrasianischen Gleichgewichts (alle Multiplikatoren der Mengenrestriktionen gleich Null), sind also stets zwei von vier Multiplikatoren positiv und die anderen beiden gleich Null.

2. Klassisches Regime (C): $\mu_l > 0, \mu_y > 0, \lambda_l = \lambda_y = 0$

Die Haushalte sind auf Arbeitsmarkt und Gütermarkt rationiert, die Unternehmen unterliegen keinen Mengenrestriktionen. Man erhält

$$l_C^{*} = \left(\frac{\alpha}{w}\right)^{\frac{1}{1-\alpha}} \qquad \text{aus (4.1/15),}$$

$$y_C^{*} = \left(\frac{\alpha}{w}\right)^{\frac{\alpha}{1-\alpha}} \qquad \text{aus (4.1/11),}$$

$$\mu_l = \frac{w}{m} - \frac{1}{1-(\alpha/w)^{1/(1-\alpha)}} > 0 \qquad \text{aus (4.1/9),}$$

$$\mu_y = \left(\frac{w}{\alpha}\right)^{\frac{\alpha}{1-\alpha}} - \frac{1}{m} > 0 \qquad \text{aus (4.1/8).}$$

Während die beiden Gleichungen insbesondere zeigen, daß Arbeitslosigkeit durch eine Senkung des Reallohnes abgebaut werden kann (klassische Arbeitslosigkeit), beschreiben die beiden Ungleichungen jene Teilmenge des zweidimensionalen euklidischen Raumes, dessen (w,m)-Kombinationen mit dem klassischen Regime kompatibel sind.

3. Keynesianisches Regime (K): $\mu_l > 0, \mu_y = 0, \lambda_l = 0, \lambda_y > 0$

Die Haushalte sind auf dem Arbeitsmarkt rationiert, die Unternehmen auf dem Gütermarkt. Man erhält:

$$y_K^* = m \qquad \text{aus (4.1/8)},$$

$$l_K^* = m^{\frac{1}{\alpha}} \qquad \text{aus (4.1/11)},$$

$$\mu_l = \frac{w}{m} - \frac{1}{1 - m^{1/\alpha}} > 0 \qquad \text{aus (4.1/9)},$$

$$\lambda_y = 1 - \frac{1}{\alpha} w m^{\frac{1}{\alpha}-1} > 0 \qquad \text{aus (4.1/15)}.$$

Die beiden Gleichungen zeigen, daß sich der Output und die Beschäftigung durch nachfragewirksame Maßnahmen wie eine Erhöhung der realen Geldmenge stimulieren lassen (keynesianische Arbeitslosigkeit). Die beiden Ungleichungen kennzeichnen die Parametermenge, für die das keynesianische Regime existiert.

4. Regime der unterdrückten Inflation (R): $\mu_l = 0$, $\mu_y > 0$, $\lambda_l > 0$, $\lambda_y = 0$

Die Haushalte sind auf dem Gütermarkt rationiert, die Unternehmen auf dem Arbeitsmarkt. Man erhält:

$$l_R^* = 1 - \frac{m}{w} \qquad \text{aus (4.1/9)},$$

$$y_R^* = \left(1 - \frac{m}{w}\right)^{\alpha} \qquad \text{aus (4.1/11)},$$

$$\mu_y = \left(\frac{w}{w-m}\right)^{\alpha} - \frac{1}{m} > 0 \qquad \text{aus (4.1/8)},$$

$$\lambda_l = \frac{\alpha w^{1-\alpha}}{(w-m)^{1-\alpha}} - w > 0 \qquad \text{aus (4.1/15)}.$$

Da die Haushalte die von ihnen geplante Beschäftigung realisieren können ($\mu_l = 0$), findet sich in diesem Regime nur "freiwillige Arbeitslosigkeit". Die durch die beiden Ungleichungen beschriebenen Parameterkonstellationen ergänzen die vorstehend definierten Parameterkombinationen zu einer disjunkten, dichten[8] Zerlegung der Menge zulässiger (w,m)-Kombinationen.

Alle anderen denkbaren Regime sind daher degeneriert, maßtheoretisch gesprochen haben die sie beschreibenden (w,m)-Kombinationen (ähnlich wie das walrasianische Gleichgewicht) das Lebesgue-Maß Null. Man kann sich dies leicht veranschaulichen, wenn man die die drei Rationierungsregime kennzeichnenden Parameterkonstellationen wie folgt schreibt:

$$\begin{aligned}
&\text{C:} \quad \left(\frac{\alpha}{w}\right)^{\frac{1}{1-\alpha}} < \min\left\{1-\frac{m}{w}, m^{\frac{1}{\alpha}}\right\}, \\
&\text{K:} \quad m^{\frac{1}{\alpha}} < \min\left\{1-\frac{m}{w}, \left(\frac{\alpha}{w}\right)^{\frac{1}{1-\alpha}}\right\}, \\
&\text{R:} \quad 1-\frac{m}{w} < \min\left\{m^{\frac{1}{\alpha}}, \left(\frac{\alpha}{w}\right)^{\frac{1}{1-\alpha}}\right\}.
\end{aligned} \tag{4.1/16}$$

Die drei Regime bestimmen sich also aus der Größenordnung dreier in Abhängigkeit von w und m definierter Ausdrücke. Sieht man von der Möglichkeit der Gleichheit zweier derartiger Ausdrücke einmal ab, erfassen die Regime daher den gesamten zulässigen (w,m)-Raum. Man beachte, daß der Term auf der linken Seite der Ungleichungen jeweils die resultierende Beschäftigung in dem entsprechenden Regime beschreibt. Daher können wir die Beschäftigung im Rationierungsgleichgewicht auch schreiben als

$$l^* = \min\left\{\left(\frac{\alpha}{w}\right)^{\frac{1}{1-\alpha}}, m^{\frac{1}{\alpha}}, 1-\frac{m}{w}\right\}. \tag{4.1/17}$$

Da $1-m/w$ stets die von den Haushalten gewünschte Beschäftigung beschreibt, ist ersichtlich, daß im klassischen und im keynesianischen Regime unfreiwillige Arbeitslosigkeit vorliegt. Überdies zeigt sich, daß die maximale Beschäftigung im walrasianischen Gleichgewicht erreicht wird. Denn maximiert man (4.1/17) über w und m, so ist die Gleichheit der drei Terme in den geschweiften Klammern offenbar notwendig für ein Maximum. (Andernfalls könnte das jeweilige Minimum durch Variation eines Parame-

[8]Unter einer "dichten" Zerlegung verstehe ich eine Zerlegung, die bis auf degenerierte Mengen ohne innere Punkte vollständig ist.

ters stets noch gesteigert werden). Die Gleichheit dieser drei Terme ist aber, wie oben gezeigt, gerade konstitutiv für das walrasianische Gleichgewicht.

Abschließend sei noch, weil dies später ein relevanter Gesichtspunkt sein wird, darauf hingewiesen, daß der reale Gewinn π in diesem Modell stets positiv ist. Dies ist ein natürliches Ergebnis, wenn gewinnmaximierende Unternehmen unter abnehmenden Skalenerträgen produzieren. Formal sieht man dies leicht dadurch, daß die Unternehmen mit einer Beschäftigung von Null leicht Nullgewinne sicherstellen können, so daß positive Beschäftigung in den Rationierungsgleichgewichten (zusammen mit der Eindeutigkeit der errechneten Gewinnmaxima) unmittelbar die Existenz positiver Gewinne implizieren. Für weitergehende Analysen und gelegentliche Anwendungen statischer nicht-walrasianischer Modelle vergleiche man u. a. die Monographien von Malinvaud (1977), Sneessens (1981), Lambert (1988) und Drèze (1991).

- Dynamische Ungleichgewichtsmodelle -

Die vielen statischen Ungleichgewichtsmodellen inhärente Fixpreisannahme ist allenfalls sehr kurzfristig oder nur aus demonstrativen Gründen zu rechtfertigen. Daher wurden die einfachen statischen Modelle bald durch Arbeiten ergänzt, die die Rationierungstheorie zu dynamisieren trachteten. Diese zerfallen im wesentlichen in zwei Gruppen: Zunächst versuchten zahlreiche Autoren (z. B. Böhm (1978), Honkapohja (1979)) durch spezifische Annahmen über verzögerte Anpassungsmechanismen von Preisen, Geldbeständen, Vermögen oder - im Unternehmenssektor - Lagerhaltung, Sequenzen von Ungleichgewichtssituationen zu betrachten. Diese Arbeiten dynamisierten das statische Grundmodell insofern unvollständig, als endogene Kapitalakkumulation nicht zugelassen wurde.

In unserem Zusammenhang interessanter ist deshalb die zweite Gruppe von Arbeiten, die auf Ito (1980) zurückzuführen ist. Dieser geht von einem neoklassischen Wachstumsmodell aus, verzichtet aber auf die Annahme unendlich schneller Anpassungen des Reallohns. Eine vereinfachte Version des (zeitstetigen) Ito-Modells lautet wie folgt:

Eine repräsentative Firma maximiert durch geeignete Wahl der Arbeitsnachfrage $L^d(t)$ das der Firma entstehende reale Kapitaleinkommen $Y(t)-w(t)L^d(t)$, wobei $Y(t)$ den Output und $w(t)$ den Reallohn bezeichnet. Letzterer wird als zum jeweiligen Zeitpunkt fest angenommen. Die Produktionsfunktion sei vom Cobb-Douglas-Typ[9],

$$Y(t) = L^d(t)^{\alpha} K(t)^{1-\alpha} \tag{4.1/18}$$

wobei der Kapitalbestand $K(t)$ ebenfalls historisch gegeben und daher im Zeitpunkt t nicht verändert werden kann. Die Arbeitsnachfrage ergibt sich dann als fallende Funktion des Reallohns

$$L^d(t) = \left(\frac{\alpha}{w(t)}\right)^{\frac{1}{1-\alpha}} K(t) \tag{4.1/19}$$

und das Arbeitsangebot $N(t)$ wird als exogen und identisch mit der Anzahl der Individuen in der Ökonomie angenommen; es wachse mit zeitkonstanter Wachstumsrate $\hat{N}$. Die tatsächliche Beschäftigung ist dann das Minimum aus Angebot und Nachfrage,

$$L(t) := \min\{L^d(t), N(t)\}. \tag{4.1/20}$$

Ito (1980) unterscheidet zwischen dem Kapitalbestand pro Kopf $k(t):=K(t)/N(t)$, der unabhängig vom gegenwärtigen Reallohn und der gegenwärtigen Beschäftigung ist, und dem erwünschten Kapitalbestand pro Beschäftigten $k^d(t):=K(t)/L^d(t)$, der (mit (4.1/19)) eine Funktion des Reallohns ist. Letzterer entspricht offenbar dem Verhältnis von Kapital zu Arbeit, wenn die Beschäftigung durch die Arbeitsnachfrage determiniert wird, ersterer diesem Verhältnis, wenn die Beschäftigung angebotsseitig bestimmt wird, vgl. (4.1/20). Damit ergeben sich drei Regime:

1. Vollbeschäftigungsregime:

$L(t)=L^d(t)=N(t)$ impliziert $K(t)/L(t)=k^d(w(t))=k(t)$.

---

[9]Ito (1980) betrachtet eine allgemeine linear homogene Produktionsfunktion, die die üblichen Bedingungen (abnehmende Grenzerträge, Inada-Bedingungen) erfüllt. Vgl. Inada (1964) oder z. B. Barro und Sala-i-Martin (1995), Romer (1996).

2. Unterbeschäftigungsregime:

$L(t)=L^d(t)<N(t)$ impliziert $K(t)/L(t)=k^d(w(t))$.

3. Überbeschäftigungsregime:

$L(t)=N(t)<L^d(t)$ impliziert $K(t)/L(t)=k(t)$.

Die Kapitalakkumulation vollzieht sich unfreiwillig, indem der Kapitalbestand einfach um den nicht konsumierten Teil des Outputs erweitert wird. Die Investitionsquote s_I sei exogen gegeben und fest[10], so daß die Veränderung des Kapitalbestandes in der Zeit beschrieben wird durch:

$$\dot{K}(t) = s_I Y(t) \qquad (4.1/21)$$

Diese Annahme bedeutet, daß es in Itos Modell keinen Kapitalmarkt gibt und der Gütermarkt sich lediglich spiegelbildlich zum Arbeitsmarkt verhält, mithin nicht explizit betrachtet werden muß. Das dynamische Modell ist in dieser Hinsicht also ärmer als das oben skizzierte statische Modell, das drei interdependente Märkte (für Arbeit, Waren und Geld) zuließ.

Itos Modell enthält zwei Zustandsvariablen, den Kapitalbestand und den Reallohn. Während die Entwicklung des Kapitalbestandes durch (4.1/21) vollständig spezifiziert ist, fehlt noch eine Anpassungsgleichung für den Reallohn. Es liegt nahe, diese in Relation zur Ungleichgewichtssituation des Arbeitsmarktes zu spezifizieren[11]. Die Veränderung des Reallohns in der Zeit sei daher proportional zur (relativen) Überschußnachfrage nach Arbeit mit einem festen Proportionalitätsfaktor c_w:

[10]Tatsächlich betrachtet Ito in Anlehnung an Kaldor (1960) unterschiedliche Sparneigungen für Arbeiter und Kapitalisten. Während im Kaldor-Modell Stabilität resultiert, wenn die Sparneigung der Kapitalisten größer als die der Arbeiter ist, ist in Itos Modell globale Stabilität nur im umgekehrten Fall gewährleistet. Die Berücksichtigung unterschiedlicher Sparneigungen führt zu unterschiedlichem Kapitalakkumulations-verhalten in den einzelnen Regimen.

[11]Ito untersucht diverse rivalisierende Spezifikationen, deren wichtigsten Vertreter ich hier darstelle.

$$\dot{w}(t) = c_w \left(\frac{L^d(t) - N(t)}{N(t)} \right) = c_w \left(\frac{k(t)}{k^d(t)} - 1 \right) \qquad (4.1/22)$$

Es ist nun leicht zu sehen, daß sich in der durch diese Bedingungen beschriebenen Ökonomie ein Vollbeschäftigungszustand nur erhält, wenn die Ökonomie sich in einem Steady-State befindet. Schon kleine Abweichungen vom Steady-State führen die Ökonomie entweder in das Unter- oder in das Überbeschäftigungsregime. Dies ist keine Aussage über die Stabilität des Modells, die von Ito genau untersucht wird und - in seiner allgemeineren Modellformulierung - entscheidend von den angenommenen Sparneigungen, den Charakteristika der Produktionsfunktion (wie z. B. der Substitutionselastizität) und dem Anpassungsprozeß des Reallohns abhängt. Essentiell ist in unserem Zusammenhang lediglich, daß es in Itos Modell selbst aus Vollbeschäftigungssituationen heraus Anpassungsreaktionen der Ökonomie gibt, die zu zumindest zeitweiser Unter- oder Überbeschäftigung des Produktionsfaktors Arbeit führen und deshalb als Konjunkturzyklen aufgefaßt werden können.

Man sieht dies wie folgt: Der Vollbeschäftigungsreallohn ergibt sich aus (4.1/19) als eine steigende Funktion des Kapitalbestands pro Kopf

$$w^*(t) = \alpha k(t)^{1-\alpha}, \qquad (4.1/23)$$

so daß die Menge derjenigen Kombinationen von Reallohn und Kapitalbestand pro Kopf, die mit Vollbeschäftigung vereinbar sind, durch die Menge der (strikt positiven) Elemente des zweidimensionalen euklidischen Raumes gegeben sind, die (4.1/23) erfüllen. Die Veränderung von k in der Zeit ergibt sich nun aus (4.1/21) als

$$\dot{k}(t) = k(t) \left(\frac{\dot{K}(t)}{K(t)} - \frac{\dot{N}(t)}{N(t)} \right) = s_l k(t)^{1-\alpha} - \hat{N} k(t), \qquad (4.1/24)$$

während der Reallohn unverändert bleibt, $\dot{w}(t) = 0$. Der Reallohn weicht daher typischerweise von seinem Vollbeschäftigungsniveau (4.1/23) ab, es sei denn der Kapitalbestand pro Kopf bleibt konstant. Dies ist aber nur der Fall wenn $\dot{k}(t) = 0$ in (4.1/24), d. h. wenn die Ökonomie sich im Steady-State befindet.

Die ökonomische Ursache für das Abweichen von der Vollbeschäftigung im Ito-Modell findet sich offenkundig in der Tatsache, daß der Anpassungsprozeß des Reallohns ausschließlich von der Ungleichgewichtssituation auf dem Arbeitsmarkt abhängig gemacht und die Veränderung der Grenzproduktivität des Kapitals bei sich veränderndem Kapitalbestand vernachlässigt wird. Dies zeigt zugleich, daß jeder Anpassungsprozeß des Reallohns, der nicht im Einklang mit (4.1/23) steht, zu ähnlichen Resultaten führt.

Ito vermeidet die auf Barro und Grossman zurückgehende Terminologie für die von ihm analysierten Regime und spricht statt dessen von Überbeschäftigungs- bzw. Unterbeschäftigungsregimen. Dies mag teilweise darauf zurückzuführen sein, daß sein Modell ein Regime weniger aufweist als das prototypische statische Ungleichgewichtsmodell. Es ist freilich nicht schwierig, Itos Regime mit den Barro-Grossman-Regimen zu identifizieren, wenn man den Beschränkungen des Ito'schen Modells Rechung trägt: Da Ito nur zwei Märkte (Arbeitsmarkt und Gütermarkt) modelliert, folgt aus dem Walras Gesetz sofort, daß eine (positive) Überschußnachfrage auf dem einen Markt zwingend mit einem (positiven) Überschußangebot auf dem anderen Markt einhergeht. Sind also die Haushalte auf dem Arbeitsmarkt rationiert (Überschußangebot an Arbeit in geplanten Größen), so sind sie dies auch auf dem Gütermarkt (Überschußnachfrage nach Waren in geplanten Größen), d. h. Itos Unterbeschäftigungsregime entspricht Barro und Grossmans klassischem Regime; die Arbeitslosigkeit kann durch eine Senkung des Reallohns vermindert werden. Mit der analogen Argumentation sind in Itos Überbeschäftigungsregime die Firmen auf beiden Märkten rationiert, so daß diesem Regime im statischen Ungleichgewichtsmodell jenes degenerierte Regime entspricht, das durch Überschußnachfrage auf dem Arbeitsmarkt und Überschußangebot auf dem Gütermarkt gekennzeichnet ist.

Itos Modell fehlt also sowohl das Regime der unterdrückten Inflation als auch das für wirtschaftspolitische Fragestellungen besonders interessante keynesianische Regime. Auf Itos Modell aufbauende Arbeiten wie z. B. Picard (1983) haben jedoch die Existenz dieser Regime in dynamischen Ungleichgewichtsmodellen etabliert, die mehr als zwei Märkte umfassen. So modelliert Picard zusätzlich einen Geldmarkt und sichert sich damit genügend Flexibilität, um nicht nur alle dem Barro-Grossman Modell entsprechenden Regime identifizieren zu können, sondern auch Bedingungen für die Existenz von Steady-States in jedem einzelnen Regime aufstellen zu können[12].

So interessant die Analyse alternierender Regime in den Modellen von Ito (1980) und Picard (1983) auch sein mag, so darf doch nicht übersehen werden, daß deren Ergebnisse aufgrund einer mangelhaften Klärung der kompetitiven Grundstruktur der Modelle angreifbar bleiben. Dieser Punkt ist m. W. in der Literatur bislang noch nicht erkannt worden, obwohl er unschwer bereits an der oben dargestellten stark vereinfachten Version des Ito-Modells demonstriert werden kann. Im wesentlichen handelt es sich darum, daß in bestimmten Ungleichgewichtssituationen die Modelle positive ökonomische Gewinne implizieren, was in einer wettbewerblich organisierten Wirtschaft aus Gründen, die noch auszuführen sein werden, nicht akzeptabel scheint.

Wie bereits betont, maximieren die Firmen in Itos Modell nicht die Gewinne sondern die Kapitaleinkommen. Diese Modellierung unterstellt, daß alles den Firmen zur Verfügung stehende Kapital Eigenkapital ist, wogegen im Prinzip nichts einzuwenden ist. Der ökonomische Gewinn der Firmen kann (und sollte) jedoch zumindest auf kalkulatorischer Basis errechnet werden, indem vom Umsatz nicht nur die Lohnsumme sondern auch eine kalkulatorische Eigenkapitalverzinsung abgezogen wird. Der relevante kalkulatorische Zinssatz entspricht dabei natürlich der Grenzproduktivität des Kapitals. Bezeichnet man den kalkulatorischen Gewinn mit π, so erhält man in Itos Überbeschäftigungsregime

$$\begin{aligned}
\pi(t) &:= Y(t) - w(t)N(t) - (1-\alpha)N(t)^{\alpha} K(t)^{1-\alpha} \\
&= N(t)^{\alpha} K(t)^{1-\alpha} - \alpha\left(k^{d}(t)\right)^{1-\alpha} N(t) - (1-\alpha)k(t)^{-\alpha} K(t) \\
&> N(t)^{\alpha} K(t)^{1-\alpha} - \alpha k(t)^{1-\alpha} N(t) - (1-\alpha)k(t)^{-\alpha} K(t) \\
&= k(t)^{-\alpha} K(t)\left[1-\alpha-(1-\alpha)\right] \\
&= 0
\end{aligned}$$

[12]Leider ist Picards (1983) Modell keine direkte Weiterentwicklung von Ito (1980), da Picard eine Produktionsfunktion vom Leontief-Typ annimmt, die die üblicherweise in der Wachstumstheorie zugrundegelegten Annahmen nicht erfüllt. Es bleibt daher unklar, inwieweit Picards Ergebnisse eventuell nur durch die spezielle Wahl einer Produktionsfunktion bedingt sind, deren Implikationen schon in den Anfängen der Wachstumstheorie mit dem Begriff *knife edged* einprägsam charakterisiert wurden.

Der ökonomische Gewinn im Überbeschäftigungsregime ist also positiv. Dies würde in einer wettbewerblichen Wirtschaft dazu führen, daß durch die Konkurrenz der Unternehmen entweder der Outputpreis sinkt oder der Nominallohn steigt, daß also auf jeden Fall der Reallohn steigt. Steigt aber der Reallohn über ein gewisses Niveau hinaus, so befindet die Ökonomie sich nicht mehr im Überbeschäftigungsregime. Es stellt sich daher die Frage, ob das Überbeschäftigungsregime mit einer kompetitiven Wirtschaftsstruktur vereinbar ist. Für die lange Frist muß dies sicherlich verneint werden. Aber kann das Überbeschäftigungsregime nicht zumindest kurzzeitig existieren, da doch die Preise der Ökonomie als rigide modelliert werden und mithin nicht augenblicklich verändert werden können?

Die Antwort auf diese Frage ist abhängig von dem angenommenen Erwartungsbildungsprozeß der Unternehmen bzw. ihrem planerischen Horizont. Unterstellt man rationale Erwartungen, so bedeutet der deterministische Charakter der Ökonomie nichts anderes, als daß keinerlei Unsicherheit über die künftige Entwicklung der Ökonomie existiert, d. h. die Unternehmen wissen genau, zu welchem Zeitpunkt die Ökonomie sich in welchem Regime befinden wird. Auch wenn also die Preise nicht beliebig schnell angepaßt werden können, sind sich die Unternehmen doch rechtzeitig derjenigen Zeitpunkte bewußt, zu denen positive Gewinne möglich sind. Sie können daher die von ihnen zu setzenden Preispfade so bestimmen, daß zum fraglichen Zeitpunkt in der Tat der erwünschte Preis fixiert wird. Dies führt zu einem vorweggenommenen Preiswettkampf, dessen einzig mögliches Ergebnis darin besteht, daß eine Preistrajektorie gefunden wird, die zu jedem Zeitpunkt Nullgewinne impliziert[13].

Das Ito'sche Überbeschäftigungsregime ist daher mit einer kompetitiven Modellstruktur sichtlich unvereinbar, sofern nicht, was unplausibel und unmotiviert wäre, kurzsichtiges Verhalten der Unternehmen unterstellt wird. Wenn Ito dennoch sein Überbeschäftigungsregime zu analysieren imstande ist, dann allenfalls aufgrund einer derartigen schwer zu rechtfertigenden (und in seiner Arbeit nicht ausgeführten) Annahme. Unter gängigen Ratio-

[13]Diese Argumentationslinie wäre offensichtlich nicht mehr gültig, wenn eine stochastisierte Variante des Ito-Modells betrachtet würde. Dann nämlich sind nicht antizipierte, zufällige Überbeschäftigungszustände der Ökonomie durchaus denkbar. Freilich beruht auch diese, eher schwache Eigenschaft noch entscheidend auf der Annahme von augenblicklich nicht veränderbaren relativen Preisen. In der nachfolgend dargestellten Variante eines nicht-walrasianischen RBC-Modells genügt bereits *ein* vollständig flexibler Preis, der Zinssatz, um auch in einem stochastischen Modell die uneingeschränkte Inkompatibilität zwischen kompetitiver Modellstruktur und Regimen mit positiven ökonomischen Gewinnen zu gewährleisten.

nalitätspostulaten freilich steht der von ihm vermutlich ad hoc angenommene Preispfad im Widerspruch zu einem motivierbaren Preissetzungsverhalten kompetitiver Firmen.

Man beachte, daß das Problem positiver ökonomischer Gewinne in Itos Modell nur im Überbeschäftigungsregime auftritt. Es ist leicht zu zeigen, daß das Vollbeschäftigungsregime und das Unterbeschäftigungsregime Nullgewinne implizieren. Wendet man sich jedoch Picards vermeintlich reicherem Modell zu, so stellt man fest, daß auch die dort zusätzlich auftretenden Regime (Keynesianik und unterdrückte Inflation) zu zwangsläufig positiven ökonomischen Gewinnen führen. Nimmt man also die Nullgewinnbedingung als Ausdruck funktionierenden Wettbewerbs ernst, so weist auch Picards Modell keinen größeren Reichtum an Regimen auf als Itos Modell: Die Analyse beschränkt sich auf das Vollbeschäftigungsregime (das walrasianische Gleichgewicht) und auf das Unterbeschäftigungsregime (das klassische Regime).

4.2 Ein RBC-Modell mit Mengenbeschränkungen

In die RBC-Literatur sind nicht-walrasianische Elemente bislang nur rudimentär integriert worden, vermutlich aufgrund der starken Gleichgewichts- und Markträumungstraditionen, denen die maßgeblichen Verfechter dieses Ansatzes verhaftet sind. Statt dessen wurde das Problem der Arbeitslosigkeit, sofern es überhaupt ernsthaft in Angriff genommen wurde, typischerweise in der durch Hansen (1985) und Rogerson (1988) vorgezeichneten Modellierung behandelt. Diese sieht, wie im einleitenden Literaturüberblick bereits erwähnt, die Arbeitsleistung eines einzelnen Agenten als ein unteilbares Gut an und löst das entstehende Nichtkonvexitätsproblem durch das Gedankenexperiment einer Lotterie, die mit einer bestimmten Wahrscheinlichkeit p_L einzelnen Agenten das Schicksal der Arbeitslosigkeit, anderen aber mit Wahrscheinlichkeit $(1\text{-}p_L)$ das der vollen Beschäftigung zuweist.

Die Wahrscheinlichkeit p_L ist in diesem Ansatz eine endogene Modellvariable, die im Steady-State einen positiven Wert annimmt, weil jedes Individuum Freizeit als nutzenstiftend ansieht. Sofern eine Vollzeitbeschäftigung dem Individuum weniger Raum für Freizeit läßt als von diesem gewünscht, wählt es mithin eine positive Wahrscheinlichkeit für Arbeitslosigkeit, um im Sinne eines Erwartungsnutzenkonzepts die für ihn optimale Mischung aus Arbeit und Freizeit zu realisieren. Da die Ziehungen der Lotterie in jeder Periode unabhängig voneinander erfolgen, alle Individuen identisch sind und darüber hinaus über einen unendlich langen Lebenshorizont verfügen, werden sie asymptotisch auch genau die von ihnen erstrebte Mischung realisieren können, allerdings nicht - wie im Modell mit teilbarer Arbeit - periodenbezogen sondern nur in Bezug auf ihre Lebensarbeitsleistung.

Hansens Modell hat spätere RBC-Modelle nachhaltig beeinflußt, vgl. u. a. Hornstein und Prescott (1993), Kydland (1995), Heer und Schabert (1996). Dies ist zum Teil auf die schon in der Einleitung hervorgehobene Eigenschaft zurückzuführen, daß in Hansens Modell die aggregierte intertemporale Substitutionselastizität der Freizeit unendlich ist, selbst wenn dieselbe Substitutionselastizität auf individueller Ebene beliebig nahe an Null ist - was die RBC-Theorie im Prinzip davon entbindet, mit mikroökonometrischer Evidenz kompatibel zu sein. Die dadurch begründete weitgehende Akzeptanz von Hansens Modell durch führende RBC-Theoretiker darf jedoch nicht darüber hinwegtäuschen, daß die ökonomische Erklärung persistenter Arbeitslosigkeit höchst unbefriedigend bleibt: Die Vorstellung, die Mehrzahl der Erwerbstätigen in den westlichen Industrieländern bejahe die gegenwärtig dort zu beobachtende Arbeitslosigkeit, weil sie selbst phasenweise in deren Genuß zu kommen hoffe, ist realitätsfern und nicht frei von Absurdität.

Offenbar in Anerkenntnis dieser Tatsache haben sich vereinzelt Autoren gefunden, die sich um die Integration nicht-walrasianischer Elemente in das Standard-RBC-Modell bemühten[1], vgl. die in der einleitenden Literaturzusammenfassung beschriebenen Arbeiten. Diese betonen typischerweise spezifische institutionelle Merkmale einzelner Märkte, die Anlaß zu Transaktionen bei nicht markträumenden Preisen geben und Spillover-Effekte auf andere Märkte haben. Sie sind deshalb zu Recht als nicht-walrasianisch zu klassifizieren. Sie sind jedoch in ihrer Analyse nicht-walrasianischer Dynamik stets auf die jeweilige Anwendung beschränkt und lassen keinen Schluß auf deren allgemeinere Eigenschaften zu. So wird auch das Problem möglicherweise alternierender Regime in der Regel nicht thematisiert.

Wir wollen uns deshalb nun der Erweiterung des prototypischen RBC-Modells zu einem dynamischen Rationierungsmodell widmen, das als Ausgangspunkt für eine allgemeine dynamische Ungleichgewichtstheorie einer vollständig spezifizierten und in sich konsistenten stochastischen Ökonomie dienen kann. Von spezifischen institutionellen Gegebenheiten, die Transaktionen bei nicht markträumenden Preisen begründen, soll daher ausdrücklich abstrahiert werden, denn *daß* in realen Ökonomien Güter zu nicht markträumenden Preisen gehandelt werden, ist vermutlich unstrittig. Daher knüpfen die folgenden Untersuchungen an das oben skizzierte Modell von Ito (1980) an, das ebenfalls weniger an der Ursache als vielmehr an der Wirkung derartiger Transaktionen interessiert ist.

Freilich muß Itos Modell nicht unerheblich modifiziert werden, um den Standards moderner dynamischer Konjunkturmodelle gerecht zu werden. Dies betrifft zum einen das Investitionsverhalten der Unternehmen, das aus deren Gewinnmaximierungskalkül abgeleitet werden muß und daher die explizite Berücksichtigung eines Kapitalmarktes und eines Zinssatzes erfordert. Zum anderen muß die Modellierung als Abbild einer dem Grunde nach wettbewerblich organisierten Ökonomie interpretiert werden können, was bei konstanten Skalenerträgen die strenge Respektierung der Nullgewinnbedingung erfordert. Drittens schließlich ist ein zukünftige Entwicklungen

---

[1]Danthine und Donaldson (1995) grenzen nicht-walrasianische von walrasianischen Modellen durch die Unterscheidung ab, daß in ersteren Transaktionen auch zu nicht markträumenden Preisen erfolgen dürfen. Dieser Begriffssetzung ist m. E. zuzustimmen. Man beachte, daß demnach das oben kurz besprochene Modell von Hansen (1985) walrasianischer Natur ist.

einschätzendes Verhalten der ökonomischen Agenten zu modellieren, das aus Konsistenzgründen die Annahme rationaler Erwartungen nahelegt.

Um die Kluft zwischen einem derart modifizierten Ito-Modell und dem im vorigen Kapitel diskutierten prototypischen RBC-Modell möglichst weitgehend zu schließen, wird das Modell darüber hinaus stochastischen Schocks ausgesetzt, die entweder als stationäre Technologieschocks oder als persistente Wachstumsschocks die Modelldynamik beeinflussen. Ebenfalls in Anlehnung an die RBC-Modelle wird der Wachstumsprozeß nicht (wie bei Ito) über eine exogene Zunahme der Bevölkerung sondern über arbeitsvermehrenden technischen Fortschritt definiert. Da die Bevölkerung des Modells mithin konstant ist, kann die in der RBC-Literatur übliche Annahme repräsentativer Agenten unschwer übernommen werden.

- Das Modell -

Wir betrachten nun eine Ökonomie, die exakt dieselbe Grundstruktur hat wie die in Abschnitt 3.1 beschriebene Modellökonomie. Insbesondere sind die Gleichungen (3.1/1) bis (3.1/11) unverändert gültig. Modifiziert werden lediglich die Maximierungsprobleme (3/F) und (3/H), die um Mengenrestriktionen ergänzt werden. So löst die repräsentative Firma nunmehr

$$\max_{Y_t, L_t, K_t} \quad \Pi_0 = \sum_{t=0}^{\infty} (1 + r_t)^{-t} \pi_t \tag{4/F}$$

unter den Nebenbedingungen

$$Y_t = A_t (X_t L_t)^{\alpha} K_t^{1-\alpha} \tag{4.2/1}$$

$$\pi_t = Y_t - W_t L_t - (r_t + \delta) K_t \tag{4.2/2}$$

$$L_t \leq N_t \tag{4.2/3}$$

$$K_t \leq S_{t-1} \tag{4.2/4}$$

für $t=0,\ldots,\infty$. Hier beschreiben (4.2/3) und (4.2/4) die Mengenrestriktionen der Unternehmung auf den Faktormärkten. Die analoge Beschränkung für den Gütermarkt

$$Y_t + (1-\delta)K_t \leq C_t + S_t, \tag{4.2/5}$$

ist redundant, da sie von (4.2/3) und (4.2/4) impliziert wird. Man sieht dies sehr einfach, denn es gilt

$$\begin{aligned} Y_t + (1-\delta)K_t &= \pi_t + W_t L_t + (r_t + \delta)K_t + (1-\delta)K_t && \text{wegen (4.2/2),} \\ &\leq \pi_t + W_t N_t + (1+r_t)K_t && \text{wegen (4.2/3),} \\ &\leq \pi_t + W_t N_t + (1+r_t)S_{t-1} && \text{wegen (4.2/4),} \\ &\equiv C_t + S_t && \text{wegen (3.1/9).} \end{aligned}$$

Das Maximierungsproblem (4/F) ist ein normales Kuhn-Tucker-Problem, dessen notwendige Bedingungen durch

$$(1+r_t)^{-t}\left(\alpha \frac{Y_t}{L_t} - W_t\right) - \tilde{\lambda}_{L,t} = 0 \tag{4.2/6}$$

$$(1+r_t)^{-t}\left((1-\alpha)\frac{Y_t}{K_t} - (r_t + \delta)\right) - \tilde{\lambda}_{K,t} = 0 \tag{4.2/7}$$

$$\tilde{\lambda}_{L,t}(N_t - L_t) = 0 \tag{4.2/8}$$

$$\tilde{\lambda}_{K,t}(S_{t-1} - K_t) = 0 \tag{4.2/9}$$

$$\tilde{\lambda}_{L,t}, \tilde{\lambda}_{K,t} \geq 0 \tag{4.2/10}$$

sowie durch die Nebenbedingungen des Maximierungsproblems gegeben sind. In naheliegender Notation bezeichnet dabei $\tilde{\lambda}_{L,t}$ den Multiplikator der Arbeitsmarktrestriktion (4.2/3) und $\tilde{\lambda}_{K,t}$ jenen der Kapitalmarktrestriktion (4.2/4). Diskontiert man diese Multiplikatoren durch Setzung von

$$\lambda_{L,t} := \tilde{\lambda}_{L,t}(1+r_t)^t \quad \text{und} \quad \lambda_{K,t} := \tilde{\lambda}_{K,t}(1+r_t)^t, \qquad t=0,\ldots,\infty$$

so sieht man, daß

$$L_t = \frac{\alpha Y_t}{W_t + \lambda_{L,t}} \tag{4.2/11}$$

$$K_t = \frac{(1-\alpha)Y_t}{(r_t+\delta)+\lambda_{K,t}} \tag{4.2/12}$$

für alle $t=0,...,\infty$ gilt. Substitution in (4.2/2) ergibt

$$\begin{aligned}\pi_t &= Y_t - \frac{W_t}{W_t+\lambda_{L,t}}\alpha Y_t - \frac{r_t+\delta}{(r_t+\delta)+\lambda_{K,t}}(1-\alpha)Y_t \\ &\geq Y_t - \alpha Y_t - (1-\alpha)Y_t \\ &= 0,\end{aligned} \tag{4.2/13}$$

woraus wir ersehen, daß der Gewinn in Periode t dann und nur dann Null sein wird, wenn die Firma auf beiden Faktormärkten unrestringiert ist, d. h. wenn $\lambda_{L,t}=\lambda_{K,t}=0$. Da der Gewinn der Periode t gemäß (4.2/13) stets nichtnegativ ist, erfordert (3.1/6) Nullgewinne in jeder Periode t, woraus

$$Y_t=W_tL_t+(r_t+\delta)K_t \tag{4.2/14}$$

für $t=0,...,\infty$ folgt. Es kann daher in dieser Ökonomie nur ein walrasianisches Gleichgewicht oder ein Rationierungsgleichgewicht im klassischen Regime geben. Da beide Fälle durch $\lambda_{L,t}=\lambda_{K,t}=0$ gekennzeichnet sind, sind die in Kapitel 3 für das walrasianische Gleichgewicht abgeleiteten Euler-Gleichungen der repräsentativen Firma auch in dem nicht-walrasianischen Modell, d. h. im klassischen Regime gültig. Wir erhalten daher unverändert (3.1/14) und (3.1/15). Das Outputniveau der Periode t wird durch den prädeterminierten Kapitalbestand bestimmt und es wird erneut angenommen, daß dessen Größe angebotsseitig gemäß (3.1/17) festgelegt wird. Der Kapitalmarkt ist demnach im nicht-walrasianischen Modell stets ausgeglichen[2].

Wenden wir uns nun dem Maximierungsproblem des Haushalts zu, so ergibt sich die angemessene nicht-walrasianische Modifikation des Nutzenmaximierungsproblems (3/H) als

$$\max_{C_t,N_t,S_t} \quad U_0 = \sum_{t=0}^{\infty}\beta^t\left[\ln C_t + \theta\ln\left(1-\frac{N_t}{X_t^v}\right)\right] \tag{4/H}$$

unter den Nebenbedingungen

[2]Dieser Sachverhalt entspricht der Annahme eines ausgeglichenen Geldmarktes im statischen Rationierungsmodell des vorhergehenden Abschnitts.

$$W_t N_t + (1+r_t) S_{t-1} + \pi_t \equiv C_t + S_t, \tag{4.2/15}$$

$$N_t \leq L_t \tag{4.2/16}$$

für t=0,...,∞. Die Restriktion (4.2/16) bezeichnet die Mengenrestriktion des Haushalts auf dem Arbeitsmarkt. Die entsprechende Restriktion für den Gütermarkt

$$C_t + S_t \leq Y_t + (1-\delta) K_t, \tag{4.2/17}$$

ist redundant, da Kapitalmarkträumung angenommen wurde:

$$\begin{aligned} C_t + S_t &\equiv W_t N_t + (1+r_t) S_{t-1} + \pi_t && \text{wegen (4.2/15),} \\ &\leq W_t L_t + (1+r_t) S_{t-1} + \pi_t && \text{wegen (4.2/16),} \\ &\equiv W_t L_t + (1+r_t) K_t + \pi_t && \text{wegen (3.1/17),} \\ &= Y_t - (r_t + \delta) K_t + (1+r_t) K_t && \text{wegen (4.2/2).} \\ &= Y_t + (1-\delta) K_t, \end{aligned}$$

Offenbar ist (4.2/17) dann und nur dann mit Gleichheit erfüllt, wenn (4.2/16) mit Gleichheit erfüllt ist. Dies bedeutet, daß der Haushalt entweder auf dem Güter - und auf dem Arbeitsmarkt rationiert ist (Rationierungsgleichgewicht im klassischen Regime) oder daß er auf keinem dieser Märkte rationiert ist (walrasianisches Gleichgewicht).

Löst man (4/H) für t=0,...,∞, so erhält man als notwendige Bedingungen

$$\frac{\beta'}{C_t} = \widetilde{\mu}_{B,t} \tag{4.2/18}$$

$$\frac{\beta'\theta}{X_t^v - N_t} = \widetilde{\mu}_{B,t} W_t - \widetilde{\mu}_{L,t} \tag{4.2/19}$$

$$\widetilde{\mu}_{B,t} = \widetilde{\mu}_{B,t+1}(1 + r_{t+1}) \tag{4.2/20}$$

$$\widetilde{\mu}_{L,t}(L_t - N_t) = 0 \tag{4.2/21}$$

$$\widetilde{\mu}_{L,t} \geq 0 \tag{4.2/22}$$

sowie die Budgetrestriktion (4.2/15)[3]. Hier bezeichnen $\tilde{\mu}_{B,t}$ und $\tilde{\mu}_{L,t}$ die mit der Budget- bzw. der Arbeitsmarktrestriktion verbundenen Multiplikatoren. Setzt man

$$\mu_{L,t} := \tilde{\mu}_{L,t} \,/\, \beta^{t}$$

und substituiert (4.2/18) in (4.2/19) und (4.2/20), so resultieren

$$\frac{\theta}{X_t^v - N_t} = \frac{W_t}{C_t} - \mu_{L,t} \qquad (4.2/23)$$

und

$$C_{t+1} = \beta C_t (1 + r_{t+1}) \,. \qquad (3.1/22)$$

Zusammen mit der Produktionsfunktion, der Budgetrestriktion und den Marktgleichgewichtsbedingungen komplettieren die hier abgeleiteten Euler-Gleichungen die charakteristischen Bewegungsgesetze der nicht-walrasianischen Ökonomie. Der einzige Unterschied zur walrasianischen Ökonomie des Kapitels 3 besteht offenbar in der abweichenden Form von Gleichung (4.2/23): Für $\mu_{L,t}$>0 ergibt sich statt des walrasianischen Gleichgewichts ein Rationierungsgleichgewicht im klassischen Regime.

- Steady-State-Analyse -

Wir wollen nun den Steady-State der beschriebenen Ökonomie im klassischen Regime, d. h. für $\mu_{L,t}$>0, betrachten. Dafür gehen wir wieder von jenem quasi-deterministischen Steady-State aus, der sich ergibt, wenn verschwindende Varianzen der exogenen Störterme unterstellt werden. Wie in Kapitel 3 leitet man unschwer

$$\gamma_K = \gamma_S = \gamma_I = \gamma_Y = \gamma_C = \gamma_W \gamma_L = \gamma ,$$
$$\gamma_r = \gamma_A = 1, \quad \gamma_W = \gamma_X \qquad (4.2/24)$$

ab, da diese Sachverhalte unabhängig von (4.2/23) sind.

[3]Aus den in Kapitel 3 ausgeführten Gründen wird die Transversalitätsbedingung vernachlässigt.

Um (4.2/23) auszuwerten, schreibe man diese Gleichung in Abhängigkeit von festen Anfangswerten (sagen wir zum Zeitpunkt t=0) als

$$\frac{W_0 X_0^\nu}{C_0}\left(\frac{\gamma_W \gamma_X^\nu}{\gamma_C}\right)^t - \mu_{L,0} X_0^\nu \left(\gamma_\mu \gamma_X^\nu\right)^t + \mu_{L,0} N_0 \left(\gamma_\mu \gamma_L\right)^t = \theta + \frac{W_0 N_0}{C_0}. \qquad (4.2/25)$$

Dies ist eine Gleichung der allgemeinen Form

$$a_1 b_1^t - a_2 b_2^t + a_3 b_3^t = c, \qquad (4.2/26)$$

bei der c sowie alle a_i's und b_i's positiv sind. Eine offensichtliche Lösung ist gegeben durch

$$b_1 = b_2 = b_3 = 1,\ \ a_1 - a_2 + a_3 = c,$$

was unmittelbar

$$\gamma_L \gamma_\mu = 1,\ \gamma_L = \gamma_X^\nu \text{ und } \gamma_W \gamma_L = \gamma_C = \gamma \qquad (4.2/27)$$

implizieren würde. Ich zeige im folgenden, daß dies die einzige zulässige Lösung von (4.2/25) ist.

Da (4.2/25) für beliebige Werte von t gelten muß, gibt es keine Lösung für den Fall, daß genau ein b_i von Eins verschieden ist. Ebensowenig gibt es eine Lösung, falls genau zwei b_j's von Eins verschieden wären, aber unterschiedliche Werte annehmen. Und wären alle drei b_i's von Eins verschieden, so müßten sich die Terme auf der linken Seite von (4.2/26) zu Null addieren, was aber wegen c>0 zu einem Widerspruch führen würde.

Es bleibt daher die Möglichkeit $b_i = 1,\ \ b_j = b_k \neq 1$ für $i, j, k \in \{1,2,3\}$. Da die Koeffizienten der b_j- und b_k-Terme sich gegenseitig aufheben müssen, gibt es lediglich zwei mögliche Fälle:

Fall 1:

Angenommen b_1=b_2≠1, b_3=1, a_1=a_2. Aus a_1=a_2 folgt W_0=$\mu_{L,0}C_0$. Außerdem haben wir a_3=c, was als $N_0(\mu_{L,0}C_0 - W_0) = \theta C_0$ geschrieben werden kann. Dies aber ist ein Widerspruch, denn die rechte Seite der Gleichung ist positiv und die linke Seite ist Null.

Fall 2:

Angenommen $b_2=b_3\neq 1$, $b_1=1$, $a_2=a_3$. Aus $a_2=a_3$ folgt $X_0^\nu = N_0$. Doch damit impliziert $a_1=c$ unmittelbar $\theta=0$ im Widerspruch zur Voraussetzung.

Also ist (4.2/27) die einzige Lösung von (4.2/25) und mithin $\gamma_L=\gamma_X^\nu=\gamma^{\nu/(1+\nu)}$ wie in (3.1/23). Darüber hinaus ist die Wachstumsrate der Arbeitsstunden ungefähr gleich dem Negativen der Wachstumsrate des Multiplikators $\mu_{L,t}$, $\gamma_L=1/\gamma_\mu$. Je geringer die geleisteten Arbeitsstunden, desto größer ist demnach der Schattenpreis der Arbeitsmarktrestriktion.

Wollen wir nun die Steady-State-Werte der endogenen Variablen berechnen, so stoßen wir auf die folgende Schwierigkeit: Die zentralen acht Variablen (z, $W(t)$, $K(t)$, $Y(t)$, $L(t)$, $C(t)$, $I(t)$, und $\mu_L(t)$) werden durch lediglich sieben Gleichungen beschrieben, nämlich (3.1/1), (3.1/4), (3.1/14), (3.1/15), (3.1/22), (4.2/15) und (4.2/23). Dieser Sachverhalt ist formal nicht überraschend, denn durch den nicht verschwindenden Multiplikator $\mu_L(t)$ liegt im klassischen Regime natürlich bei gleicher Anzahl von Gleichungen eine Variable mehr vor als im walrasianischen Gleichgewicht. In der statischen Ungleichgewichtstheorie wird diesem Sachverhalt meist dadurch Rechnung getragen, daß eine im walrasianischen Modell endogene Variable exogenisiert wird. Oft geschieht dies z. B. wie im vorhergehenden Abschnitt ausgeführt durch die Annahme eines exogen fixierten Reallohns.

In einem dynamischen Modell wäre ein exogen fixierter Reallohn sicherlich nicht plausibel. Aber unabhängig von Plausibilitätsüberlegungen ist die Exogenisierung des Reallohns in dem vorliegenden Modell auch gar nicht möglich. Denn der Steady-State-Reallohn $W(t)$ wird auch im klassischen Regime eindeutig vom Modell bestimmt, ebenso wie im übrigen der Steady-State Zinsfaktor z. Die Steady-State-Werte beider Variablen errechnen sich genau wie in Kapitel 3 beschrieben, d. h. (3.1/24) und (3.1/25) sind unverändert gültig. Dann aber verbleiben sechs endogene Steady-State-Variablen in lediglich fünf Gleichungen, d. h. das verbleibende Gleichungssystem ist unterdeterminiert.

Technisch gesprochen sehen wir, daß das ursprüngliche unterdeterminierte Gleichungssystem mit acht Variablen und sieben Gleichungen in zwei Subsysteme separiert werden kann, von denen eines zwei Gleichungen mit zwei endogenen Variablen enthält und genau determiniert ist, während das andere aus fünf Gleichungen mit sechs endogenen Variablen besteht und folglich unterdeterminiert ist. Das genau determinierte Subsystem enthält aber gerade den Reallohn und den Zinsfaktor, d. h. Steady-State-Wachstum im klassischen Regime ist nur für eine spezielle Wachstumstrajektorie des Reallohns möglich, keinesfalls aber für eine beliebig spezifizierte exogene Trajektorie. Man beachte, daß die einzige mit Steady-State-Wachstum kompatible Trajektorie des Reallohns im klassischen Regime dieselbe ist wie die Steady-State-Trajektorie des Reallohns im walrasianischen Gleichgewicht[4].

Um das ökonomische Verständnis dieses Sachverhalts zu erleichtern, sei darauf verwiesen, daß jede Unterbeschäftigungssituation aufgrund zu geringer gesamtwirtschaftlicher Einkommen zu unzureichenden Ersparnissen und Vermögen führt. Dies bedeutet, daß der tatsächliche Kapitalbestand niedriger ist als der Vollbeschäftigungskapitalbestand. Je kleiner jedoch der Kapitalbestand ist, desto niedriger ist das Grenzprodukt der Arbeit bei (fiktiver) Vollbeschäftigung, d. h. desto niedriger ist der Vollbeschäftigungsreallohn. Bei einem unzureichenden Kapitalbestand ist der markträumende Reallohn daher niedriger als der markträumende Reallohn bei einem Vollbeschäftigungskapitalbestand. Daher ist in einer Unterbeschäftigungssituation der Reallohn des walrasianischen Gleichgewichts zu hoch, um Vollbeschäftigung zu erzielen und die Unterbeschäftigung bleibt folglich bestehen. Dies zeigt, daß das walrasianische Gleichgewicht nicht nur die langfristig höchste Beschäftigung ermöglicht, sondern auch den höchsten langfristig zu erhaltenden Reallohn.

Für das unterdeterminierte Subsystem müssen die Wachstumspfade von fünf endogenen Variablen offenbar in Abhängigkeit des Wachstumspfades der sechsten Variablen geschrieben werden. Der Wachstumspfad dieser sechsten Variablen jedoch ist unbestimmt, d. h. es gibt eine Mannigfaltigkeit von Steady-State Wachstumspfaden im klassischen Regime der beschriebenen Ökonomie. Formal erhalten wir z. B.

$$K(t) = \frac{1-\alpha}{z-(1-\delta)} Y(t) \qquad \text{aus (3.1/15),}$$

$$L(t) = \left(\frac{\gamma - \beta(1-\delta)}{(1-\alpha)\beta} \right)^{\frac{1-\alpha}{\alpha}} \frac{Y(t)}{X(t)} \qquad \text{aus (3.1/14) und (3.1/25),}$$

---

[4]Das gleiche gilt für den Zinsfaktor z.

$$C(t) = \left(\alpha + (1-\alpha) \frac{z-\gamma}{z-(1-\delta)} \right) Y(t) \qquad \text{aus (4.2/15)}$$

und
$$I(t) = (1-\alpha) \frac{\gamma-(1-\delta)}{z-(1-\delta)} Y(t) \qquad \text{aus (3.1/4).}$$

Auf die Angabe von $\mu_L(t)$ wird verzichtet, da diese im weiteren Verlauf der Arbeit nicht benötigt wird.

In dieser Darstellung wurden Kapitalbestand, Arbeitsstunden, Konsum und Investitionen auf den Output konditioniert. Die Wahl der konditionierenden Variablen ist selbstverständlich willkürlich und beliebig. Hätte man z. B. auf die Arbeitsstunden konditioniert, so wäre besonders deutlich hervorgehoben worden, daß es im klassischen Regime einen wohldefinierten Steady-State-Wachstumspfad der endogenen Variablen für jeden beliebigen Wachstumspfad der Beschäftigung gibt, d. h. jedes beliebige (Unter-)Beschäftigungsniveau ist mit Steady-State-Wachstum kompatibel. Natürlich ist dieses Ergebnis unabhängig von der Wahl der konditionierenden Variablen in der obigen Darstellung gültig.

Während es also für die Niveauvariablen Kapitalbestand, Output, Arbeitsstunden, Konsum und Investitionen im klassischen Regime ein Kontinuum von Steady-States gibt, ist sofort offensichtlich, daß für die Kennzahlen Kapitalkoeffizient, wachstumsbereinigte Arbeitsproduktivität, Konsum- und Investitionsquote ein eindeutiger Steady-State existiert. Überdies ist dieser eindeutige Steady-State stationär, d. h. die Steady-State-Werte der Kennzahlen sind einfache Konstanten und identisch mit ihren Analoga im walrasianischen Steady-State.

Es liegt daher nahe, das die Dynamik der Ökonomie beschreibende nichtlineare Differenzengleichungssystem so weit wie möglich in Termini von *gross ratios* zu schreiben und dann in einer Umgebung des eindeutigen Steady-States nach der in Kapitel 3 geschilderten Technik linear zu approximieren. Dafür definiere ich die folgenden Steady-State-Werte:

$$S_Y := \frac{S(t)}{Y(t)} \equiv \frac{K(t+1)}{Y(t)} = \gamma \frac{K(t)}{Y(t)}, \; C_Y := \frac{C(t)}{Y(t)}, \; I_Y := \frac{I(t)}{Y(t)}, \text{ und } L_Y := \frac{L(t)X(t)}{Y(t)}.$$

Zu bemerken ist hierbei, daß ich den Kapitalbestand auf den Output der Vorperiode beziehe, da dies die Periode ist, in der der Kapitalbestand bestimmt wurde. Dies ist sinnvoll, da ansonsten zwei Variablen mit unterschiedlicher Informationsmenge durcheinander dividiert würden, was in einem Modell mit rationalen Erwartungen zu vermeidbaren Komplikationen führen kann.

- *Stationarisierung und approximative Modellösung* -

In Analogie zu dem oben beschriebenen eindeutigen Steady-State der Ökonomie definiere ich nun die folgenden stationären Variablen, die, soweit sie *gross ratios* darstellen, in vorangehenden Abschnitten dieser Arbeit z. T. schon betrachtet wurden:

$$Y_{Y,t} := \frac{Y_t}{Y_{t-1}},\ S_{Y,t} := \frac{S_t}{Y_t},\ C_{Y,t} := \frac{C_t}{Y_t},\ I_{Y,t} := \frac{I_t}{Y_t},\ \text{und } L_{Y,t} := \frac{L_t X_t}{Y_t}$$

Die Variable $Y_{Y,t}$ kann als Indikator dafür aufgefaßt werden, wie sich die stochastische Ökonomie von einem Unterbeschäftigungsgleichgewicht zum nächsten bewegt. Dabei erhöht sich die Arbeitslosigkeit dann, wenn $Y_{Y,t}$ kleiner als γ ist. Da das Steady-State-Niveau des Outputs nicht eindeutig ist, sind Änderungen in den Unterbeschäftigungsgleichgewichten persistent; insbesondere gibt es keinen Anpassungsdruck hin zum Vollbeschäftigungsgleichgewicht. Die Tatsache, daß die Ökonomie vergleichsweise geschmeidig durch verschiedene Unterbeschäftigungsgleichgewichte gleiten kann, ist vermutlich eine wünschenswerte Eigenschaft, zumindest im Vergleich mit den recht abrupten Regimewechseln der statischen Rationierungsmodelle.

Schreibt man die das dynamische Verhalten der Ökonomie im klassischen Regime charakterisierenden Differenzengleichungen (4.2/1), (4.2/11), (4.2/12), (4.2/15) und (3.1/22) in den oben definierten Variablen, so erhält man mit $\lambda_{L,t}=\lambda_{K,t}=0$

$$Y_{Y,t}^{1-\alpha} = A_t L_{Y,t}^{\alpha} S_{Y,t-1}^{1-\alpha}, \tag{4.2/28}$$

$$w_t L_{Y,t} = \alpha, \tag{4.2/29}$$

$$Y_{Y,t} = \frac{r_t + \delta}{1-\alpha} S_{Y,t-1}, \tag{4.2/30}$$

$$w_t L_{Y,t} Y_{Y,t} + (1+r_t) S_{Y,t-1} \equiv C_{Y,t} Y_{Y,t} + S_{Y,t} Y_{Y,t}, \tag{4.2/31}$$

$$C_{Y,t+1}Y_{Y,t+1} = \beta C_{Y,t}(1+r_{t+1}). \tag{4.2/32}$$

Dies ist erneut ein nichtlineares System von Differenzengleichungen, das ich als (4/DGL) bezeichnen werde. Um es zu linearisieren, ist es zweckmäßig, die prozentualen Abweichungen der darin auftretenden Variablen von ihren Steady-State-Werten zu definieren:

$\tilde{y}_t := \ln Y_{Y,t} - \ln \gamma$, $\tilde{c}_t := \ln C_{Y,t} - \ln C_Y$, $\tilde{i}_t := \ln I_{Y,t} - \ln I_Y$, $\tilde{s}_t := \ln S_{Y,t} - \ln S_Y$,
$\tilde{l}_t := \ln L_{Y,t} - \ln L_Y$,

Entwickelt man nun (4/DGL) an den Steady-State-Werten w, z, γ, C_Y, S_Y, L_Y und 1 (für den stationären Technologieschock A_t) in ein lineares System von Differenzengleichungen (4/LDGL), so wird die Dynamik der Ökonomie approximativ beschrieben durch die folgenden Gleichungen:

$$\tilde{y}_t = \hat{A}_t + \alpha\left(\tilde{l}_t + \tilde{y}_t\right) + (1-\alpha)\tilde{s}_{t-1}, \tag{4.2/33}$$

$$\tilde{l}_t = -\hat{w}_t, \tag{4.2/34}$$

$$\tilde{y}_t = \tilde{s}_{t-1} + \frac{\gamma}{\gamma - \beta(1-\delta)}\hat{z}_t, \tag{4.2/35}$$

$$\hat{z}_t + \tilde{s}_{t-1} = \tilde{y}_t + \left(\frac{\gamma - \alpha\beta(1-\delta)}{(1-\alpha)\gamma} - \beta\right)\tilde{c}_t + \beta\tilde{s}_t, \tag{4.2/36}$$

$$\tilde{c}_{t+1} + \tilde{y}_{t+1} = \tilde{c}_t + \hat{z}_{t+1}. \tag{4.2/37}$$

Auch dieses Gleichungssystem ist unterdeterminiert, da zur Erklärung der sechs Variablen $\tilde{y}_t$, $\tilde{c}_t$, $\tilde{l}_t$, $\tilde{s}_t$, $\hat{w}_t$ und $\hat{z}_t$ nur fünf Gleichungen zur Verfügung stehen. Jedoch zerfällt es nicht mehr in zwei Subsysteme, von denen eines die Faktorpreise eindeutig bestimmen würde. Es ist daher - in Anlehnung an die statische Ungleichgewichtstheorie - jetzt durchaus möglich, die prozentualen Abweichungen des Reallohns von seinem Steady-State-Wert als exogen aufzufassen und so die Unterdeterminiertheit von (4/LDGL) zu beheben. Die in Kapitel 2 vorgestellten Granger-Kausalitätstests stützen dieses Vorgehen, da sie ja in der Tat nahelegten, daß stationäre Transformationen des Reallohns (stark) exogen für die anderen betrachteten Variablen sein könnten.

Es ist wichtig hervorzuheben, daß die Möglichkeit einer Exogenitätsannahme für die Fluktuationen des Reallohns um sein Steady-State-Niveau keineswegs ein Effekt der linearen Approximation ist: Vielmehr ist der Steady-State-Wachstumspfad des Reallohns nach wie vor modellendogen. Lediglich stationäre Störungen dieses Wachstumspfades können als exogen aufgefaßt werden. Die langfristige Entwicklung des Reallohns aber folgt im Modell angelegten ökonomischen Prinzipien und nicht der Willkür bestimmter Exogenitätspostulate.

Dies scheint eine erheblich befriedigendere Modellierung zu sein als in der oben skizzierten statischen Ungleichgewichtstheorie, die (zumindest in ihren einfachen Versionen) auf eine Begründung für die angenommene Höhe des Reallohns verzichtet. Darüber hinaus ist festzuhalten, daß die Annahme exogener Schwankungen des Reallohns um seinen Steady-State-Wachstumspfad keine Annahme über feste oder sich verzögert anpassende Preise darstellt - man kann im Gegenteil durchaus völlig flexible Güterpreise und Nominallöhne unterstellen. Die Annahme besagt lediglich, daß Güterpreise und Nominallöhne korrelliert sind und Ursachen und genaue Ausprägungen dieser Korrelation (wie z. B. gewerkschaftliche Reaktionen auf beobachtete Inflation oder Preisänderungen bei veränderten Arbeitskosten) jenseits des Erklärungshorizonts dieses Modells liegen.

Schließlich erlaubt die Annahme exogener Reallohnfluktuationen auch eine befriedigende Lösung für das Problem zweier im Prinzip denkbarer Regime: walrasianisches Gleichgewicht und klassisches Regime. Stören (stetige) exogene Zufallsvariablen den walrasianischen Reallohn, so befindet sich die Ökonomie mit Wahrscheinlichkeit Eins nie in einer Situation der Vollbeschäftigung, so daß rationale Individuen in ihren Maximierungsproblemen die Möglichkeit des walrasianischen Gleichgewichts vernachlässigen können und stets unterstellen dürfen, daß die Ökonomie sich im klassischen Regime befindet.

Ich werde daher im folgenden annehmen, daß $\left(\hat{w}_t\right)_{t=0}^{\infty}$ ein exogener Zufallsprozeß ist. Dieser tritt zu jenen Schocks hinzu, die bereits das KPR-Modell gestört haben; dem stationären Technologieschock oder der Wachstumsinnovation. Eine genauere Spezifikation der exogenen Prozesse erfolgt bei der Spezialisierung des nicht-walrasianischen Modells auf zwei Varianten mit deterministischem bzw. stochastischem Wachtum.

Zunächst wollen wir uns jedoch der Modellösung zuwenden. Für die Bestimmung des Investitionsverhaltens ist noch die Kapitalakkumulationsgleichung zu approximieren, die sich als

$$\tilde{i}_t = \frac{\gamma}{\gamma-(1-\delta)}\tilde{s}_t + \frac{(1-\delta)}{\gamma-(1-\delta)}\left(\tilde{y}_t - \tilde{s}_{t-1}\right) \qquad (4.2/38)$$

darstellt.

Substituiert man (4.2/33) und (4.2/34) in (4.2/35), so resultiert

$$\hat{z}_t = \frac{\gamma-\beta(1-\delta)}{(1-\alpha)\gamma}\left(\hat{A}_t - \alpha\hat{w}_t\right) \qquad (4.2/39)$$

und (4.2/34) in (4.2/33) ergibt

$$\tilde{s}_{t-1} = \tilde{y}_t - \frac{1}{1-\alpha}\left(\hat{A}_t - \alpha\hat{w}_t\right), \qquad (4.2/40)$$

so daß (4.2/36) und (4.2/37) sich als

$$\left(\frac{\gamma-\alpha\beta(1-\delta)}{(1-\alpha)\gamma} - \beta\right)\tilde{c}_t + \beta\tilde{y}_{t+1} = \frac{\beta}{1-\alpha}\left(\hat{A}_{t+1} - \alpha\hat{w}_{t+1}\right) - \frac{\beta(1-\delta)}{(1-\alpha)\gamma}\left(\hat{A}_t - \alpha\hat{w}_t\right) \qquad (4.2/41)$$

und

$$\tilde{y}_{t+1} = \tilde{c}_t - \tilde{c}_{t+1} + \frac{\gamma-\beta(1-\delta)}{(1-\alpha)\gamma}\left(\hat{A}_{t+1} - \alpha\hat{w}_{t+1}\right) \qquad (4.2/42)$$

schreiben. Substituiert man dann (4.2/42) in (4.2/41), verbleibt eine einfache Differenzengleichung erster Ordnung in $\tilde{c}_t$:

$$\tilde{c}_{t+1} = \frac{\gamma-\alpha\beta(1-\delta)}{(1-\alpha)\beta\gamma}\tilde{c}_t - \frac{\beta(1-\delta)}{(1-\alpha)\gamma}\left(\hat{A}_{t+1} - \alpha\hat{w}_{t+1}\right) + \frac{1-\delta}{(1-\alpha)\gamma}\left(\hat{A}_t - \alpha\hat{w}_t\right) \qquad (4.2/43)$$

Die charakteristische Wurzel dieser Gleichung ist offenbar größer als Eins,

$$\gamma - \alpha\beta(1-\delta) > \gamma - \alpha\beta > \gamma - \alpha\beta\gamma > \beta\gamma - \alpha\beta\gamma = (1-\alpha)\beta\gamma \, ,$$

so daß die Differenzengleichung "vorwärts" gelöst werden muß. Schreibt man (4.2/43) in der Form

$$\left(1 - \frac{(1-\alpha)\beta\gamma}{\gamma - \alpha\beta(1-\delta)} B^{-1}\right)\tilde{c}_t = \frac{\beta(1-\delta)}{\gamma - \alpha\beta(1-\delta)}\left(\beta B^{-1} - 1\right)\left(\hat{A}_t - \alpha\hat{w}_t\right),$$

so ergibt sich

$$\tilde{c}_t = \frac{\beta(1-\delta)}{\gamma - \alpha\beta(1-\delta)}\left(\beta B^{-1} - 1\right)\sum_{\tau=0}^{\infty}\left(\frac{(1-\alpha)\beta\gamma}{\gamma - \alpha\beta(1-\delta)}\right)^{\tau}\left(\hat{A}_{t+\tau} - \alpha\hat{w}_{t+\tau}\right),$$

was als

$$\begin{aligned}\tilde{c}_t &= -\frac{\beta(1-\delta)}{\gamma - \alpha\beta(1-\delta)}\left(\hat{A}_t - \alpha\hat{w}_t\right)\\ &\quad + \frac{\alpha}{1-\alpha}\frac{\beta(1-\delta)}{\gamma}\left(\frac{\gamma - \beta(1-\delta)}{\gamma - \alpha\beta(1-\delta)}\right)\sum_{\tau=1}^{\infty}\left(\frac{(1-\alpha)\beta\gamma}{\gamma - \alpha\beta(1-\delta)}\right)^{\tau}\left(\hat{A}_{t+\tau} - \alpha\hat{w}_{t+\tau}\right)\\ &=: \tilde{a}_1\left(\hat{A}_t - \alpha\hat{w}_t\right) + \tilde{a}_2\sum_{\tau=1}^{\infty}\tilde{a}_3^{\tau}\left(\hat{A}_{t+\tau} - \alpha\hat{w}_{t+\tau}\right).\end{aligned}$$

(4.2/44)

geschrieben werden kann[5].

- Das NW1-Modell -

Ich will nun analog zur Behandlung des Standardmodells auch das hier beschriebene nicht-walrasianische Modell in zwei Spezialfällen betrachten, die denen eines deterministischen bzw. stochastischen Wachstumsprozesses entsprechen. Wie schon in Kapitel 3 setze ich im folgenden zunächst die Varianz der Wachstumsinnovation $\varepsilon_{X,t}$ auf Null fest und betrachte eine aus-

[5]Gleichung (4.2/44) ist nicht die allgemeine Lösung der Differenzengleichung (4.2/43). Sie ist aber die einzige, in der die Lösung des homogenen Teils der Differenzengleichung stabil ist. Instabile Lösungen der homogenen Gleichung werden in Gleichgewichtsmodellen typischerweise vernachlässigt, vgl. Sargent (1987, S. 182).

schließlich durch stationäre Technologieschocks gestörte Ökonomie, die einem deterministischen Wachstumspfad folgt. Diese Spezialisierung des nicht-walrasianischen RBC-Modells bezeichne ich hinfort kurz als NW1. Naheliegenderweise wird die andere, durch stochastisches Wachstum gekennzeichnete Variante als NW2 abgekürzt.

Für das NW1-Modell wollen wir annehmen, daß die exogenen Variablen $\hat{A}_t$ und $\hat{w}_t$ durch einen stabilen VAR(1)-Prozeß beschrieben werden können:

$$\eta_{1,t} := \begin{pmatrix} \hat{A}_t \\ \hat{w}_t \end{pmatrix} = \begin{pmatrix} \rho_{11} & 0 \\ \rho_{21} & \rho_{22} \end{pmatrix} \begin{pmatrix} \hat{A}_{t-1} \\ \hat{w}_{t-1} \end{pmatrix} + \begin{pmatrix} \varepsilon_{A,t} \\ \varepsilon_{w,t} \end{pmatrix} =: R\eta_{1,t-1} + \varepsilon_{1,t} \qquad (4.2/45)$$

Dabei sei $\varepsilon_{1,t}$ ein unkorrelierter (normalverteilter) Fehlerprozeß mit diagonaler Kovarianzmatrix. Die Notation η_1 erklärt sich aus der Tatsache, daß dieser Vektor, wie gleich gezeigt wird, Zustandsvariable des NW1-Modells ist. Der analoge Vektor des NW2-Modells wird später als η_2 bezeichnet. Entsprechendes gilt für ε_1. Die Darstellung impliziert, daß Reallohninnovationen nicht Granger-kausal für die Technologieschocks sind, daß aber ein (wie auch immer gearteter) Effekt von Technologieinnovationen auf den Reallohn zugelassen wird.

Approximative Darstellungen für die optimalen Entscheidungsregeln können dann errechnet werden, indem zukünftige Werte durch ihre bedingten Erwartungswerte ersetzt werden. Setzt man $h := (1, \ -\alpha)'$, so ist

$$\mathrm{E}\left[\hat{A}_{t+\tau} - \alpha\hat{w}_{t+\tau} \middle| \eta_{1,t}\right] = \mathrm{E}\left[h'\eta_{1,t+\tau} \middle| \eta_{1,t}\right] = h' R^{\tau} \eta_{1,t}$$

für alle $\tau \geq 0$, so daß gilt

$$\tilde{c}_t = (\tilde{a}_1 - \tilde{a}_2) h' \eta_{1,t} + \tilde{a}_2 h' (I - \tilde{a}_3 R)^{-1} \eta_{1,t}.$$

Die Konsumquote (als prozentuale Abweichung von ihrem Steady-State-Niveau) kann demnach als Linearkombination der Zustandsvariablen $\hat{A}_t$ und $\hat{w}_t$ geschrieben werden,

$$\tilde{c}_t = \pi_{c1} \hat{A}_t + \pi_{cw} \hat{w}_t, \qquad (4.2/46)$$

wobei

$$\pi_{c1} := \tilde{a}_1 - \tilde{a}_2\left(1 - \frac{1-\tilde{a}_3\rho_{22} - \alpha\tilde{a}_3\rho_{21}}{(1-\tilde{a}_3\rho_{11})(1-\tilde{a}_3\rho_{22})}\right),$$

$$\pi_{cw} := \frac{\alpha\tilde{a}_2\tilde{a}_3\rho_{22}}{(1-\tilde{a}_3\rho_{22})} - \alpha\tilde{a}_1.$$

Substituiert man (4.2/39) und (4.2/40) in (4.2/36), erhält man

$$\begin{aligned}\tilde{s}_t &= \left(\left(1-\frac{1}{a_3}\right)\pi_{c1} - \frac{1-\delta}{(1-\alpha)\gamma}\right)\hat{A}_t + \left(\left(1-\frac{1}{a_3}\right)\pi_{c2} + \frac{\alpha(1-\delta)}{(1-\alpha)\gamma}\right)\hat{w}_t \\ &=: \pi_{s1}\hat{A}_t + \pi_{s2}\hat{w}_t,\end{aligned} \tag{4.2/47}$$

und aus (4.2/39) resultiert

$$\begin{aligned}\hat{z}_t &= \frac{\gamma-\beta(1-\delta)}{(1-\alpha)\gamma}\hat{A}_t - \frac{\gamma-\beta(1-\delta)}{\gamma}\frac{\alpha}{(1-\alpha)}\hat{w}_t \\ &=: \pi_{z1}\hat{A}_t + \pi_{zw}\hat{w}_t.\end{aligned} \tag{4.2/48}$$

Ferner erhalten wir

$$\begin{aligned}\tilde{y}_t &= \frac{1}{1-\alpha}\hat{A}_t - \frac{\alpha}{1-\alpha}\hat{w}_t + \tilde{s}_{t-1} \\ &=: \pi_{y1}\hat{A}_t + \pi_{yw}\hat{w}_t + \pi_{s1}\hat{A}_{t-1} + \pi_{sw}\hat{w}_{t-1}\end{aligned} \tag{4.2/49}$$

aus (4.2/40) und schließlich

$$\begin{aligned}\tilde{i}_t &= \left(\frac{\gamma\pi_{s1}}{\gamma-(1-\delta)} + \frac{(1-\delta)}{(1-\alpha)(\gamma-(1-\delta))}\right)\hat{A}_t \\ &\quad + \left(\frac{\gamma\pi_{s2}}{\gamma-(1-\delta)} - \frac{\alpha(1-\delta)}{(1-\alpha)(\gamma-(1-\delta))}\right)\hat{w}_t \\ &=: \pi_{i1}\hat{A}_t + \pi_{i2}\hat{w}_t.\end{aligned} \tag{4.2/50}$$

aus (4.2/38).

In einem *State-Space*-Modell haben wir daher das folgende Bewegungsgesetz für die *States*

$$\begin{bmatrix} \eta_{1,t} \\ \eta_{1,t-1} \end{bmatrix} = \begin{bmatrix} \hat{A}_t \\ \hat{w}_t \\ \hat{A}_{t-1} \\ \hat{w}_{t-1} \end{bmatrix} = \begin{bmatrix} \rho_{11} & 0 & 0 & 0 \\ \rho_{21} & \rho_{22} & 0 & 0 \\ 1 & 0 & 0 & 0 \\ 0 & 1 & 0 & 0 \end{bmatrix} \begin{bmatrix} \hat{A}_{t-1} \\ \hat{w}_{t-1} \\ \hat{A}_{t-2} \\ \hat{w}_{t-2} \end{bmatrix} + \begin{bmatrix} \varepsilon_{A,t} \\ \varepsilon_{w,t} \\ 0 \\ 0 \end{bmatrix} = \begin{bmatrix} R\eta_{1,t-1} \\ \eta_{1,t-1} \end{bmatrix} + \begin{bmatrix} \varepsilon_{1,t} \\ 0 \end{bmatrix}, \qquad (4.2/51)$$

während die *Controls* durch

$$\begin{bmatrix} \tilde{y}_t \\ \tilde{c}_t \\ \tilde{i}_t \\ \tilde{l}_t \\ \tilde{s}_t \\ \hat{z}_t \end{bmatrix} = \begin{bmatrix} \pi_{y1} & \pi_{yw} & \pi_{s1} & \pi_{sw} \\ \pi_{c1} & \pi_{cw} & 0 & 0 \\ \pi_{i1} & \pi_{iw} & 0 & 0 \\ 0 & -1 & 0 & 0 \\ \pi_{s1} & \pi_{sw} & 0 & 0 \\ \pi_{z1} & \pi_{zw} & 0 & 0 \end{bmatrix} \begin{bmatrix} \hat{A}_t \\ \hat{w}_t \\ \hat{A}_{t-1} \\ \hat{w}_{t-1} \end{bmatrix}. \qquad (4.2/52)$$

gegeben sind[6].

Die erste Zeile von (4.2/52) beschreibt die (mittelwertbereinigte) Wachstumsrate des Outputs, $\tilde{y}_t = \Delta \ln Y_t - \ln \gamma$ während die nächsten vier Zeilen die Logarithmen von *gross ratios* kennzeichnen. Man gewinnt eine bessere Einsicht in die Natur des Modells, wenn man auch für diese Variablen eine Zustandsraumdarstellung in Wachstumsraten ableitet. Zu diesem Zweck beachte man, daß im NW1-Modell

$$\begin{aligned} \tilde{c}_t - \tilde{c}_{t-1} + \tilde{y}_t &= \ln \frac{C_t}{Y_t} - \ln C_Y - \left(\ln \frac{C_{t-1}}{Y_{t-1}} - \ln C_Y \right) + \ln \frac{Y_t}{Y_{t-1}} - \ln \gamma \\ &= \ln C_t - \ln C_{t-1} - \ln \gamma =: \Delta \ln C_t - \ln \gamma \qquad (4.2/53) \end{aligned}$$

und entsprechend

---

[6]Man entnimmt der Kontrollgleichung für $\tilde{y}_t$ sofort, daß $\tilde{s}_{t-1}$ eine endogene Zustandsvariable ist. Diese hängt jedoch in einfacher Form von den exogenen Zustandsvariablen $\hat{A}_{t-1}$ und $\hat{w}_{t-1}$ ab, so daß $\tilde{s}_{t-1}$ aus der *State*-Darstellung heraussubstituiert werden kann. Für eine einfache definitorische Abgrenzung zwischen *States* und *Controls* s. Uhlig (1995).

$$\begin{aligned}\tilde{i}_t - \tilde{i}_{t-1} + \tilde{y}_t &= \Delta \ln I_t - \ln\gamma,\\ \tilde{s}_t - \tilde{s}_{t-1} + \tilde{y}_t &= \Delta \ln S_t - \ln\gamma,\\ \tilde{l}_t - \tilde{l}_{t-1} + \tilde{y}_t &= \Delta \ln L_t + \Delta \ln X_t - \ln\gamma = \Delta \ln L_t + \ln\gamma_X - \ln\gamma\\ &= \Delta \ln L_t - \frac{\nu}{1+\nu}\ln\gamma \end{aligned} \qquad (4.2/54)$$

gilt. Daher haben wir die Kontrolldarstellung

$$\begin{bmatrix}\Delta \ln Y_t\\ \Delta \ln C_t\\ \Delta \ln I_t\\ \Delta \ln L_t\\ \Delta \ln S_t\end{bmatrix} = \begin{bmatrix}\ln\gamma\\ \ln\gamma\\ \ln\gamma\\ \nu(1+\nu)^{-1}\ln\gamma\\ \ln\gamma\end{bmatrix} + \overline{\Pi}_1\begin{bmatrix}\eta_{1,t}\\ \eta_{1,t-1}\end{bmatrix} =: \mu_\Delta + \overline{\Pi}_1\begin{bmatrix}\eta_{1,t}\\ \eta_{1,t-1}\end{bmatrix}, \qquad (4.2/55)$$

wobei

$$\overline{\Pi}_1 := \begin{bmatrix}\pi_{y1} & \pi_{yw} & \pi_{s1} & \pi_{sw}\\ \pi_{c1}+\pi_{y1} & \pi_{cw}+\pi_{yw} & \pi_{s1}-\pi_{c1} & \pi_{sw}-\pi_{cw}\\ \pi_{i1}+\pi_{y1} & \pi_{iw}+\pi_{yw} & \pi_{s1}-\pi_{i1} & \pi_{sw}-\pi_{iw}\\ \pi_{y1} & \pi_{yw}-1 & \pi_{s1} & \pi_{sw}+1\\ \pi_{s1}+\pi_{y1} & \pi_{sw}+\pi_{yw} & 0 & 0\end{bmatrix} \qquad (4.2/56)$$

und die Zustandsdarstellung (4.2/51) ist unverändert. Man kann freilich auch (4.2/45) als die relevante Zustandsdarstellung auffassen und die Kontrolldarstellung als

$$\begin{bmatrix}\Delta \ln Y_t\\ \Delta \ln C_t\\ \Delta \ln I_t\\ \Delta \ln L_t\\ \Delta \ln S_t\end{bmatrix} - \mu_\Delta = \left(\overline{\Pi}_{11} + \overline{\Pi}_{12}B\right)\eta_{1,t} \qquad (4.2/57)$$

schreiben, wobei $\overline{\Pi}_{11}$ die ersten beiden und $\overline{\Pi}_{12}$ die letzten beiden Spalten von $\overline{\Pi}_1$ umfaßt. Diese Schreibweise hat den Vorzug, daß die Kovarianzmatrix des *State*-Prozesses nichtsingulär ist. Daher sind Satz 6.1 und Korollar 6.1.1 aus Lütkepohl (1991, S. 231-232) anwendbar, die implizieren, daß für jede Komponente der *Controls* eine stabile und invertierbare ARMA-Darstellung existiert. Dies aber besagt, daß die Logarithmen von Y_t, C_t, I_t, L_t und S_t integrierte Prozesse der Ordnung Eins sind (I(1)).

An dieser Eigenschaft manifestiert sich nun der wesentliche Unterschied zwischen dem KPR1- und dem NW1-Modell. Beide Modelle werden annahmegemäß von einem deterministischen Wachstumstrend getrieben und durch stationäre Schocks gestört. Während aber im KPR1-Modell nur geringe Schockfortpflanzungsmechanismen existieren; die Dynamik der endogenen Variablen also im wesentlichen der Dynamik der exogenen Impulse entspricht (vgl. Abschnitt 3.5), erzeugt das NW1-Modell integrierte Prozesse unabhängig von der angenommenen Persistenz der exogenen Schocks. Selbst wenn, im Extrem, $\hat{A}_t$ und $\hat{w}_t$ weißes Rauschen wären, so würde das NW1-Modell doch implizieren, daß Output, Konsum, Investitionen, Arbeitsstunden und Kapitalstock instationäre Prozesse wären.

Aus (4.2/52) entnehmen wir nun unmittelbar, daß die Logarithmen von C_t, I_t (und S_t) jeweils bivariat mit $\ln Y_t$ kointegriert sind und daß der kointegrierende Vektor (1, -1)' ist. Aus Kapitel 2 wissen wir, daß für empirische deutsche Daten eine solche Kointegrationsbeziehung zwischen Output und Konsum vermutlich besteht. Die Investitionsquote schien nach den ADF- und Shin-Tests ebenfalls stationär zu sein (vgl. Tabelle 2/16 und Tabelle 2/17), wenngleich die entsprechenden Kointegrationstests (Tabelle 2/3 und Tabelle 2/4) kein eindeutiges Ergebnis zutage förderten. In Bezug auf diese kointegrierenden Beziehungen produziert das NW1-Modell also dieselben Ergebnisse wie das KPR2-Modell.

Jedoch differieren die vom KPR2- und vom NW1-Modell implizierten Kointegrationsbeziehungen in Bezug auf die Arbeitsstunden. Nach dem KPR2-Modell sind Output und Arbeitsstunden mit kointegrierendem Vektor (1, -$(\nu+1)/\nu$)' kointegriert (vgl. (3.2/10)), während nach dem NW1-Modell der Vektor (1, -1)' Output und Investitionen zu einer trendstationären Größe kombiniert[7]. In dem einen Modell ergibt sich also eine direkte Kointegrationsbeziehung zwischen den beiden Variablen, in dem anderen Modell sind diese kointegriert, wenn ein linearer Trend in die kointegrierende Gleichung mit aufgenommen wird. Beide Sachverhalte entsprechen nicht dem empirisch beobachteten, nämlich dem Fehlen einer kointegrierenden Beziehung

[7]Für die fünf Variablen Output, Konsum, Investitionen, Arbeitsstunden und Kapitalbestand existieren also vier linear unabhängige kointegrierende Vektoren, d. h. die Dimension des Kointegrationsraumes ist vier. Demzufolge gibt es genau einen (gemeinsamen) stochastischen Trend in dem Modell.

unabhängig von der eventuellen Einbeziehung eines Trendterms. Diese Eigenschaft weist erst das NW2-Modell auf, dem wir uns jetzt zuwenden.

- Das NW2-Modell -

Um stochastisches Wachstum zu betrachten, abstrahiere ich nun von stationären Technologieschocks, indem ich die Varianz von $\varepsilon_{A,t}$ auf Null setze. Statt dessen lasse ich eine positive Varianz für $\varepsilon_{X,t}$ zu und bezeichne diese Spezialisierung des nicht-walrasianischen Modells als NW2-Modell. Die Dynamik der exogenen Schocks folge dann dem stabilen VAR(1), der durch

$$\eta_{2,t} := \begin{pmatrix} \varepsilon_{X,t} \\ \hat{w}_t \end{pmatrix} = \begin{pmatrix} 0 & 0 \\ \rho_{21} & \rho_{22} \end{pmatrix} \begin{pmatrix} \varepsilon_{X,t-1} \\ \hat{w}_{t-1} \end{pmatrix} + \begin{pmatrix} \varepsilon_{X,t} \\ \varepsilon_{w,t} \end{pmatrix} =: R\eta_{2,t-1} + \varepsilon_{2,t} \qquad (4.2/58)$$

gegeben ist[8]. Erneut seien die Innovationen dieses Prozesses (normalverteiltes) weißes Rauschen mit diagonaler Kovarianzmatrix. Die Innovationen des Wachstumsprozesses können für den Reallohn im Granger-Sinne kausal sein, sind selbst jedoch stark exogen.

Die Berechnung approximativ optimaler Entscheidungsregeln erfolgt jetzt genau wie im vorhergehenden Unterabschnitt, wobei sich die Formeln freilich dadurch nicht unerheblich vereinfachen, daß im NW2-Modell $\hat{A}_t = 0 \;\; \forall t$ gilt. Der bedingte Erwartungswert zukünftiger prozentualer Abweichungen des Reallohns von seinem Steady-State-Niveau errechnet sich als

$$\mathrm{E}\left[\hat{w}_{t+\tau} \middle| \eta_{2,t}\right] = \rho_{22}^{\tau}\hat{w}_t + \rho_{22}^{\tau-1}\rho_{21}\varepsilon_{X,t},$$

so daß gilt

$$\begin{aligned} \tilde{c}_t &= \frac{\alpha\tilde{a}_2\tilde{a}_3\rho_{21}}{\tilde{a}_3\rho_{22}-1}\varepsilon_{X,t} + \alpha\left(\tilde{a}_2\frac{\tilde{a}_3\rho_{22}}{\tilde{a}_3\rho_{22}-1} - \tilde{a}_1\right)\hat{w}_t \\ &=: \pi_{c2}\varepsilon_{X,t} + \pi_{cw}\hat{w}_t . \end{aligned} \qquad (4.2/59)$$

---

[8]Die Matrix R wird hier neu definiert und ist nicht identisch mit der in (4.2/45) in analoger Funktion definierten Matrix.

Folgt man dann analog den bei der Ableitung von (4.2/47) bis (4.2/50) vorgenommenen Schritten, so erhält man die *State-Space*-Darstellung

$$\begin{bmatrix}\eta_{2,t}\\ \eta_{2,t-1}\end{bmatrix}=\begin{bmatrix}\varepsilon_{X,t}\\ \hat{w}_t\\ \varepsilon_{X,t-1}\\ \hat{w}_{t-1}\end{bmatrix}=\begin{bmatrix}0&0&0&0\\ \rho_{21}&\rho_{22}&0&0\\ 1&0&0&0\\ 0&1&0&0\end{bmatrix}\begin{bmatrix}\varepsilon_{X,t-1}\\ \hat{w}_{t-1}\\ \varepsilon_{X,t-2}\\ \hat{w}_{t-2}\end{bmatrix}+\begin{bmatrix}\varepsilon_{X,t}\\ \varepsilon_{w,t}\\ 0\\ 0\end{bmatrix}=\begin{bmatrix}R\eta_{2,t-1}\\ \eta_{2,t-1}\end{bmatrix}+\begin{bmatrix}\varepsilon_{2,t}\\ 0\end{bmatrix}\qquad(4.2/60)$$

und

$$\begin{bmatrix}\tilde{y}_t\\ \tilde{c}_t\\ \tilde{i}_t\\ \tilde{l}_t\\ \tilde{s}_t\\ \hat{z}_t\end{bmatrix}=\begin{bmatrix}0&\pi_{yw}&\pi_{s2}&\pi_{sw}\\ \pi_{c2}&\pi_{cw}&0&0\\ \pi_{i2}&\pi_{iw}&0&0\\ 0&-1&0&0\\ \pi_{s2}&\pi_{sw}&0&0\\ 0&\pi_{zw}&0&0\end{bmatrix}\begin{bmatrix}\varepsilon_{X,t}\\ \hat{w}_t\\ \varepsilon_{X,t-1}\\ \hat{w}_{t-1}\end{bmatrix}\qquad(4.2/61)$$

Dabei unterscheidet sich die Kontrolldarstellung des NW2-Modells von der entsprechenden Darstellung des NW1-Modells nur dadurch, daß die $\pi_{\bullet 1}$-Koeffizienten des NW1-Modells durch die nachfolgend definierten $\pi_{\bullet 2}$-Koeffizienten des NW2-Modells ersetzt wurden. Die Definitionen für die $\pi_{\bullet w}$-Koeffizienten können unverändert übernommen werden.

$$\pi_{y2}:=0$$

$$\pi_{s2}:=\left(1-\frac{1}{\tilde{a}_3}\right)\pi_{c2}$$

$$\pi_{i2}:=\frac{\gamma\pi_{s2}}{\gamma-(1-\delta)}$$

$$\pi_{z2}:=0$$

Wie im vorhergehenden Unterabschnitt kann aus (4.2/61) eine Kontrolldarstellung für die Wachstumsraten abgeleitet werden. Denn (4.2/53) und die ersten beiden Gleichungen aus (4.2/54) gelten auch im NW2-Modell und die dritte Gleichung aus (4.2/54) muß nur geringfügig modifiziert werden, um dem stochastischen Wachstumstrend Rechnung zu tragen:

$$\widetilde{l}_t - \widetilde{l}_{t-1} + \widetilde{y}_t = \Delta \ln L_t + \Delta \ln X_t - \ln\gamma = \Delta \ln L_t + \ln\gamma_X + \varepsilon_{X,t} - \ln\gamma$$
$$= \Delta \ln L_t - \frac{\nu}{1+\nu}\ln\gamma + \varepsilon_{X,t} \qquad (4.2/62)$$

Wir erhalten dann bei unveränderter *State*-Darstellung (4.2/60) die Kontrolldarstellung

$$\begin{bmatrix} \Delta \ln Y_t \\ \Delta \ln C_t \\ \Delta \ln I_t \\ \Delta \ln L_t \\ \Delta \ln S_t \end{bmatrix} = \begin{bmatrix} \ln\gamma \\ \ln\gamma \\ \ln\gamma \\ \nu(1+\nu)^{-1}\ln\gamma \\ \ln\gamma \end{bmatrix} + \overline{\Pi}_2 \begin{bmatrix} \eta_{2,t} \\ \eta_{2,t-1} \end{bmatrix} =: \mu_\Delta + \overline{\Pi}_2 \begin{bmatrix} \eta_{2,t} \\ \eta_{2,t-1} \end{bmatrix}, \qquad (4.2/63)$$

in der gilt

$$\overline{\Pi}_2 := \begin{bmatrix} 0 & \pi_{yw} & \pi_{s2} & \pi_{sw} \\ \pi_{c2} & \pi_{cw} + \pi_{yw} & \pi_{s2} - \pi_{c2} & \pi_{sw} - \pi_{cw} \\ \pi_{i2} & \pi_{iw} + \pi_{yw} & \pi_{s2} - \pi_{i2} & \pi_{sw} - \pi_{iw} \\ -1 & \pi_{yw} - 1 & \pi_{s2} & \pi_{sw} + 1 \\ \pi_{s2} & \pi_{sw} + \pi_{yw} & 0 & 0 \end{bmatrix}. \qquad (4.2/64)$$

Da der *State*-Prozeß (4.2/60) eine singuläre Kovarianzmatrix hat, sind die oben zitierten Theoreme von Lütkepohl erneut nicht unmittelbar anwendbar. Faßt man aber (4.2/58) als *State*-Darstellung auf und partitioniert die $\overline{\Pi}_2$-Matrix in zwei Blöcke mit je zwei Spalten,

$$\overline{\Pi}_2 =: \left(\overline{\Pi}_{21} \middle| \overline{\Pi}_{22}\right),$$

so ergibt sich die Kontrolldarstellung als

$$\begin{bmatrix} \Delta \ln Y_t \\ \Delta \ln C_t \\ \Delta \ln I_t \\ \Delta \ln L_t \\ \Delta \ln S_t \end{bmatrix} - \mu_\Delta = \left(\overline{\Pi}_{21} + \overline{\Pi}_{22} B\right)\eta_{2,t} \qquad (4.2/65)$$

und wir können erneut folgern, daß jede Komponente des Kontrollvektors eine stabile und invertierbare ARMA-Darstellung besitzt. Demnach sind auch im NW2-Modell die logarithmierten Niveaus von Output, Konsum, Investitionen, Arbeitsstunden und Kapitalbestand I(1)-Prozesse. Da es sich um ein Modell mit einem stochastischen Wachstumstrend handelt, ist dies für die meisten Variablen auch nicht weiter verwunderlich[9]; ein sehr ähnliches Resultat wurde ja auch bereits im KPR2-Modell erzielt. Der einzige Unterschied gegenüber letzterem besteht auf den ersten Blick darin, daß die Arbeitsstunden im NW2-Modell selbst im Fall ν=0 I(1) sind.

Damit folgt aus (4.2/61) erneut, daß $\ln C_t$, $\ln I_t$ (und $\ln S_t$) jeweils bivariat mit $\ln Y_t$ kointegriert sind und daß der kointegrierende Vektor (1, -1)' ist. Die Arbeitsstunden $\ln L_t$ jedoch sind nicht mehr mit $\ln Y_t$ kointegriert, wie ich im folgenden im Detail zeigen werde. Denn zunächst folgt aus der vierten Gleichung von (4.2/61), daß die Arbeitsstunden trivariat mit dem stochastischen Wachstumstrend und dem Output kointegriert sind, wobei der kointegrierende Vektor (1,1,-1)' ist:

$$\widetilde{l}_t = \ln L_t + \ln X_t - \ln Y_t - \ln L_Y = -\hat{w}_t$$

Dies aber bedeutet, daß die Arbeitsstunden nur dann bivariat mit dem Output kointegriert sein könnten, wenn der stochastische Trend des Outputs gleich dem stochastischen Wachstumstrend wäre. Denn für die drei Variablen gibt es maximal zwei linear unabhängige kointegrierende Vektoren, und wenn ein zweiter kointegrierender Vektor der Form $(1,0,a_Y)'$ existierte, so würde sofort folgen, daß durch $(0,1,-1-a_Y)'$ eine kointegrierende Beziehung zwischen stochastischem Wachstumstrend und Output bestünde.

Dies aber ist nicht möglich. Um dies zu sehen, leiten wir zunächst die MA-Darstellung der ersten Differenzen her. Zunächst schreibe man (4.2/58) in der Form

$$\det(I - RB)\eta_{2,t} = \operatorname{adj}(I - RB)\varepsilon_{2,t}, \qquad (4.2/66)$$

wobei die Determinante auf der linken Seite im NW2-Modell einfach das (skalare) Lag-Polynom $(1-\rho_{22}B)$) ist. Multipliziert man diese Gleichung mit $\left(\overline{\Pi}_{21} + \overline{\Pi}_{22}B\right)$, so erhält man mit (4.2/65) eine Darstellung der Wachstumsraten als VARMA(1,2) in finaler Gleichungsform:

[9]Da das nicht-walrasianische Modell bei deterministischem Wachstum eine Einheitswurzel generiert, liegt der eigentliche Wert der hier abgeleiteten Aussage in der Erkenntnis, daß das NW2-Modell nicht etwa Niveau-variablen erzeugt, die I(2) sind!

$$(1-\rho_{22}B)\left(\begin{bmatrix}\Delta\ln Y_t\\ \Delta\ln C_t\\ \Delta\ln I_t\\ \Delta\ln L_t\\ \Delta\ln S_t\end{bmatrix}-\mu_\Delta\right)=\left(\overline{\Pi}_{21}+\overline{\Pi}_{22}B\right)\mathrm{adj}(I-RB \qquad (4.2/67)$$

Da das AR-Polynom stabil ist, kann es invertiert werden, um so die entsprechende MA-Darstellung abzuleiten,

$$\begin{bmatrix}\Delta\ln Y_t\\ \Delta\ln C_t\\ \Delta\ln I_t\\ \Delta\ln L_t\\ \Delta\ln S_t\end{bmatrix}=\mu_\Delta+\frac{1}{(1-\rho_{22}B)}\left(\overline{\Pi}_{21}+\overline{\Pi}_{22}B\right)\mathrm{adj}(I-RB)\varepsilon_{2,t}=:\mu_\Delta+D(B)\varepsilon_{2,t} \qquad (4.2/68)$$

in der *D(B)* ein unendliches matrixwertiges Lag-Polynom im Lag-Operator *B* ist. Ein vertrautes Resultat aus der Theorie derartiger Lag-Polynome besagt nun, vgl. z. B. Banerjee, Dolado, Galbraith und Hendry (1993, S. 143), daß *D(B)* als

$$D(B)=D(1)+(1-B)D^*(B)$$

geschrieben werden kann. Angewandt auf (4.2/68) impliziert dies

$$(1-B)\begin{bmatrix}\ln Y_t\\ \ln C_t\\ \ln I_t\\ \ln L_t\\ \ln S_t\end{bmatrix}=\mu_\Delta+D(1)\varepsilon_{2,t}+(1-B)D^*(B)\varepsilon_{2,t},$$

so daß man durch Integrieren beider Seiten für gegebene Werte in einer Ausgangsperiode Null die folgende Darstellung der Niveaus ableitet:

$$\begin{bmatrix} \ln Y_t \\ \ln C_t \\ \ln I_t \\ \ln L_t \\ \ln S_t \end{bmatrix} - \begin{bmatrix} \ln Y_0 \\ \ln C_0 \\ \ln I_0 \\ \ln L_0 \\ \ln S_0 \end{bmatrix} = \mu_\Delta t + D(1)\sum_{\tau=1}^{t} \varepsilon_{2,t} + D^*(B)\varepsilon_{2,t}$$

$$= \mu_\Delta t + \left(\overline{\Pi}_{21} + \overline{\Pi}_{22}\right)\begin{pmatrix} 1 & 0 \\ \dfrac{\rho_{21}B}{1-\rho_{22}B} & \dfrac{1}{1-\rho_{22}B} \end{pmatrix}\begin{pmatrix} \sum_{\tau=1}^{t} \varepsilon_{X,t} \\ \sum_{\tau=1}^{t} \varepsilon_{w,t} \end{pmatrix} + D^*(B)\varepsilon_{2,t}$$

Die Niveauvariablen enthalten also im allgemeinen eine Linearkombination von zwei unabhängigen *random walks*, deren einer die kumulierten Innovationen des stochastischen Wachstumsprozesses, deren anderer aber die kumulierten Innovationen der Reallohnfluktuationen umfaßt. Für den Output, den Konsum, die Investitionen und den Kapitalbestand ist diese Linearkombination identisch, d. h. diese Variablen folgen demselben stochastischen Wachstumsprozeß. Für die Arbeitsstunden differiert der stochastische Wachstumsprozeß, wie man sofort sieht, wenn man die spezielle Struktur der Matrix $\left(\overline{\Pi}_{21} + \overline{\Pi}_{22}\right)$ auswertet:

$$\begin{bmatrix} \ln Y_t \\ \ln C_t \\ \ln I_t \\ \ln L_t \\ \ln S_t \end{bmatrix} = \begin{bmatrix} \ln Y_0 \\ \ln C_0 \\ \ln I_0 \\ \ln L_0 \\ \ln S_0 \end{bmatrix} + \mu_\Delta t$$

$$+ \begin{pmatrix} \pi_{s2} & \pi_{yw} + \pi_{sw} \\ \pi_{s2} & \pi_{yw} + \pi_{sw} \\ \pi_{s2} & \pi_{yw} + \pi_{sw} \\ \pi_{s2} - 1 & \pi_{yw} + \pi_{sw} \\ \pi_{s2} & \pi_{yw} + \pi_{sw} \end{pmatrix} \begin{pmatrix} \sum_{\tau=1}^{t} \varepsilon_{X,t} \\ \dfrac{\rho_{21}B}{1-\rho_{22}B} \sum_{\tau=1}^{t} \varepsilon_{X,t} + \dfrac{1}{1-\rho_{22}B} \sum_{\tau=1}^{t} \varepsilon_{w,t} \end{pmatrix} + D^*(B)\varepsilon_{2,t}$$

(4.2/69)

Aus dieser Darstellung ist sofort ersichtlich, daß $\ln Y_t$ weder mit $\ln X_t$ noch mit den logarithmierten Arbeitsstunden $\ln L_t$ bivariat kointegriert sein kann.

Von allen in dieser Arbeit betrachteten Modellen kommt daher das NW2-Modell den in den deutschen Daten beobachteten Kointegrationseigenschaften am nächsten. Denn nur dieses Modell ist in der Lage, stationäre (logarithmierte) Konsum- und Investitionsquoten zu implizieren, ohne gleichzeitig die Kointegration von Output und Arbeitsstunden oder die Stationarität der Arbeitsproduktivität zu postulieren. Und wie bereits ausführlich diskutiert, manifestiert sich nur der ersterwähnte Sachverhalt in einer Analyse deutscher Daten, während erhebliche Evidenz zuungunsten des letzteren existiert.

Damit aber kommen wir auch zu einer Auflösung von Prescotts (1986) *employment variability puzzle,* also der in den USA zu niedrigen und in der internationalen Analyse durchaus unsystematisch wirkenden Korrelation zwischen Arbeitsstunden (Beschäftigung) und Reallohn. Denn es stellt sich nun heraus, daß auch die Arbeitsstunden und der Reallohn nicht (bivariat) kointegriert sind. Man sieht dies, indem man zunächst den Reallohn in eine Konstante, eine I(1)-Komponente und einen stationären Teil zerlegt[10]:

$$\ln W_t = \ln w + \ln X_t + \hat{w}_t. \qquad (4.2/70)$$

Der stochastische Trend des Reallohns besteht offenbar allein aus den kumulierten Innovationen des Wachstumsprozesses, während der stochastische Trend der Arbeitsstunden auch von den Reallohninnovationen abhängt.

Nehmen wir nun an, ein Konjunkturforscher, der (zumindest implizit) seiner Datenanalyse ein walrasianisches Wachstumsmodell zugrundelegt, interessiere sich für die Korrelation der stationären Komponenten von Reallohn und Arbeitsstunden. Nehmen wir ferner zunächst an, der Forscher unterstelle v=0, wie dies für amerikanische Daten ja auch durchaus gerechtfertigt sein mag. Der Forscher wird dann die Arbeitsstunden als eine stationäre Größe auffassen und den Reallohn als instationär (trendstationär oder I(1)). Er wird folglich die Instationarität des Reallohns durch eine konsistente Schätzung der Trendkomponente zu beseitigen suchen, bevor er die Korrelation der Restgröße mit den Arbeitsstunden berechnet. Ist aber (der Einfachheit halber) das "wahre" Modell vom Typ NW2, so korreliert der Forscher eine stationarisierte Größe (die stationäre Komponente des Reallohns) mit einer fälschlich als stationär eingeschätzten, tatsächlich aber instationären Größe, den beobachteten Arbeitsstunden. Doch die Korrelation zwischen einer stationären und einer instationären Variablen führt in endlichen Stichproben zu unsystematischen Resultaten (sie ist nicht zeitinvariant) und ist

---

[10]Man beachte, daß dies nicht die Beveridge-Nelson-Zerlegung ist, denn die Innovationen der *random walk*-Komponente sind nicht identisch mit den Innovationen des stationären Teils.

asymptotisch Null, vgl. Phillips (1986). Die publizierten Ergebnisse über die Korrelation zwischen Reallohn und Arbeitsstunden werden vor diesem Hintergrund überraschend gut verständlich.

Dasselbe Resultat erhält man, wenn man, wie dies in der Bundesrepublik Deutschland und den meisten westeuropäischen Industriestaaten wohl geboten erscheint, $\nu \neq 0$ zuläßt. Unterstellt der Forscher ein KPR1-Modell, so würde er Arbeitsstunden und Reallohn durch Anpassung deterministischer Trendmodelle zu stationarisieren versuchen, unterstellt er ein KPR2-Modell, so würde er den gleichen stochastischen Wachstumstrend extrahieren wollen. Ist NW2 aber das wahre Modell, so sind beide Formen der Stationarisierung unangemessen und führen entweder dazu, daß zwei instationäre und nicht kointegrierte Prozesse miteinander korelliert werden oder daß die Korrelation zwischen einem noch immer instationären und einem korrekt stationarisierten Prozeß berechnet wird. In beiden Fällen wären die in der Literatur anzutreffenden Resultate weder verwunderlich noch aussagekräftig.

Diese Diskussion zeigt, daß bei der Berechnung von stilisierten Fakten äußerste Vorsicht angewandt werden muß, um Fehlschlüssen vorzubeugen. Nur eine korrekte, typischerweise modellgebundene Trendbereinigung der zu analysierenden Variablen ermöglicht aussagekräftige Statistiken, die zur Modellevaluation eingesetzt werden können. Dieser Vorbehalt trifft offenbar in besonderem Maße auf Arbeitsmarktvariablen wie Reallohn und Beschäftigung zu, bei denen jedes der hier vorgestellten vier Modelle eine andere Form der Trendbereinigung erfordern würde - und eine inkorrekte Bereinigung stets zu nicht interpretationsfähigen Resultaten führt. Bemerkenswerterweise sind Output, Konsum, Investitionen und Kapitalbestand von diesem Caveat weit weniger stark betroffen, da für diese Variablen KPR2, NW1 und NW2 dieselbe Form der Trendbereinigung implizieren würden.

Es sei aber noch darauf verwiesen, daß in vielen Studien (z. B. auch in der oben zitierten Arbeit von Danthine und Donaldson (1993) oder in dem auf die deutsche Datenlage abstellenden Aufsatz von Smeets (1992)) stilisierte Fakten nicht modellgebunden erarbeitet werden. Vielmehr erfreut sich die mechanische Trendbereinigung durch den Hodrick-Prescott-Filter einer ungebrochenen und vielleicht noch im Wachsen begriffenen Popularität, obschon zahlreiche Arbeiten existieren, die dieses Verfahren mit guten Gründen kritisieren (King und Rebelo (1993), Harvey und Jaeger (1993), Jaeger (1994)). Dabei werden die Effekte einer HP-Filterung auf Zeitreihen, die sich additiv aus einer Trend- und einer Zykluskomponente zusammensetzen, noch keineswegs vollständig verstanden. Lediglich für einfache Spezialfälle sind gewisse Resultate vorhanden und diese sind beunruhigend genug: So zeigt Jaeger (1994) z. B., daß die Anwendung des HP-Filters auf einen *random walk* (also eine Zeitreihe, die keine zyklische Komponente besitzt), eine gefilterte Reihe ergibt, deren Spektrum ein ausgeprägtes Maximum an üblicherweise als konjunkturell angesehenen Frequenzen aufweist und daher als zyklisch interpretiert wird.

Es ist daher nicht mit Sicherheit abzuschätzen, wie eine auf dem HP-Filter basierende Trendbereinigung von Reallohn und Arbeitsstunden die in Rede stehende Korrelation beeinflussen würde, wenn das NW2-Modell das wahre Modell darstellt. Aber einen gewissen Einblick in die Natur der Dinge eröffnen (4.2/69) und (4.2/70) durchaus. Denn man entnimmt (4.2/70), daß der stochastische Trend des Reallohns gerade ein *random walk* ist, und folgt man Jaegers (1994) Einsichten, so ist damit zu rechnen, daß die Anwendung des HP-Filters auf diesen *random walk* einen Scheinzyklus generiert, der gemeinsam mit der HP-gefilterten zyklischen Komponente von $\hat{w}_t$ als stationäre Reallohnkomponente aufgefaßt werden würde. Der stochastische Trend der Arbeitsstunden ist jedoch nach (4.2/69) ein im allgemeinen recht komplizierter I(1)-Prozeß, der sich deutlich von einem *random walk* unterscheidet. Die Anwendung des HP-Filters auf diesen stochastischen Trend wird daher vermutlich eine (typischerweise sehr verschiedene) scheinzyklische Komponente generieren, so daß die errechnete Korrelation zwischen den HP-gefilterten Reihen teilweise auf die (unerwünschte) Korrelation der scheinzyklischen Komponenten zurückzuführen sein wird. Da die scheinzyklischen Komponenten für Datensätze unterschiedlicher Länder in der Regel durchaus unterschiedlich ausfallen dürften, kann nicht verwundern, daß die Korrelationen HP-gefilterter Reihen im internationalen Vergleich kein überzeugendes Muster ausweisen.

Folgt man der hier entworfenen Argumentationslinie, so reduziert sich das sog. *employment variability puzzle* also zu einem Problem korrekter modellgebundener Trendbereinigung. Da Reallohn und Beschäftigung (Arbeitsstunden) vermutlich instationäre Variablen sind und das "wahre" Trendmodell in der Regel unbekannt ist, liegt es demzufolge nahe, nicht die Korrelation zwischen den trendbereinigten Niveaus sondern ersatzweise die Korrelation zwischen einfachen stationarisierenden Transformationen der Niveaus (wie z. B. der Wachstumsraten) zu betrachten. Für den hier betrachteten deutschen Datensatz ergeben sich dann mit 0.18 recht niedrige Werte, vgl. Tabelle 2/12. Wie groß die entsprechende Kreuzkorrelation in einem nicht-walrasianischen Modell ist, läßt sich erst nach erfolgter Parametrisierung des Modells bestimmen. Diesem Zweck gilt die im nächsten Abschnitt erfolgende Schätzung der tiefen Parameter.

4.3 ML-Schätzung des NW2-Modells

Wir wollen uns nun der Schätzung der tiefen Parameter des nicht-walrasianischen Modells zuwenden. Eine über die bereits vorgestellten Parameterabschätzungen des dritten Kapitels hinausgehende Kalibrierung dieses Modells und seine darauf basierende Evaluation soll unterbleiben, da zum einen geeignete Schätzmethoden ja im Grundsatz bereits entwickelt wurden (vgl. Abschnitt 3.6), zum anderen die Kalibrierung insbesondere der Parameter der Zustandsdarstellungen (4.2/45) und (4.2/58) problematisch ist, da ρ_{11}, ρ_{21}, und ρ_{22} keine unmittelbare ökonomische Interpretation haben. Darüber hinaus besteht bei Kalibrierungen natürlich stets das latente Risiko, daß die angesetzten Werte durch nachfolgende Schätzungen falsifiziert werden und die Evaluationsaussagen dementsprechend modifiziert werden müssen. Insofern scheint es sinnvoll zu sein, hier unmittelbar mit der Schätzung der tiefen Parameter zu beginnen.

- Ableitung eines geeigneten Schätzverfahrens -

Dafür sind einige Vorüberlegungen angezeigt. Der im vorstehenden Abschnitt durchgeführte Vergleich zwischen dem NW1- und dem NW2-Modell ergab, daß die stochastischen Implikationen beider Modelle in Bezug auf die Langfristbeziehungen von Output, Konsum und Investitionen sehr ähnlich sind, denn aus beiden Modellen resultiert ein gemeinsamer stochastischer Trend und mithin die jeweils bivariate Kointegration dieser Variablen. Während die beiden Varianten des KPR-Modells die Niveaubeziehungen der Nachfrageaggregate also durchaus unterschiedlich modellierten, ist dies für die NW-Modelle nicht der Fall.

Der entscheidende Unterschied in Bezug auf die Langfristbeziehungen besteht in der Aussage des NW1-Modells, daß die Arbeitsstunden mit dem Output und einem linearen deterministischen Trend kointegriert sind, während das NW2-Modell gerade besagt, daß eine solche Kointegrationsbeziehung nicht existiert. Da wir aus der Datenanalyse (s. Kapitel 2) wissen, daß Kointegration zwischen diesen Variablen in der Tat nicht vorliegt, stellt sich die Frage, ob eine Schätzung des NW1-Modells überhaupt sinnvoll ist, denn bezogen auf die Langfristbeziehungen stimmt es entweder mit dem NW2-Modell überein oder postuliert Sachverhalte, die der (deutschen) Realität nicht angemessen sind.

Unterstützt wird diese Fragestellung auch aus pragmatischer Sicht, wenn man die Parametrisierung der Modelle betrachtet. Vernachlässigt man die im wesentlichen das Trendverhalten der Variablen beschreibenden Parameter γ und ν, so hängen im NW1-Modell die Oberflächenparameter der Zustandsraumdarstellung (4.2/51) und (4.2/52) von insgesamt acht tiefen Parametern ab, nämlich a, β, δ, ρ_{11}, ρ_{21}, ρ_{22}, σ_X^2 und σ_w^2. Im NW2-Modell reduziert sich die Zahl der der analogen Darstellung (4.2/60) und (4.2/61) zugrundeliegenden tiefen Parameter auf vermeintlich sieben (a, β, δ, ρ_{21}, ρ_{22}, σ_X^2 und σ_w^2). Tatsächlich sind es jedoch nur sechs, da zu berücksichtigen ist, daß ρ_{21} und $\varepsilon_{X,t}$ stets multiplikativ verknüpft auftreten und ρ_{21} und σ_X^2 daher nicht getrennt identifizierbar sind, vgl. (4.2/58) und (4.2/59). Ich werde deshalb im folgenden für das NW2-Modell ohne Beschränkung der Allgemeinheit $\sigma_X^2 = \sigma_w^2$ setzen und durch diese Normierung die Zahl der zu schätzenden Parameter auf sechs beschränken.

Zum Vergleich: Unter erneuter Vernachlässigung von γ und ν weist die Zustandsraumdarstellung (3.1/65) und (3.1/66) des KPR-Modells in der Variante mit stochastischem Wachstum fünf tiefe Parameter auf (a, β, δ, l und σ_X^2) und in der Variante mit deterministischem Wachstum sechs (a, β, δ, l, ρ und σ_A^2)[1]. Man kann daher wohl behaupten, daß das NW2-Modell ähnlich sparsam parametrisiert ist wie die KPR-Modelle, während das NW1-Modell eine höhere Parameterdimension aufweist. Ein Vergleich zwischen rivalisierenden Modelltypen ist aber nur dann wirklich sinnvoll, wenn ein eventuell unterschiedliches Erklärungspotential der Modelle nicht auf eine reichere Parametrisierung und damit größere Flexibilität bei der Datenanpassung zurückgeführt werden kann.

Darüber hinaus ist eine möglichst geringe Anzahl von tiefen Parametern natürlich auch schätztechnisch zu begrüßen. Denn zunächst hängt die Identifizierbarkeit der tiefen Parameter ja (zumindest in Form einer notwendigen Bedingung) davon ab, daß ihre Anzahl die der Oberflächenparameter nicht

[1]Der Parameter l, der Steady-State-Wert der wachstumsbereinigten Arbeitsstunden, existiert im NW-Modell nicht, da das System der Niveauvariablen keinen eindeutigen Steady-State besitzt. Wie in (3.2/2) dargestellt, definiert l im KPR-Modell den Wert von θ, dem Gewicht der Freizeit in der Nutzenfunktion des repräsentativen Konsumenten. Im NW-Modell ist θ kein relevanter Parameter, da die Konsumenten auf dem Arbeitsmarkt restringiert sind und die *first best* Marginalbedingung für die Nachfrage nach Freizeit (3.1/21) wegen $\mu_{L,t}>0$ nicht mit Gleichheit erfüllt ist, vgl. (4.2/23). Der Wegfall dieser Marginalbedingung ist aber gerade der Grund für die Uneindeutigkeit des Steady-States der Niveaus im NW-Modell und damit für die Nicht-Existenz des Parameters l.

übersteigt. Und außerdem darf man vermuten, daß die Präzision der einzelnen Schätzwerte mit steigender Zahl der zu schätzenden Parameter tendenziell abnimmt.

Aus diesen Gründen werde ich mich im folgenden auf die Schätzung der tiefen Parameter des NW2-Modells beschränken. Dies hat nicht zuletzt auch den Vorteil, die Übersichtlichkeit der Arbeit zu fördern und das Verständnis der wesentlichen Zusammenhänge zu erleichtern. Denn Schätzung und Evaluation des NW1-Modells würde die Anzahl der erforderlichen Vergleichsbetrachtungen erheblich aufblähen: Es wäre sinnvoll, NW1 mit KPR1 zu vergleichen, da beide Modelle deterministisches Wachstum unterstellen, NW1 mit KPR2, da beide Modelle integrierte Niveauvariablen und die Kointegration von Arbeitsstunden, Output und (ggf.) linearem Trend implizieren und natürlich auch NW1 mit NW2. Dazu kämen der ohnehin im folgenden anstehende Vergleich von NW2 mit KPR2 und (in beschränktem Maße) mit KPR1. Vor diesem Hintergrund scheint der Verzicht auf Schätzung und Evaluation des NW1-Modells wohl nicht nur vertretbar sondern auch durchaus geraten.

Genau wie das KPR2-Modell erfordert das nicht-walrasianische Modell (in beiden Wachstumsvarianten) eine Schätzung auf der Basis stationarisierter Variablen. In Betracht kommen dafür in erster Linie die ersten Differenzen der Niveauvariablen, d. h. die Wachstumsraten, oder aber die kointegrierenden Linearkombinationen der Niveaus. Letztere fallen teilweise (im NW2-Modell lediglich für die Konsum- und die Investitionsquote) mit den (logarithmierten) *gross ratios* zusammen.

Die Verwendung von Wachstumsraten ist jedoch, wie bereits in Abschnitt 3.6 ausgeführt, problematisch, da deren stochastische Eigenschaften besonders stark durch die vorgenommene Saisonbereinigung gestört zu sein scheinen, vgl. dazu erneut die Datenanalyse in Kapitel 2. Überdies weist die VARMA-Darstellung der ersten Differenzen (4.2/67) aufgrund der Kointegrationsbeziehungen zwischen den Niveaus eine Einheitswurzel im MA-Teil auf, d. h. das MA-Polynom ist nicht invertierbar.

Anders verhält es sich bei der VARMA-Darstellung der kointegrierenden Kombinationen, die bereits der Schätzung des KPR2-Modells zugrunde lag, und für das NW2-Modell aus (4.2/60) und (4.2/61) abgeleitet werden kann. Da *gross ratios* auf Saisonbereinigungsverfahren weniger empfindlich zu reagieren scheinen als erste Differenzen, legt die Existenz zweier unabhängiger Schocks es nahe, zweidimensionale Untersysteme von (4.2/61) zu spezifizieren, die über eine reguläre Kovarianzmatrix verfügen. Diese könnten dann mit Standardmethoden (z. B. Maximum Likelihood) geschätzt werden.

Unglücklicherweise läßt sich dieser Weg hier nicht beschreiten. Um dies genauer zu verstehen, beachte man zunächst, daß $\widetilde{y}_t$ eine Wachstumsrate ist, die nach dem zuvor gesagten zur Schätzung nach Möglichkeit nicht herangezogen werden sollte. Ferner ist $\widetilde{l}_t$ eine unbeobachtete Größe, denn in $\widetilde{l}_t$ geht ja nicht nur die Differenz zwischen den Logarithmen der Arbeitsstunden und des Outputs ein sondern auch der Logarithmus des (unbeobachteten) stochastischen Wachstumstrends[2]. So verbleiben im wesentlichen die Logarithmen von Konsum- und Investitionsquote, $\widetilde{c}_t$ und $\widetilde{i}_t$. Doch deren datenerzeugende Prozesse sind exakt linear abhängig, wie man sofort aus der Linearisierung von (3.1/10) erkennt:

$$C_Y \widetilde{c}_t = -I_Y \widetilde{i}_t$$

Folglich hat das Untersystem der Variablen $\widetilde{c}_t$ und $\widetilde{i}_t$ keine reguläre Kovarianzmatrix und aus (4.2/60) und (4.2/61) ist nur eine schätzbare Gleichung ableitbar.

Die naheliegende Möglichkeit, eine größere Zahl von schätzbaren Gleichungen heranzuziehen ohne ausschließlich auf Wachstumsraten zu rekurrieren, besteht nun darin, ein (vektorielles) Fehlerkorrekturmodell (*Vector Error Correction Model,* VECM) zu spezifizieren. Ein solches Modell vereint Wachstumsraten und *gross ratios* in einem Ansatz, der die kurzfristige Dynamik der Modellvariablen (ausgedrückt in deren ersten Differenzen) mit den langfristigen Gleichgewichtsbeziehungen (den kointegrierenden Kombinationen der Niveauvariablen) in Bezug setzt. Offensichtlich ist die Schätzung eines VECMs des Problems saisonbereinigter Wachstumsraten keineswegs ledig; es ist jedoch möglich, daß dieses sich hier weniger gravierend manifestiert als bei einer Schätzung von (4.2/67), da neben den

---

[2]Man kann natürlich versuchen, durch Beveridge-Nelson-Zerlegungen oder ähnliche Hilfsmittel den stochastischen Trend zu identifizieren und zu schätzen. Ich habe mit simulierten Daten ausführliche Experimente zur Schätzung des stochastischen Trends mittels Beveridge-Nelson-Zerlegung durchgeführt, ohne jedoch auch nur annähernd befriedigende Ergebnisse erzielen zu können. Selbst wenn die Beveridge-Nelson-Zerlegung den wahren stochastischen Trend augenscheinlich gut wiederzugeben imstande ist, ist die Präzision dieser Schätzung noch nicht groß genug, um daraus zuverlässig $\widetilde{l}_t$ rekonstruieren und anschließend die tiefen Parameter des Modells schätzen zu können. Verhältnismäßig kleine Fehler in der Schätzung des stochastischen Trends können zu erheblichen Differenzen in Termini der zu schätzenden tiefen Parametern führen.

Wachstumsraten auch die kointegrierenden Kombinationen der Niveaus in die Schätzung eingehen.

Da die Arbeitsstunden und der Reallohn im NW2-Modell nicht bivariat mit dem Output kointegriert sind, beschränke ich die VECM-Darstellung auf jenes trivariate System, das die Dynamik von Output, Konsum und Investitionen beschreibt. Um diese VECM-Darstellung herzuleiten, schreibe ich das entsprechende Untersystem von (4.2/61) zunächst als

$$\widetilde{\chi}_t := \begin{pmatrix} \widetilde{y}_t \\ \widetilde{c}_t \\ \widetilde{i}_t \end{pmatrix} = \begin{pmatrix} 0 & \pi_{yw} & \pi_{s2} & \pi_{sw} \\ \pi_{c2} & \pi_{cw} & 0 & 0 \\ \pi_{i2} & \pi_{iw} & 0 & 0 \end{pmatrix} \begin{pmatrix} \varepsilon_{X,t} \\ \hat{w}_t \\ \varepsilon_{X,t-1} \\ \hat{w}_{t-1} \end{pmatrix} =: \overline{\Pi}_{\chi 1}\eta_{2,t} + \overline{\Pi}_{\chi 2}\eta_{2,t-1}, \qquad (4.3/1)$$

wobei χ_t=(lnY_t, lnC_t, lnI_t)'. Setzt man

$$P_0 := \begin{pmatrix} 1 & 0 & 0 \\ 1 & 1 & 0 \\ 1 & 0 & 1 \end{pmatrix}, \qquad P_1 := \begin{pmatrix} 0 & 0 & 0 \\ 0 & 1 & 0 \\ 0 & 0 & 1 \end{pmatrix},$$

so erhält man die Darstellung der Wachstumsraten als

$$\begin{aligned} \Delta_0\chi_t &= (P_0 - P_1 B)\left(\overline{\Pi}_{\chi 1}\eta_{2,t} + \overline{\Pi}_{\chi 2}\eta_{2,t-1}\right) \\ &= P_0\overline{\Pi}_{\chi 1}\eta_{2,t} + \left(P_0\overline{\Pi}_{\chi 2} - P_1\overline{\Pi}_{\chi 1}\right)\eta_{2,t-1} - P_1\overline{\Pi}_{\chi 2}\eta_{2,t-2}, \end{aligned} \qquad (4.3/2)$$

wobei $\Delta_0\chi_t$ die mittelwertbereinigten Wachstumsraten bezeichne,

$$\Delta_0\chi_t := \Delta\chi_t - \begin{pmatrix} \ln\gamma \\ \ln\gamma \\ \ln\gamma \end{pmatrix}.$$

Multipliziert man (4.2/66) mit den in der letzten Zeile von (4.3/2) auftretenden Matrizen, so kann man u. a. die folgenden Gleichungen ableiten,

$$\begin{aligned} P_0\overline{\Pi}_{\chi 1}\det(I - RB)\eta_{2,t} &= P_0\overline{\Pi}_{\chi 1}\mathrm{adj}(I - RB)\varepsilon_{2,t}, \\ \left(P_0\overline{\Pi}_{\chi 2} - P_1\overline{\Pi}_{\chi 1}\right)\det(I - RB)\eta_{2,t-1} &= \left(P_0\overline{\Pi}_{\chi 2} - P_1\overline{\Pi}_{\chi 1}\right)\mathrm{adj}(I - RB)\varepsilon_{2,t-1}, \\ -P_1\overline{\Pi}_{\chi 2}\det(I - RB)\eta_{2,t-2} &= -P_1\overline{\Pi}_{\chi 2}\mathrm{adj}(I - RB)\varepsilon_{2,t-2}, \end{aligned}$$

deren Summe sich als

$$
\begin{aligned}
\det(I-RB)\Delta_0\chi_t = {} & P_0\overline{\Pi}_{\chi 1}\operatorname{adj}(I-RB)\varepsilon_{2,t} \\
& +\left(P_0\overline{\Pi}_{\chi 2}-P_1\overline{\Pi}_{\chi 1}\right)\operatorname{adj}(I-RB)\varepsilon_{2,t-1} \\
& -P_1\overline{\Pi}_{\chi 2}\operatorname{adj}(I-RB)\varepsilon_{2,t-2}
\end{aligned}
\qquad (4.3/3)
$$

ergibt und gerade die VARMA(1,2)-Darstellung von $\Delta_0\chi_t$ ist. Diese kann mit (4.2/66) und (4.3/1) weiter umgeformt werden zu einer Schreibweise, die auch die verzögerten kointegrierenden Kombinationen, d. h. die sog. Fehlerkorrekturterme enthält:

$$
\begin{aligned}
\det(I-RB)\Delta_0\chi_t &= P_0\overline{\Pi}_{\chi 1}\operatorname{adj}(I-RB)\varepsilon_{2,t}+P_0\overline{\Pi}_{\chi 2}\operatorname{adj}(I-RB)\varepsilon_{2,t-1} \\
&\quad -P_1\left(\overline{\Pi}_{\chi 1}+\overline{\Pi}_{\chi 2}B\right)\det(I-RB)\eta_{2,t-1} \\
&= -P_1\left(1-\rho_{22}B\right)\widetilde{\chi}_{t-1}+P_0\left(\overline{\Pi}_{\chi 1}+\overline{\Pi}_{\chi 2}B\right)\operatorname{adj}(I-RB)\varepsilon_{2,t}
\end{aligned}
\qquad (4.3/4)
$$

Gleichung (4.3/4) stellt noch nicht die typische VECM-Schreibweise dar, da hier die Fehlerkorrekturterme mit unterschiedlichen Verzögerungen auftreten. Durch einfache Erweiterung ergibt sich jedoch schnell

$$
\begin{aligned}
\left(1-\rho_{22}B\right)\Delta_0\chi_t &= -P_1\left(1-\rho_{22}\right)\widetilde{\chi}_{t-1}-P_1\rho_{22}(1-B)\widetilde{\chi}_{t-1} \\
&\quad +P_0\left(\overline{\Pi}_{\chi 1}+\overline{\Pi}_{\chi 2}B\right)\operatorname{adj}(I-RB)\varepsilon_{2,t} \\
&= -P_1\left(1-\rho_{22}\right)\widetilde{\chi}_{t-1}+P_0\left(\overline{\Pi}_{\chi 1}+\overline{\Pi}_{\chi 2}B\right)\operatorname{adj}(I-RB)\varepsilon_{2,t} \\
&\quad -\rho_{22}P_1\begin{pmatrix}1-B & 0 & 0\\ -1 & 1 & 0\\ -1 & 0 & 1\end{pmatrix}\Delta_0\chi_{t-1} \\
&= \left(\rho_{22}-1\right)\begin{pmatrix}0\\ \widetilde{c}_{t-1}\\ \widetilde{i}_{t-1}\end{pmatrix}-\rho_{22}\begin{pmatrix}0 & 0 & 0\\ -1 & 1 & 0\\ -1 & 0 & 1\end{pmatrix}\Delta_0\chi_{t-1} \\
&\quad +P_0\left(\overline{\Pi}_{\chi 1}+\overline{\Pi}_{\chi 2}B\right)\operatorname{adj}(I-RB)\varepsilon_{2,t}.
\end{aligned}
$$

Dies ist die gesuchte VECM-Darstellung, die in etwas übersichtlicherer Schreibweise die Form

$$\begin{pmatrix} 1 & 0 & 0 \\ -\rho_{22}B & 1 & 0 \\ -\rho_{22}B & 0 & 1 \end{pmatrix} \Delta_0 \chi_t = (\rho_{22}-1) \begin{pmatrix} 0 \\ \tilde{c}_{t-1} \\ \tilde{i}_{t-1} \end{pmatrix}$$

$$+ P_0 \overline{\Pi}_{\chi 1} \varepsilon_{2,t} + P_0 \overline{\Pi}_{\chi 1} \begin{pmatrix} -\rho_{22} & 0 \\ \rho_{21} & 0 \end{pmatrix} \varepsilon_{2,t-1}$$

$$+ P_0 \overline{\Pi}_{\chi 2} \varepsilon_{2,t-1} + P_0 \overline{\Pi}_{\chi 2} \begin{pmatrix} -\rho_{22} & 0 \\ \rho_{21} & 0 \end{pmatrix} \varepsilon_{2,t-2} \qquad (4.3/5)$$

annimmt. Sie läßt insbesondere erkennen, daß $\Delta \ln Y_t$ schwach exogen bezüglich der Parameter der Konsum- und der Investitionsgleichung ist.

Diese Erkenntnis ist dann von besonderem Wert, wenn eine Einzelgleichungsschätzung der Oberflächenparameter von (4.3/5) angestrebt wird, denn die schwache Exogenität von $\Delta \ln Y_t$ besagt gerade, daß eine solche Schätzung effizient ist, man auf eine Systemschätzung also verzichten kann. In dem hier vorliegenden Zusammenhang ist die schwache Exogenität freilich von geringerem Interesse, weil sie sich nicht auf die tiefen Parameter bezieht, auf die die anschließenden Schätzungen abzielen. Für effiziente Inferenz bezüglich der tiefen Parameter kann in unserem Zusammenhang auf Systemschätzungen nicht verzichtet werden[3].

Es verbleibt jedoch noch das Problem, daß einer Systemschätzung von (4.3/5) die Rangdefizienz der Kovarianzmatrix der Störterme entgegensteht: Da das NW2-Modell nur zwei unabhängige Schocks aufweist, hat die Kovarianzmatrix der Störterme in (4.3/5) lediglich Rang 2. Dies schlägt sich z. B. in der bereits erwähnten linearen Abhängigkeit von $\tilde{c}_t$ und $\tilde{i}_t$ nieder. Wie schon in Abschnitt 3.6 werde ich deshalb auch hier eine gewichtete Maximum-Likelihood-Schätzung vornehmen, indem ich die Summe der Likelihood-Werte zweier zweidimensionaler Subsysteme von (4.3/5) maximiere. Das eine dieser Subsysteme bestehe aus den ersten beiden Gleichungen von (4.3/5), das zweite aus der ersten und dritten Gleichung.

Dieses Vorgehen wirkt zunächst vielleicht unbalanciert, da die Outputgleichung aus (4.3/5) doppelt, die Konsum- und die Investitionsgleichung jedoch nur jeweils einfach in den Maximanden eingehen. Man könnte ver-

[3]Die exakte Definition der schwachen Exogenität bezüglich eines gegebenen Parameters unterstellt, daß die marginale Verteilung der schwach exogenen Variablen keine für diesen Parameter relevante Information mehr enthält, vgl. Engle, Hendry und Richard (1983). Diese Bedingung ist hier offenkundig für keine der betrachteten Variablen erfüllt.

sucht sein, als dritten Summanden den Likelihood-Wert des aus der zweiten und dritten Gleichung von (4.3/5) bestehenden Subsystems hinzuzufügen, um eine gleiche Gewichtung aller Nachfrageaggregate zu erreichen. Dies ist aber weder möglich, noch würde das angestrebte Ziel dadurch erreicht werden. Denn dieses dritte Subsystem hätte wiederum eine rangdefiziente Kovarianzmatrix der Störterme, da die aus der zweiten und dritten Zeile von $\overline{\Pi}_{\chi 1}$ bestehende Matrix Rang 1 hat, was sich auf die Kovarianzmatrix überträgt. Dies ist natürlich erneut Ausfluß der linearen Abhängigkeit von $\widetilde{c}_t$ und $\widetilde{i}_t$.

Diese Überlegungen zeigen, daß die Störterme der zweiten und dritten Gleichung von (4.3/5) linear abhängig sind. Damit aber erübrigt sich das Problem der vermeintlichen Unbalanciertheit der Likelihood-Funktion weitgehend. Denn es sind ja diese Störterme, die den Wert der (gewichteten) Likelihood-Funktion definieren. Geht man wie oben vorgeschlagen vor, so gehen die Residuen der ersten Gleichung aus (4.3/5) doppelt und die (linear abhängigen) Residuen der zweiten und der dritten Gleichung jeweils einfach in die Likelihoodfunktion ein. Der Unterschied zu einer normalen ML-Schätzung eines zweidimensionalen Untersystems von (4.3/5) besteht lediglich darin, daß sowohl die Varianz der Wachstumsrate des Konsums als auch die der Wachstumsrate der Investitionen berücksichtigt werden kann. In Abschnitt 3.5 hatte ich gezeigt, daß im Rahmen des KPR-Modells diesen unterschiedlichen Varianzen erhebliche Bedeutung für die Schätzung der tiefen Parameter zukam[4].

Die Likelihoodfunktion eines zweidimensionalen VECM mit nichttrivialem MA-Teil kann nun wie folgt hergeleitet werden. In der Notation des Abschnitts 3.6 sei

$$\mathbf{y}_t = A_1\mathbf{y}_{t-1} + A_2\mathbf{y}_{t-2} + \mathbf{e}_t + M_1\mathbf{e}_{t-1} + M_2\mathbf{e}_{t-2}, \qquad t=1,\dots,T \qquad (4.3/6)$$

ein zweidimensionaler VARMA(2,2) in den (instationären) Niveaugrößen $\mathbf{y}_t$. (In Anlehnung an die obige Darstellung (4.3/5) wird in (4.3/6) von einem Absolutglied abstrahiert). Das matrixwertige Lag-Polynom $(I - A_1B - A_2B^2)$ habe eine Einheitswurzel, d. h. der Rang von $(I - A_1 - A_2)$

---

[4]Mit demselben Argument besteht auch bezüglich dieser Varianzen keine Unbalanciertheit im Schätzansatz, obwohl die Outputvarianz doppelt gewichtet wird, die des Konsums und der Investitionen jedoch nur einfach. Denn jeweils eine der Varianzen ergibt sich als Linearkombination der anderen beiden aufgrund der definitorischen Zerlegung des Outputs in seine Nachfragekomponenten. Der Vorzug der gewichteten ML-Schätzung gegenüber dem Standard-Verfahren besteht in dieser Sichtweise einfach darin, das Maximierungsverfahren unter Auferlegung dieser Restriktion durchzuführen.

ist kleiner als zwei. Da wir Kointegration annehmen, darf andererseits $(I - A_1 - A_2)$ nicht verschwinden, also gilt

$$\mathrm{rg}(I - A_1 - A_2) = 1.$$

Daher können wir $(I - A_1 - A_2)$ als Produkt zweier Vektoren schreiben

$$(I - A_1 - A_2) = \phi\, \psi',$$

wobei ψ der kointegrierende Vektor ist und ϕ die sog. Ladungskoeffizienten enthält. Unter Auferlegung der Kointegrationsbeziehung schreibt sich (4.3/6) dann als

$$\begin{aligned}\Delta \mathbf{y}_t &= (A_1 - I)\Delta \mathbf{y}_{t-1} - (I - A_1 - A_2)\mathbf{y}_{t-2} + \mathbf{e}_t + M_1 \mathbf{e}_{t-1} + M_2 \mathbf{e}_{t-2} \\ &=: D_1 \Delta \mathbf{y}_{t-1} - \phi\psi' \mathbf{y}_{t-2} + \mathbf{e}_t + M_1 \mathbf{e}_{t-1} + M_2 \mathbf{e}_{t-2}\end{aligned}$$

für t=1,...,T. Die (approximative) Likelihood-Funktion ist daher gegeben durch

$$l\left(D_1, \phi\psi', M_1, M_2, \Sigma_{\mathbf{e}} \middle| \mathbf{y}\right) = \left(2\pi \det(\Sigma_{\mathbf{e}})\right)^{-T/2} \exp\left\{-\frac{1}{2}\mathbf{e}'\left(I_T \otimes \Sigma_{\mathbf{e}}^{-1}\right)\mathbf{e}\right\}, \qquad (4.3/7)$$

wobei

$$\mathbf{e}_t = \Delta \mathbf{y}_t - D_1 \Delta \mathbf{y}_{t-1} + \phi\psi' \mathbf{y}_{t-2} - M_1 \mathbf{e}_{t-1} - M_2 \mathbf{e}_{t-2},$$

$$\mathbf{e} = (\mathbf{e}_1', \cdots, \mathbf{e}_T')'$$

und

$$\Sigma_{\mathbf{e}} = E[\mathbf{e}_t \mathbf{e}_t'].$$

Wie schon in Abschnitt 3.6, so ist auch hier (4.3/7) nur eine Annäherung an die wahre Likelihoodfunktion, da für die unbeobachteten Prä-Stichprobenwerte $\mathbf{y}_0=\mathbf{y}_{-1}=\mathbf{e}_0=\mathbf{e}_{-1}=0$ unterstellt wird.

- Simulation und Anwendung des Schätzverfahrens

Um die Tauglichkeit des hier skizzierten Schätzverfahrens zu überprüfen, habe ich erneut auf Simulationen des zu schätzenden Modells zurückgegriffen. Mit der Parametrisierung α=0.73, β=0.997, γ=1.005, δ=0.008, ν=-0.17, ρ_{21}=−1, ρ_{22}=0.9 und $\sigma_X^2 = \sigma_w^2 = 0.000006$ wurden hundert Historien des Modells à achtzig Beobachtungen erzeugt. Für die simulierten Technologieschocks wurden dieselben (Pseudo-)Zufallszahlen benutzt wie bei den Simulationen der KPR-Modelle in Abschnitt 3.6, die simulierten Reallohnschocks beruhen auf davon unabhängigen Zufallszahlen. Die Trendbereinigung der Variablen erfolgte nach dem in Modell 4 aus 3.6 vorgeschlagenen Verfahren, das sich rivalisierenden Methoden gegenüber als überlegen erwiesen hatte, vgl. Tabelle 3.6/1.

Die in Tabelle 4.3/1 wiedergegebenen Simulationsergebnisse zeigen, daß das vorgeschlagene Schätzverfahren in Bezug auf die Simulationsmittelwerte durchaus befriedigende Ergebnisse zeitigt. Für fast alle Parameter liegt der Simulationsmittelwert recht nahe an dem den Simulationen zugrundegelegten wahren Wert, lediglich für die Abschreibungsrate δ ist eine gewisse systematische Überschätzung zu verzeichnen.

Tabelle 4.3/1

Simulationsergebnisse der gewichteten ML-Schätzung

		Simulationsergebnisse			
	Wahrer Wert	Mittelwert	Minimum	Maximum	RMSE
α	0.73	0.7294	0.2587	0.8276	0.1384
β	0.997	0.9948	0.9652	0.9999	0.0075
δ	0.008	0.0224	0.0013	0.1394	0.0287
ρ_{21}	-1	-0.9866	-1.4041	1.0797	0.2521
ρ_{22}	0.9	0.9226	0.8090	0.9961	0.0489
Vorab geschätzter Parameter					
γ	1.005	1.0050	1.0037	1.0065	0.0006

Anders verhält es sich aber für die Verteilungen der geschätzten Parameter. Mit Ausnahme von ρ_{22} und γ scheinen diese stark asymmetrisch zu sein, wie man aus den Simulationsminima und -maxima schließen kann. Für Parameter wie β und δ ist dies nicht sehr verwunderlich, da hier die wahren Parameterwerte recht nahe am Rande des zulässigen Parameterraumes liegen, so daß größere Abweichungen vom wahren Wert jeweils nur in einer Richtung möglich sind. Aber auch für die Schätzwerte von α liegt offenbar eine stark schiefe Verteilung vor[5].

[5]Dasselbe scheint für die Schätzwerte von ρ_{21} zu gelten. Jedoch sind hier die Angaben aus Tabelle 4.3/1 insofern irreführend, als der ausgewiesene maximale Schätzwert ein verein-

Eine eingehendere Analyse zeigt nun, daß die Schätzwerte für δ einer unimodalen, stark rechtsschiefen Verteilung zu entstammen scheinen, vgl. Abbildung 4.3/1. Dies erklärt unmittelbar, weshalb der Simulationsmittelwert den wahren Parameter systematisch überschätzt; der Median als ein robusterer Schätzer für den wahren Parameterwert kommt diesem erheblich näher. Für α, vgl. Abbildung 4.3/2, ist die Verteilung ausgeprägt linksschief: Der Modalwert ist größer als 0.8 und damit deutlich höher als der wahre Wert von 0.73, gleichzeitig kommen mit relativ geringer Wahrscheinlichkeit sehr niedrige Schätzwerte (im Extrem 0.26) vor. Diese beiden Eigenschaften vereinen sich in der Tatsache, daß der Simulationsmittelwert ungefähr dem wahren Parameterwert entspricht, obwohl das Histogramm im Bereich von 0.73 erstaunlich wenig Wahrscheinlichkeitsmasse ausweist.

Abbildung 4.3/1

Simulationsergebnisse: Verteilung des geschätzten δ

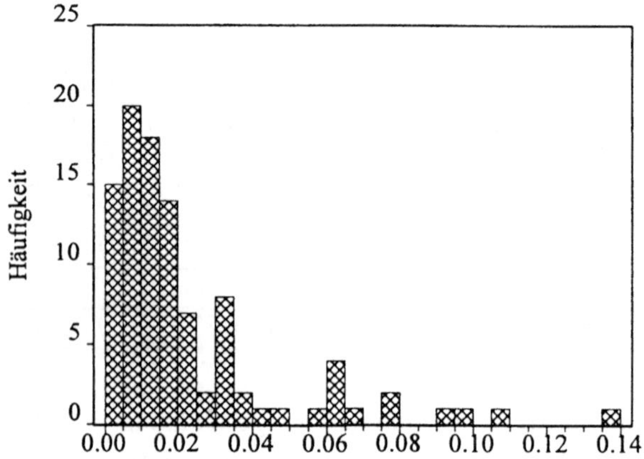

Mittelwert	0.0225
Median	0.0135
Maximum	0.1394
Minimum	0.0013
Std. Abw.	0.0249
Schiefe	2.3040
Kurtosis	8.7326
Jarque-Bera	225.40
P-Wert	0.0000

zelter Ausreißer ist. Der zweithöchste Schätzwert beträgt -0.66 und die um den Ausreißer bereinigte Verteilung der Schätzwerte ist im wesentlichen symmetrisch und auf den wahren Wert von -1 zentriert.

Abbildung 4.3/2

Simulationsergebnisse: Verteilung des geschätzten α

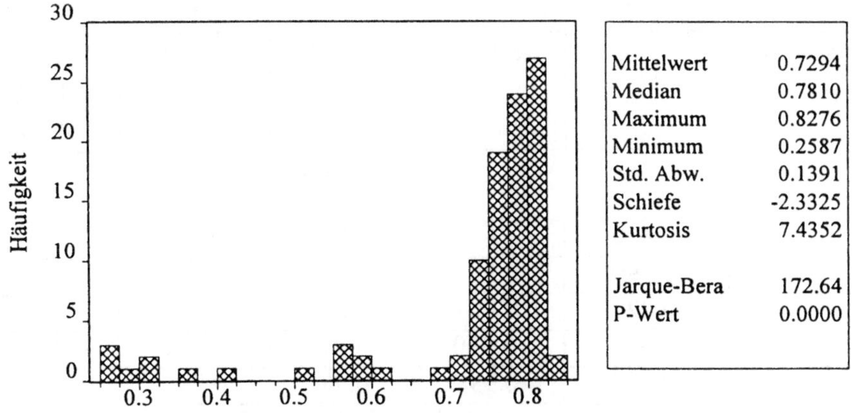

Es ist vor diesem Hintergrund nicht überraschend, daß α und δ recht hohe RMSE's ausweisen. Vermutlich ist das Maximum der Likelihood-Funktion bezüglich dieser Parameter nicht sonderlich ausgeprägt, d. h. die Likelihood-Funktion ist entlang dieser Dimensionen relativ flach. Es ist daher bei der Schätzung mit empirischen Daten damit zu rechnen, daß die Parameter α und δ mit u. U. recht geringer Präzision geschätzt werden. Dies ist sicherlich unbefriedigend, scheint aber eine dem Modell inhärente Eigenschaft zu sein. Es ist mir jedenfalls trotz umfangreicher (hier nicht im einzelnen dokumentierter) Experimente nicht gelungen, ein zuverlässigeres Schätzverfahren zu entwickeln.

Wenden wir uns nun der Anwendung des beschriebenen Schätzverfahrens auf die deutschen Daten zu, so ist zunächst festzuhalten, daß ein Identifizierbarkeitsproblem vermutlich nicht besteht: Die Oberflächenparameter der VECM-Darstellung in (4.3/5) hängen von insgesamt neun Parametern der *State-Space*-Darstellung ab, nämlich σ_w^2, $\rho_{21}\sigma_X^2$, ρ_{22}, π_{yw}, π_{s1}, π_{s2}, π_{c2}, π_{cw} und π_{i2}/π_{c2} $(=\pi_{iw}/\pi_{cw})$. Wird σ_X^2 auf Eins normiert und γ als Trendparameter vorab geschätzt, so verbleiben lediglich sechs zu schätzende tiefe Parameter (α, β, δ, ρ_{21}, ρ_{22} und σ_w^2), die demnach wahrscheinlich überidentifiziert sind. Für diese erhalten wir die in Tabelle 4.3/2 dargestellten Resultate.

Tabelle 4.3/2

NW2: Ergebnisse der gewichteten ML-Schätzung

Restriktion	-	α=0.73	β=0.997	δ=0.008	α=0.73, β=0.997, δ=0.008
	Schätzwerte				
α	0.890	-	0.878	0.891	-
β	0.999	0.996	-	0.999	-
δ	0.021	0.001	0.024	-	-
ρ_{21}	-0.954	-0.880	-0.973	-0.872	-0.937
ρ_{22}	0.986	0.999	0.986	0.995	0.996
σ_w^2	0.0000027	0.0000371	0.0000035	0.0000026	0.00005
Loglikelihood	6.829	6.618	6.809	6.815	6.468
P-Wert LR(1)	-	0.516	0.842	0.867	-
P-Wert LR(3)	-	-	-	-	0.868
Vorab geschätzter Parameter					
γ	1.005	1.005	1.005	1.005	1.005

Die erste Spalte von Schätzwerten bezeichnet Schätzungen der sechs Parameter ohne weitere Restriktionen. In den nächsten drei Spalten wird jeweils einer der drei ökonomisch unmittelbar interpretierbaren Parameter α, β und δ auf den in Kapitel 3 kalibrierten Wert restringiert, während alle anderen Parameter frei schätzbar bleiben. In der letzten Spalte schließlich werden α, β und δ gemeinsam auf ihren kalibrierten Werten fixiert und lediglich die Parameter der Zustandsdarstellung (4.2/58) frei geschätzt. P-Werte eines Likelihood-Ratio-Tests auf Gültigkeit der auferlegten Restriktionen finden sich jeweils am Ende der betreffenden Spalte.

Es fällt auf, daß die Schätzwerte der frei geschätzten Parameter unabhängig von der Art einer eventuell auferlegten Restriktion in den meisten Fällen bemerkenswert stabil sind. Die Lohnquote α wird mit ungefähr 0.89 erheblich höher geschätzt als nach der Kalibration zu erwarten wäre, jedoch ist diese auf den ersten Blick nicht unbeträchtliche Abweichung nach Maßgabe des LR-Tests nicht signifikant; die Hypothese α=0.73 kann unschwer aufrechterhalten werden. Die geringe Präzision der Schätzung korrespondiert gut mit demselben in den Simulationen zutage getretenen Phänomen.

Die Schätzung für β liegt in zwei von drei Fällen unmittelbar am Rande des zulässigen Parameterraumes, im dritten Fall sehr nahe am kalibrierten Wert. Auch hier zeigt der LR-Test, daß die Hypothese β=0.997 gut mit den Daten verträglich ist. Ähnliches gilt für δ, dessen Schätzwerte um den kalibrierten Wert zu streuen scheinen. Der LR-Test für die Hypothese δ=0.008 weist einen hohen P-Wert auf und angesichts der stark rechtsschiefen Verteilung der Schätzwerte für δ in den Simulationen kann man mit den hier erzielten Resultaten wohl recht zufrieden sein.

Der Parameter ρ_{21} wird durchgängig negativ geschätzt[6]. Dies besagt, daß eine positive Wachstumsinnovation einen negativen Effekt auf die Höhe des Reallohns auslöst. Für ein solches Ergebnis gibt es mindestens zwei mögliche ökonomische Interpretationen. Zum einen kann man dies als Anzeichen dafür auffassen, daß in derRealität Wachstumsinnovationen rationalisierende, d. h. arbeitssparende Effekte haben. Sie führen daher tendenziell zur Freisetzung von Arbeitskräften und bewirken so einen Anpassungsdruck auf den (wachstumsbereinigten) Reallohn nach unten.

Diese Interpretation ist allerdings nicht modellkonform, denn in der einfachen Cobb-Douglas-Technologie des RBC-Modells ist ein Wachstumsimpuls immer zunächst beschäftigungssteigernd. Die Interpretation unterstellt daher implizit eine Fehlspezifikation der Produktionstechnologie, die dazu führt, daß in den realen Daten manifeste Sachverhalte sich andernorts im Modell niederschlagen, hier also in dem Vorzeichen des Parameters ρ_{21}.

Eine derartige Fehlspezifikation mag sogar durchaus plausibel sein. Will man aber die Negativität von ρ_{21} modellimmanent erklären, so bietet es sich an, diese als Ausdruck rigider Nominallöhne aufzufassen. Sind z. B. Nominallöhne in der kurzen Frist fix, so führt eine Wachstumsinnovation dazu, daß der Reallohn sich dem gestiegenen Grenzprodukt der Arbeit nicht sofort anpassen kann, d. h. der wachstumsbereinigte Reallohn sinkt. Da das RBC-

[6]Der numerische Wert dieser Schätzung ist weiter nicht interpretierbar, da, wie erwähnt, ρ_{21} und die Varianz der Wachstumsinnovation nicht getrennt identifizierbar sind.

Modell über das Verhalten von Nominallöhnen keine Aussage macht, ist diese Interpretation völlig modellkonform. Gleichzeitig rechtfertigt sie die im NW-Modell vollzogene Exogenisierung der Reallohnfluktuationen.

Betrachten wir abschließend die Schätzwerte für ρ_{22}, so ist insbesondere auffällig, wie nahe der stationäre VAR (4.2/58) einem integrierten Prozeß ist. Dieses Schätzresultat ist nicht sonderlich überraschend, denn die Kontrollvariablen Konsumquote und Investitionsquote sind sehr persistente Prozesse, und ob insbesondere Investitionen und Output überhaupt zu einer stationären Variablen kointegrieren, ist nach den Ergebnissen aus Tabelle 2/3 und Tabelle 2/4 durchaus unklar. Da aber die Kontrolldarstellung (4.2/61) lediglich eine lineare Transformation der Zustandsdarstellung (4.2/58) ist, folgt zwingend, daß die Persistenz der Kontrollvariablen in letzterer ihren Niederschlag finden muß. Man beachte, daß im KPR-Modell die Zustandsdarstellung (3.1/65) ebenfalls eine sehr nahe am Einheitskreis liegende Wurzel aufwies: In diesem Modell war es die Kapitalbestandsgleichung, deren autoregressiver Koeffizient μ_w=0.964 betrug.

4.4 Evaluation im Zeit- und im Frequenzbereich

Wie zu Beginn des vierten Kapitels erläutert, ist die Modifikation des prototypischen RBC-Modells zu einem Modell mit Mengenbeschränkungen als ein Versuch aufzufassen, ein besseres modellgestütztes Verständnis für ein isoliertes und im Standardmodell unbefriedigend erklärtes empirisches Phänomen, das *employment variability puzzle,* zu gewinnen. In Abschnitt 4.2 wurde ausführlich dargestellt, inwieweit ein nicht-walrasianisches RBC-Modell in der Lage ist, die numerisch niedrige und im internationalen Querschnitt tendenziell unsystematische Korrelation zwischen Reallohn und Beschäftigung abzubilden. Die entlang dieser Dimension erzielte Verbesserung des modellimmanenten Erklärungspotentials sollte jedoch nach Möglichkeit nicht mit einer durchgreifenden Verschlechterung entlang anderer Dimensionen erkauft worden sein. Es verbleibt daher zu überprüfen, ob die allgemeine Datenanpassung des NW2-Modells die vom KPR-Modell erreichte Güte zumindest nicht unterschreitet. Dies soll in diesem und dem folgenden Abschnitt anhand der in Kapitel 3 dargelegten Evaluationsmethoden geschehen.

- Evaluation im Zeitbereich-

Die erste dieser Evaluationsmethoden bezieht sich auf die vom Modell implizierten Momente im Zeitbereich. Mit Ausnahme der relativen Standardabweichungen können für diese Momente asymptotische Standardfehler über die Bartlett-Formel ermittelt werden, vgl. Abschnitt 3.2. Diese stellen ein im allgemeinen sinnvolles Hilfsmittel dar, um die Abweichungen zwischen theoretischen und empirisch ermittelten Momenten einzuschätzen. Allerdings muß vor einer unkritisch-mechanischen Signifikanzbetrachtung auf der Basis von zwei Standardfehler überschreitenden Abweichungen aus zwei Gründen gewarnt werden:

Erstens weist die Zustandsdarstellung (4.2/60) in der im vorigen Abschnitt ermittelten Parametrisierung eine Wurzel in unmittelbarer Nähe des Einheitskreises auf, was insbesondere für die vom Modell implizierte Konsum- und Investitionsquote bedeutet, daß diese Prozesse *near integrated* im Sinne von Phillips (1987, 1988) sind. Die Standardfehler für die Momente dieser Zeitreihen werden dann aber vermutlich durch die asymptotischen Standardfehler des stationären Prozesses weitaus schlechter approximiert als durch geeignete Transformationen der Dickey-Fuller-Verteilung, die für die Autokorrelationen von I(1)-Prozessen angemessen wären, vgl. Hassler (1994). Praktisch bedeutet dies, daß die über die Bartlett-Formel ermittelten asymptotischen Standardfehler vermutlich zu klein sind. Eine bessere Abschätzung der wahren Standardfehler ist jedoch unglücklicherweise nicht ersichtlich, da auch Hasslers Resultate lediglich für reine *random walks* eine unmittelbare Implementation erlauben.

Zweitens kann im Vergleich von NW- und KPR-Modellen eine stark unterschiedliche Zahl signifikanter Abweichungen von den empirisch ermittelten Momenten unter Umständen darauf zurückzuführen sein, daß die Zustandsdarstellung des NW2-Modells eine näher am Einheitskreis liegende Wurzel aufweist und deshalb für die Momente größere asymptotische Standardfehler impliziert. Die Größenordnung dieses Effekts ist a priori schwierig abzuschätzen, da ja, wie bereits erwähnt, die Wurzeln der Zustandsdarstellungen von KPR und NW2 (0.964 gegenüber ca. 0.99) nicht gerade dramatisch auseinanderzuklaffen scheinen. Jedoch ist in der Grenzregion zur Instationarität der Zusammenhang zwischen maximaler Wurzel und Höhe des Standardfehlers stark nichtlinear und die numerische Auswertung der Bartlett-Formel zeigt, daß für die Autokorrelationen der *gross ratios* im NW2-Modell in der Tat sehr viel größere Standardfehler resultieren als für das KPR-Modell.

Diese Bemerkungen dürfen nicht als grundsätzliche Vorbehalte gegenüber der Verwendung der asymptotischen Standardfehler der Bartlett-Formel verstanden werden. Nach wie vor stellen diese ein m. E. wertvolles Instrument der statistischen Inferenz dar. Jedoch ist eine gewisse Vorsicht in der Anwendung sicherlich geboten und es kann daher sinnvoll sein, der Beurteilung der Modelle nicht nur Signifikanzen nach Maßgabe dieser Standardfehler zugrundezulegen. Vielmehr werde ich im folgenden gelegentlich auch einfach die relative Größenordnung einander entsprechender theoretischer und empirischer Momente zu interpretieren versuchen, und zwar insbesondere in den beiden oben beschriebenen Fällen, d. h., wenn entweder sehr große Standardfehler signifikante Ergebnisse zu verhindern scheinen oder wenn zwei rivalisierende Modelle zwar beide signifikant falsche Momente implizieren, die Momente des einen Modells aber den empirisch beobachteten merklich näher kommen als jene des anderen Modells. In letzterem Fall läge der Verdacht nahe, daß auf der Basis der Dickey-Fuller-Verteilung errechnete Standardfehler größer wären und die vermeintliche Signifikanz einzelner Statistiken dann schwände.

Das NW2-Modell muß nun zunächst parametrisiert werden. Da die in der gewichteten ML-Schätzung geschätzten Parameterwerte für α, β und δ von den kalibrierten Werten nicht signifikant verschieden sind, werde ich in den Evaluationsansätzen α=0.73, β=0.997 und δ=0.008 setzen. Dies ist auch nach Maßgabe des in der letzten Spalte von Tabelle 4.3/2 angegebenen LR(3)-Tests ein legitimes Vorgehen. Im Sinne einer konsistenten Parametrisierung werde ich dann die verbleibenden Parameter den Schätzwerten gleichsetzen, die für sie unter den besagten Restriktionen bezüglich α, β und δ erzielt wurden, d. h. ich setze ρ_{21}=–0.937, ρ_{22}=0.996 und $\sigma_X^2 = \sigma_w^2 = 0.00005$.

Aufgrund der Instationarität der Niveauwerte, die die Berechnung zeitinvarianter Momente unmöglich macht, beschränkt sich die Zeitbereichsevaluation auf die Momente der Wachstumsraten und der stationären *gross ratios*, d. h. der Konsum- und der Investitionsquote. Für die Wachstumsraten der endogenen Variablen erhält man mit der beschriebenen Parametrisierung dann die in Tabelle 4.4/1 wiedergegebenen Standardabweichungen und relativen Standardabweichungen. Um den Vergleich zu erleichtern, habe ich deren empirische Korrelate und die entsprechenden Momente der KPR-Modelle ebenfalls ausgewiesen; diese (bereits bekannten) Werte entstammen Tabelle 2/12, Tabelle 3.2/2 und Tabelle 3.2/4.

Im oberen Teil von Tabelle 4.4/1 finden sich die Standardabweichungen der Wachstumsraten. Interessant ist hier in erster Linie der Vergleich zwischen empirisch ermittelten und von der Parametrisierung des NW2-Modells implizierten Werten. Denn letztere sind durchgehend zu groß und dies um einen Faktor von etwas mehr als drei. Dies bedeutet, daß die in der ML-Schätzung erzielte Varianz um ziemlich genau den Faktor zehn zu hoch geschätzt wurde. Betrachtet man daraufhin erneut die fünf in Tabelle 4.3/2 ausgewiesenen ML-Schätzungen der Varianz der Reallohninnovation, so stellt sich in der Tat heraus, daß die hier benutzte Parametrisierung auf den höchsten aller erzielten Schätzwerte zurückgegriffen hat. Die anderen vier Schätzungen haben um bis zum Faktor zwanzig kleinere Resultate erzielt.

Diese deutliche Überschätzung der Varianz spielt in der Zeitbereichsevaluation weiter keine bedeutende Rolle, da relative Standardabweichungen, Autokorrelationen und Kreuzkorrelationen von ihr unabhängig sind. Für andere Evaluationsverfahren kann die Überschätzung der Varianz die Ergebnisse freilich negativ beeinflussen, so daß eine Korrektur angezeigt sein wird. Ich komme darauf zu gegebener Zeit zurück.

Tabelle 4.4/1

Vergleich ausgewählter Momente:
Standardabweichungen der Wachstumsraten

	$\Delta\ln Y_t$	$\Delta\ln C_t$	$\Delta\ln I_t$	$\Delta\ln L_t$
	Standardabweichungen			
empirisch	0.0080	0.0079	0.0318	0.0110
NW2	0.0261	0.0224	0.0977	0.0364
KPR2	0.0079	0.0043	0.0211	0.0017
KPR1	0.0080	0.0001	0.0337	0.0063
	Relative Standardabweichungen			
empirisch	1	0.98	3.98	1.38
NW2	1	0.86	3.74	1.39
KPR2	1	0.54	2.67	0.21
KPR1	1	0.11	4.22	0.79

Die von den KPR-Modellen implizierten Standardabweichungen waren bewußt so kalibriert worden, daß die vom Modell implizierte Varianz der Wachstumsrate des Outputs der empirisch beobachteten glich. Relevant sind daher im folgenden nur noch die relativen Standardabweichungen, die im unteren Teil von Tabelle 4.4/1 abgebildet sind. Vergleicht man hier zunächst NW2 mit den empirischen Sachverhalten, so stellt sich heraus, daß letztere vom NW2-Modell geradezu exzellent wiedergegeben werden. Dies gilt nicht nur für die relativen Standardabweichungen von Konsum - und Investitionen, die in der ML-Schätzung Einfluß auf den Werte der Likelihood-Funktion hatten, sondern auch für die relative Standardabweichung der Arbeitsstunden. Wie gut das NW2-Modell die wahren Sachverhalte reflektiert, sieht man überdies durch einen Vergleich mit den entsprechenden Implikationen der KPR-Modelle, die eindeutig schlechter und zum Teil eklatant falsch sind.

Die vom NW2-Modell implizierten Autokorrelationen der Wachstumsraten entnimmt man Tabelle 4.4/2, wobei die zugehörigen asymptotischen Standardfehler in Klammern angegeben werden. Für den Output und den Konsum liegen fast konstante, sehr schwach positive Autokorrelationen vor, die sich von den empirisch beobachteten (selbst an den saisonbereinigungsbedingt auffälligen Lags 3 und 4) nicht signifikant unterscheiden. Für die Investitionen und die Arbeitsstunden sind die jeweils ersten Autokorrelationen negativ und signifikant verschieden von ihren empirischen Gegenstücken 0.14 bzw. -0.38. Die übrigen Autokorrelationen dieser Variablen sind annähernd gleich Null und nicht signifikant, sieht man von vermutlich saisonbereinigungsbedingten Effekten an den Lags 3 und 4 ab.

Tabelle 4.4/2

NW2:
Theoretische Autokorrelationen der Wachstumsraten

Autokorr.	$\Delta\ln Y_t$	$\Delta\ln C_t$	$\Delta\ln I_t$	$\Delta\ln L_t$
Lag 1	0.04 (0.16)	0.06 (0.19)	**-0.42** (0.09)	**-0.11** (0.13)
Lag 2	0.04 (0.16)	0.06 (0.19)	0.00 (0.13)	0.02 (0.13)
Lag 3	0.04 (0.16)	0.06 (0.19)	0.00 (0.13)	**0.02** (0.13)
Lag 4	0.04 (0.16)	0.06 (0.19)	**0.00** (0.13)	**0.02** (0.13)
Lag 5	0.04 (0.16)	0.06 (0.19))	0.00 (0.13)	0.02 (0.13)
Lag 6	0.04 (0.16)	0.06 (0.19)	0.00 (0.13)	0.02 (0.13)
Lag 7	0.04 (0.16)	0.06 (0.19)	0.00 (0.13)	0.02 (0.13)
Lag 8	0.04 (0.16)	0.06 (0.19)	0.00 (0.13)	0.02 (0.13)

Zur Erinnerung: Mit Ausnahme des Konsumwachstums implizierte das KPR1-Modell für die Wachstumsraten aller Variablen eine fast konstante und sehr schwach negative Autokorrelation; die Wachstumsrate des Konsums war schwach positiv autokorreliert. Das KPR2-Modell ergab Autokorrelationen von näherungsweise Null für alle Wachstumsraten an den ersten acht Verzögerungen. Dem stand ein schwierig zu interpretierendes Muster schwacher Autokorrelation der empirischen Wachstumsraten gegenüber. Unter Vernachlässigung der Lags 3 und 4 wichen im KPR1-Modell fünf und im KPR2-Modell vier Autokorrelationen der hier betrachteten Variablen signifikant von den empirisch ermittelten ab. Im NW2-Modell reduziert sich die Anzahl dieser Signifikanzen auf zwei. Wenngleich diese geringere Anzahl auch auf etwas höhere Standardfehler zurückzuführen sein mag, so verbleibt zusammenfassend doch der Eindruck, daß die vom NW2-Modell implizierte Autokorrelationsstruktur der Wachstumsraten der empirischen sicherlich nicht weniger nahe kommt, als dies bei den KPR-Modellen der Fall ist.

Tabelle 4.4/3

Vergleich ausgewählter Momente:
Kreuzkorrelationen der Wachstumsraten

	Kreuzkorr. mit	$\Delta\ln C_t$		$\Delta\ln I_t$		$\Delta\ln L_t$	
empirisch	$\Delta\ln Y_t$	0.65	-	0.63	-	0.63	-
NW2		0.58	(0.10)	**0.75**	(0.04)	**0.98**	(0.01)
KPR2		**0.99**	(0.01)	**1.00**	(0.00)	**0.97**	(0.03)
KPR1		**0.90**	(0.04)	**1.00**	(0.00)	**1.00**	(0.00)
empirisch	$\Delta\ln C_t$	1	-	0.29	-	0.30	-
NW2		1	-	**-0.11**	(0.12)	0.44	(0.11)
KPR2		1	-	**0.98**	(0.02)	**0.93**	(0.05)
KPR1		1	-	**0.88**	(0.04)	**0.88**	(0.04)
empirisch	$\Delta\ln I_t$			1	-	0.40	-
NW2				1	-	**0.84**	(0.03)
KPR2				1	-	**0.99**	(0.01)
KPR1				1	-	**1.00**	(0.00)

Betrachtet man die Kreuzkorrelationen zwischen den Wachstumsraten, vgl. Tabelle 4.4/3, so ist erneut eine deutlich bessere Wiedergabe empirischer Fakten durch das NW2- Modell als durch die KPR-Modelle festzustellen. Bei letzteren waren sämtliche Kreuzkorrelationen signifikant zu hoch und typischerweise deutlich näher an Eins als an den empirisch ermittelten Werten. Für das NW2-Modell aber werden Kreuzkorrelationen zwischen dem Konsumwachstum einerseits und dem Output- bzw. dem Beschäftigungswachstum andererseits erzielt, die niedrig genug sind, um nicht mehr signifikant von ihren empirischen Korrelaten abzuweichen. Auch für die anderen Kreuzkorrelationen ist trotz deren Signifikanz festzuhalten, daß sie fast ausnahmslos deutlich näher an den empirischen Werten liegen als die entsprechenden Kreuzkorrelationen der KPR-Modelle.

Tabelle 4.4/4

NW2:
Ausgewählte theoretische Momente von Konsum- und Investitionsquote

	CY_t	IY_t
Standardabweichung	0.043	0.153
Autokorrelationen		
Lag 1	0.86 (0.30)	0.86 (0.30)
Lag 2	0.86 (0.31)	0.86 (0.31)
Lag 3	0.86 (0.32)	0.86 (0.32)
Lag 4	0.85 (0.32)	0.85 (0.32)
Lag 5	0.85 (0.33)	0.85 (0.33)
Lag 6	**0.85** (0.34)	**0.85** (0.34)
Lag 7	**0.84** (0.34)	**0.84** (0.34)
Lag 8	**0.83** (0.35)	**0.83** (0.35)
Kreuzkorrelation mit		
CY_t	1	**-1**
IY_t	**-1**	1

Insgesamt scheint das NW2-Modell wesentliche Momente der Wachstumsraten erheblich besser zu erklären als die KPR-Modelle. Für die *gross ratios* Konsum- und Investitionsquote, denen wir uns jetzt abschließend zuwenden, läßt sich dies allerdings nicht unbedingt behaupten. Denn z. B. sind diese Kennzahlen (aufgrund der bereits mehrfach erwähnten linearen Abhängigkeit) nach wie vor perfekt negativ korreliert - eine Eigenschaft, die wir in derselben Form schon bei KPR1 und KPR2 zu verzeichnen hatten. Die empirische Kreuzkorrelation aber beträgt -0.09. Eine erfolgreichere Modellierung entlang dieser Dimension erfordert offensichtlich, daß neben Konsum und Investitionen auch weitere Komponenten der gesamtwirtschaftlichen Nachfrage berücksichtigt werden, also insbesondere Staatsausgaben und Nettoexporte.

Unbefriedigend bleibt auch die Autokorrelationsstruktur. Wegen der hohen Persistenz in der Zustandsdarstellung fallen die Autokorrelationen extrem langsam ab, sogar noch langsamer als im KPR2-Modell. Im KPR2-Modell verzeichnen wir z. B. einen Rückgang der Autokorrelation von 0.96 (zum Lag 1) auf 0.74 (zum Lag 8), im NW2-Modell nur von 0.86 auf 0.83. Demgegenüber fallen in der Realität die geschätzten Autokorrelationen von über 0.8 (zum Lag 1) innerhalb von sieben Quartalen auf Null zurück.

Dieser Sachverhalt wird am besten noch vom KPR1-Modell abgebildet, dessen Autokorrelation der Quoten von 0.87 innerhalb von acht Quartalen auf 0.27 sinkt. In der Tat unterschieden sich KPR1 und KPR2 in dieser Hinsicht eklatant, denn bei KPR1 stellte sich keine der betrachteten Autokorrelationen als signifikant heraus, während bei KPR2 alle signifikant waren. Für das NW2-Modell ergibt sich eine Signifikanz der Autokorrelationen zu den Lags 6 bis 8, was auf den ersten Blick immerhin ansprechender zu sein scheint als das vom KPR2-Modell implizierte Resultat. Jedoch ist die geringere Zahl signifikanter Statistiken eindeutig den im NW2-Modell erheblich größeren Standardfehlern geschuldet. Urteilt man lediglich auf der Basis der numerischen Werte der implizierten Autokorrelationen, so wirkt das NW2-Modell keineswegs überzeugender als das KPR2-Modell.

Betrachtet man schließlich die Standardabweichungen, so stellt sich erneut heraus, daß diese in der hier gewählten Parametrisierung des NW2-Modells mehr als dreimal so groß sind wie in der Realität. Eine um das zehnfache kleinere Varianz der Reallohninnovation würde dieses Problem unschwer beheben[1]. Die relative Größenordnung der beiden Standardabweichungen entspricht im wesentlichen der Empirie und den Ergebnissen bei KPR1 und KPR2.

---

[1]Man beachte, daß Konsum- und Innovationsquote stets logarithmiert betrachtet werden. Deshalb hängt ihre Standardabweichung nach wie vor von der Skalierung der treibenden Schocks ab.

Wir halten daher als Resultat der Zeitbereichsevaluation fest, daß das NW2-Modell in Bezug auf die Momente der Wachstumsraten z. T. erheblich erfolgreicher ist als die KPR-Modelle, daß aber andererseits bei den *gross ratios* kein Fortschritt zu verzeichnen ist. Vielmehr stellt sich das NW2-Modell bei letzteren ähnlich schlecht dar wie das KPR2-Modell und damit schlechter als KPR1.

- *Evaluation im Frequenzbereich* -

Die Zeitbereichsevaluation unterstellt implizit, daß das betrachtete RBC-Modell das "wahre" Modell ist. Dies ist, wie in Abschnitt 3.3 ausführlich hervorgehoben, anders in Watsons (1993) Ansatz einer Frequenzbereichsevaluation. Da alle hier betrachteten Versionen von RBC-Modellen offenkundig in vielfältiger Hinsicht überaus stark vereinfachend spezifiziert sind, ist es naheliegend, sich dieses Verfahrens zu bedienen, um Misspezifikationen Rechnung zu tragen. Dabei werde ich mit Ausnahme der Varianz der Störterme, die ich aus den oben geschilderten Gründen um den Faktor zehn vermindere, dieselbe Parametrisierung verwenden wie bei der Zeitbereichsevaluation. Für die Spektren der Wachstumsraten des Outputs erhält man dann die in Abbildung 4.4/1 wiedergegebenen Resultate.

Das Modellspektrum weist ein stark ausgeprägtes Maximum an der Frequenz Null auf, um dann stark abzufallen und auf allen übrigen Frequenzen nahezu konstante Werte anzunehmen. Dieser Verlauf steht mit dem empirisch ermittelten Spektrum nicht im mindesten im Einklang, denn hier finden wir ein vergleichsweise unauffälliges inneres Maximum der Spektraldichte im Bereich langfristiger aber noch als konjunkturell zu klassifizierender Schwingungen. Das extreme Versagen des Modellspektrums an der Frequenz Null steht sicherlich in engem Zusammenhang mit der Tatsache, daß die (als stationär modellierten) Zustandsvariablen nach den Ergebnissen der ML-Schätzung eine in unmittelbarer Nähe der Instationaritätsregion liegende Einheitswurzel aufweisen.

Abbildung 4.4/1 ist typisch für den Verlauf der Modellspektren auch der anderen Variablen. Insbesondere für die Wachstumsraten des Konsums und der Arbeitsstunden ergeben sich sehr ähnliche Resultate. Lediglich die Wachstumsraten der Investitionen implizieren insofern ein etwas anderes Spektrum, als hier die Modellspektraldichte ein inneres *Minimum* im langfristigen Bereich hat, und zunehmende Varianz mit abnehmender Schwingungsdauer zu verzeichnen ist, vgl. Abbildung 4.4/2. Auch dieser Verlauf ist nicht im Einklang mit dem empirisch ermittleten Spektrum.

Abbildung 4.4/1

Frequenzbereichsevaluation des NW2-Modells: Spektren der Wachstumsraten des Outputs

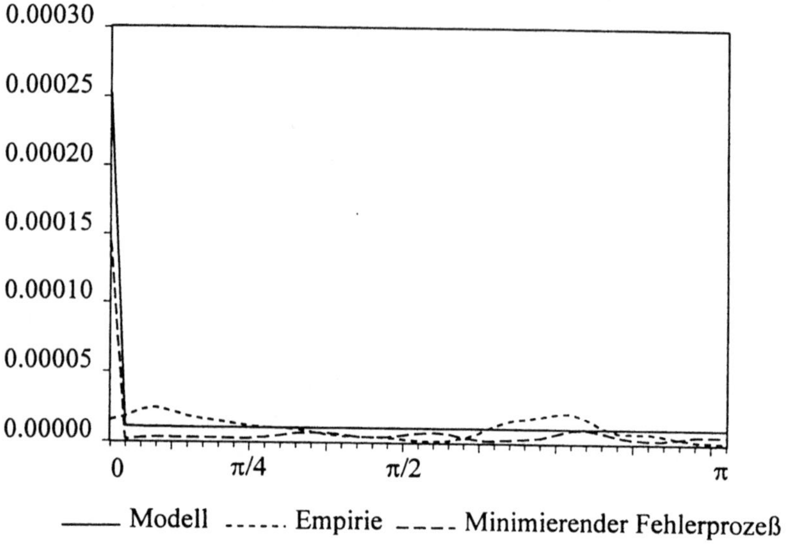

Abbildung 4.4/2

Frequenzbereichsevaluation des NW2-Modells: Spektren der Wachstumsraten der Investitionen

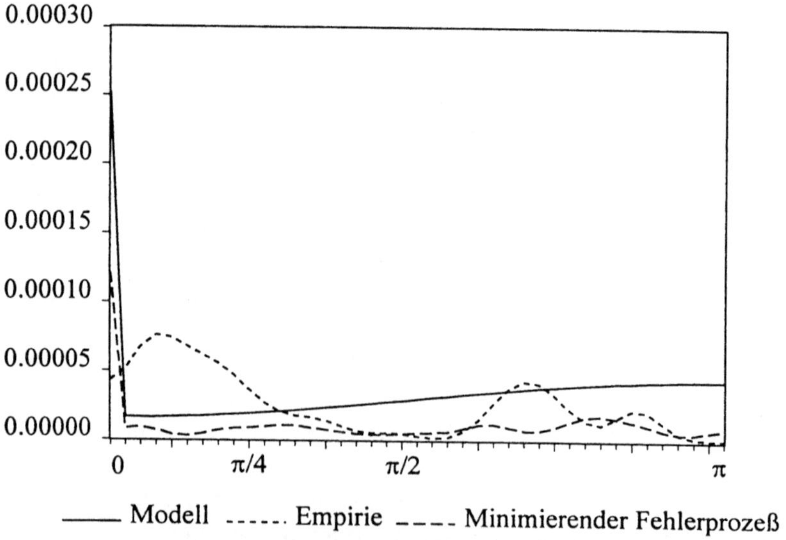

Davon abgesehen ergibt sich im Modellvergleich folgendes Bild: Alle Modelle implizieren für die Wachstumsraten der Variablen ein annähernd konstantes Spektrum auf dem gesamten Frequenzband, ausgenommen Frequenzen nahe der Null. An der Frequenz Null impliziert das KPR1-Modell, da es überdifferenziert ist, ein Minimum der Spektraldichte, nämlich gerade den Wert Null. Das KPR2-Modell weist an allen langfristigen Frequenzen Werte von ähnlicher Größenordnung auf wie auf dem jeweiligen Rest des Frequenzbandes, da die Niveaugrößen nahezu *random walks* sind und deren Differenzen daher fast weißes Rauschen darstellen. Die Spektren des NW2-Modells aber fallen durch ausgeprägte Maxima an der Frequenz Null auf, weil die Kontrolldarstellung der stationären Größen nahezu instationär ist.

Die drei Modelle unterscheiden sich also sehr durch ihre Langfristimplikationen für die Wachstumsraten; am erfolgreichsten scheint in dieser Beziehung noch das KPR2-Modell zu sein. Im konjunkturellen und im kurzfristigen Bereich aber sind die Prädiktionen der Modelle annähernd identisch und gleichermaßen unbefriedigend, denn kein Modell vermag ein inneres Maximum im Bereich langfristiger konjunktureller Schwingungen abzubilden.

Diese Schlußfolgerung wird gestützt durch eine modellübergreifende Betrachtung der spektralen Anpassungsmaße r_j und r_j^{BC}, deren Ergebnisse in Tabelle 4.4/5 festgehalten sind, vgl. auch Tabelle 3.3/2 und Tabelle 3.3/4. Integriert man über alle Frequenzen, so fällt r_j beim NW2-Modell für die Wachstumsraten von Konsum und Investitionen etwas ungünstiger aus als bei den KPR-Modellen, während es für die Wachstumsraten von Output und Arbeitsstunden im Bereich der Werte liegt, die auch die KPR-Modelle erreichen. Dies mag überraschend sein, denn aufgrund der oben abgebildeten Spektren hätte man möglicherweise ein schlechteres Abschneiden des NW2-Modells erwartet. Man muß sich jedoch vor Augen halten, daß es tatsächlich nur eine einzelne Frequenz ist, für die das nicht-walrasianische-Modell auffällig von den KPR-Modellen abweicht, und dieser einen Frequenz kommt bei der Berechnung von r_j nur ein recht geringes Gewicht (ca. 0.025) zu.

Konzentriert man die Betrachtung auf die als konjunkturell angesehenen Frequenzen, indem man das Anpassungsmaß r_j^{BC} berechnet, so ändert sich das Bild geringfügig. Das NW2-Modell liefert nun bessere Anpassungsmaße als die KPR-Modelle für die Wachstumsraten von Output und Konsum. Schlechtere Ergebnisse aber werden erzielt für die der Investitionen und der Arbeitsstunden, wobei für letztere die Unterschiede zwischen den Modellen vernachlässigbar erscheinen. Insgesamt kann aus diesen Zahlen schwerlich gefolgert werden, daß eines der Modelle den anderen überlegen ist.

Tabelle 4.4/5

Spektrale Anpassungsmaße der RBC-Modelle: Wachstumsraten

	Output	Konsum	Investitionen	Arbeitsstunden
		r_j		
NW2	0.75	1.11	0.37	0.87
KPR2	0.68	0.88	0.24	0.89
KPR1	0.79	0.96	0.24	0.81
		r_j^{BC}		
NW2	0.23	0.75	0.38	0.86
KPR2	0.35	0.80	0.24	0.81
KPR1	0.39	0.95	0.08	0.82

Abbildung 4.4/3

Frequenzbereichsevaluation des NW2-Modells: Angepaßte Modellrealisationen des Outputwachstums

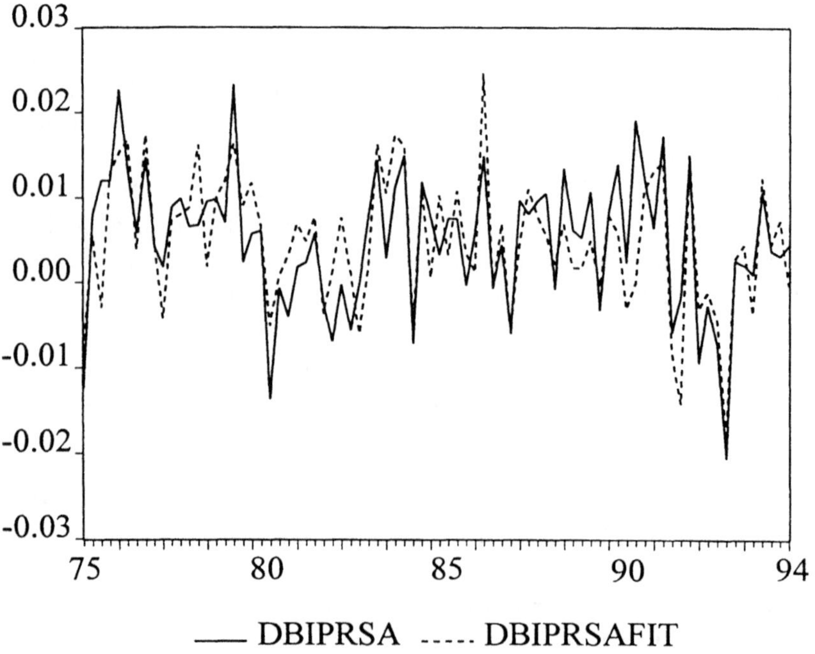

Abbildung 4.4/4

Frequenzbereichsevaluation des NW2-Modells: Angepaßte Modellrealisationen des Konsumwachstums

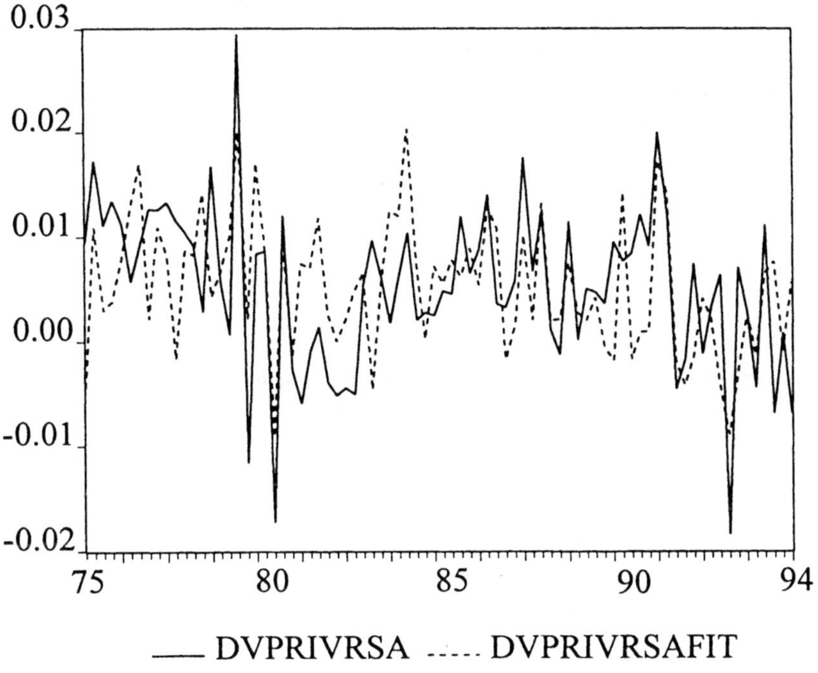

Wenden wir uns nun den angepaßten Modellrealisationen zu. Abbildung 4.4/3 entnehmen wir, daß das NW2 Modell unter geeigneten Annahmen an die Kovarianzstruktur zwischen Modellrealisationen und realen Daten die Wachstumsraten des Outputs mit beachtlicher Güte zu replizieren imstande zu sein scheint. Für den Konsum, vgl. Abbildung 4.4/4, kann diese Aussage nicht oder nur mit erheblichen Abstrichen übernommen werden.

Angesichts der offensichtlichen Schwierigkeit, aus Abbildung 4.4/3 und Abbildung 4.4/4 genauere Aussagen abzuleiten, liegt es nahe, die Qualität der angepaßten Modellrealisationen regressionsanalytisch zu quantifizieren. Ich habe daher für alle drei Modelle die in der Realität beobachteten Wachstumsraten auf die jeweiligen angepaßten Werte regressiert, um mit Hilfe des aus dieser bivariaten Regressionsbeziehung resultierenden Bestimmtheitsmaßes den Erklärungsbeitrag der angepaßten Wachstumsraten für ihre empirischen Korrelate zu messen. Die Ergebnisse dieser Berechnungen finden sich in Tabelle 4.4/6. Man entnimmt ihr, daß für Output, Konsum und Arbeitsstunden das NW2-Modell z. T. deutlich bessere Anpassungen an die beobachteten Werte zu leisten imstande ist als die KPR-Modelle. Letztere sind freilich dem NW2-Modell im Bereich der Investitionen überlegen, wenngleich das NW2-Modell auch hier ein durchaus akzeptables Ergebnis vorweisen kann. Schwachpunkt aller drei Modelle ist eindeutig die Modellierung des Konsums, während sich die Verbesserung des NW2-Modells gegenüber den KPR-Modellen am deutlichsten bei den Arbeitsstunden niederschlägt.

Tabelle 4.4/6

Regression der Wachstumsraten auf ihre angepaßten Werte: Bestimmtheitsmaße

	Output	Konsum	Investitionen	Arbeitsstunden
NW2	0.550	0.190	0.669	0.445
KPR2	0.445	0.120	0.864	0.142
KPR1	0.276	0.087	0.873	0.190

Mit Bezug auf die Kohärenzen zwischen den Modellvariablen (Niveaus, Wachstumsraten oder *gross ratios*) hatte ich in Abschnitt 3.3 darauf hingewiesen, daß diese für die KPR-Modelle einheitlich einen Wert von Eins über dem gesamten Intervall $[0,\pi]$ annehmen. Die KPR-Modellstruktur mußte daher im Blick auf eine sinnvolle empirische Anpassung als a priori zu restriktiv angesehen werden. Auf eine detailliertere graphische oder tabellarische Darstellung dieses Aspekts wurde daher verzichtet. Für das NW2-Modell aber lohnt eine solche, wie Abbildung 4.4/5, Abbildung 4.4/6 und Abbildung 4.4/7 zeigen.

Es zeigt sich, daß die Modellkohärenzen zumeist höher als die empirisch beobachteten Kohärenzen sind. (Eine Ausnahme hiervon findet sich lediglich im Niedrigfrequenzbereich der Kohärenz zwischen Output und Konsumwachstum). Dies Ergebnis ist wenig überraschend, da im Modell die Gleichheit von Output einerseits und Konsum und Investitionen andererseits angenommen wird. Die Berücksichtigung weiterer Komponenten der gesamtwirtschaftlichen Nachfrage würde tendenziell sicherlich zu verminderten Kohärenzen führen.

Abbildung 4.4/5

Frequenzbereichsevaluation des NW2-Modells: Kohärenz zwischen Wachstumsraten des Outputs und des Konsums

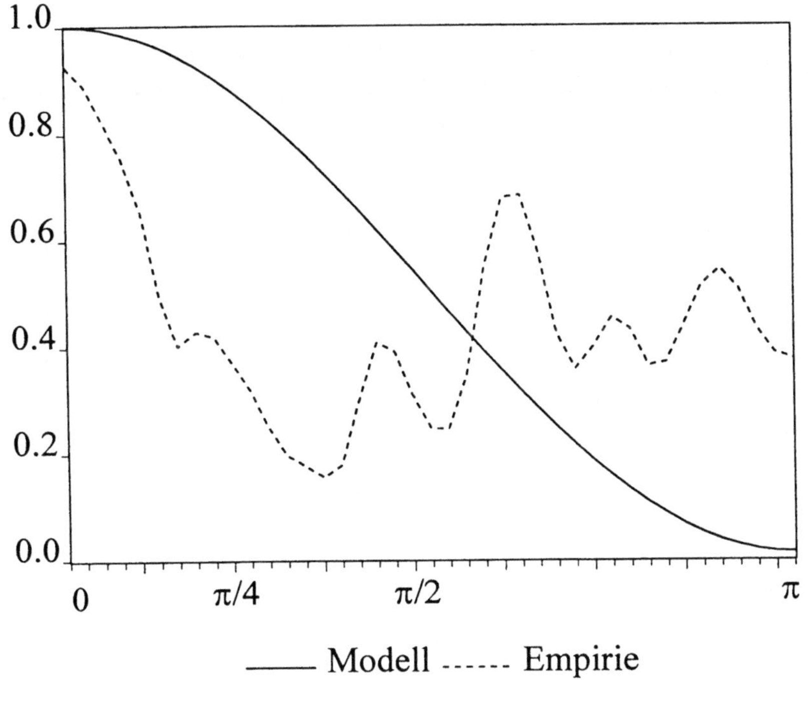

Jedoch sind die Modellkohärenzen (im Unterschied zu den KPR-Modellen) nunmehr durchweg kleiner als Eins, sieht man von der Frequenz Null einmal ab. Die empirische Kohärenz zwischen den Wachstumsraten des Outputs und des Konsums, vgl. Abbildung 4.4/5, scheint von ihrem Maximum von ca. 0.9 an der Frequenz Null beginnend bis ungefähr hin zur Frequenz $3\pi/8$ (entspricht einer Schwingungsdauer von etwas mehr als fünf Quartalen) nahezu monoton zu fallen. Dasselbe gilt für die entsprechende Kohärenz im NW2-Modell. Im konjunkturellen Bereich ist diese Modellkohärenz daher von durchaus ähnlicher Gestalt wie die empirische, obwohl sie durchweg höhere Werte annimmt. Für Schwingungen mit einer Dauer von weniger als fünf Quartalen sind die Verläufe von Modellkohärenz und empirischer Kohärenz durchaus unterschiedlich, doch scheint dies von nachrangiger Bedeutung zu sein, da das Modell ja nicht die Erklärung hochfrequenter Schwingungen beabsichtigt.

Abbildung 4.4/6

Frequenzbereichsevaluation des NW2-Modells: Kohärenz zwischen Wachstumsraten des Outputs und der Investitionen

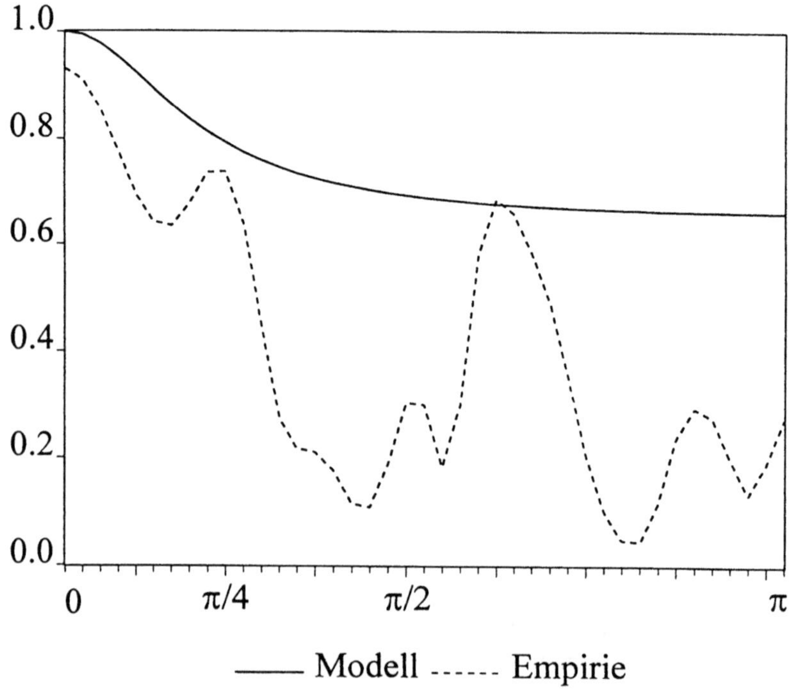

Auch die empirische Kohärenz zwischen den Wachstumsraten von Output und Investitionen, s. Abbildung 4.4/6, ist mit einem Wert von über 0.9 an der Frequenz Null recht nahe an der entsprechenden Modellkohärenz an dieser Frequenz. Die Modellkohärenz fällt dann monoton über das ganze Intervall [0,π], während die empirische Kohärenz der Tendenz nach ebenfalls (und stärker) fällt, aber zahlreiche lokale Extrema aufweist. Es ist unklar, ob diese lokalen Extrema eine Entsprechung im unbekannten "wahren" Modell haben, oder ob sie lediglich auf die hohe Varianz der Schätzung (verwendet wurde ja ein Parzen-Lag-Fenster mit immerhin dreißig Verzögerungen) zurückzuführen sind. Trifft letzteres zu, so würde das NW2-Modell diese Kohärenz wohl recht erfolgreich (wenngleich numerisch zu hoch) abbilden.

Abbildung 4.4/7

Frequenzbereichsevaluation des NW2-Modells: Kohärenz zwischen Wachstumsraten des Outputs und der Arbeitsstunden

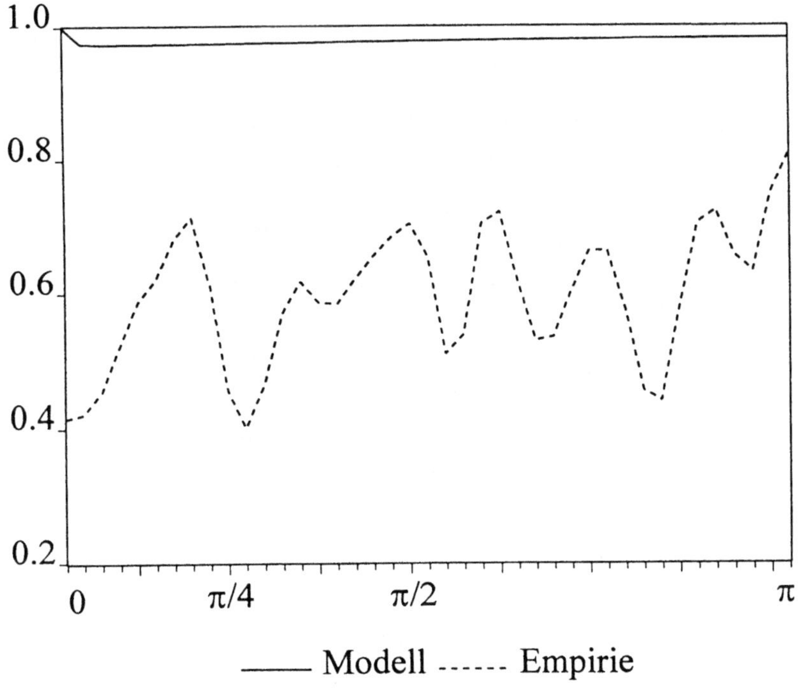

Wenig befriedigend bleibt schließlich die Modellkohärenz zwischen den Outputwachstumsraten und dem Wachstum der Arbeitsstunden. Denn diese nimmt nur Werte unwesentlich verschieden von Eins an, vgl. Abbildung 4.4/7. In dieser Beziehung unterscheidet sich das NW2-Modell also kaum von den KPR-Modellen. Dies ist nun ein auf den ersten Blick vielleicht wirklich überraschendes Ergebnis, denn bislang schien das NW2-Modell gerade im Bereich der Arbeitsstunden recht erfolgreich zu sein. Jedoch erklärt sich das Resultat recht leicht aus der engen Verknüpfung von Arbeitsleistung und Output in der Produktionsfunktion (3.1/1): Da der Kapitalbestand, wie in Abschnitt 3.5 ausführlich erläutert, ein eher träger Produktionsfaktor ist, der kurzfristig keinen großen Variationen unterliegt, wird der Output (bei gegebenem Stand technischen Wissens) im wesentlichen durch den Arbeitseinsatz bestimmt. Solange aber das Modell keine Möglichkeit der Unterausnutzung des (beschäftigten) Produktionsfaktors Arbeit bietet (sog. *labor hoarding*), besteht folglich ein enger Zusammenhang zwischen Output und Beschäftigung in der Modellökonomie, der sich in hohen Kohärenzen niederschlägt.

Tabelle 4.4/7

Spektrale Anpassungsmaße der RBC-Modelle: Wichtige Kennzahlen

	Konsumquote	Investitionsquote
	r_j	
NW2	19.30	5.71
KPR2	0.98	0.79
KPR1	2.32	0.17
	r_j^{BC}	
NW2	0.91	0.63
KPR2	0.89	0.77
KPR1	1.56	0.12

Zur Abrundung der Frequenzbereichsevaluation seien noch die spektralen Anpassungsmaße von Konsum- und Investitionsquote im modellübergreifenden Vergleich angeführt, vgl. Tabelle 4.4/7. (Ich verzichte auf entsprechende Abbildungen und auf die Darstellung angepaßter Modellrealisationen, da ich das Versagen der Modelle in Bezug auf die Quoten andernorts bereits eingehend dokumentiert habe und dieser Eindruck durch die folgende Tabelle noch einmal nachdrücklich unterstützt wird). Betrachtet man r_j, so zeigt sich ein eklatantes Versagen des NW2-Modells im Vergleich zu den KPR-Modellen. Dieses Versagen resultiert im wesentlichen aus einem extrem hohen Wert der Modellspektren der *gross ratios* an der Frequenz Null und damit aus der nahe an Eins liegenden Wurzel der Zustandsdarstellung (4.2/60). Betrachtet man jedoch r_j^{BC}, so liegt das spektrale Anpassungsmaß für beide Quoten zwischen den entsprechenden Werten für die KPR-Modelle. Mit Ausnahme des KPR1-Wertes für die Investitionsquote sind alle diese Werte inakzeptabel hoch.

Faßt man die aus den vorstehenden Evaluationsansätzen im Zeit- und im Frequenzbereich entstandenen Eindrücke zusammen, so scheint es angemessen zu sein, dem NW2-Modell eine insgesamt leicht verbesserte Wiedergabe empirisch beobachteter Sachverhalte zuzugestehen. Deutliche Fortschritte wurden insbesondere bei den relativen Standardabweichungen, den Kreuzkorrelationen und den Kohärenzen der Variablen erzielt. Auch die angepaßten Modellrealisationen des NW2-Modells scheinen zumeist etwas besser auszufallen als die der KPR-Modelle. Während für etliche Kriterien (insbesondere für die Autokorrelationen und spektralen Anpassungsmaße der Wachstumsraten) keine klare Reihung der Modellgüten möglich zu sein scheint, hat das NW2-Modell deutliche Schwächen bei der Abbildung der Konsum- und der Investitionsquote. Allerdings scheinen die *gross ratios* in allen Modellen zu restriktiv modelliert zu sein, ein etwas allgemeinerer Modellrahmen könnte hier u. U. für Abhilfe sorgen.

4.5 Evaluation mit Burns-Mitchell-Methodologie

Unbefriedigenderweise mußten sich die bislang durchgeführten Evaluationsanstrengungen auf Wachstumsraten und *gross ratios* beschränken, da die Niveaus der in Rede stehenden Variablen instationäre Prozesse sind und keine zeitinvarianten Momente aufweisen. Dessenungeachtet richtet sich das Hauptaugenmerk der Konjunkturbetrachtung typischerweise eben auf jene Niveaus und nicht von ungefähr ist die im Abschnitt 3.4 geschilderte Burns-Mitchell-Methodologie gerade für die Analyse von Niveauwerten entwickelt worden. Dabei haben Burns und Mitchell (1946) ihre Vorgehensweise nicht auf den Standardkonzepten der mathematischen Statistik bzw. der Zeitreihentheorie aufgebaut. Die Frage nach der Existenz (zeitinvarianter) Momente stellt sich für sie nicht, da sie einer weniger formalen Auffassung von der Natur der betrachteten Datenreihen folgen. Dennoch existiert das Problem der Instationarität natürlich auch für sie; die Transformation der Variablen in *cycle relatives* ist nichts anderes als ein (unkonventioneller) Versuch, die Daten zu stationarisieren.

- Konjunkturzyklen -

Ich werde daher nunmehr das Verhalten der Niveauvariablen des NW2-Modells charakterisieren, indem ich wie in Abschnitt 3.4 Simulationen des Modells erzeuge, Konjunkturzyklen identifiziere und diese mit den am NBER entwickelten Methoden analysiere. Die Parametrisierung des Modells entspricht der im vorigen Abschnitt verwendeten mit der dort begründeten verringerten Varianz $\sigma_X^2 = \sigma_w^2 = 0.000005$. Erneut erzeuge ich 500 Historien mit je 140 Beobachtungen. Die mittlere Anzahl und mittlere Dauer der mit Hilfe der Bry-Boschan-Prozedur datierten Konjunkturzyklen findet sich in Tabelle 4.5/1, wobei kursiv gesetzte Zahlen hier und in den folgenden Tabellen die aus den Simulationen errechneten Standardfehler bezeichnen.

Zum besseren Vergleich enthält Tabelle 4.5/1 neben den Ergebnissen des NW2-Modells auch die bereits bekannten Statistiken der KPR-Modelle. Bei allen Modellen sind die simulierten Standardfehler so groß, daß sich keine signifikante Abweichung von empirisch beobachteten Charakteristika ergibt. Für die errechneten Mittelwerte jedoch liefert das NW2-Modell durchweg die am wenigsten von den empirischen Werten abweichenden Resultate.

Tabelle 4.5/1

Konjunkturzyklen:
Mittlere Dauer und mittlere Anzahl von Zyklen

	Empirisch	KPR1	KPR2	NW2
Anzahl *trough-peak-trough*-Zyklen	4	2.89 *1.24*	3.13 *1.39*	3.70 *1.91*
Dauer des Aufschwungs (in Monaten)	64	95 *49*	83 *47*	73 *48*
Dauer des Abschwungs (in Monaten)	14	12 *4*	13 *7*	14 *5*
Dauer des Zyklus (in Monaten)	78	108 *51*	96 *49*	87 49
Standardabweichungen sind *kursiv* gesetzt; **Fettdruck** bezeichnet "signifikante" Abweichungen von der Empirie.				

Eine graphische Zusammenfassung ausgewählter Simulationsergebnisse erhält man durch Abbildung 4.5/1 bis Abbildung 4.5/4. Hier werden die Neun-Punkt-Diagramme der empirischen Variablen *BIPRSA, VPRIVRSA, INVBURSA* und *STUNSA* einerseits und Konfidenzbänder für die *cycle relatives* andererseits dargestellt. Letztere errechnen sich als die mittleren *cycle relatives* der Kontrollvariablen des NW2-Modells plus bzw. minus zwei simulierte Standardabweichungen. Liegen die empirischen *cycle relatives* innerhalb dieser Konfidenzbänder, so weichen die empirischen Daten in dieser Hinsicht nicht signifikant von den entsprechenden Modellcharakteristika ab.

Für die Niveaus der Kontrollvariablen scheint genau dies der Fall zu sein, vgl. Abbildung 4.5/1 bis Abbildung 4.5/4. Damit wird mit dem NW2-Modell qualitativ dasselbe Ergebnis erzielt wie mit den KPR-Modellen, deren Konfidenzbänder für die *cycle relatives* ebenfalls die empirischen Neun-Punkt-Diagramme sicher umschlossen. Offenbar können unterschiedliche RBC-Modelle dieses Evaluationskriterium relativ leicht erfüllen. Massive Evidenz gegen die KPR-Modelle ergab sich aus analogen Diagrammen allerdings bei der Betrachtung der Wachstumsraten. Wir werden weiter unten sehen, inwieweit diese Evidenz durch die nicht-walrasianische Modifikation des Grundmodells abgeschwächt werden kann.

Abbildung 4.5/1

Durchschnittlicher Business Cycle Plot des Bruttoinlandsprodukts und NW2-Konfidenzgrenzen

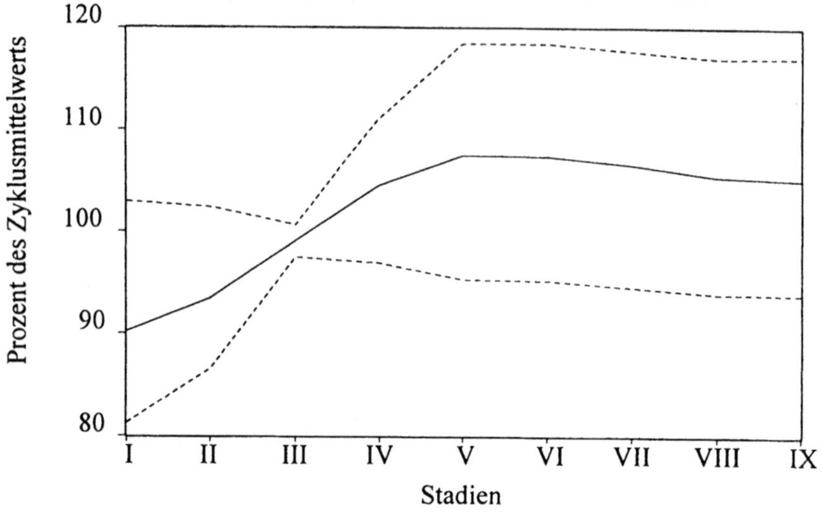

Abbildung 4.5/2

Durchschnittlicher Business Cycle Plot des privaten Verbrauchs und NW2-Konfidenzgrenzen

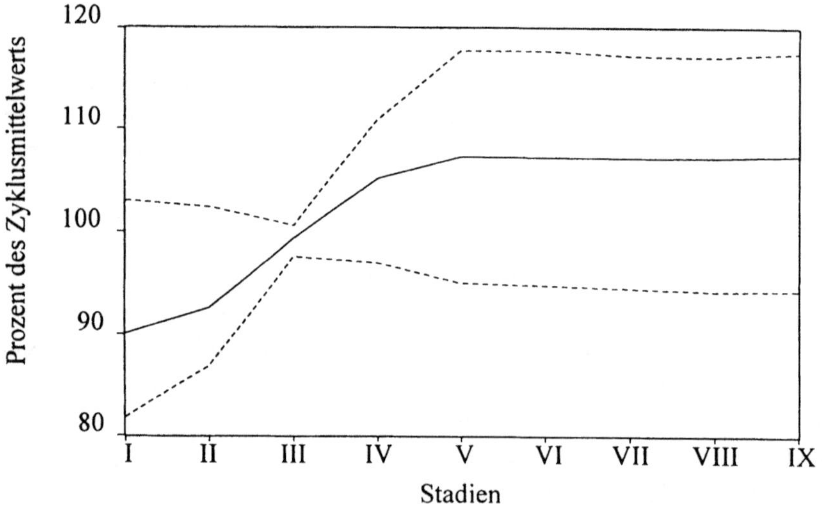

Abbildung 4.5/3

Durchschnittlicher Business Cycle Plot der privaten Bruttoinvestitionen und NW2-Konfidenzgrenzen

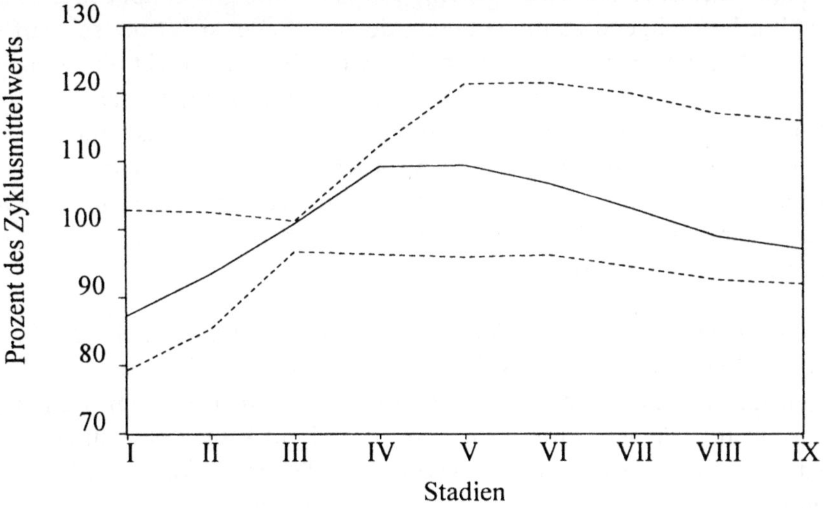

Abbildung 4.5/4

Durchschnittlicher Business Cycle Plot des Arbeitsvolumens und NW2-Konfidenzgrenzen

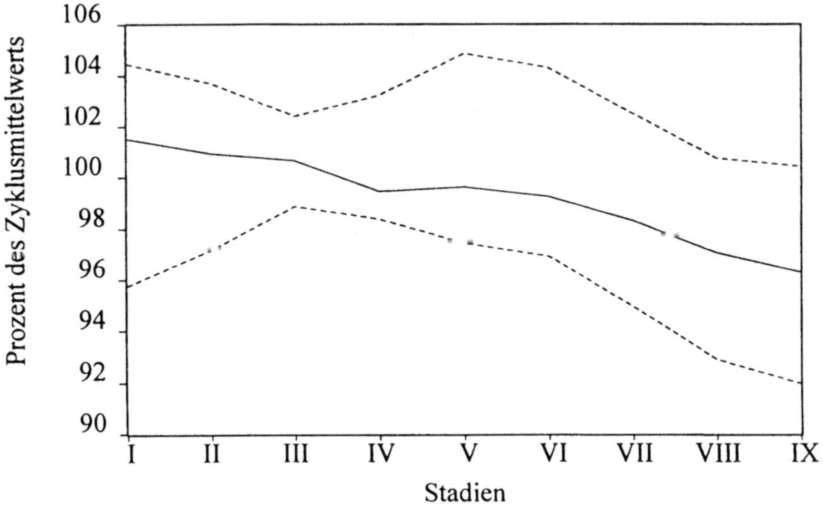

Detailliertere Information über die Ähnlichkeit zwischen empirischen und simulierten Konjunkturzyklen enthält Tabelle 4.5/2, in der mittlere Amplituden und mittlere monatliche Zuwächse der Kontrollvariablen dargestellt sind. Nach diesen Ergebnissen scheint das NW2-Modell Output und Konsum völlig befriedigend zu modellieren, denn es findet sich trotz sehr differenzierter Aufgliederung dieser Burns-Mitchell-Konzepte nicht eine einzige Statistik, die von den empirisch beobachteten signifikant verschieden ist. Auch für die Arbeitsstunden scheint die Modellierung im wesentlichen akzeptabel zu sein, denn nur eine Statistik (der monatliche Zuwachs im Abschwung) erweist sich als signifikant. Zudem ist diese Signifikanz eher marginal, denn der analoge empirische Wert beträgt -0.24 bei einem Standardfehler der Simulation von 0.06.

Als Schwachpunkt des NW2-Modells erweisen sich einmal mehr die Investitionen. Hier enthält Tabelle 4.5/2 immerhin fünf signifikante Statistiken, was angesichts des augenscheinlichen Erfolgs bei den anderen Variablen überraschend hoch ist. Zwar kann eine der signifikanten Statistiken (der Monatszuwachs im Aufschwung) vermutlich dadurch erklärt werden, daß der empirische Wert von -0.01 (im Aufschwung!) durch den dubiosen Zyklus 3 nach unten verzerrt ist, vgl. meine entsprechende Bemerkung zu Tabelle 3.4/2. Auch ist nicht auszuschließen, daß der monatliche Zuwachs von Stadium IV nach Stadium V aus demselben Grunde signifikant ist. Aber selbst wenn man diese Werte vernachlässigt, verbleiben drei Signifikanzen, gegenüber maximal einer bei den drei übrigen Variablen.

Betrachten wir die vom NW2-Modell implizierten Konformitäten, so ergibt sich für den Output und die Arbeitsstunden fast dasselbe Bild. Die Konformitäten des Outputs sind durchweg nicht signifikant und für die Arbeitsstunden ergibt sich lediglich eine signifikante Statistik, die Stadienkonformität im Stadium VII. Diese ist erneut nur marginal signifikant, denn der empirische Wert beträgt Null, was nur wenig mehr als zwei Standardabweichungen vom Mittelwert der simulierten Konformitäten entfernt ist. Auffälliger jedoch sind Konsum und Investitionen. Für beide Variablen resultieren zwei signifikante Statistiken, und zwar ist jeweils die Konformität im Aufschwung und die Konformität im Zyklus signifikant zu hoch, vgl. Tabelle 3.4/3.

Tabelle 4.5/2

Konjunkturzyklen des NW2-Modells:
Mittlere Amplituden und mittlere monatliche Zuwächse
in Prozent der Zyklusbasis

Mittelwerte über alle Zyklen	*Y*	*C*	*I*	*L*
Amplitude				
- im Aufschwung	14.77	14.00	17.55	1.05
	11.13	*10.91*	*12.02*	*3.59*
- im Abschwung	-1.38	-0.46	**-4.67**	-4.95
	0.68	*0.65*	*1.59*	*1.47*
- im Zyklus	16.22	14.76	22.28	8.09
	11.12	*10.86*	*12.58*	*3.17*
Monatszuwachs				
- im Aufschwung	0.20	0.18	**0.26**	0.01
	0.04	*0.04*	*0.07*	*0.04*
- im Abschwung	-0.11	-0.04	**-0.39**	**-0.37**
	0.05	*0.04*	*0.16*	*0.06*
- von I nach II	0.21	0.19	0.27	0.03
	0.06	*0.07*	*0.21*	*0.09*
- von II nach III	0.18	0.17	0.21	-0.00
	0.06	*0.06*	*0.17*	*0.08*
- von III nach IV	0.19	0.19	0.18	-0.01
	0.06	*0.05*	*0.19*	*0.08*
- von IV nach V	0.23	0.16	**0.48**	0.05
	0.07	*0.08*	*0.24*	*0.09*
von V nach VI	0.02	-0.04	**0.24**	-0.16
	0.09	*0.08*	*0.40*	*0.13*
- von VI nach VII	-0.20	-0.12	-0.50	-0.47
	0.11	*0.10*	*0.48*	*0.14*
- von VII nach VIII	-0.20	-0.04	-0.74	-0.49
	0.11	*0.09*	*0.51*	*0.15*
- von VIII nach IX	0.03	0.11	-0.25	-0.20
	0.09	*0.10*	*0.37*	*0.12*

Standardabweichungen sind *kursiv* gesetzt; **Fettdruck** bezeichnet "signifikante" Abweichungen von der Empirie.

Tabelle 4.5/3

Konjunkturzyklen des NW2-Modells:
Mittlere Konformitäten

Mittelwerte über alle Zyklen	*Y*	*C*	*I*	*L*
Konformität im Aufschwung	100	**99**	**99**	18
	0	*10*	*8*	*62*
Konformität im Abschwung	99	62	97	100
	8	*50*	*12*	*0*
Konformität im Zyklus	100	**99**	**99**	100
	3	*9*	*7*	*2*
Stadienkonformität Stadium II	83	84	59	2
	27	*28*	*42*	*60*
Stadienkonformität Stadium III	85	88	58	-2
	25	*23*	*45*	*62*
Stadienkonformität Stadium IV	84	87	56	-1
	26	*23*	*46*	*61*
Stadienkonformität Stadium VI	72	35	42	72
	28	*50*	*46*	*28*
Stadienkonformität Stadium VII	34	27	17	**70**
	54	*54*	*57*	*34*
Stadienkonformität Stadium VIII	71	1	60	72
	28	*54*	*38*	*27*
Stadienkonformität Aufschwung	84	86	58	-1
	20	*19*	*29*	*36*
Stadienkonformität Abschwung	58	22	39	72
	26	*27*	*24*	*25*
Stadienkonformität Zyklus	83	75	60	20
	15	*17*	*24*	*30*

Standardabweichungen sind *kursiv* gesetzt; **Fettdruck** bezeichnet "signifikante" Abweichungen von der Empirie.

Ein Vergleich von Tabelle 4.5/2 und Tabelle 4.5/3 mit den analogen Tabellen in Abschnitt 3.4 (Tabelle 3.4/6 bis Tabelle 3.4/9) zeigt, daß trotz einer nicht ganz überzeugenden Modellierung der Investitionen das NW2-Modell eine erheblich geringere Anzahl signifikanter Statistiken erzeugt als die

KPR-Modelle: Für die Amplituden und monatlichen Zuwächse z. B. erhalten wir im NW2-Modell insgesamt sechs Signifikanzen, während dies im KPR1-Modell dreizehn und im KPR2-Modell sechzehn sind. Nicht ganz so krass, aber dennoch ebenfalls deutlich verhält es sich bei den Konformitätsmaßen: Hier stellen wir im NW2-Modell fünf Signifikanzen fest, im KPR1-Modell elf und im KPR2-Modell acht.

Tabelle 4.5/4

Modellvergleich: Anzahl signifikanter Statistiken

	Y	C	I	L
Amplituden und monatliche Zuwächse				
NW2	0	0	5	1
KPR2	0	2	5	9
KPR1	0	10	2	1
Konformitäten				
NW2	0	2	2	1
KPR2	0	3	2	3
KPR1	0	9	2	0

Eine Aufgliederung dieser signifikanten Statistiken nach Variablen und Modellen kann Tabelle 4.5/4 entnommen werden. Es bleibt zu ergänzen, daß ein Vergleich zwischen den im Modellvergleich unterschiedlichen Anzahlen signifikanter Statistiken natürlich ad hoc, aber m. E. dennoch von einigem Aussagewert ist. Dies gilt insbesondere deshalb, weil die im vorigen Abschnitt 4.4 geäußerte Befürchtung, das NW2-Modell könne aufgrund der näher am Einheitskreis liegenden Wurzel der Zustandsdarstellung größere Standardfehler (und deshalb weniger Signifikanzen) liefern, augenscheinlich hier nicht zutreffend ist. Denn ein Vergleich zwischen den Standardfehlern in den obigen Tabellen und den entsprechenden Angaben in Tabelle 3.4/6 bis Tabelle 3.4/9 zeigt sofort, daß die Standardfehler des NW2-Modells keineswegs einheitlich größer oder in einer anderen Form auffällig sind. Die Beurteilung der Modellgüten anhand der Anzahl signifikanter Statistiken ist insoweit also durchaus legitim.

- *Wachstumszyklen* -

Es wurde bereits hervorgehoben, daß Schwächen der KPR-Modelle sich in einer Betrachtung von Wachstumszyklen deutlicher niederzuschlagen scheinen als in der Betrachtung von Konjunkturzyklen. Gleichzeitig bieten Wachstumszyklen eine sicherere Basis der Inferenz, da empirisch in der gegebenen Stichprobe eine größere Anzahl von ihnen beobachtet wird. Ich werde daher im folgenden die Wachstumszyklen des NW2-Modells mit Hilfe der Burns-Mitchell-Methodologie untersuchen und mit den empirischen genauso wie mit denen der KPR-Modelle vergleichen. Tabelle 4.5/5 gibt zunächst eine vergleichende Darstellung von mittlerer Dauer und mittlerer Anzahl von Wachstumszyklen in der Empirie und in den einzelnen Modellen. Es stellt sich heraus, daß die drei Modelle in dieser Hinsicht außerordentlich ähnlich sind und keine der aufgeführten Statistiken signifikant von ihrem empirischen Korrelat abweicht.

Tabelle 4.5/5

Wachstumszyklen:
Mittlere Dauer und mittlere Anzahl von Zyklen

	Empirisch	KPR1	KPR2	NW2
Anzahl *trough-peak-trough*-Zyklen	9	10.22 *1.81*	10.02 *1.79*	9.77 *1.77*
Dauer des Aufschwungs (in Monaten)	14	16.13 *3.01*	16.19 *3.06*	16.04 *2.84*
Dauer des Abschwungs (in Monaten)	28	22.36 *7.13*	23.13 *6.61*	22.38 *6.22*
Dauer des Zyklus (in Monaten)	42	38.49 *7.49*	39.25 *7.57*	38.42 6.60
Standardabweichungen sind *kursiv* gesetzt; **Fettdruck** bezeichnet "signifikante" Abweichungen von der Empirie.				

Die Insignifikanz der in Tabelle 4.5/5 enthaltenen Statistiken entspricht unseren Ergebnissen bei der Betrachtung der analogen Statistiken für Konjunkturzyklen in Tabelle 4.5/1. Für Konjunkturzyklen ebenfalls unauffällig war die graphische Darstellung der empirischen *cycle relatives* in Verbindung mit den vom jeweiligen Modell implizierten Konfidenzbändern. Dies ist nun, wie die folgenden Abbildungen (Abbildung 4.5/5 bis Abbildung 4.5/8) beweisen, anders für Wachstumszyklen, bei denen Abweichungen von durchschnittlichen Wachstumsraten an die Stelle der *cycle relatives* treten.

Abbildung 4.5/5

Durchschnittlicher Growth Cycle Plot der Wachstumsrate des Bruttoinlandsprodukts und NW2-Konfidenzgrenzen

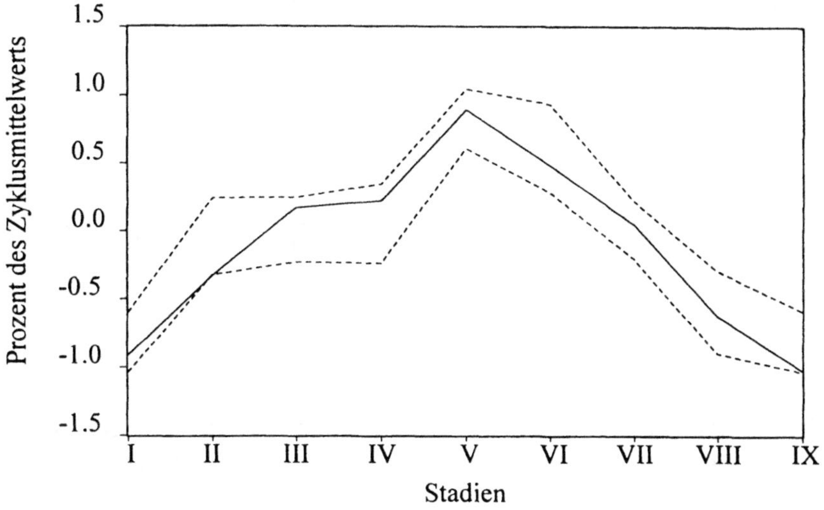

Für den Output und den Konsum (Abbildung 4.5/5 und Abbildung 4.5/6) findet sich noch keine eklatante Überschreitung des Konfidenzbandes. Zwar unterschreitet für den Output der empirische Wert im Stadium IX (-1.04) das Konfidenzband geringfügig (der mittlere simulierte Wert minus zwei Standardabweichungen beträgt -1.03)[1] und für den Konsum findet sich eine ähnlich kleine Überschreitung des Konfidenzbandes im Stadium II, 0.28 gegenüber 0.26. Daß von jeweils neun betrachteten Statistiken aber eine (und dies nur marginal) signifikant ist, ist jedoch sicherlich noch keine überzeugende Evidenz gegen das Modell.

[1]Im Stadium II liegt keine Verletzung der Konfidenzgrößen vor; der empirische Wert beträgt hier -0.327 und der mittlere simulierte Wert abzüglich zweier Standardabweichungen errechnet sich als -0.330.

Abbildung 4.5/6

Durchschnittlicher Growth Cycle Plot der Wachstumsrate des privaten Verbrauchs und NW2-Konfidenzgrenzen

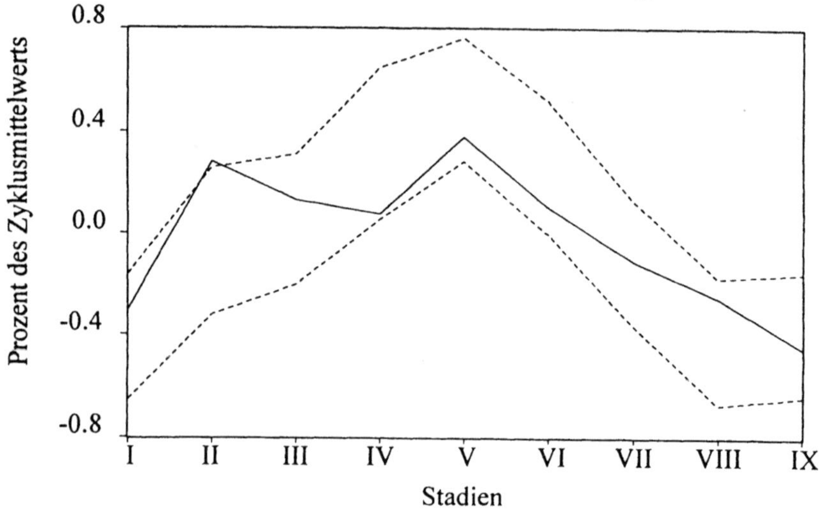

Abbildung 4.5/7

Durchschnittlicher Growth Cycle Plot der Wachstumsrate der privaten Bruttoinvestitionen und NW2-Konfidenzgrenzen

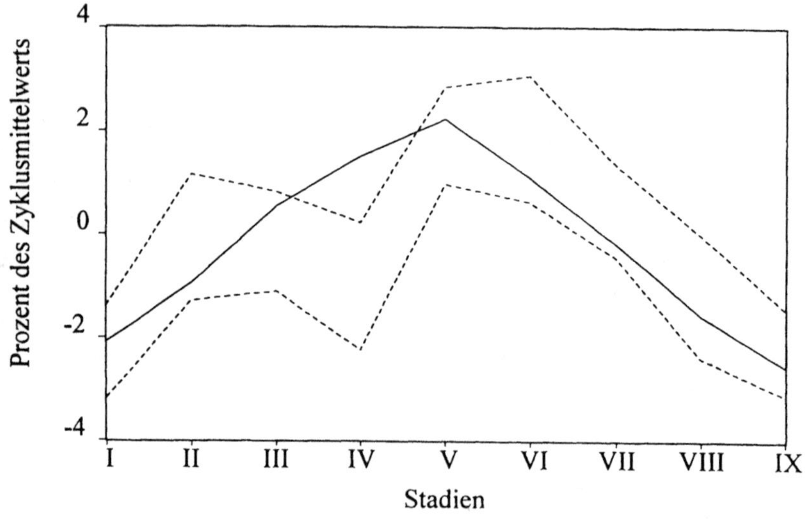

Abbildung 4.5/8

Durchschnittlicher Growth Cycle Plot der Wachstumsrate des Arbeitsvolumens und NW2-Konfidenzgrenzen

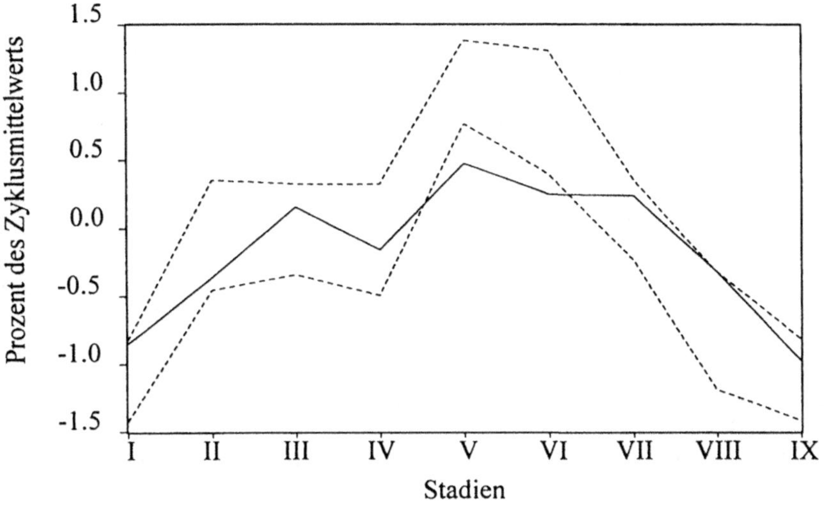

Anders verhält es sich bei den entsprechenden Abbildungen für die Wachstumsraten von Investitionen und Arbeitsstunden, Abbildung 4.5/7 und Abbildung 4.5/8. In beiden Fällen gibt es deutlich signifikante Statistiken, nämlich die von Stadium IV bei den Investitionen und den Stadien V und VI bei den Arbeitsstunden.

Vergleicht man die hier wiedergegebenen Abbildungen mit den entsprechenden Graphiken für die KPR-Modelle, so stellt man fest, daß das Outputwachstum von allen drei Modellen im wesentlichen befriedigend modelliert wird. Für die Wachstumsraten des Konsums jedoch gilt dies (leicht eingeschränkt durch die erwähnte marginale Signifikanz einer Statistik) nur beim NW2-Modell; beim KPR2-Modell gibt es deutliche Überschreitungen der Konfidenzbänder und beim KPR1-Modell sogar extreme, vgl. Abbildung 3.4/20 und Abbildung 3.4/15. Die Wachstumsrate der Bruttoinvestitionen wird von allen drei Modellen unbefriedigend modelliert, wenngleich nirgendwo derart drastische Überschreitungen der Konfidenzbänder zu verzeichnen sind wie bei der KPR1-Version des Konsumwachstums. Bei der Wachstumsrate der Arbeitsstunden schließlich ist es das KPR2-Modell, das drastisch falsche Implikationen über die zyklische Variation der Wachs-

Tabelle 4.5/6

Wachstumszyklen des NW2-Modells:
Mittlere Amplituden und mittlere monatliche Zuwächse der Wachstumsraten

Mittelwerte über alle Zyklen	*DY*	*DC*	*DI*	*DL*
Amplitude				
- im Aufschwung	1.65 *0.17*	0.93 *0.19*	4.20 *0.68*	**2.20** *0.24*
- im Abschwung	-1.64 *0.17*	-0.92 *0.19*	-4.20 *0.66*	**-2.19** *0.24*
- im Zyklus	3.29 *0.34*	1.90 *0.34*	8.46 *1.28*	**4.40** *0.47*
Monatszuwachs				
- im Aufschwung	0.13 *0.02*	0.07 *0.02*	0.32 *0.08*	**0.17** *0.03*
- im Abschwung	-0.12 *0.03*	-0.06 *0.02*	-0.32 *0.10*	**-0.16** *0.04*
- von I nach II	0.31 *0.08*	0.15 *0.08*	0.87 *0.39*	**0.42** *0.12*
- von II nach III	0.01 *0.06*	0.03 *0.06*	-0.06 *0.29*	0.00 *0.09*
- von III nach IV	0.01 *0.06*	0.08 *0.06*	-0.25 *0.30*	-0.03 *0.09*
- von IV nach V	0.30 *0.07*	0.05 *0.08*	**1.21** *0.39*	0.47 *0.11*
- von V nach VI	0.00 *0.07*	-0.07 *0.05*	0.25 *0.31*	0.04 *0.10*
- von VI nach VII	-0.20 *0.09*	-0.12 *0.07*	-0.47 *0.32*	**-0.26** *0.12*
- von VII nach VIII	-0.20 *0.09*	-0.07 *0.06*	-0.64 *0.38*	-0.28 *0.13*
- von VIII nach IX	0.00 *0.06*	0.04 *0.05*	-0.15 *0.27*	-0.02 *0.09*
Standardabweichungen sind *kursiv* gesetzt; **Fettdruck** bezeichnet "signifikante" Abweichungen von der Empirie.				

*tumsraten bereithält, vgl. Abbildung 3.4/22, während im KPR1- und KPR2-*Modell zwar klare Verletzungen der Konfidenzgrenzen zu verzeichnen sind, diese aber nicht einmal annähernd dasselbe Ausmaß annehmen wie bei KPR2.es existiert nur eine signifikante Abweichung zwischen Modell und Empirie, die zudem wiederum nur schwach signifikant zu sein scheint: Der empirische Wert für den durchschnittlichen Monatszuwachs von Stadium IV nach Stadium V wurde als 0.37 ermittelt, während der simulierte Mittelwert vermindert um zwei Standardabweichungen 0.43 beträgt.

Enttäuschend ist demgegenüber die Auswertung der Statistiken für das Wachstum des Arbeitsvolumens. Für das NW2-Modell sind hier immerhin sieben Signifikanzen zu verzeichnen, was insofern unerwartet kommt, als das Ergebnis der bisherigen Evaluationsanstrengungen eigentlich nahezulegen schien, daß das NW2-Modell eine relativ erfolgreiche Modellierung dieser Variablen beinhaltete. Zwar sind jene vier signifikanten Statistiken, die sich auf die monatlichen Zuwächse beziehen, noch verhältnismäßig nahe an ihren empirischen Korrelaten (die Differenz beträgt nie mehr als 2.5 Standardfehler), aber die Amplituden der Wachstumsraten sind deutlich zu hoch; die Differenz zu den empirischen Werten ist für alle drei Amplituden größer als drei Standardfehler.

Die vom NW2-Modell implizierten Konformitäten entsprechen demgegenüber wieder durchaus den bislang erarbeiteten Einschätzungen über Schwächen und Stärken des NW2-Modells, s. Tabelle 4.5/7. Die empirischen Wachstumsraten von Output, Konsum und Arbeitsstunden stehen weitgehend im Einklang mit den erzielten Simulationsergebnissen, sieht man von jeweils einem signifikanten Konformitätsmaß ab, das zudem nie mehr als 2.7 Standardabweichungen vom empirischen Wert entfernt liegt. Bei den Wachstumsraten der Investitionen jedoch ergeben sich vier signifikante Statistiken, von denen eine, die Konformität im Aufschwung, sogar als hochsignifikant einzuschätzen ist.

Schließt man nun auch die Betrachtung der Wachstumszyklen mit einem Vergleich aller drei RBC-Modelle ab, so ergeben sich bezogen auf die jeweilige Anzahl der signifikanten Statistiken folgende Ergebnisse: Für die Wachstumsraten von Output, Konsum, Investitionen und Arbeitsstunden impliziert das NW2-Modell insgesamt acht signifikante Statistiken im Bereich der Amplituden und monatlichen Zuwächse. Dem stehen insgesamt achtzehn Signifikanzen des KPR2-Modells und 22 Signifikanzen des KPR1-Modells gegenüber. Bei den Konformitäten ist das Bild erneut weniger dramatisch, aber immer noch zum Vorteil des NW2-Modells: Dieses hat sieben signifikante Abweichungen zwischen Empirie und Modellsimulationen zu verzeichnen, während die KPR-Modelle auf jeweils neun kommen.

Tabelle 4.5/7

Wachstumszyklen des NW2-Modells: Mittlere Konformitäten

Mittelwerte über alle Zyklen	*DY*	*DC*	*DI*	*DL*
Konformität im Aufschwung	100 *0*	83 *18*	**97** *8*	100 *0*
Konformität im Abschwung	100 *0*	**81** *18*	**97** *7*	100 *0*
Konformität im Zyklus	100 *0*	87 *17*	**98** *6*	100 *0*
Stadienkonformität Stadium II	5 *26*	3 *27*	4 *28*	4 *27*
Stadienkonformität Stadium III	**5** *31*	11 *29*	-3 *29*	3 *31*
Stadienkonformität Stadium IV	3 *27*	25 *24*	-15 *26*	-5 *27*
Stadienkonformität Stadium VI	73 *17*	37 *27*	48 *24*	**67** *19*
Stadienkonformität Stadium VII	12 *28*	18 *30*	**0** *31*	8 *29*
Stadienkonformität Stadium VIII	74 *17*	25 *27*	56 *23*	72 *18*
Stadienkonformität Aufschwung	4 *13*	13 *13*	-5 *13*	1 *13*
Stadienkonformität Abschwung	52 *13*	27 *15*	34 *13*	48 *13*
Stadienkonformität Zyklus	32 *11*	22 *12*	17 *11*	28 *11*

Standardabweichungen sind *kursiv* gesetzt; **Fettdruck** bezeichnet "signifikante" Abweichungen von der Empirie.

Tabelle 4.5/8 faßt diese Ergebnisse nach Variablen aufgegliedert zusammen. Urteilt man nach der Anzahl signifikanter Statistiken, ist das NW2-Modell für jede Wachstumsrate besser oder zumindest von gleicher Qualität wie das KPR2-Modell, unabhängig davon, ob man Amplituden und monatliche Zuwächse oder Konformitäten betrachtet. Für die Konformitäten gilt diese Aussage auch, wenn man das NW2-Modell mit KPR1 vergleicht. Für die Amplituden und monatlichen Zuwächse aber kann man dann keine Dominanz des NW2-Modells feststellen, da es unter diesem Gesichtspunkt bei der Modellierung der Wachstumsrate der Arbeitsstunden dem KPR1-Modell klar unterlegen ist. Dem steht freilich entgegen, das das NW2-Modell weitaus erfolgreicher als das KPR1-Modell die Amplituden und monatlichen Zuwächse der empirischen Wachstumsraten von Konsum und Investitionen abbilden kann.

Tabelle 4.5/8

Modellvergleich: Anzahl signifikanter Statistiken

	DY	DC	DI	DL
Amplituden und monatliche Zuwächse				
NW2	0	0	1	7
KPR2	0	4	2	12
KPR1	1	11	8	2
Konformitäten				
NW2	1	1	4	1
KPR2	1	3	4	1
KPR1	1	3	4	1

Faßt man die durch die Anwendung der Burns-Mitchell-Methodologie gewonnenen Eindrücke zusammen, so kann man wohl schwer der Einschätzung widersprechen, daß das NW2-Modell bei der Modellierung von Output und Konsum bzw. deren Wachstumsraten recht erfolgreich ist, während gleichzeitig bei der Wiedergabe des Investitionsverhaltens und der Entwicklung der Arbeitsstunden bestimmte Schwächen verbleiben. Dabei werden die Investitionen sowohl in Niveaus als auch in Wachstumsraten nicht wirklich befriedigend erfaßt, während bei den Arbeitsstunden sich ein Versagen des Modells hauptsächlich in den Wachstumsraten manifestiert. Im Vergleich zu den KPR-Modellen freilich schneidet das NW2-Modell recht ansehnlich ab. Zwar ist das Erklärungspotential des NW2-Modells dem der KPR-Modelle sicherlich nicht in jeder Hinsicht überlegen, aber in einer summarischen Betrachtung scheint es beide Modelle zu dominieren.

5. Kapitel: Ausblick

Seit ihrem Entstehen in den frühen achtziger Jahren hat die Real Business Cycle Theorie eine bemerkenswerte Entwicklung durchlaufen. Die publizierten Modelle der ersten Generation, namentlich Kydland und Prescott (1982) sowie Long und Plosser (1983), wurden primär zu Demonstrationszwecken konstruiert: Sie sollten zeigen, daß selbst eine stark vereinfachte und wesentliche Elemente realer Volkswirtschaften vernachlässigende Modellökonomie wichtige Charakteristika empirischer Daten replizieren kann. Sie erhoben jedoch nicht den Anspruch, ein getreues Abbild real existierender Volkswirtschaften zu sein. Vielmehr sollte die Wichtigkeit bestimmter Mechanismen (Produktivitätsschocks plus *time-to-build*-Technologie bei Kydland und Prescott, Produktivitätsschocks plus sektorale *Spillover*-Effekte bei Long und Plosser) dadurch betont werden, daß von möglichst vielen alternativen Ursachen konjunktureller Fluktuationen einfach abstrahiert wurde. Da diese Modelle von ihren Autoren als gewollt fehlspezifiziert aufgefaßt wurden, haben sie konsequenterweise bei Parametrisierung und Evaluation der Modelle auf das traditionelle ökonometrisch-statistische Instrumentarium verzichtet und statt dessen auf heuristische Methoden (Kalibration und Vergleich zweiter Momente ohne explizite Verlustfunktion) zurückgegriffen.

Ein gutes Beispiel für diese Auffassung von RBC-Modellen stellt der kürzlich erschienene Artikel von Kydland und Prescott (1996) dar. Mit Bezug auf das *employment variability puzzle* argumentieren die Autoren, daß die vom RBC-Modell implizierte zu hohe Korrelation zwischen Reallohn und Beschäftigung kein Versagen des Modells darstelle, eben *weil* das Modell fehlspezifiziert sei. Denn die Korrelation sei eine fallende Funktion der Bedeutung des Technologieschocks relativ zu anderen Schocks, und da empirische Studien ergeben hätten, daß Technologieschocks in der Realität für etwa 70% (statt im Modell 100%) der beobachteten Fluktuationen ursächlich seien, wäre ein Versagen des Modells gerade dann zu konstatieren, wenn die empirische Korrelation zwischen Reallohn und Beschäftigung so hoch sei wie vom Modell impliziert.

Diese Argumentation ist m. E. logisch unbefriedigend, da hier die legitime Kritik, das Modell sei mängelbehaftet, mit einem Verweis auf Mängel des Modells abgewehrt wird. Dies aber ist keine Abwehr, sondern ein Eingeständnis, und der Versuch, dieses Eingeständnis als Abwehr und Zurückweisung zu formulieren, ist der Qualität der wissenschaftlichen Debatte abträglich. Stark abstrahierende und bewußt fehlspezifizierte Modelle sind sinnvolle Instrumente der akademischen Forschung, soweit sie jedoch empirisch unzureichende Implikationen haben, müssen sie verworfen oder geeignet modifiziert werden.

Die weitere Entwicklung der RBC-Theorie nahm eben jene Richtung, wobei zwei im wesentlichen zeitgleiche und sich gegenseitig befruchtende Forschungsstränge zu unterscheiden sind. Zunächst wurden die Modelle der ersten Generation all jener Elemente entkleidet, die unter Beibehaltung der wesentlichen Resultate entbehrlich erschienen. Dabei stellte es sich schnell heraus, daß gerade die von den frühen Autoren als wesentlich erachteten Elemente wie z. B. die *time-to build*-Technologie oder die sektorale Vernetzung der Ökonomie durchaus verzichtbar waren und die Modelle in ihrem Kern ohne größere Einbußen an empirischem Erklärungspotential auf ein dynamisches Wachstumsmodell mit exogenen, persistenten Technologieschocks reduziert werden können. Maßgebliche Arbeiten in dieser Richtung stellen z. B. King, Plosser und Rebelo (1988a), Rouwenhorst (1991) und Wen (1995) dar.

Der zweite Forschungsstrang entstand aus dem Bestreben, den essentiellen Kern eines RBC-Modells durch geeignete Erweiterungen und Ergänzungen so zu modifizieren, daß die erkannten Unzulänglichkeiten im Erklärungspotential der Modelle auf ein akzeptables Maß reduziert werden konnten. Die berühmteste derartige Modifikation ist vermutlich die in Abschnitt 4.2 ausführlich diskutierte Arbeit von Hansen (1985), andere bekannte Studien stammen z. B. von Benhabib, Rogerson und Wright (1991), Christiano und Eichenbaum (1992) oder Farmer und Guo (1994). Allen diesen Papieren ist gemeinsam, daß zunächst ein bestimmtes Phänomen isoliert wird, das vom RBC-Grundmodell unbefriedigend erfaßt wird, und dann eine Modifikation des Grundmodells erfolgt, die es realitätsnäher und empirisch erfolgreicher macht.

Dies ist ersichtlich auch das Vorgehen in dem hier vorliegenden Werk. Bevor jedoch darauf näher eingegangen wird, sei zuerst darauf hingewiesen, daß die meisten dem zuletzt erwähnten Forschungsstrang zuzurechnenden Arbeiten gegenüber jenen der ersten Generation einen Paradigmenwechsel vollzogen haben. Letztere nämlich haben ein keinen Unvollkommenheiten unterliegendes walrasianisches Gleichgewichtsmodell zum Ausgangspunkt ihrer Überlegungen genommen, dabei implizit konzedierend, daß in der Realität verzögerte Anpassungen und andere Ungleichgewichtsphänomene von nicht zu vernachlässigender Bedeutung sein könnten. Jedoch schien diesen Autoren die Betrachtung eines idealisierenden walrasianischen Modells als ein sinnvoller erster Schritt, um aus seinem empirischen Erfolg oder Mißerfolg Aufschluß über eventuelle Abschwächungen der strengen Gleichgewichtspostulate zu erhalten.

In der nächsten Generation von RBC-Modellen vollzog sich nun insofern ein Paradigmenwechsel, als die herrschende Auffassung eines idealisierten fehlspezifizierten Modells sich um so mehr abschwächte, je mehr (überwiegend streng walrasianische) Modifikationen vorgeschlagen wurden, die das Grundmodell realitätsnäher und (entlang bestimmter vorab isolierter Dimensionen) empirisch erfolgreicher machten. Was also ursprünglich als provozierendes Denkmodell begann, entwickelte sich schleichend zum Credo der meisten RBC-Theoretiker: Die beobachteten gesamtwirtschaftlichen Fluktuationen können im wesentlichen durch ein bestimmten empirischen Sachverhalten angepaßtes rein walrasianisches Wachstumsmodell erklärt werden[1].

Die ursprünglich von den Modellen der ersten Generation durchaus offengelassene Möglichkeit nicht-walrasianischer Modifikationen geriet dadurch, wenn auch nicht in Vergessenheit, so doch in den Hintergrund. Hier setzt die vorliegende Arbeit an. Sie formuliert ein allgemeines dynamisches Makromodell mit Mengenrationierung, dessen einfache Grundstruktur der des prototypischen RBC-Modells von King, Plosser und Rebelo entspricht. Dieses Modell ist, anders als die walrasianische Standardvariante, in der Lage zu erklären, weshalb das empirische Arbeitsvolumen instationär und nicht kointegriert mit den Nachfrageaggregaten der volkswirtschaftlichen Gesamtrechnung ist. Es legt deshalb nahe, daß das vielbeachtete *employment*

[1]Daß das streng gleichgewichtsorientierte RBC-Modell damit zunehmend als "wahres" Modell aufgefaßt wurde, erklärt auch die Tatsache, weshalb manche Autoren nunmehr Parameter des Modells nicht mehr kalibrierten, sondern mit anerkannten ökonometrischen Methoden schätzten, z. B. Christiano und Eichenbaum (1992) mit einer verallgemeinerten Momentenschätzung und McGrattan, Rogerson und Wright (1993) mit der Maximum-Likelihood-Methode.

variability puzzle im wesentlichen einer inkorrekten Stationarisierung auf der Basis unangemessener Modelle zuzuschreiben ist.

Das nicht-walrasianische RBC-Modell ist aber nicht nur imstande, dieses vorab isolierte Phänomen besser als das Standardmodell zu erklären, es scheint auch insgesamt die beobachteten zweiten Momente von Bruttoinlandsprodukt, privatem Verbrauch, Bruttoinvestitionen der Unternehmen und Arbeitsvolumen besser erklären zu können. Dies wurde in dieser Arbeit in umfangreichen Evaluationsanstrengungen, die sich nicht nur auf die Niveaus sondern auch auf deren Wachstumsraten und die sog. *gross ratios* bezogen, gezeigt. Jedoch ist das nicht-walrasianische-Modell der walrasianischen Standardvariante nicht in jeder Hinsicht überlegen: Insbesondere beim Investitionsverhalten und in der Modellierung von Konsum- und Investitionsquote treten in den Evaluationen bestehende Schwächen deutlich zutage. Dennoch scheint es als Ausgangspunkt weiterführender Forschung geeigneter zu sein als das Standardmodell.

Und es kann wohl kein Zweifel bestehen, daß es weitergehender Forschung dringend bedarf. Obwohl die meisten heute diskutierten Modifikationen des prototypischen RBC-Modells keineswegs auch nur annähernd so umfangreich evaluiert werden, wie dies in den vorangehenden Kapiteln mit den KPR-Modellen und dem NW2-Modell geschah, steht m. E. außer Frage, daß bislang noch kein RBC-Modell eine hinreichend gute Datenanpassung erreicht hat, um als weithin akzeptiertes makroökonomisches Basismodell zu dienen.

Um so erstaunlicher ist es, daß gerade dies in letzter Zeit für eine neue, nach meiner Einteilung dritte, Generation von Arbeiten aus der RBC-Schule der Fall zu sein scheint. Denn nunmehr erscheinen Studien, in denen RBC-Modelle dazu dienen, wirtschaftspolitische Fragestellungen zu beantworten, s. z. B. Greenwood und Huffman (1991), Cooley und Hansen (1992) oder Chari, Christiano und Kehoe (1991, 1995). Diese Autoren sind nicht mehr am Erklärungspotential des RBC-Modells per se interessiert, sondern nehmen seine Qualitäten als gegeben hin und nutzen das Modell, um die Effekte bestimmter Maßnahmen zu quantifizieren oder Handlungsempfehlungen abzuleiten. Ob die nach wie vor vorhandenen Schwächen der RBC-Modelle die aus ihnen abgeleiteten Schlußfolgerungen nicht invalidieren, steht freilich dahin.

Mit dem Eingang der RBC-Modelle in die Analyse wirtschaftspolitischer Fragestellungen schließt die o. e. Entwicklung im Verständnis dieser Modelle (vorläufig) ab. Während die Modelle der ersten Generation in einem wohlmeinenden Sinne als überspitzte Vereinfachungen der Realität aufgefaßt wurden, werden jene der zweiten Generation mehrheitlich als angemessene und erfolgreiche Modelle zur Erklärung einer begrenzten Anzahl stilisierter Fakten anerkannt. In der dritten Generation von RBC-orientierten Arbeiten jedoch werden die zugrundegelegten Modelle bereits wie ein allgemein akzeptiertes Rahmenmodell aufgefaßt.

M. E. ist dieser dritte Schritt voreilig. Er wird durch den gegenwärtigen Kenntnisstand über das Erklärungspotential der RBC-Modelle nicht gedeckt. Nimmt man das heute verfügbare Wissen ernst, so muß von wirtschaftspolitischen Schlußfolgerungen auf der Basis der z. Zt. gängigen RBC-Modelle sogar ausdrücklich abgeraten werden, da zuviele Unzulänglichkeiten dieser Modelle bekannt und nicht befriedigend gelöst sind. Sinnvoll erscheint es vielmehr, zunächst die Modelle der zweiten Generation so weit auszubauen, wie es erforderlich ist, um dem Erklärungspotential der zur Politikberatung eingesetzten großen makroökonometrischen Modelle gleichzukommen.

Dies bedeutet vermutlich, daß von der Beschränkung der RBC-Modelle auf einige wenige Variablen und Schocks zugunsten einer realistischeren Struktur künftig abgesehen werden muß. Es kann sinnvoll sein, in der Modellierung der zu erfassenden Volkswirtschaft wichtige institutionelle Eigenschaften (Steuer- und Sozialversicherungssysteme, Tarifvertragswesen, Zentralbankcharakteristika) miteinzubeziehen und flexible funktionale Formen für Nutzenfunktionen und Produktionsfunktionen zu spezifizieren. Außerdem sind rivalisierende Schocks (neben Produktivitätsschocks zumindest monetäre, fiskalische und außenwirtschaftliche Schocks) zuzulassen und in ihrer relativen Bedeutung zu taxieren. Dabei sollten die Erfahrungen existierender ökonometrischer Makromodelle berücksichtigt werden, ohne freilich die in sich konsistente, auf Maximierungskalkül und Rationalitätsannahmen basierende Grundstruktur des Modells zu stören.

Ein derartiges Modell ist kein RBC-Modell im engeren Sinne mehr, da es über einen monetären Sektor und diverse, darunter auch nominale, Schocks verfügen würde. In gewisser Hinsicht stellt es aber die Aggregation einer Vielzahl von isolierten Erweiterungen des Grundmodells dar, die von Modellen der zweiten RBC-Generation erarbeitet wurden. Die tatsächliche Zusammenfassung derartiger Ansätze in einem umfassenden Modell, das realitätsnahe Strukturen und eine größere Zahl relevanter Schocks gleichzeitig zuläßt, steht jedoch noch aus, obwohl erste Schritte in diese Richtung zu beobachten sind (Leeper und Sims, 1994).

Literatur

Abel, A. B. und Mishkin, F. S. (1983): *An Integrated View of Tests of Rationality, Market Efficiency, and the Short-Run Neutrality of Money,* Journal of Monetary Economics 11, pp. 3-24.

Abowd, J. und Ashenfelter, O. (1981): *Unemployment and Compensating Wage Differentials,* in: Rosen (1981).

Adelman, F. und Adelman, I. (1959): *The Dynamic Properties of the Klein-Goldberger Model,* Econometrica 27, S. 596-625.

Ahmed, S. (1987): *Wage Stickiness and the Non-Neutrality of Money: A Cross-Industry Analysis,* Journal of Monetary Economics 20, S. 25-50.

Alesini, A. und Roubini, N.: *Political Cycles in OECD Economies,* The Review of Economic Studies 59, S. 663-688.

Altig, D., und Carlstrom, C. T., (1991): *Inflation, Personal Taxes, and Real Output: A Dynamic Analysis,* Journal of Money, Credit, and Banking 23, S. 547-571.

Altonji, J. G.(1982): *The Intertemporal Substitution Model of Labor Market Fluctuations: An Empirical Analysis,* Review of Economic Studies 49, S. 783-824.

Altonji, J. G. (1986): *Intertemporal Substitution in Labor Supply: Evidence from Micro Data,* Journal of Political Economy 94, S. S176-S215.

Altonji, J. G. und Ashenfelter, O. (1980): *Wage Movements and the Labour Equilibrium Hypothesis,* Economica 47, S. 217-245.

Andersen, L. C. und Carlson, K. M. (1970): *A Monetarist Model for Economic Stabilization*, Federal Reserve Bank of St. Louis Review.

Andolfatto, D.,(1996): *Business Cycles and Labor Market Search,* American Economic Review 86, S. 112-132.

Aoki, M. (1987): *State Space Modeling of Time Series,* Berlin.

Aoki, M., und Marzollo, A., (1979): *New Trends in Dynamic System Theory and Economics,* London.

Arrow, K. J. (1968): *Applications of Control Theory to Economic Growth,* in: Dantzig, G. B., and Veinott, A. F.: *Mathematics of the Decision Sciences,* Part 2, Providence, R. I.

Artis, M. J., Kontolemis, Z. G., und Osborn, D. R. (1995): *Classical Business Cycles for G7 and European Countries,* Discussion Paper 9513, University of Manchester.

Ashenfelter, O. und Card, D. (1982): *Time Series Representations of Economic Variables and Alternative Models of the Labour Market,* Review of Economic Studies 49, S. 761-782.

Attfield, C. L. F. und Duck, N. W. (1983): *The Influence of Unanticipated Money Growth on Real Output,* Journal of Money, Credit, and Banking 15, S. 443-454.

Attfield, C. L. F., Demery, D. und Duck, N. W. (1981a): *Unanticipated Monetary Growth, Output and the Price Level: U.K. 1946-1977,* European Economic Review 16, S. 367-385.

Attfield, C. L. F., Demery, D. und Duck, N. W. (1981b): *A Quarterly Model of Unanticipated Monetary Growth, Output and the Price Level in the U.K. 1963-1978,* Journal of Monetary Economics 8, S.331-350.

Azariadis, C. (1981): *A Reexamination of Natural Rate Theory,* American Economic Review 71, S. 946-960.

Backus, D. K., Kehoe, P., und Kydland, F., (1992): *International Real Business Cycles,* Journal of Political Economy 101, S. 745-775.

Backus, D. K., Kehoe, P., und Kydland, F., (1994): *Dynamics of the Trade Balance and the Terms of Trade: The J-Curve?,* American Economic Review 84, S. 84-103.

Backus, D. K., Kehoe, P., und Kydland, F., (1995): *International Real Business Cycles: Theory and Evidence,* in: Cooley (1995).

Ball, L. , Mankiw, N. G. und Romer, D. (1988): *The New Keynesian Economics and the Output-Inflation Trade-off,* Brookings Papers on Economic Activity, S. 1-65.

Banerjee, A., Dolado, J., Galbraith, J. W., und Hendry, D. F. (1993): *Co-Integration, Error Correction, and the Econometric Analysis of Non-Stationary Data,* Oxford.

Barro, R. J. (1976): *Rational Expectations and the Role of Monetary Policy,* Journal of Monetary Economics 2, S. 1-32.

Barro, R. J. (1977): *Unanticipated Money Growth and Unemployment in the United States,* American Economic Review 67, S. 101-115.

Barro, R. J. (1977a): *Long-Term Contracting, Sticky Prices and Monetary Policy,* Journal of Monetary Economics 3, S. 305-316.

Barro, R. J. (1978): *Unanticipated Money, Output, and the Price Level in the United States,* Journal of Political Economy 86, S. 549-580.

Barro, R. J. (1980): *A Capital Market in an Equilibrium Business Cycle Model,* Econometrica 48, S. 1393-1417.

Barro, R. J. (1981): *Money, Expectations, and Business Cycles,* New York.

Barro, R. J. (1981a): *The Equilibrium Approach to Business Cycles,* in: Barro (1981).

Barro, R. J. (1981b): *Unanticipated Money Growth and Economic Activity in the United States,* in: Barro (1981).

Barro, R. J. (Hrsg.)(1989): *Modern Business Cycle Theory,* Oxford.

Barro, R. J. (1989a): *Introduction,* in: Barro (1989).

Barro, R. J., und Grossman, H. I. (1971): *A General Disequilibrium Model of Income and Employment,* American Economic Review 61, S. 82-93.

Barro, R. J. und Hercowitz, Z. (1980): *Money Stock Revisions and Unanticipated Money Growth,* Journal of Monetary Economics 6, S. 257-267.

Barro, R. J. und King, R. G. (1984): *Time-Separable Preferences and Intertemporal Substitution Models of Business Cycles,* Quarterly Journal of Economics 99, S. 817-839.

Barro, R. J. und Rush, M. (1980): *Unanticipated Money and Economic Activity,* in: Fischer (1980).

Barro, R. J., und Sala-i-Martin, X. (1990): *World Real Interest Rates,* NBER Working Paper No. 3317, Cambridge, MA.

Barro, R. J., und Sala-i-Martin, X. (1995): *Economic Growth,* London

Becke, R., Boldrin, M., Jones, R., und Thompson, W. (Hrsg.)(1993): *General Equilibrium and Growth: The Legacy of Lionel McKenzie,* New York.

Becker, G. S., (1988): *Family Economics and Macro Behavior,*American Economic Review 78, S. 1-13.

Benassy, J. P. (1982): *The Economics of Market Disequilibrium,* New York.

Benassy, J. P. (1986): *Macroeconomics: An Introduction to the Non-Walrasian Approach,* Orlando.

Benassy, J. P. (1990): *Non-Walrasian Equilibria, Money, and Macroeconomics,* in: Friedman und Hahn (1990).

Benhabib, J., und Farmer, R. E. A., (1994): *Indeterminacy and Increasing Returns,* Journal of Economic Theory 63, S. 19-41.

Benhabib, J., Rogerson, R. und Wright, R. (1991): *Homework in Macroeconomics: Household Production and Aggregate Fluctuations,* Journal of Political Economy 99, S. 1166-1187.

Beveridge, S. und Nelson, C. (1981): *A New Approach to Decomposition of Economic Time Series into Permanent and Transitory Components with Particular to Measurement of the 'Business Cycle',* Journal of Monetary Economics 23, S. 377-400.

Bils, M. J: (1985): Real Wages over the Business Cycle: Evidence from Panes Data, Journal of Political Economy 93, S. 666-689.

Black, F. (1982): *General Equilibrium and Business Cycles,* NBER Working Paper Nr. 950, Cambridge, Mass.

Blanchard, O. J. (1979): *Wage Indexation Rules and the Behavior of the Economy,* Journal of Political Economy 87, S. 798-815.

Blinder, A. S. (1980): *Unanticipated Money and Economic Activity: Comment,* in: Fischer (1980).

Blinder, A. S. und Fischer, S. (1981): *Inventories, Rational Expectations, and the Business Cycle,* Journal of Monetary Economics 8, S. 277-304.

Bodkin, R. G. (1985): *Real Wages and Cyclical Variations in Employment: A Reexamination of the Evidence,* Canadian Journal of Economics 2, S. 353-374.

Böhm, V. (1978): *Disequilibrium Dynamics in a Simple Macroeconomic Model,* Journal of Economic Theory 17, S. 179-199.

Boschan, C. und Ebanks, W. W. (1978): *The Phase-Average Trend: A New Way of Measuring Economic Growth,* Proceedings of the Business and Economics Statistics Section, American Statistical Association 332.

Boschen, J. und Grossman, H. I. (1982): *Tests of Equilibrium Macroeconomics Using Contemporaneous Monetary Data,* Journal of Monetary Economics 10, S. 309-334.

Box, G. E. P. und Jenkins, G. M. (1970): *Time Series Analysis, Forecasting, and Control,* San Francisco.

Brandner, P., und Neusser, K., (1992): *Business Cycles in Open Economies: Stylized Facts for Austria and Germany,* Weltwirtschaftliches Archiv 128, S. 67-87.

Braun, R., (1994): *Tax Disturbances and Real Economic Activity in the Postwar United States,* Journal of Monetary Economics 33, S. 441-462.

Breitung, J. (1992): *On the Use of the Beveridge-Nelson Decomposition,* mimeo, Universität Hannover.

Breusch, T. S. (1978): *Testing for Autocorrelation in Dynamic Linear Models*, Australian Economic Papers 17, S. 334-355.

Brockwell, P. J., und Davis, R. A. (1991): *Time Series, Theory and Methods,* zweite Auflage, New York.

Brümmerhoff, D. und Lützel, H. (Hrsg.) (1994): *Lexikon der Volkswirtschaftlichen Gesamtrechnungen,* München.

Bry, G. und Boschan, C. (1971): *Cyclical Analysis of Time Series: Selected Procedures and Computer Programs,* Technical Paper No. 20, NBER, New York.

Burns, A. F. und Mitchell, W. C. (1946): *Measuring Business Cycles,* NBER, New York.

Burnside, C. (1995): *Notes on the Linearization and GMM Estimation of Real Business Cycle Models,* mimeo, The World Bank.

Burnside, C., Eichenbaum, M., und Rebelo, S., (1993): *Labor Hoarding and the Business Cycle,* Journal of Political Economy 101, S. 245-273.

Card, D. (1980): *Determinants of the Form of Long-Term Contracts,* Working Paper Nr. 135, Universität Princeton, Princeton.

Canova, F. (1993): *Detrending and Business Cycle Facts,* Center for Economic Policy Research, London.

Canova, F. (1994): *Statistical Inference in Calibrated Models,* Journal of Applied Econometrics 9, S. S123-S144.

Canova, F., Finn, M., und Pagan, A. R. (1994): *Evaluating a Real Business Cycle Model,* in: Hargreaves (1994).

Cardia, E., (1991): *The Dynamics of a Small Open Economy in Response to Monetary, Fiscal, and Productivity Shocks,* Journal of Monetary Economics 28, S. 411-434.

Chari, V. V., Christiano, L. J., und Eichenbaum, M., (1995): *Inside Money, Outside Money, and Short Term Interest Rates,* mimeo, Konstanz Seminar on Monetary Theory and Monetary Policy.

Chari, V. V., Christiano, L. J., und Kehoe. P. J., (1991): *Optimal Fiscal and Monetary Policy: Some Recent Results,* Journal of Money, Credit, and Banking 23, S. 519-539.

Chari, V. V., Christiano, L. J., und Kehoe. P. J., (1995): *Policy Analysis in Business Cycle Models,* in: Cooley (1995).

Chiarella, C., und Flaschel, P., (1994): *Descriptive Monetary Macrodynamics: Foundations and Extensions,* second draft, University of Technology, Sydney, und Universität Bielefeld.

Cho, J. O., und Cooley, T. F., (1992): *The Business Cycle with Nominal Contracts,* mimeo, University of Rochester.

Christiano, L. J. (1988): Why Does Inventory Investment Fluctuate So Much? Journal of Monetary Economics 21, S. 247-280.

Christiano, L. J. (1990a): *Solving the Stochastic Growth Model by Linear-Quadratic Approximation and Value-Function Iteration,* Journal of Business and Economic Statistics 8, S. 23-26.

Christiano, L. J. (1990b): *Linear-Quadratic Approximation and Value-Function Iteration: A Comparison,* Journal of Business and Economic Statistics 8, S. 99-114.

Christiano, L. J., (1991): *Modelling the Liquidity Effect of a Money Shock,* Federal Reserve Bank of Minneapolis Quarterly Review, S. 3-34.

Christiano, L. J., und Eichenbaum, M. (1992): *Current Real Business Cycle Theories and Aggregate Labor-Market Fluctuations,* American Economic Review 82, S. 430-450.

Clark, K. B. und Summers, L. H. (1982): *Labor Force Participation: Timing and Persistence,* Review of Economic Studies 49, S. 825-844.

Clower, R. W. (1965): *The Keynesian Counter-Revolution: A Theoretical Appraisal,* in Hahn und Brechling (1965).

Clower, R. W. (1967): *A Reconsideration of the Micro-Foundations of Monetary Theory,* Western Economic Journal 6, S. 1-9.

Coenen, G. (1996): *Simulationsgestützte indirekte Schätz- und Testverfahren: Anwendung,* Kapitel 6 seiner demnächst einzureichenden Dissertation, Kiel.

Cogley, T. W., und Nason, J. M. (1995): *Effects of the Hodrick-Prescott Filter on Trend and Difference Stationary Time Series: Implications for Business Cycle Research,* Journal of Economic Dynamics and Control 19, S. 253-278.

Cogley, T. W., und Nason, J. M. (1995a): *Output Dynamics in Real Business Cycle Models,* American Economic Review 85, S. 492-511.

Coleman, W. J. (1996): *Money and Output: A Test of Reverse Causation,* American Economic Review 86, S. 90-111.

Cooley, T. F. (Hrsg.) (1995): *Frontiers of Business Cycle Research,* Princeton.

Cooley, T. F., und Hansen, G. D., (1989): *The Inflation Tax in a Real Business Cycle Model,* American Economic Review 79, S. 733-748.

Cooley, T. F., und Hansen, G. D., (1992): *Tax Distortions in a Neoclassical Monetary Economy,* Journal of Economic Theory 58, S. 290-316.

Cooley, T. F., und LeRoy, S. F. (1985): *Atheoretical Macroeconometrics, A Critique*, Journal of Monetary Economics 16, S. 283-308.

Cooper, R. (1988): *Labor Contracts and the Role of Monetary Policy in an Overlapping Generations Model,* Journal of Economic Theory 44, S. 231-250.

Correia, I., Neves, J. C., und Rebelo, S. (1995): *Business Cycles in a Small Open Economy,* European Economic Review 39, S. 1089-1113.

Cuddington, J. T., Johanson, P. O. und Löfgren, K. G. (1984): *Disequilibrium Macroeconomics in Open Economies,* Oxford.

Danthine, J. P. und Donaldson, J. B. (1992): *Risk Sharing in the Business Cycle*, European Economic Review 36, S. 468-475.

Danthine, J. P. und Donaldson, J. B. (1993): *Methodological and Empirical Issues in Real Business Cycle Theory,* European Economic Review 37, S. 1-35.

Danthine, J. P. und Donaldson, J. B. (1995): *Non-Walrasian Economies,* in: Cooley (1995)

Danthine, J. P., Donaldson, J. B., und Mehra, R. (1989): *On Some Computational Aspects of Equilibrium Business Cycle Theory,* Journal of Economic Dynamics and Control 13, S. 449-470.

Das, S. P. (1993): *New Perspectives on Business Cycles,* Brookfield.

Davidson, P. und Kregel, J. (Hrsg.) (1989): *Macroeconomic Problems and Policies of Income Distribution,* Brookfield.

Dennis, J. E. Jr., und Schnabel, (1983): *Numerical Methods for Unconstrained Optimization and Nonlinear Equations,* Prentice-Hall.

Diamond., P., (Hrsg.)(1990): *Growth, Productivity, Unemployment,* Cambridge, Mass.

Diebold, F. X., Ohanian, L. E., und Berkowitz, J., (1995): *Dynamic Equilibrium Economies: A Framework for Comparing Models and Data,* NBER Discussion Paper, Cambridge, MA.

DIW (1995): *Sozialprodukt und Einkommenskreislauf; Volkswirtschaftliche Gesamtrechnung für die Bundesrepublik Deutschland,* Berlin.

Dore, M. H. I. (1993): *The Macrodynamics of Business Cycles,* Cambridge, Mass.

Dotsey, M. und King, R. G. (1987): *Business Cycles,* in: Eatwell, J., Milgate, M. und Newman, P. (Hrsg.): *The New Palgrave: A Dictionary of Economics,* London.

Dotsey, M. und Mao, C. S. (1992): *How Well Do Linear Approximation Methods Work? The Production Tax Case,* Journal of Monetary Economics 29, S. 25-58.

Drèze, J. H. (1991): *Underemployment Equilibria,* Cambridge.

Dunlop, J. T. (1938): *The Movement of Real and Money Wage Rates,* Economic Journal 48, S. 413-434.

Durlauf, S. N. (1989): *Output Persistence, Economic Structure, and the Choice of Stabilization Policy, Brookings Papers on Economic Activity*, S. 69-136.

Durlauf, S. N., und Phillips, P. C. B., (1988): *Trends versus Random Walks in Time Series Analysis,* Econometrica 56, S. 1333-1354.

Eckstein, O., (Hrsg.) (1972): *Econometrics of Price Determination Conference,* Federal Reserve System, Washington DC.

Eichenbaum, M., und Singleton, K. J., (1986): *Do Equilibrium Real Business Cycle Theories Explain Postwar US Business Cycles?,* Macroeconomic Annual, S. 91-146, NBER, Cambridge, Mass.

Eisner, R., (1988): *Extended Accounts for National Income and Product,* Journal of Economic Literature 26, S. 1611-1684.

Els, J. P. van, (1995): *Money and the Real Business Cycle*, Weltwirtschaftliches Archiv 131, S. 223-264.

Engle, R. F., und Granger, C. W. J., (1987): *Co-Integration and Error Correction: Representation, Estimation, and Testing,* Econometrica 55, S. 251-276.

Engle, R. F., und Granger, C. W. J., (Hrsg.) (1991): *Long Run Economic Relationships,* Oxford.

Engel, R. F., Hendry, D. F., und Richard, J.-F., (1983): *Exogeneity,* Econometrica 51, S. 277-304.

Entorf, H., (1991): *Real Business Cycles Under Test: A Multi-Country, Multi-Sector Exercise,* European Economic Review 35, S. 933-960.

Entorf, H., (1992): *Real Business Cycles: Is Neglecting Demand Shocks Justified?*, Empirical Economics 17, S. 463-484.

Evans, C. L., (1992): *Productivity Shocks and Real Business Cycles,* Journal of Monetary Economics 29, S. 191-208.

Evans, G. B. A., and Savin, N. E. (1981): *Testing for Unit Roots: 1,* Econometrica 49, S. 753-779.

Evans, G., und Reichlin, L. (1994): *Information, Forecasts, and Measurement of the Business Cycle,* Journal of Monetary Economics 33, S. 233-254.

Fair, R. C. (1979): *An Analysis of the Accuracy of Four Macroeconometric Models,* Journal of Political Economy 87, S. 701-718.

Fairise, X. (1994): *Efficiency Wage, Nominal Rigidities, and the Short-Run Dynamics of Real Wage,* mimeo, Université de Paris I.

Fairise, X. (1995): *Nominal Wage Contracts and the Short-Run Dynamics of Real Wages,* in: Henin (1995).

Fairise, X., und Langot, F. (1994): *Labor Productivity and Business Cycle: Can RBC Models Be Saved?*, European Economic Review 38, S. 334-356.

Farmer, R. E. A., und Guo, J.-T., (1994): *Real Business Cycles and the Animal Spirits Hypothesis,* Journal of Economic Theory 63, S. 42-72.

Fellner, W. (1956): *Trends and Cycles in Economic Activity,* New York.

Finn, M. G., (1990): *On Savings and Investment Dynamics in a Small Open Economy,* Journal of International Economics 29, S. 1-21.

Fischer, S. (1977): *Long-Term Contracts, Rational Expectations, and the Optimal Money Supply Rule,* Journal of Political Economy 85, S. 191-205.

Fischer, S. (Hrsg.)(1980): *Rational Expectations and Economic Policy,* NBER, Chicago.

Franz, W., (1992a): *Arbeitslosigkeit: Ein makrotheoretischer Analyserahmen,* in: Franz (1992b).

Franz, W., (Hrsg.) (1990): *Hysteresis Effects in Economic Models,* Heidelberg.

Franz, W., (Hrsg. unter Mitarbeit von Bellmann, L., Schnur, P., und Spitznagel, E.) (1992b): *Mikro- und makroökonomische Aspekte der Arbeitslosigkeit,* Beiträge zur Arbeitsmarkt- und Berufsforschung, Nürnberg.

Franz, W., und Smolny, W., (1992): *Ungleichgewichte auf Arbeits- und Gütermärkten,* in: Franz (1992b).

Friedman, B. M., und Hahn, F. H. (1990): *Handbook of Monetary Economics,* Bd. I, Amsterdam.

Friedman, M. und Schwartz, A. J. (1963): *A Monetary History of the United States 1867-1960,* NBER, Princeton.

Frisch, R. (1933): *Propagation and Impulse Problems in Dynamic Economics,* in: *Essays in Honour of Gustav Cassel,* London.

Fuller, W. A. (1976): *Introduction to Statistical Time Series,* New York.

Funke, M., (1991): *Das Hysteresis-Phänomen,*Zeitschrift für Wirtschafts- und Sozialwissenschaften 111, S. 527-591.

Gabisch, G., und Lorenz, H.-W. (1988): *Business Cycle Theory,* Berlin.

Gallant, A. R. (1995): *Comments on Calibration,* mimeo, University of North Carolina.

Galor, O. und Zeira, J. (1993): *Income Distribution and Macroeconomics,* The Review of Economic Studies 60, S. 35-52.

Galí, J. (1995): *Non-Walrasian Unemployment Fluctuations,* NBER Working Paper Nr. 5337, Cambridge, MA.

Geary, P. T. und Kennan, J. (1982): *The Employment-Real Wage Relationship: An International Study,* Journal of Political Economy 90, S. 854-871.

Gehrke, C. (1992): *Neo-Austrian Traverse Analysis and Austrian Business Cycle Theory,* in: Mongiovi und Rühl (1992).

Ghez, G. und Becker, G. S. (1975): *The Allocation of Time and Goods over the Life Cycle,* NBER, New York.

Ghysels, E., Granger, C. W. J., und Siklos, P. L. (1994): *Is Seasonal Adjustment a Linear or Nonlinear Data-Filtering Process?*, mimeo.

Godfrey, L. G. (1978a): *Testing Against General Autoregressive and Moving Average Error Models When Regressors Include Lagged Dependent Variables,* Econometrica 46, S. 1293-1302.

Godfrey, L. G. (1978b): *Testing for Higher Order Serial Correlation in Regression Equations When the Regressors Include Lagged Dependent Variables,* Econometrica 46, S. 1303-1310.

Gordon, R. J. (Hrsg.) (1986): *The American Business Cycle,* NBER, Chicago.

Gordon, R. J. (1986a): *Introduction: Continuity and Change in Theory, Behavior, and Methodology,* in: Gordon (1986).

Gordon, R. J. (1990): *What is New Keynesian Economics?,* Journal of Economic Literature 28, S. 1115-1171.

Gouriéroux, C., Monfort, A., und Renault, E., (1993): *Indirect Estimation,* Journal of Applied Econometrics 8, Special Issue: *Econometric Inference Using Simulation Techniques*, S. S85-S118.

Granger, C. W. J. (1969): *Investigating Causal Relations by Econometric Models and Cross Spectral Methods,* Econometrica 37, S. 424-438.

Gray, J. A. (1976): *Wage Indexation: A Macroeconomic Approach,* Journal of Monetary Economics 2, S. 221-235.

Gray, J. A. (1978): *On Indexation and Contract Length,* Journal of Political Economy 86, S. 1-18.

Greenwood, J., und Huffman, G. W., (1991): *Tax Analysis in a Real Business Cycle Model,* Journal of Monetary Economics 27, S. 167-190.

Greenwald, B. und Stiglitz, J. E. (1988): *Examining Alternative Economic Theories,* Brookings Papers on Economic Activity, S. 207-260.

Greenwood, J., Hercovitz, Z. und Huffman, G. W. (1988): *Investment, Capacity Utilization, and the Real Business Cycle,* American Economic Review 78, S. 402-417.

Gregory, A. W., und Smith, G. W. (1995): *Business Cycle Theory and Econometrics,* The Economic Journal, S. 1597-1608.

Grossman, H. I. und Haraf, W. S. (1983): *Shunto: Rational Expectations and Output Growth in Japan,* NBER Working Paper No. 1144, Cambridge, Mass.

Haberler, G. (1937): *Prosperity and Depression,* 3. Auflage, London 1958.

Hahn, F. H., und Brechling, F. (1965): *The Theory of Interest Rates,* London.

Hairault, J. O., und Portier, F. (1993): *Money, New-Keynesian Macroeconomics, and the Business Cycle,* European Economic Review 37, S. 1533-1568.

Hairault, J. O., und Portier, F. (1995): *Nominal Rigidities and Monopolistic Competition: A New-Keynesian View,* in: Henin (1995).

Hall, R. E. (1980): *Labor Supply and Aggregate Fluctuations,* Bd. 12 der Carnegie-Rochester-Series on Public Policy, Amsterdam, S. 7-33.

Hall, R. E. (1990): *Invariance Properties of Solow's Productivity Residual,* in: Diamond (1990).

Hall, T. E. (1990): *Business Cycles - The Natures and Causes of Economic Fluctuations,* New York.

Hamilton, J. (1995): *Time Series Analysis,* Princeton.

Hansen, G., (1991): *Tests of Some Business Cycle Hypotheses Under Rational Expectations,* Weltwirtschaftliches Archiv 127, S. 542-562.

Hansen, G. D. (1985): *Indivisible Labor and the Business Cycle,* Journal of Monetary Economics 16, S. 309-327.

Hansen, L. P. (1982): *Large Sample Properties of Generalized Method of Moments Estimators,* Econometrica 50, S. 1029-1054.

Hansen, L. P., und Heckman, J. J. (1996): *The Empirical Foundations of Calibration,* Journal of Economic Perspectives 10, S. 87-104.

Hanson, J. A. (1980): *The Short-Run Relations between Growth and Inflation in Latin America,* American Economic Review 70, S. 972-989.

Haraf, W. S. (1983): *Tests of a Rational Expectations-Structural Neutrality Model With Persistent Effects of Monetary Disturbances,* Journal of Monetary Economics 11, S. 103-116.

Hargreaves, C. P. (Hrsg.)(1992): *Macroeconometric Modelling of the Long Run,* Brookfield.

Hargreaves, C. P. (Hrsg.)(1994): *Nonstationary Time Series Analysis and Cointegration,* Oxford.

Harris, D., und Inder, B. (1994): *A Test of the Null Hypothesis of Cointegration,* in: Hargreaves (1994).

Harvey, A. C., und Jaeger, A. (1993): *Detrending, Stylized Facts and the Business Cycle,* Journal of Applied Econometrics 8, S. 231-247.

Hassler, U. (1994): *The Sample Autocorrelation Function of I(1) Processes,* Statistical Papers 35, S. 1-16.

Heap, S. P. H. (1992): *The New Keynesian Macroeconomics,* Brookfield.

Heckman, J. und MaCurdy, T. E. (1980): *A Life Cycle Model of Female Labor Supply,* Review of Economic Studies 47, S. 47-74.

Heckman, J. und MaCurdy, T. E. (1982): *Corrigendum on A Life Cycle Model of Female Labor Supply,* Review of Economic Studies 49, S. 659-660.

Heer, B., und Schabert, A., (1996): *Government Unemployment Compensations and Labor Market Fluctuations*, mimeo, Universität Köln.

Heinemann, M. (1995): *Die Erklärung der konjunkturellen Bewegungen am Arbeitsmarkt durch die Theorie realer Konjunkturzyklen,* Dissertation, Hannover.

Henin, P.-Y. (Hrsg.) (1995): *Advances in Business Cycle Research,* Berlin.

Hickman, B. G. (ed.) (1972): *Econometric Models of Cyclical Behavior,* vol. 1, NBER, New York.

Hillinger, C., (Hrsg.) (1992): *Cyclical Growth in Market and Planned Economies,* Oxford.

Hillinger, C., und Sebold-Bender, M., (1992): *The Stylized Facts of Macroeconomic Fluctuations,* in: Hillinger (1992).

Hodrick, R. J., und Prescott, E. C., (1980): *Postwar U.S. Business Cycles,: An Empirical Investigation,* Discussion Paper No. 451, Carnegie Mellon University.

Hoerl, A. E., und Kennard, R. W., (1970a): *Ridge Regression, Biased Estimation of Nonorthogonal Problems,* Technometrics 12, S. 55-67.

Hoerl, A. E., und Kennard, R. W., (1970b): *Ridge Regression, Application to Nonorthogonal Problems,* Technometrics 12, S. 69-82.

Honkapohja, S. (1979): *On the Dynamics of Disequilibrium in a Macro-Model with Flexible Wages and Prices,* in: Aoki und Marzollo (1979).

Hornstein, A., und Prescott, E. C. (1993): *The Plant and the Firm in General Equilibrium Theory,* in: Becke, Boldrin, Jones und Thompson (1993).

Hylleberg, S., Engle, R. F., Granger, C. W. J. und Yoo, B. S. (1990): *Seasonal Integration and Cointegration,* Journal of Econometrics 44, S. 215-238.

Inada, K. (1964): *Some Structural Characteristics of Turnpike Theorems,* Review of Economic Studies 31, S. 43-58.

Inder, B. (1993): *Estimating Long-Run Relationships in Economics: A Comparison of Different Approaches,* Journal of Econometrics 57, S. 53-68.

Ito, T. (1980): *Disequilibrium Growth Theory,* Journal of Economic Theory 23, S. 380-409.

Jaeger, A. (1994): *Mechanical Detrending by Hodrick-Prescott Filtering: A Note,* Empirical Economics 19, S. 493-500.

Johansen, S. (1988): *Statistical Analysis of Cointegration Vectors,* Journal of Economic Dynamics and Control 12, S. 231-254.

Johansen, S. (1991): *Estimation and Hypothesis Testing of Cointegration Vectors in Gaussian Vector Autoregressive Models,* Econometrica 59, S. 1551-1580.

Johanssen, S. (1995): *Likelihood-Based Inference in Cointegrated Vector Autoregressive Models,* Oxford.

Johnson, C. A., (1995): *Velocity and Money Demand in an Economy with Cash and Credit Goods,* mimeo, Duke University.

Jonsson, G., und Klein, P., (1996): *Stochastic Fiscal Policy and the Swedish Business Cycle,* Journal of Monetary Economics, erscheint demnächst.

Kamihigashi, T. (1996): *Real Business Cycles and Sunspot Fluctuations are Observationally Equivalent,* Journal of Monetary Economics 37, S. 105-117.

Karni, E. (1980): *A Note on Lucas's Equilibrium Model of the Business Cycle,* Journal of Political Economy 88, S. 1231-1238.

Karni, E. (1983): *On Optimal Wage Indexation,* Journal of Political Economy 91, S. 282-292.

Kendall, M. G., und Stuart, A., (1966): *The Advanced Theory of Statistics, vol. 3,* London.

Keynes, J. M. (1936): *The General Theory of Employment, Interest, and Money,* New York.

Kim, K., und Pagan, A. R. (1995): *The Econometric Analysis of Calibrated Macroeconomic Models,* in: Pesaran und Wickens (1995).

King, R. G. (1981): *Monetary Information and Monetary Neutrality,* Journal of Monetary Economics 7, S. 195-206.

King, R. G. (1982): *Monetary Policy and the Information Content of Prices,* Journal of Political Economy 90, S. 247-279.

King, R. G. und Plosser, C. I. (1984): *Money, Credit, and Prices in a Real Business Cycle,* American Economic Review 74 , S. 363-380.

King, R. G., and Plosser, C. I. (1994): *Real Business Cycles and the Test of the Adelmans,* Journal of Monetary Economics 33, pp. 405-438.

King, R. G., und Rebelo, S. T. (1993): *Low Frequency Filtering and Real Business Cycles,* Journal of Economic Dynamics and Control 17, S. 207-231.

King, R. G. und Trehan, B. (1984): *Money, Endogeneity and Neutrality,* Journal of Monetary Economics 14, S. 385-394.

King, R. G., Plosser, C. I., und Rebelo, S. (1988a): *Production, Growth, and Business Cycles: I. The Basic Neoclassical Model,* Journal of Monetary Economics 21, S. 195-232.

King, R. G., Plosser, C. I., und Rebelo, S. (1988b): *Production, Growth, and Business Cycles: II. New Directions,* Journal of Monetary Economics 21, S. 309-341.

King, R. G., Plosser, C. I., und Rebelo, S. (1988c): *Technical Appendix to 'Production, Growth, and Business Cycles',* mimeo, University of Rochester.

King, R. G., Plosser. C. I., Stock, J. H., und Watson, M. W., (1991): *Stochastic Trends and Economic Fluctuations*, American Economic Review 81, S. 819-840.

Klein, L. R. (1958): *The Estimation of Distributed Lags,* Econometrica 26, S. 553-564.

Klein, L. und Goldberger, A. (1959): *An Econometric Model of the United States, 1929-1952,* Amsterdam.

Klein, P. A. und Moore, G. H. (1985): *Monitoring Growth Cycles in Market-Oriented Countries,* NBER, Cambridge, Mass.

Kniesner, T. J. und Goldsmith, A. H. (1987): *A Survey of Alternative Models of the Aggregate US Labor Market,* Journal of Economic Literature 25, S. 1241-1280.

Kondratieff, N. D. (1935): *The Long Waves of Economic Life,* Review of Economic Statistics 17, S. 105-115.

Koopmans, T. (1947): *Measurement Without Theory,* Review of Economics and Statistics 29, S. 161-172.

Kormendi, R. C. und Meguire, P. G. (1984): *Cross-Regime Evidence of Macroeconomic Rationality,* Journal of Political Economy 92, S. 875-908.

Koyck, L. M. (1954): *Distributed Lags and Investment Analysis,* Amsterdam.

Kromphardt, J., (1989): *Konjunkturtheorie heute: Ein Überblick,* Zeitschrift für Wirtschafts- und Sozialwissenschaften 109, S. 173-231.

Kromphardt, J., (1992): *Zur Erklärung der Persistenz nichtnatürlicher Arbeitslosigkeit,* in: Franz (1992).

Kullback, S. (1959): *Information Theory and Statistics,* New York.

Kwiatkowski, D., Phillips, P. C. B., Schmidt, P., und Shin, Y. (1992): *Testing the Null Hypothesis of Stationarity against the Alternative of a Unit Root,* Journal of Econometrics 54, S. 159-178.

Kydland, F. E., (1984): *Labor Force Heterogeneity and the Business Cycle,* Carnegie-Rochester Conference Series on Public Policy 21, S. 173-208.

Kydland, F. E. (1995): *Business Cycles and Aggregate Labor Market Fluctuations,* in: Cooley (1995).

Kydland, F. E. und Prescott, E. C. (1980): *A Competitive Theory of Fluctuations and the Feasibility and Desirability of Stabilization Policy,* in: Fischer (1980).

Kydland, F. E. und Prescott, E. C. (1982): *Time to Build and Aggregate Fluctuations,* Econometrica 50, S. 1345-1370.

Kydland, F. E., und Prescott, E. C., (1996): *The Computational Experiment: An Econometric Tool*, Journal of Economic Perspectives 10, S. 69-86.

Lambert, J. P. (1988): *Disequilibrium Macroeconomic Models,* Cambridge.

Langot, F. (1995): *Unemployment and Business Cycle: A General Equilibrium Matching Model,* in: Henin (1995).

Leeper, E. M., und Sims, C. A. (1994): *Toward a Modern Macroeconomic Model Usable for Policy Analysis,* NBER Macroeconomics Annual 9, S. 81-118.

Leiderman, L. (1980): *Macroeconomic Testing of Rational Expectations and Structural Neutrality Hypotheses for the United States,* Journal of Monetary Economics 6, S. 69-82.

Leiderman, L. (1983): *The Response of Real Wages to Unanticipated Money Growth,* Journal of Monetary Economics 1, S. 73-88.

Ljung, G. M., und Box, G. E. P. (1978): *On a Measure of Lack of Fit in Time Series Models,* Biometrika 65, S. 297-303.

Long, J. B. und Plosser, C. I. (1983): *Real Business Cycles,* Journal of Political Economy 91, S. 39-69.
Lucas, R. E. Jr., (1972a): *Expectations and the Neutrality of Money,* Journal of Economic Theory 4, S. 103-124.
Lucas, R. E. Jr., (1972b): *Econometric Testing of the Natural Rate Hypothesis,* in: Eckstein (1972).
Lucas, R. E. Jr. (1973): *Some International Evidence on Output-Inflation Tradeoffs,* American Economic Review 63, S. 326-334.
Lucas, R. E. Jr., (1975): *An Equilibrium Model of the Business Cycle,* Journal of Political Economy 83, S. 1113-1144.
Lucas, R. E. Jr., (1977): *Understanding Business Cycles,* in: Brunner. K, und Meltzer, A. H. (Hrsg.): *Stabilization of the Domestic and International Economy,* Bd. 5 der Carnegie-Rochester-Series on Public Policy, Amsterdam.
Lucas, R. E. Jr., (1981): *Studies in Business Cycle Theory,* Cambridge, MA.
Lucas, R. E. Jr., (1980): *Equilibrium in a Pure Currency Economy,* Economic Inquiry 18, S. 203-220.
Lucas, R. E. Jr. (1987): *Models of Business Cycles,* Oxford.
Lucas, R. E. Jr., (1988): *On the Mechanics of Economic Development,* Journal of Monetary Economics 22, S. 3-42.
Lucas, R. E. Jr. und Rapping, L. A. (1969): *Real Wages, Employment, and Inflation,* Journal of Political Economy 77, S. 721-754.
Lucas, R. E. Jr., und Stokey, N. L., (1987): *Money and Interest in a Cash-in-Advance Economy,* Econometrica 55, S. 491-514.
Lucke, B., (1997): *Productivity Shocks in a Sectoral Real Business Cycle Model for West Germany,* European Economic Review, erscheint demnächst.
Lütkepohl, H. (1991): *Introduction to Multiple Time Series Analysis,* Berlin.
Lütkepohl, H. (1996): *Handbook of Matrices,* Chichester.
MacKinnon, J. G. (1991): *Critical Values for Cointegration Tests,* in: Engle und Granger (1991).
Maclachan, F. C. (1992): *Austrian and Post Keynesian Interest Rate Theory: Some Unexpected Parallels,* in: Mongiovi und Rühl (1992).
MaCurdy, T. (1981): *An Empirical Model of Labor Supply in a Life Cycle Setting,* Journal of Political Economy 89, S. 1059-1085.
Maddala, G. S., Rao, C. R., und Vinod, H. D. (Hrsg.) (1993): *Handbook of Statistics, Volume 11,* Amsterdam.
Malinvaud, E. (1977): *The Theory of Unemployment Reconsidered,* Oxford.
Mankiw, N. G. (1982): *Hall's Consumption Hypothesis and Durable Goods,* Journal of Monetary Economics 10, S. 417-425.

Mankiw, N. G. (1990): *A Quick Refresher Course in Macroeconomics,* Journal of Economic Literature 28, S. 1645-1660.

Maravall, A. (1993): *Stochastic Linear Trends: Models and Estimators,* Journal of Econometrics 56, S.5-37.

Maravall, A. (1995): *Unobserved Components in Economic Time Series,* in: Pesaran und Wickens (1995)

Marriott, F. H. C., und Pope, J. A., (1954): *Bias in the Estimation of Autocorrelations,* Biometrika 41, S. 390-402.

Maußner, A. (1994): *Konjunkturtheorie,* Berlin.

McCallum, B. T., (1989): *Real Business Cycle Models,* in: Barro (1989).

McGrattan, E. R., Rogerson, R., und Wright, R., (1993): *Household Production and Taxation in the Stochastic Growth Model,* Working Paper No. 521, Federal Reserve Bank of Minneapolis.

McGrattan, E. R., (1994): *The Macroeconomic Effects of Distortionary Taxation,*
Journal of Monetary Economics 33, S. 573-601.

Mendoza, E. G., (1991): *Real Business Cycles in a Small Open Economy,* American Economic Review 81, S. 797-818.

Merrick, J. J. Jr., (1983): *Financial Market Efficiency, the Decomposition of Anticipated Versus Unanticipated Money Growth, and Further Tests of the Relation Between Money and Real Output,* Journal of Money, Credit, and Banking 40, S. 222-232.

Merz, M., (1995): *Search in the Labor Market and the Real Business Cycle,* Journal of Monetary Economics 36, S. 269-300.

Minford. P. und Peel, D., (1983): *Rational Expectations and the New Macroeconomics,* Oxford.

Mintz, I., (1969): *Dating Postwar Business Cycles,* NBER, New York.

Mishkin, F. S., (1982): *Does Anticipated Money Matter: An Econometric Investigation,* Journal of Political Economy 90, S. 22-51.

Mitchell, W. C., (1913): *Business Cycles,* University of California, Berkeley.

Mitchell, W. C. (1927): *Business Cycles, The Problem and Its Setting,* NBER, New York..

Mitchell, W. C. (1951): *What Happens During Business Cycles?,* NBER, New York.

Modigliani, F. und Grunberg, E. (1954): *The Predictability of Social Events,* Journal of Political Economy 62, S.465-478.

Modigliani, F. (1977): *The Monetarist Controversy or, Should We Foresake Stabilization Policies,* American Economic Review 67, S. 1-19.

Mood, A. M., Graybill, F. A., und Boes, D. C. (1974): *Introduction to the Theory of Statistics*, dritte Auflage, New York.

Moore, G. H. (1983): *Business Cycles, Inflation, and Forecasting,* 2. Auflage, Cambridge, Mass.

Moore, G. H. und Moore, M. H. (1985): *International Economic Indicators,* Westport.

Mongiovi, G. und Rühl, C. (1992): *Macroeconomic Theory: Diversity and Convergence,* Brookfield.

Mullineux, A. W. (1984): *The Business Cycle After Keynes,* Brighton.

Mullineux, A. W. (1990): *Business Cycles and Financial Crises,* Hemel Hempstead.

Mullineux, A. W. und Dickinson, D. G. (1992): *Equilibrium Business Cycles: Theory and Evidence,* Journal of Economic Surveys 6, S.321-358.

Mullineux, A. W., Dickinson, D. G. und Peng, W. (1993): *Business Cycles,* Oxford.

Muth, J. F. (1961): *Rational Expectations and the Theory of Price Movements,* Econometrica 29, S. 315-339.

Neftci, S. N. (1978): *A Time Series Analysis of the Real Wages-Employment Relationship,* Journal of Political Economy 86, S. 281-291.

Nelson, C. R. (1988): *Spurious Trend and Cycle in the State-Space Decomposition of a Time Series With a Unit Root,* Journal of Economic Dynamics and Control 12, S. 475-488.

Nerlove, M. (1958): *Adaptive Expectations and Cobweb Phenomena,* Quarterly Journal of Economics 72, S. 227-240.

Nerlove, M., Grether, D. M. und Carvalho, J. H. (1979): *Analysis of Economic Time Series - A Synthesis,* New York.

Nishimura, K. G. (1992): *Imperfect Competition, Differential Information, and Microfoundations of Macroeconomics,* Oxford.

Okun, A. M. (1980): *Rational Expectations with Misperceptions as a Theory of the Business Cycle,* Journal of Money, Credit, and Banking 12, S. 817-825.

Ogaki, M. (1993): *Generalized Methods of Moments: Econometric Applications,* in: Maddala, Rao und Vinod (1993).

Oppenländer, K. H. (1994): *Produktionspotential,* in: Brümmerhoff und Lützel (1994, S. 286-290).

Pagan, A. R. (1994): *Calibration and Economic Research: An Overview,* Journal of Applied Econometrics 9, S. S1-S10.

Pagan, A., (1995): *On Calibration,* Discussion Paper, The Australian National University.

Persons, W. M. (1919): *Indices of Business Conditions,* Review of Economic Statistics 1, S. 5-107.

Pesaran, M. H., und Wickens, M. R., (Hrsg.) (1995): *Handbook of Applied Econometrics,* Oxford.

Phillips, P. C. B. (1986): *Understanding Spurious Regressions in Econometrics,* Journal of Econometrics 33, S. 311-340.

Phillips. P. C. B. (1987): *Towards a Unified Asymptotic Theory of Autoregression,* Biometrika 74, S. 535-548.

Phillips, P. C. B. (1988): *Regression Theory for Near-Integrated Time Series,* Econometrica 56, S. 1021-1043.

Picard, P. (1983): *Inflation and Growth in a Disequilibrium Macroeconomic Model*, Journal of Economic Theory 30, S. 266-295.

Prescott, E. C. (1986): *Theory Ahead of Business Cycle Measurement,* Carnegie-Rochester Conference Series on Public Policy 25, S. 11-44.

Priestley, M. B. (1981): *Spectral Analysis and Time Series,* London.

Quah; D., (1995): *Business Cycle Empirics: Calibration and Estimation,* The Economic Journal 105, S. 1594-1596.

Quandt, R. E. (1988): *The Econometrics of Disequilibrium,* Oxford.

Ramser, H.-J., (1989): *Neuere Beiträge zur Konjunkturtheorie: Ein Überblick,* Ifo-Studien 34, S. 95-115.

Ramser, H.-J., (1992): *Beschäftigung und Konjunktur aus nicht-walrasianischer Sicht: Ein theoretischer Rahmen,* Ifo-Studien 38, S. 27-41.

Reijnders, J. (1990): *Long Waves in Economic Development,* Brookfield.

Reiter, M. (1995): *The Dynamics of Business Cycles,* Heidelberg.

Ríos-Rull, J.-V., (1995): *Models with Heterogenous Agents,* in: Cooley (1995).

Roeger, W. (1996): *International Equilibrium Business Cycle Modelling,* Tübingen.

Rogerson, R. (1988): *Indivisible Labor, Lotteries, and Equilibrium,* Journal of Monetary Economics 21, S. 3-16.

Romer, C. D. (1992): *Remeasuring Business Cycles,* NBER Working Paper Nr. 4150, Cambridge, Mass.

Romer, D. (1996): *Advanced Macroeconomics,* New York.

Romer, P. M., (1986): *Increasing Returns and Long-Run Growth,* Journal of Political Economy 94, S. 1002-1037.

Rosen, S., (Hrsg.) (1981): *Studies in Labor Markets,* Chicago.

Rotemberg, J. J., und Woodford, M., (1992): *Oligopolistic Pricing and the Effects of Aggregate Demand on Economic Activity,* Journal of Political Economy 100, S. 1153-1207.

Rotemberg, J. J., und Woodford, M., (1995): *Dynamic General Equilibrium Models with Imperfectly Competitive Product Markets,* in: Cooley (1995).

Rouwenhorst, K. G. (1991): *Time to Build and Aggregate Fluctuations - A Reconsideration,* Journal of Monetary Economics 27, S. 241-254.

Rudebusch, G. D. (1993): *The Uncertain Unit Root in Real GDP,* American Economic Review 83, S. 264:272.

Said, S. E., und Dickey, D. A. (1984): *Testing for Unit Roots in Autoregressive Moving Average Models of Unknown Order,* Biometrika 71, S. 599-607.

Sargent, T. J. (1973): *Rational Expectations, the Real Rate of Interest, and the Natural Rate of Unemployment,* Brookings Papers on Economic Activity, S. 429-472.

Sargent, T. J. (1976): *A Classical Macroeconomic Model for the United States,* Journal of Political Economy 84, S. 207-237.

Sargent, T. J. (1978): *Estimation of Dynamic Labor Demand Schedules under Rational Expectations,* Journal of Political Economy 86, S. 1009-1044.

Sargent, T. J. (1979): *Granger Causality and the Natural Rate Hypothesis,* Journal of Political Economy 87, S. 213-248.

Sargent, T. J. (1987): *Macroeconomic Theory,* 2. Auflage, Orlando.

Sargent, T. J. und Sims, C. A. (1977): *Business Cycle Modeling Without Pretending to Have Too Much A Priori Economic Theory,* in: Sims (1977).

Sargent, T. J. und Wallace, N. (1975): *Rational Expectations, the Optimal Monetary Instrument, and the Optimal Money Supply Rule,* Journal of Political Economy 83, S. 241-254.

Sargent, T. J. und Wallace, N. (1976): *Rational Expectations and the Theory of Economic Policy,* Journal of Monetary Economics 2, S. 169-183.

Schlittgen, R., und Streitberg, B., (1989): *Zeitreihenanalyse,* dritte Auflage, München.

Schumpeter, J. A. (1939): *Business Cycles,* New York.

Sebold-Bender, M. (1990): *Stilisierte Fakten makroökonomischer Schwankungen,* Dissertation, München.

Shiller, R. J. (1978): *Rational Expectations and the Dynamic Structure of Macroeconomic Models - A Critical Review,* Journal of Monetary Economics 4, S. 1-44.

Shin, Y. (1994): *A Residual-Based Test of the Null of Cointegration Against the Alternative of No Cointegration,* Econometric Theory 10, S. 91-115.

Simhony, A. (1993): *Wage and Price Rigidities and the Non-Neutrality of Money in a General Equilibrium Model,* Working Paper Nr. 278, Hebrew University of Jerusalem.

Simkins, S. P. (1994): *Do Real Business Cycle Models Really Exhibit Business Cycle Behavior?*, Journal of Monetary Economics 33, S. 381-404.

Sims, C. A. (1972): *Money, Income, and Causality,* American Economic Review 62, S. 540-552.

Sims, C. A., (Hrsg.) (1977): *New Methods in Business Cycle Research,* Minneapolis.

Sims, C. A., (1980): *Comparison of Interwar and Postwar Cycles: Monetarism Reconsidered,* American Economic Review 70, S. 250-257.

Sims, C. A., (1982). *Policy Analysis and Econometric Models,* Brookings Papers on Economic Activity, S. 107-152.

Sims, C. A., und Uhlig, H. (1991): *Understanding Unit Rooters: A Helicopter Tour,* Econometrica 59, S. 1591-1599.

Singleton, K. J. (1988): *Econometric Issues in the Analysis of Equilibrium Business Cycle Models,* Journal of Monetary Economics 21, S. 361-386.

Slutsky, E. (1937): *The Summation of Random Causes as the Source of Cyclical Processes,* Econometrica 5, S. 105-146.

Smeets, H.-D., (1992): *"Stylized Facts" zum Konjunkturverlauf in der Bundesrepublik Deutschland,* Jahrbücher für Nationalökonomie und Statistik 210, S. 512-532.

Smith, A. A. (1993): *Estimating Nonlinear Time-Series Models Using Simulated Vector Autoregressions,* Journal of Applied Econometrics 8, Special Issue: *Econometric Inference Using Simulation Techniques,* S. S63-S84.

Sneessens, H. R. (1981): *Theory and Estimation of Macroeconomic Rationing Models,* Berlin.

Solow, R. M. (1957): *Technical Change and the Aggregate Production Function,* Review of Economics and Statistics 39, S. 312-320.

Stadler, G. W. (1994): *Real Business Cycles,*Journal of Economic Literature 32, S. 1750-1783.

Stier, W. (1985): *Saisonbereinigungsverfahren. Ein Überblick,* OR Spektrum 7, S. 63-79.

Stock, J. H. und Watson, M. W. (1988): Testing for Common Trends, Journal of the American Statistical Association 83, S. 1097-1107.

Stock, J. H. und Watson, M. W. (1990): *Business Cycle Properties of Selected US Economic Time Series, 1959-1988,* NBER Working Paper Nr. 3376, Cambridge, Mass.

Takayama, A. (1987): *Mathematical Economics,* zweite Auflage, Cambridge.

Tarshis, L. (1939): *Changes in Real and Money Wages,* Economic Journal 43, S. 150-154.

Taylor, J. B., und Uhlig, H. (1990): *Solving Non-Linear Stochastic Growth Models: A Comparison of Alternative Solutions Methods,* Journal of Business and Economics Statistics 8, pp. 1-17.

Tichy, G. (1994): *Konjunktur - Stilisierte Fakten, Theorie, Prognose,* zweite Auflage, Springer-Verlag, Berlin.

Tinbergen, J. (1939): *Business Cycles in the United States of America 1919-1932,* Völkerbund, Genf.

Tobin, J., (1965): *Money and Economic Growth,* Econometrica 33, S. 671-684.

Tobin, J. (1977): *How Dead is Keynes?,* Economic Enquiry15, S. 459-468.

Uhlig, H. (1995): *A Toolkit for Analyzing Nonlinear Dynamic Stochastic Models Easily,* mimeo, Tilburg University.

Uhlig, H., und Xu, Y., (1996): *Effort and the Cycle: Cyclical Implications of Efficiency Wages*, Diskussionsarbeit Nr. 9649, CentER, Tilburg.

Vahid, F., und Engle, R. F. (1993): *Common Trends and Common Cycles,* Journal of Applied Econometrics 8, S. 341-360.

Walters, A. A. (1971): *Consistent Expectations, Distributed Lags and the Quantity Theory,* Economic Journal 81, S. 273-281.

Watson, M. W. (1993): *Measures of Fit for Calibrated Models,* Journal of Political Economy 101, S. 1011-1041.

Watson, M. W. (1994): *Business Cycle Durations and Postwar Stabilization of the US Economy,* American Economic Review 84, S. 24-46.

Weintraub, R (1980): *Unanticipated Money and Economic Activity: Comment,* in: Fischer (1980).

Weiss, L. (1980): *The Role for Active Monetary Policy in a Rational Expectations Model,* Journal of Political Economy 88, S. 221-233.

Wen, Y. (1995a): *Where's the Beef? The Trivial Dynamics of Real Business Cycle Models,* mimeo, University of Iowa.

Wen, Y. (1995b): *Can a Real Business Cycle Model Pass the Watson Test?,* mimeo, University of Iowa.

Wickens, M. R. (1995): *Real Business Cycle Analysis: A Needed Revolution in Macroeconometrics,* The Economic Journal 105, S. 1637-1648.

White, H. (1982): *Maximum Likelihood Estimation of Misspecified Models,* Econometrica 50, S. 1-25.

Wogin, G. (1980): *Unemployment and Monetary Policy under Rational Expectations: Some Canadian Evidence,* Journal of Monetary Economics 6, S. 59-68.

Zarnovitz, V. (1985): *Recent Work on Business Cycles in Historical Perspective,* Journal of Economic Literature 23, S. 523-580.

Zarnovitz, V. (1990): *A Guide to What is Known About Business Cycles,* Business Economics 25, S. 5-13.

Zarnovitz, V. (1991): *What is a Business Cycle?,* NBER Working Paper No. 3863, Cambridge, Mass.

Zarnovitz, V. (1992): *Business Cycles: Theory, History Indicators, and Forecasting,* NBER, Chicago.

Zarnovitz, V. und Boschan, C. (1977): *Cyclical Indicators,* NBER, 57th Annual Report, S. 34-38.

Zijp, R. van (1993): *Austrian and New Classical Business Cycle Theories,* Brookfield.

Anhang

A. Verzeichnis der Variablen:

Alle Daten stammen aus der vierteljährlichen volkswirtschaftlichen Gesamtrechnung des Deutschen Instituts für Wirtschaftsforschung, Berlin. Sie beziehen sich stets auf den Gebietsstand der Bundesrepublik Deutschland vor dem 3.10.1990.

BIPRSA	Reales Bruttoinlandsprodukt pro Kopf der Wohnbevölkerung in Preisen von 1991, saisonbereinigt.
BIPRSA	Natürlicher Logarithmus von *BIPRSA*.
DBIPRSA	Wachstumsrate von *BIPRSA* gegenüber dem Vorquartal, approximiert als DBIPRSA := BIPRSA - BIPRSA(-1).
%BIPRSA	Abweichungen von BIPRSA von einem geschätzten linearen Trend, interpretiert als prozentuale Abweichungen vom Steady-State.
VPRIVRSA	Realer privater Verbrauch pro Kopf der Wohnbevölkerung in Preisen von 1991, saisonbereinigt.
VPRIVRSA	Natürlicher Logarithmus von *VPRIVRSA*.

DVPRIVRSA	Wachstumsrate von *VPRIVRSA* gegenüber dem Vorquartal, approximiert als DVPRIVRSA := VPRIVRSA - VPRIVRSA(-1).
%VPRIVRSA	Abweichungen von VPRIVRSA von einem geschätzten linearen Trend, interpretiert als prozentuale Abweichungen vom Steady-State.
INVBURSA	Reale Bruttoinvestitionen der Unternehmen pro Kopf der Wohnbevölkerung in Preisen von 1991, saisonbereinigt.
INVBURSA	Natürlicher Logarithmus von *INVBURSA*.
DINVBURSA	Wachstumsrate von *INVBURSA* gegenüber dem Vorquartal, approximiert als DINVBURSA := INVBURSA - INVBURSA(-1).
%INVBURSA	Abweichungen von INVBURSA von einem geschätzten linearen Trend, interpretiert als prozentuale Abweichungen vom Steady-State.
STUNSA	Geleistete Arbeitsstunden (Arbeitsvolumen).
STUNSA	Natürlicher Logarithmus von *STUNSA*.
DSTUNSA	Wachstumsrate von *STUNSA* gegenüber dem Vorquartal, approximiert als DSTUNSA := STUNSA - STUNSA(-1).
%STUNSA	Abweichungen von STUNSA von einem geschätzten linearen Trend, interpretiert als prozentuale Abweichungen vom Steady-State.
WRSA	Effektive reale Bruttolohn- und Gehaltssumme pro geleistete Arbeitsstunde in Preisen von 1991, saisonbereinigt.
WRSA	Natürlicher Logarithmus von *WRSA*.
DWRSA	Wachstumsrate von *WRSA* gegenüber dem Vorquartal, approximiert als DWRSA := WRSA - WRSA(-1).

%WRSA	Abweichungen von WRSA von einem geschätzten linearen Trend, interpretiert als prozentuale Abweichungen vom Steady-State.
KQ	Natürlicher Logarithmus der Konsumquote, definiert als KQ := VPRIVRSA - BIPRSA.
IQ	Natürlicher Logarithmus der Investitionsquote, definiert als IQ := INVBURSA - BIPRSA.
APT	Natürlicher Logarithmus der durchschnittlichen Arbeitsproduktivität, definiert als APT := BIPRSA - STUNSA.
WQ	Natürlicher Logarithmus der Reallohnquote, definiert als WQ := WRSA - BIPRSA.

B. Verzeichnis der Abkürzungen

ARIMA	Autoregressive Integrated Moving Average
ARMA	Autoregressive Moving Average
ADF	Augmented Dickey-Fuller (Test)
BFGS	Algorithmus von Broyden, Fletcher, Goldfarb und Shanno
BIP	Bruttoinlandsprodukt
BSP	Bruttosozialprodukt
DIW	Deutsches Institut für Wirtschaftsforschung, Berlin
EUI	European University Institute (Florenz)
GMM	Generalized Method of Moments (Verallg. Momentenschätzung)
HP	Hodrick-Prescott (Filter)
KLIC	Kullback-Leibler'sches Informationskriterium
KPR	King, Plosser, Rebelo
KPR1	King, Plosser, Rebelo (1988a)
KPR2	King, Plosser, Rebelo (1988b)
KPSS	Kwiatkowski, Phillips, Schmidt und Shin
LR	Likelihood Ratio
LM	Lagrange-Multiplier
ML	Maximum Likelihood
NBER	National Bureau of Economic Research

RMSE	Root Mean Squared Error
OECD	Organization for Economic Cooperation and Development
OLS	Ordinary Least Squares (Methode der kleinsten Quadrate)
RBC	Real Business Cycle
RMSE	Root Mean Squared Error
VARMA	Vector Autoregressive Moving Average

Studies in Contemporary Economics

E. Baltensperger, H. Milde
Theorie des Bankverhaltens
1987. ISBN 3-540-18214-4

H. Siebert (Hrsg.)
Umweltschutz für Luft und Wasser
1988. ISBN 3-540-19171-2

S. Homburg
Theorie der Alterssicherung
1988. ISBN 3-540-18835-5

P. J. J. Welfens
Internationalisierung von Wirtschaft und Wirtschaftspolitik
1990. ISBN 3-540-52511-4

A. J. H. C. Schram
Noter Behavior in Economic Perspective
1991. ISBN 3-540-53650-7

W. Franz (Ed.)
Structural Unemployment
1992. ISBN 3-7908-0605-6

A. Haufler
Commodity Tax Harmonization in the European Community
1993. ISBN 3-7908-0714-1

G. Rübel (Hrsg.)
Perspektiven der Europäischen Integration
1994. ISBN 3-7908-0791-5

G. Steinmann, R. E. Ulrich (Eds.)
The Economic Consequences of Immigration to Germany
1994. ISBN 3-7908-0796-6

F. P. Lang, R. Ohr (Eds.)
International Economic Integration
1995. ISBN 3-7908-0861-X

N. Schulz
Unternehmensgründungen und Markteintritt
1995. ISBN 3-7908-0854-7

G. Maier
Spatial Search
1995. ISBN 3-7908-0874-1

B. Huber
Optimale Finanzpolitik und zeitliche Inkonsistenz
1996. ISBN 3-7908-0906-3

F. P. Lang, R. Ohr (Eds.)
Openness and Development
1996. ISBN 3-7908-0958-6

M. Lechner
Training the East German Labour Force
1998. ISBN 3-7908-1091-6

G. Erber, H. Hagemann, S. Seiter
Zukunftsperspektiven Deutschlands im internationalen Wettbewerb
1998. ISBN 3-7908-1108-4

H. Zimmermann
State-Preference-Theorie und Asset Pricing
1998. ISBN 3-7908-1150-5

B. Lucke
Theorie und Empirie realer Konjunkturzyklen
1998. ISBN 3-7908-1148-3

GPSR Compliance

The European Union's (EU) General Product Safety Regulation (GPSR) is a set of rules that requires consumer products to be safe and our obligations to ensure this.

If you have any concerns about our products, you can contact us on ProductSafety@springernature.com

In case Publisher is established outside the EU, the EU authorized representative is:

Springer Nature Customer Service Center GmbH
Europaplatz 3
69115 Heidelberg, Germany

Batch number: 10815964

Printed by Printforce, the Netherlands